A construção significativa do mundo social

COLEÇÃO SOCIOLOGIA
Coordenador: Brasilio Sallum Jr. – Universidade de
São Paulo

Comissão editorial:
Gabriel Cohn – Universidade de São Paulo
Irlys Barreira – Universidade Federal do Ceará
José Ricardo Ramalho – Universidade Federal do Rio de Janeiro
Marcelo Ridenti – Universidade Estadual de Campinas
Otávio Dulci – Universidade Federal de Minas Gerais

Dados Internacionais de Catalogação na Publicação (CIP)
(Câmara Brasileira do Livro, SP, Brasil)

Schütz, Alfred, 1899-1959
    A construção significativa do mundo social : uma introdução à sociologia compreensiva / Alfred Schütz ; tradução de Tomas da Costa. – Petrópolis, RJ : Vozes, 2018. – (Coleção Sociologia)

    Título original : Der sinnhafte Aufbau der sozialen Welt : eine Einleitung in die verstehende Soziologie
    Bibliografia.
    ISBN 978-85-326-5805-0

    1. Psicologia social 2. Sociologia 3. Weber, Max, 1864-1920 I. Título. II. Série.

18-16232   CDD-301

Índices para catálogo sistemático:
1. Sociologia 301

Cibele Maria Dias – Bibliotecária – CRB-8/9427

Alfred Schütz

A construção significativa do mundo social

Uma introdução à sociologia compreensiva

Tradução de
Tomas da Costa

Apresentação e revisão técnica da tradução de
Hermílio Santos

Petrópolis

© 1932 by Julius Springer in Vienna

Título do original em alemão: *Der sinnhafte Aufbau der sozialen Welt – Eine Einleitung in die verstehende Soziologie*

Direitos de publicação em língua portuguesa:
2018, Editora Vozes Ltda.
Rua Frei Luís, 100
25689-900 Petrópolis, RJ
www.vozes.com.br
Brasil

Todos os direitos reservados. Nenhuma parte desta obra poderá ser reproduzida ou transmitida por qualquer forma e/ou quaisquer meios (eletrônico ou mecânico, incluindo fotocópia e gravação) ou arquivada em qualquer sistema ou banco de dados sem permissão escrita da editora.

CONSELHO EDITORIAL

Diretor
Gilberto Gonçalves Garcia

Editores
Aline dos Santos Carneiro
Edrian Josué Pasini
Marilac Loraine Oleniki
Welder Lancieri Marchini

Conselheiros
Francisco Morás
Ludovico Garmus
Teobaldo Heidemann
Volney J. Berkenbrock

Secretário executivo
João Batista Kreuch

Editoração: Leonardo A.R.T. dos Santos
Diagramação: Mania de criar
Revisão gráfica: Nilton Braz da Rocha / Nivaldo S. Menezes
Capa: Juliana Teresa Hannickel
Arte-finalização de capa: Editora Vozes

ISBN 978-85-326-5805-0 (Brasil)
ISBN 978-3-7091-3103-9 (Alemanha)

Editado conforme o novo acordo ortográfico.

Este livro foi composto e impresso pela Editora Vozes Ltda.

Sumário

Apresentação da coleção, 9

Apresentação da edição brasileira, 11

Nota do tradutor, 15

Prefácio, 19

I. Investigações introdutórias, 21

§ 1 Notas preliminares sobre a definição do problema, 21

§ 2 O conceito de agir significativo em Max Weber, 36

§ 3 O caráter pré-dado do alter ego e o postulado da apreensão do sentido subjetivo, 42

§ 4 Crítica dos conceitos "compreensão atual" e "compreensão pelos motivos" em Max Weber, 49

§ 5 Sentido subjetivo e sentido objetivo, 57

§ 6 Passagem à análise da constituição – Elucidação do conceito "sentido vinculado a uma ação", 67

II. A constituição da vivência significativa na duração do eu próprio, 75

§ 7 O fenômeno da duração interna – Retenção e reprodução, 75

§ 8 As "vivências de consciência doadoras de sentido" em Husserl e o conceito de comportar-se, 85

§ 9 O conceito de agir – Projeto e protenção, 90

§ 10 O agir "consciente" e sua evidência, 100

§ 11 O agir voluntário e o problema do ato de eleger, 105

§ 12 Resumo: clarificação do conceito primeiro e original de sentido, 111

§ 13 Ampliação do primeiro conceito de sentido: A) As modificações atencionais de sentido, 115

§ 14 Continuação: B) O contexto das vivências – Contexto de sentido e contexto de experiência, 119

§ 15 A construção do mundo da experiência e seu ordenamento em esquemas, 125

§ 16 Os esquemas da experiência como esquemas de interpretação – Autointerpretação e interpretação – Problema e interesse, 133

§ 17 O contexto motivacional como contexto de sentido – A) O "motivo-para", 137

§ 18 Continuação: B) O "motivo-porque" genuíno, 145

III. Linhas gerais de uma teoria da compreensão do outro, 154

§ 19 A tese geral do alter ego na intuição natural, 154

§ 20 Continuação: a simultaneidade da corrente alheia de vivências, 161

§ 21 As equivocações no conceito vulgar da compreensão do outro – A fundamentação da compreensão do outro em atos de autointerpretação, 168

§ 22 A passagem à autêntica compreensão do outro, 177

§ 23 Movimento expressivo e ação expressiva, 182

§ 24 Signo e sistema de signos, 185

§ 25 Interpretação e posição de sentido, 197

§ 26 O contexto de sentido do manifestar – Resumo, 204

§ 27 Sentido subjetivo e sentido objetivo – Produto e testemunho, 209

§ 28 Excurso sobre algumas aplicações da teoria do sentido subjetivo e do sentido objetivo no campo das ciências humanas, 214

IV. Análise estrutural do mundo social – Mundo dos consociados, mundo dos contemporâneos, mundo dos predecessores, 218

A – Introdução, 218

§ 29 Consideração preliminar do problema subsequente, 218

B – Comportamento social, agir social, relação social, 225

§ 30 O conceito de agir social de Max Weber – Orientação a outrem e operar social, 225

§ 31 O conceito de relação social de Weber – Relação de orientação e interação social, 235

§ 32 O contexto de motivação da interação social, 246

C – Mundo social dos consociados, 250

§ 33 O mundo social dos consociados e a relação-nós, 250

§ 34 Análise da relação social no mundo dos consociados, 256

§ 35 A observação no mundo dos consociados, 265

D – Mundo social dos contemporâneos e tipo ideal, 270

§ 36 Passagem ao problema do mundo social dos contemporâneos – Relações sociais contínuas, 270

§ 37 O alter ego no mundo dos contemporâneos como tipo ideal – A relação-eles, 278

§ 38 A constituição do esquema de interpretação típico-ideal, 289

§ 39 O anonimato do mundo dos contemporâneos e a preenchibilidade de conteúdo do tipo ideal, 302

§ 40 A relação social e a observação do mundo dos contemporâneos, 313

E – A compreensão do mundo dos predecessores e o problema da história, 323

§ 41 O problema do passado no mundo social, 323

V. Sobre alguns problemas fundamentais da sociologia compreensiva, 337

§ 42 Resumo dos resultados das investigações desenvolvidas até aqui, 337

§ 43 A observação do mundo dos contemporâneos e o problema das ciências sociais, 343

§ 44 A função do tipo ideal na sociologia de Weber, 349

§ 45 Adequação causal, 357

§ 46 Adequação de sentido, 363

§ 47 Probabilidade objetiva e probabilidade subjetiva, 367

§ 48 A preferência da sociologia compreensiva por tipos racionais de agir, 370

§ 49 Sentido objetivo e sentido subjetivo nas ciências sociais, 373

§ 50 Conclusão: indicação de outros problemas, 384

Glossário de termos alemão-português, 387

Publicações de Alfred Schütz, 391

Apresentação da coleção

Brasilio Sallum Jr.

A *Coleção Sociologia* ambiciona reunir contribuições importantes desta disciplina para a análise da sociedade moderna. Nascida no século XIX, a Sociologia expandiu-se rapidamente sob o impulso de intelectuais de grande estatura – considerados hoje clássicos da disciplina –, formulou técnicas próprias de investigação e fertilizou o desenvolvimento de tradições teóricas que orientam o investigador de maneiras distintas para o mundo empírico. Não há o que lamentar o fato de a Sociologia não ter um *corpus* teórico único e acabado. E, menos ainda, há que esperar que este seja construído no futuro. É da própria natureza da disciplina – de fato, uma de suas características mais estimulantes intelectualmente – renovar conceitos, focos de investigação e conhecimentos produzidos. Este é um dos ensinamentos mais duradouros de Max Weber: a Sociologia e as outras disciplinas que estudam a sociedade estão condenadas à eterna juventude, a renovar permanentemente seus conceitos à luz de novos problemas suscitados pela marcha incessante da história. No período histórico atual este ensinamento é mais verdadeiro do que nunca, pois as sociedades nacionais, que foram os alicerces da construção da disciplina, estão passando por processos de inclusão, de intensidade variável, em uma sociedade mundial em formação. Os sociólogos têm respondido com vigor aos desafios desta mudança histórica, ajustando o foco da disciplina em suas várias especialidades.

A *Coleção Sociologia* pretende oferecer aos leitores de língua portuguesa um conjunto de obras que espelhe tanto quanto possível o desenvolvimento teórico e metodológico da disciplina. A coleção conta com a orientação da comissão editorial, composta por profissionais relevantes da disciplina, para selecionar os livros a serem nela publicados.

A par de editar seus autores clássicos, a *Coleção Sociologia* abrirá espaço para obras representativas de suas várias correntes teóricas e de suas especialidades, voltadas para o estudo de esferas específicas da vida social. Deverá também suprir as necessidades de ensino da Sociologia para um público mais amplo, inclusive por meio de manuais didáticos. Por último – mas não menos importante –, a *Coleção Sociologia* almeja oferecer ao público trabalhos sociológicos sobre a sociedade brasileira. Deseja, deste modo, contribuir para que ela possa adensar a reflexão científica sobre suas próprias características e problemas. Tem a esperança de que, com isso, possa ajudar a impulsioná-la no rumo do desenvolvimento e da democratização.

Apresentação da edição brasileira

Hermílio Santos

Embora seja considerado um clássico da literatura sociológica, os leitores brasileiros ainda têm à sua disposição pouquíssimas traduções em português de textos de Alfred Schütz. Após retornar ainda adolescente das trincheiras da I Guerra Mundial como soldado do Império Austro-húngaro, Schütz inicia seus estudos na Universidade de Viena. Nesse período a capital austríaca vivia um momento paradoxal: por um lado, a necessidade de reconstrução do país após ter perdido seu império, período marcado, portanto, por restrições materiais de toda ordem; por outro lado, a elite intelectual de língua alemã das diversas regiões, antes sob controle austríaco, convergem para a antiga capital do império. É nesse contexto de limitações econômicas e efervescência intelectual que Schütz inicia sua vida adulta e universitária, nos últimos anos da década de 1910 e primeiros anos da década de 1920. Como já era habitual na formação universitária nos países de língua alemã, o estudante Schütz pôde frequentar seminários de diversas disciplinas das ciências humanas, em especial de Sociologia, Filosofia, Direito e Economia. Esses dois elementos combinados ajudam a entender, em grande medida, a originalidade e a diversidade de seu interesse intelectual, que se estendia também para a música e a literatura. A anexação da Áustria pelo regime nazista provocou a mudança da família Schütz, primeiro para Paris, e em seguida para Nova York, antes que as atrocidades do regime ficassem ainda mais evidentes.

A originalidade de sua obra, que permanece ainda desconhecida por parte considerável da elite intelectual brasileira, deve-se precisamente à combinação de perspectivas teóricas diversas, sobretudo a sociologia de Max Weber, a filosofia fenomenológica de Edmund Husserl, assim como a teoria econômica de Ludwig von Mises, tendo mantido estreitas relações intelectuais e de amizade com os dois últimos autores.

A obra de Schütz, inaugurada pelo livro que agora apresentamos ao público brasileiro, contribuiu para difundir na sociologia a ideia de que a sociedade é, em boa medida, o que os indivíduos fazem dela. Sem menosprezar os contrangimentos envolvidos no contexto de ação, um pressuposto de sua vasta produção é que a sociedade se produz socialmente, ou seja, o mundo social não é dado, não é natural, nem é predeterminado. Em outras palavras, a vida social é constituída pela ação dos indivíduos, a partir dos significados que estes atribuem à realidade. A sociedade se define pela maneira como os indivíduos se relacionam uns com os outros, como lidam com as normas morais e legais; enfim, pela maneira como interpretam tudo o que se passa ao seu redor e como esta compreensão organiza as práticas na vida cotidiana. Ainda que a sociedade tenha uma realidade objetiva que orienta as ações dos seus membros – como a própria presença de regras e concepções existentes antes de nosso nascimento – e mesmo que boa parte do que sabemos tenha sido herdado daqueles que nos precederam – e que nos é transmitido pela linguagem, escrita e falada –, todo esse patrimônio é manuseado pelos indivíduos e, portanto, modificado permanentemente. Diferente dos autores mais influentes na sociologia brasileira, o *status* do sujeito, na obra de Schütz, não é daquele que simplesmente internaliza normas e significados socialmente difundidos. Ao contrário, o ator, para Schütz, é um agente consciente e responsável pela adoção ativa de códigos normativos na interpretação da realidade social. Esse processo confere dinâmica, incerteza e alguma imprevisibilidade à vida social.

O empreendimento sociológico, segundo Schütz, deveria ser, primordialmente, o de analisar como se dá esse processo interpretativo do sujeito sobre a realidade e suas consequências na configuração da sociedade e de todos os fenômenos sociais. Uma implicação prática dessa maneira de se compreender a sociedade e conceber o empreendimento da investigação sociológica é analisar fenômenos sociais específicos, partindo-se dos diferentes significados que os indivíduos atribuem a suas experiências. A singularidade da sociologia, segundo Schütz, seria precisamente lidar com um "objeto", o ator que age, que interpreta o mundo e a si mesmo no mundo. Assim, Schütz incorpora explicitamente a temporalidade e a experiência biográfica do ator como elementos indispensáveis para se compreender a gênese de suas motivações para a ação. Abrir mão da tarefa de se compreender a interpretação dos atores na vida cotidiana seria, segundo Schütz, abdicar do traço distintivo da sociologia.

A sociologia de Schütz exerceu influência primeiramente na produção sociológica norte-americana, em especial sobre a etnometodologia de Harold Garfinkel e de maneira ainda mais explícita sobre a obra *A construção social da realidade*, de Peter Berger e Thomas Luckmann, que foram seus alunos na New School for Social Research, em Nova York. Com a transferência de Luckmann para a Alemanha, inicialmente para Frankfurt e em seguida para a Universidade de Konstanz, a obra de Schütz passou a despertar interesse entre sociólogos alemães. Na Alemanha, a sociologia de Schütz foi fundamental para a elaboração da abordagem de pesquisa empírica conhecida por "narrativa biográfica", proposta inicialmente por Fritz Schütze e posteriormente desenvolvida por Gabriele Rosenthal, além de diversas perspectivas analíticas da sociologia do conhecimento, uma das subáreas mais influentes da sociologia contemporânea alemã.

Observa-se, mais recentemente, um renovado interesse pela sociologia schütziana, evidenciado, por exemplo, pelo surgimento, em 2009, do periódico *Schutzian Research*, da constituição do *The International Alfred Schutz Circle for Phenomenology and Interpretive Social Science*, que realiza conferências bianuais, a publicação das obras completas de Schütz em 12 volumes na Alemanha, além do lançamento do filme documentário *Mundo da vida – A sociologia de Alfred Schütz* (dir. Hermílio Santos, 55', 2018). Para além dessas iniciativas, o interesse pela sociologia de Alfred Schütz no Brasil tem sido evidenciado em salas de aula, como em debates em congressos acadêmicos, e não apenas da Sociologia, mas de diversas outras disciplinas, não exclusivamente das ciências humanas.

É nesse contexto que a Editora Vozes apresenta a tradução dessa primeira obra de Alfred Schütz, publicada originalmente em 1932. Depois desse livro, Schütz detalhou e aprofundou em artigos publicados em periódicos diversos aspectos de sua contribuição para a sociologia, e ao final de sua vida deixou esboçado o livro *Strukturen der Lebenswelt* (cuja tradução poderia ser "Estruturas do mundo da vida"), mas que não conseguiu concluir antes de sua morte prematura aos 59 anos de idade, em 1959. O livro posteriomente foi concluído por Thomas Luckmann e publicado em coautoria de Schütz e Luckmann. Contudo, os contornos principais de sua sociologia já estavam delineados em *A construção significativa do mundo social*, cuja tradução primorosa de Tomas da Costa, um estudioso cuidadoso e atento da obra de Schütz, tenho a honra de apresentar. Esperamos, ao publicar essa tradução direta do original em alemão, contribuir para a formação de novas gerações de sociólogos, bem como de estudantes de outras disciplinas interessados na perspectiva analítica proposta por Schütz para a compreensão de diferentes aspectos da realidade social contemporânea.

Nota do tradutor

Tomas da Costa

A construção significativa do mundo social foi o único livro originalmente escrito em língua alemã e publicado em vida por Alfred Schütz. Com a anexação da Áustria e o início da Segunda Guerra Mundial, em 1939, Schütz trocou sua cidade natal, Viena, por Nova York, onde sua produção teórica passou a ser realizada em inglês. No exílio norte-americano, mesmo tendo de conciliar sua pesquisa em fenomenologia e teoria social com a carreira de jurista financeiro, Schütz publicou mais de 30 artigos. Nesses escritos ele aprofunda sua teoria dos símbolos e sua teoria social do conhecimento de 1932, desenvolve uma teoria da constituição pragmática com base no conceito do *operar* – formulado por ele ainda em *A construção significativa* – e dedica diversos artigos à análise e à crítica do pensamento de Scheler, Sartre, James e da fenomenologia transcendental de Husserl, referência filosófica principal do presente estudo sobre os fundamentos teóricos da sociologia weberiana e a constituição da experiência do mundo social. Em escritos publicados postumamente, Schütz analisa o fenômeno da relevância e a constituição da pessoa sociológica, caracterizados pelo autor ainda em 1932 como dois dos principais temas que, a partir "das relações demonstradas entre sentido e duração, impõem-se a uma sociologia baseada em princípios fenomenológicos".

Em *A construção significativa* se encontram assim prefigurados as temáticas mais importantes e os conceitos mais fundamentais da sua obra tardia. É aqui que Schütz, pela primeira vez, e também da forma mais aprofundada, realiza sua análise estrutural do mundo social, investigando as diferentes "perspectivas de apreensão" e os diferentes graus de "anonimato", e desenvolve suas categorias da orientação e das relações sociais, também estas utilizadas em vários de seus escritos a partir de 1939 – como seus conceitos de *"we-relation"* e *"they-orientation"*. Na tradução desses termos, optou-se aqui por se aproximar ao máximo das adaptações à língua inglesa feitas pelo próprio autor, e isso sobretudo por duas razões: a fim de deixar mais evidente a continuidade da aplicação dos conceitos e pelo fato de os mesmos serem utilizados na pesquisa schutziana contemporânea na forma como foram adaptados a partir de 1939. Conceitos como *"Umwelt"* e *"Mitwelt"*, mais tarde adaptados por Schütz ao inglês como *"world of consociates"* e *"world of contemporaries"*, foram aqui traduzidos, no contexto da análise estrutural do mundo social (seção IV), por "mundo dos consociados" e "mundo dos contemporâneos". *"Ihr-Beziehung"*, termo que a rigor haveria de ser traduzido por "relação-vós", é encontrado aqui na variação utilizada por Schütz nos seus escritos em língua inglesa, portanto como "relação-eles" – como tradução de *"they-orientation"*. O conceito *"Wirkensbeziehung"*, seguindo adaptação ao inglês pelo próprio autor como "social interaction", é aqui denominado "interação social".

Termos husserlianos usados por Schütz na fundamentação do fenômeno do sentido mediante a análise da consciência de tempo – como "voltar-se-para", "preenchimento", "raio de mirada" e "plenitude de conteúdo" – e no exame da compreensão do outro – como "testemunho", "ser-assim" e "corpo somático" – foram apropriados das traduções para o português feitas por Pedro M.S. Alves, Carlos Aurélio Morujão e Diogo Falcão Ferrer das obras de Husserl. A tradução de termos weberianos seguiu o mesmo caminho, ainda que com algumas adaptações, em especial – como também Paulo Astor Soethe e Flávio Beno Siebeneichler a reconhecem – na introdução da diferença terminológica entre "agir" (*"Handeln"*) e "ação" (*"Handlung"*), de grande significado na crítica schutziana do "agir social" de Weber. A tradução de outros termos pode ser encontrada no glossário de termos alemão-português.

Agradeço a Pedro M.S. Alves, tradutor para o português das *Investigações lógicas* e das *Lições para uma fenomenologia da consciência interna de tempo*, por ter solucionado minhas dúvidas referentes à tradução canônica de alguns importantes conceitos husserlianos. Agradeço também a Flávio Curvello pelas sugestões e a Maíra Matthes pelo auxílio na tradução das passagens em francês. A publicação deste trabalho não teria sido possível sem o engajamento de Hermílio Santos, a quem sou profundamente grato.

Prefácio

O presente livro é resultado de anos de intensa dedicação à análise dos escritos de Max Weber sobre teoria da ciência. No decorrer desses estudos cresceu em mim a convicção de que, embora seus questionamentos tenham definitivamente determinado o ponto de partida para toda teoria das ciências sociais que se pretenda autêntica, suas análises não alcançaram aquele nível de profundidade a partir do qual muitas tarefas importantes, resultantes do método das ciências humanas, podem ser resolvidas. Considerações mais aprofundadas devem partir sobretudo do seu conceito central de sentido subjetivo, que apenas dá nome a um conjunto de problemas de maior importância não analisados mais amplamente por Weber, ainda que certamente não lhe fossem desconhecidos. Quase todos esses problemas estão estreitamente relacionados ao fenômeno do tempo da vivência (do sentido interno de tempo), acessível apenas em reflexão estritamente filosófica. Somente a partir desta é possível esclarecer a estrutura, altamente complexa, de conceitos fundamentais das ciências humanas, como os de autocompreensão e compreensão do outro, interpretação e posição de sentido, símbolo e sintoma, motivo e projeto, adequação de sentido e adequação causal, mas sobretudo a essência da construção ideal-típica de conceitos e, com ela, a da atitude particular das ciências sociais ante seu objeto. Isso certamente exige considerações mais abrangentes e em alguns casos de grande dificuldade, mas que não podem ser evitadas quando se pretende elucidar a temática fundamental das ciências sociais e seu método específico. Somente tal explicação do fenômeno originário do ser social, até hoje insuficientemente analisado, pode garantir o entendimento preciso do modo de proceder das ciências sociais; somente uma metodologia assim fundamentada, filosoficamente, pode afastar os problemas aparentemente impossíveis de ser resolvidos que hoje, mais do que nunca, surgem como entrave à pesquisa no campo das ciências sociais, e em especial à sociologia.

No presente trabalho é realizada a tentativa de rastrear as raízes da problemática das ciências sociais até os fatos fundamentais da vida da consciência. Determinante para esse propósito são as investigações desenvolvidas por Bergson e Husserl sobre o sentido interno de tempo. Somente os trabalhos desses pesquisadores, sobretudo a fenomenologia transcendental de Husserl, tornaram acessíveis aqueles domínios do pensamento filosófico nos quais é possível aspirar uma fundamentação efetiva do problema do sentido.

Ao mencionar, em profunda admiração, esses grandes filósofos, tenho plena consciência da alta medida em que este trabalho, assim como todo meu pensamento, define-se por suas obras e pelos escritos de Max Weber.

Devo meus mais sinceros agradecimentos ao Professor Tomoo Otaka, da Universidade de Keijo (Japão), pela compreensão manifestada com relação ao desenvolvimento das minhas ideias e por sua ativa solicitude, sem a qual a publicação deste livro, nas difíceis circunstâncias atuais, teria sido facilmente posta em dúvida; assim como a Felix Kaufmann, docente em Viena, que, com interesse jamais esmorecido, encorajou e acompanhou o processo de produção do meu trabalho em todas as suas fases, encarregou-se também da árdua revisão das provas tipográficas e fez várias sugestões de sumo valor.

Viena, março de 1932.
O autor.

Seção I
Investigações introdutórias

§ 1 Notas preliminares sobre a definição do problema

A controvérsia acerca do caráter científico da sociologia é um dos fenômenos mais notáveis na história das ideias alemã dos últimos cinquenta anos. Desde que a relação do indivíduo com o todo social passou a ser sistematicamente investigada, predomina grande discórdia sobre o método e o propósito de tal atividade. Diferentemente ao que ocorre em outros campos do saber, trata-se de uma disputa não apenas em torno da comprovação da eficácia de determinados métodos e teorias; antes, objeto de discussão é o próprio campo de estudo das ciências sociais e o caráter pré-dado do mesmo enquanto realidade da experiência pré-científica. Os fenômenos sociais são então considerados ora em analogia com os eventos da natureza, como ocorrências causalmente determinadas do mundo externo, ora em oposição às coisas naturais, como objetos de um mundo do espírito objetivo, este de fato passível de ser compreendido, mas não segundo leis. Pressupostos metafísicos, juízos de valor e postulados ético-políticos, tácitos ou manifestos, determinam com bastante frequência a atitude inicial do cientista social ante seu objeto. No desenvolvimento do seu trabalho, ele se vê confrontado por problemas de solução imprescindível para que toda sua atividade lhe pareça provida de sentido e propósito. Estaria a ciência social interessada no ser em si do indivíduo ou apenas nos seus modos sociais de comportamento? Seria o todo social pré-dado ao ser do indivíduo, de modo que este apenas existe porque é parte de uma totalidade, ou, inversamente, seria isso o que chamamos de todo social e suas subdivisões organizacionais uma síntese de funções próprias a indivíduos humanos singulares, apenas a cujo ser competiria o caráter de realidade? Seria o ser social do indivíduo determinante da sua consciência, ou, antes, a sua consciência condicionante da sua socialidade? Seria possível compreender o curso histórico do desenvolvimento humano e cultural segundo leis? Ou, pelo contrário, seria tudo o que as ciências sociais mais avançadas, como por exemplo a economia, têm buscado interpretar como "leis", por seu lado, resultado de abstrações apenas historicamente determinadas? É de se imaginar que, confrontado com questões de tal amplitude, o pesquisador ceda ao tentamento de pressupor ingenuamente sua solução e se volte aos fatos particulares desde ponto de vista próprio, ditado por orientação política, valores, temperamento pessoal ou, no melhor dos casos, por instinto metafísico.

Tal postura, porém, pouco se concilia com o postulado, no qual se baseia toda atividade científica, da simples apreensão e descrição do mundo pré-dado dos fatos. Apreender, livre de prejuízos, esse mundo mesmo dos fatos sociais, ordená-lo em íntegro exercício conceitual lógico e trabalhar o material assim obtido com os meios da análise exata, devem, juntos, sob todas as circunstâncias, continuar a constituir tarefa mais distinta de toda abordagem do mundo social que reivindique para si o título da cientificidade.

O entendimento sobre esse verdadeiro dever das ciências sociais levou, de início, ao desenvolvimento de uma doutrina das formas da sociedade humana. É mérito incontestável de Simmel ter sido o primeiro a enxergar o problema e a submetê-lo a análise. Sem dúvida, sua posição metodológica fundamental é, em vários aspectos, difusa e assistemática, razão pela qual, em seus cautelosos exames, ele repetidas vezes se esforça, com especial afinco, no sentido de buscar comprovação para sua concepção teórica acerca da essência da sociedade em variados fenômenos particulares da esfera social. Em cada uma dessas análises, Simmel produziu vários resultados definitivos e de indelével valor, embora apenas alguns poucos dos conceitos fundamentais por ele formulados (inclusive o de "ação recíproca", sua noção sociológica mais importante) resistem a uma análise crítica. Porém, sua ideia principal, segundo a qual não apenas todos os fenômenos sociais materiais remontam aos modos de comportamento de indivíduos, mas também a forma social específica de tais modalidades deve ser apreendida descritivamente[1], continua a exercer influência e se mostrou sustentável.

Pela mesma concepção fundamental é orientada a "sociologia compreensiva" de Max Weber. Ao afirmá-lo não pretendemos porventura contestar a originalidade da sua enorme contribuição, tampouco afirmar sua dependência a Simmel. Antes, a obra de Weber, que combina as tão variadas correntes de pensamento da sua época, é toda ela produto pessoal de sua admirável engenhosidade. Ele mostrou à sociologia alemã contemporânea – enquanto esta se apresente como ciência e não como doutrina da salvação – em que consiste sua determinação e lhe proveu o instrumentário lógico-metodológico necessário à solução da sua tarefa específica. As obras mais importantes da sociologia alemã contemporânea, como por exemplo as de Scheler, Wiese, Freyer, Sander, seriam inconcebíveis sem seus trabalhos fundamentais.

Em que consistiria, então, a grande contribuição de Max Weber? Antes de tudo, ele foi um dos primeiros a defender a ideia da neutralidade axiológica das ciências sociais e a se posicionar contra ideologias políticas e baseadas em valores as quais com tamanha facilidade influenciam, consciente ou inconscientemente, os resultados da atividade intelectual do cientista social. Ele instituiu, desse modo, como tarefa da sociologia, a descrição simples, mas factual, do ser social, no lugar da especulação metafísica. "Sociologia, para ele, não é mais filosofia da existência humana; ela é ciência particular do comportar-se humano e de suas consequências"[2].

---

1. "Designo de conteúdo da sociação, como que sua matéria, tudo isso que, nos indivíduos, nas localidades imediatamente concretas de toda realidade histórica, exista como pulsão, interesse, fim, inclinação, competências psíquicas e movimento, a partir dos quais, ou com base nos mesmos, causa-se efeito sobre outros e se origina a recepção do mesmo [...]. A sociação é, portanto, a forma, concretizada em inúmeras espécies distintas, na qual os indivíduos, com base naqueles interesses, concrescem em uma unidade, e dentro da qual esses interesses se concretizam" (SIMMEL, G. *Soziologie*. 2. ed. Munique, 1922 [1. ed.: 1903], p. 4).

2. JASPERS, K. *Die geistige Situation der Zeit*. Berlim/Leipzig, 1931, p. 137.

Essa posição fundamental está em conformidade com a construção interna da sua sociologia[3], que aqui pressupomos ser conhecida do leitor. Partindo dos conceitos de agir social e de relação social, ele chega, sempre mediante novas descrições e tipificações, às categorias "relação comunitária" e "relação associativa", das quais são derivados, com a introdução do conceito de "ordem", os tipos "associação" e "instituição". O modo como Max Weber utiliza esse aparato para sociologicamente tratar de economia, a dominação, o direito e a religião não precisa ser desenvolvido aqui. Importante para nós é que Weber reduz todas as espécies de relação e formação sociais, todas as objetivações culturais e regiões do espírito objetivo, ao elemento factual originário do comportamento social de indivíduos. Todos os complexos fenômenos do mundo social conservam, a saber, sentido particular, mas este é o mesmo que os agentes no mundo social relacionam com suas ações. Somente o agir do indivíduo e seu conteúdo visado de sentido são compreensíveis, e apenas na interpretação do agir individual a ciência social obtém acesso à interpretação daquelas formações e relações sociais, que se constituem no agir de cada um dos atores do mundo social.

Nunca antes o princípio de reduzir o "mundo do espírito objetivo" ao comportamento de indivíduos foi levado a termo de forma tão radical como na determinação, por Max Weber, do objeto da sociologia compreensiva, enquanto uma ciência que tem como tema a interpretação do sentido *subjetivo* (visado por ou pelos agentes) de modos sociais de comportamento. Porém, para chegar a essas individualidades do mundo social e ter acesso a suas doações subjetivas de sentido não basta observar os modos de comportamento do indivíduo *particular* ou, com os métodos de um empirismo obscuro, constatar, mediante técnica aditiva e verificação de regras ou frequências, a existência de modos análogos de comportamento entre *vários* indivíduos. Antes, a tarefa própria da sociologia exige um procedimento es-

---

3. Entre os escritos de Max Weber, são de importância para nossas investigações em especial os trabalhos contidos no volume *Gesammelte Aufsätze zur Wissenschaftslehre* e a principal obra, lamentavelmente deixada inacabada, *Wirtschaft und Gesellschaft* (Tübingen, 1922).

pecial com vistas à seleção do material relevante para seus problemas específicos, uma seleção mediante determinadas construções conceituais, precisamente por meio da formação de *tipos ideais*. Esses tipos ideais não correspondem em absoluto a tipos médios estatisticamente verificáveis, pois o princípio de escolha que lhes fundamenta é ele mesmo, por seu lado, condicionado pela espécie particular do problema em vista do qual os tipos ideais, sempre heuristicamente determinados, são construídos. Os tipos ideais, porém, também não são esquemas vazios, resultantes de uma imaginação efusiva produzidos de forma arbitrária, pois têm necessariamente de encontrar verificação no material histórico concreto, na forma do qual o mundo social é dado ao observador. Em todo caso, por meio de um procedimento ideal-tipificante como esse é possível apreender, estrato por estrato, o sentido dos fenômenos sociais particulares enquanto sentido subjetivamente visado de ações humanas, e, assim, dar a conhecer a construção do mundo social como uma construção de conteúdos compreensíveis de sentido.

Porém, apesar da grandiosidade da concepção dessa sociologia "compreensiva" de Weber, também ela se baseia em uma série de ideias tacitamente pressupostas cuja explicação continua a se mostrar um postulado imperativo, visto que apenas uma análise radical dos elementos autênticos e originários do agir social garante uma fundamentação segura para o desenvolvimento da pesquisa social. Somente quando forçado pela necessidade – e a princípio com evidente relutância – que Max Weber se dedicou à fundamentação teórica da sua ciência, por ter de longe preferido lidar com problemas concretos do seu campo disciplinar de estudos. Sua intenção sempre foi de tratar questões próprias à teoria da ciência apenas enquanto o estudo de problemas concretamente relacionados à sua disciplina científica o exigia, e para obter ferramentas úteis a essa atividade mediante investigações em teoria do conhecimento; tão logo esse instrumentário se lhe encontrava à disposição, o autor abandonava a análise[4]. Apesar de tudo de significativo que Weber rea-

---

4. Cf. a esse respeito o relato de Marianne Weber em *Max Weber, ein Lebensbild* (Tübingen, 1926, p. ex., p. 322).

lizou como metodologista, apesar da integridade do seu olhar para a problemática da construção de conceitos nas ciências sociais e do modo admirável como seu instinto filosófico lhe permitia manter a atitude correta na crítica do conhecimento, a recondução radical de suas conclusões a princípios filosóficos seguros lhe era tarefa tão pouco interessante quanto a clarificação dos fundamentos dos conceitos básicos por ele formulados.

E nesse ponto ficam também evidentes as limitações do trabalho teórico de Max Weber. Sua análise do mundo social é interrompida em um estágio no qual apenas aparentemente foram evidenciados os elementos do fenômeno social em sua forma mais simples ou prescindível de redução. Porém, o conceito de ação individual significativa e – por conseguinte – compreensível, noção propriamente fundamental da sociologia compreensiva, não representa em absoluto fixação unívoca de um autêntico elemento do fenômeno social, mas apenas dá nome a uma problemática com inúmeras ramificações e que exige aprofundamento. Weber não faz nenhuma distinção entre agir enquanto curso e ação executada, entre o sentido do produzir e o sentido do produto, entre o sentido do próprio agir e o sentido do agir alheio, isto é, entre vivências próprias e vivências de outrem, entre autocompreensão e compreensão do outro. Ele não investiga o modo específico da constituição de sentido para o agente, nem as modificações por que passa esse sentido para o parceiro no mundo social ou para o observador externo, tampouco a relação particular fundamental existente entre tudo que é relativo ao psíquico do ego e aquilo que se refere ao psíquico alheio, cuja elucidação é imprescindível para a apreensão precisa do fenômeno "compreensão do outro". De fato, Weber contrapõe o sentido subjetivamente visado de um agir a seu conteúdo de sentido objetivamente cognoscível. Mas ele não dá continuidade à diferenciação, e as variações específicas por que passa um contexto de sentido a depender da respectiva posição do interpretante são investigadas por Weber de modo tão superficial como a sua atenção dedicada à análise das perspectivas de apreensão nas quais consociados e contemporâneos são em princípio dados aos habitantes do mundo social. Contudo, o comportamento próprio, o comportamento vivenciado por si mesmo referente ao agir de consociados, o comportamento de predecessores e de contemporâneos, este conhecido pelo indivíduo meramente de modo mediado, apresentam entre si diferenças radicais quanto à estrutura de sentido. Pois o mundo social não é de modo nenhum homogêneo, senão estruturado de diversas formas, e o "outro", o parceiro de interação, é dado ao agente social, e ambos, por sua vez, ao observador, respectivamente em diferentes graus de anonimato, de proximidade vivencial e plenitude de conteúdo. O indivíduo, porém, em seus atos de interpretação e de posição de sentido, tem em conta esses escorços de perspectiva nos quais lhe aparece o mundo social, e que por essa razão também constituem objeto de pesquisa das ciências sociais. Pois se trata, aqui, não de diferenças empíricas relativas ao ponto de vista do indivíduo em determinado caso, mas de diferenças essenciais de natureza fundamental – *em especial da diferença existente entre a autointerpretação das vivências pelo próprio eu e a interpretação de vivências alheias pelo alter ego interpretante*. Ao eu agente e ao observador interpretante se apresenta, em perspectivas completamente distintas, não apenas a ação significativa singular e seu contexto de sentido, mas também o todo do mundo social. Somente com base nesse entendimento é possível explicar o modo específico de apreensão do alter ego na forma de tipo ideal, do qual falamos logo acima.

Weber sem dúvida enxergou todos esses problemas, mas apenas os analisou enquanto isso lhe parecia imprescindível para seus propósitos. Ele se contentou em pressupor ingenuamente o mundo em geral e, por conseguinte, também os fenômenos significativos do mundo social como *intersubjetivamente conformes*, e isso da mesma maneira como nós, na vida diária, ingenuamente sempre contamos com o dado prévio de um mundo externo homogêneo e em conformidade com nosso ponto de vista. Pois todos nós vivenciamos, no simples imergir no viver, nossas ações como investidas de sentido, e, dentro da visão de mundo natural, estamos "convictos" de que também outros indivíduos vivenciam seu agir como pleno de significado, e de modo exatamente igual a como nós mesmos vivenciaríamos tal agir. Além disso, temos convicção de que nossa interpretação desse sentido do agir alheio é, em geral, correta. Mas a apropriação acrítica de tais noções da vida diária no aparato conceitual de uma ciência terá necessariamente sérias consequências, seja com a furtiva e despercebida introdução, na definição de seus conceitos fundamentais, de equívocos que acabam prejudicando o desenvolvimento das investigações, com fenômenos essencialmente relacionados sendo considerados como totalmente distintos uns dos outros, pelo fato de suas raízes comuns, localizadas em âmbito mais profundo, não terem sido expostas. Se o que acaba de ser afirmado se aplicar, de modo bem geral, para toda ciência, então a aceitação não examinada de tudo que, na vida diária, é tomado como "óbvio" trará consigo um risco eminente, em especial para a sociologia. Pois, a rigor, justamente aquele mundo social da vida diária, cujas representações são apropriadas do curso do fenômeno social, deverá, por seu lado, tornar-se objeto de estudo científico pela sociologia, cuja tarefa, portanto, há de consistir, especificamente, em inquirir a "obviedade".

Precisamente neste ponto fica evidente a complicada estrutura inerente à relação das ciências sociais com seu material. A construção do mundo social tem caráter significativo para aqueles que o habitam; mas, por outro lado, também para as ciências sociais, que interpretam o mundo social que lhes é pré-dado. Vivendo no mundo social, vivemos com e para outros indivíduos, pelos quais orientamos nossa atividade diária. Ao vivenciá-los como "os outros", como consociados ou contemporâneos, predecessores ou sucessores, ao nos vincularmos a eles em comum operar e efetivar, ao instigá-los e sermos por eles instigados a tomadas de posição, *compreendemos* o comportamento desses outros indivíduos e pressupomos que compreendem o nosso. Nesses atos de interpretação e de posição de sentido se constrói para nós, em distintos graus de anonimato, em maior ou menor proximidade vivencial, em variadas perspectivas de apreensão que se cruzam, a estrutura de sentido do mundo social, o qual é tanto nosso mundo (a rigor, antes de tudo: meu mundo) como também o dos outros indivíduos.

Mas esse mesmo mundo, que *vivenciamos* como significativo, também o é enquanto objeto de *interpretação das ciências sociais*. Apenas com a diferença de que o contexto de sentido no qual a forma científica de interpretação busca inserir esse mundo não corresponde ao do vivo vivenciar, mas ao da observação ordenadora. O mundo social que se constitui e se constrói em nossa vida diária com outros indivíduos *é*, enquanto objeto das ciências sociais, já constituído e construído. Assim, toda ciência do sentido do mundo social toma como referência os atos significativos próprios ao *viver* no mundo social, a nossa experiência cotidiana referente a outros indivíduos, a nossa compreensão do sentido dado e a nossa posição de novo comportamento investido de sentido. Pois tudo isso, portanto também nossos atos de compreensão e posição de sentido, também nossas representações referentes ao sentido do comportamento próprio ou alheio ou ao sentido de um produto (na acepção mais ampla da palavra, incluindo também o que se costuma chamar de objetivações culturais) pertence ao mundo social. O estudo deste, enquanto algo significativo, é tarefa da ciência social. Desse modo, todas as ciências sociais têm como dado prévio um material com a particularidade de conter, já em nível pré-científico, elementos de sentido e compreensão que, com pretensão de validez categorial, apresentam-se de forma mais ou menos explícita no interior da própria ciência interpretativa.

Mesmo o comportamento humano apreendido na simples captura da vida diária é, portanto, investido de sentido e compreendido, ainda que de modo vago e difuso. Com cada fase da explicação desse vivenciar significativo indistinto que tem lugar no mundo social ocorre, então, um reordenamento dentro da estrutura de sentido, mediante reinterpretação dos substratos vivenciais a partir das esferas de clareza, respectivamente alcançadas, dos conteúdos explicitados. Isso se aplica fundamentalmente a cada uma das fases do processo de clarificação. O "ter sentido" na indistinção do simples imergir no viver, e a interpretação realizada com ajuda de um complexo sistema típico-ideal, por exemplo o da sociologia compreensiva, correspondem apenas a dois níveis de clareza relativos ao apreender de sentido, escolhidos ao acaso.

Investigar metodicamente as condições estruturais da construção significativa do mundo social esboçadas acima, desvelar suas relações fundamentais e diferenciar entre si cada um dos estratos, enquanto tarefas de uma teoria das ciências sociais, tornam-se tão mais imperativas se consideramos o fato de a controvérsia sobre o campo de estudo próprio à sociologia e acerca de seus fundamentos metodológicos ser determinada principalmente pela circunstância de cada pesquisador e cada corrente teórica tomar como ponto de partida para suas considerações estruturas de sentido do mundo social totalmente heterogêneas e que demandam, cada uma delas, métodos específicos de investigação. A estrutura de sentido respectivamente tida como "dado inquestionado" é então tido como campo de estudo exclusivo ou ao menos central da sociologia, e, o método considerado apropriado à sua elucidação, como único procedimento metodológico possível, ou então privilegiado, dessa ciência.

Por exemplo, uma visão geral sobre os grandes sistemas da sociologia alemã mais recente (como na boa exposição escrita por Freyer[5]) mostra que caracterizado como tema da sociologia é ora o mundo do espírito objetivo (Dilthey[6]), ora o todo pré-dado da sociedade enquanto mais alta representação do espírito (Spann[7]), ora, por sua vez, o conceito formal da ação recíproca (Simmel[8]). Ora se parte do conceito fundamental do contexto geral da cultura e se investiga o processo civilizatório e cultural tendo em vista o conteúdo significativo das culturas historicamente pré-dadas (Alfred Weber[9]), ora se descreve, partindo da relação social entre indivíduos, a essência das formações sociais e do grupo no qual se assentam (Wiese[10]); ou se considera todo o processo social como agir de massa, desenvolvendo, a partir dessa concepção, a ideia do progresso (Franz Oppenheimer[11]);

---

5. *Soziologie als Wirklichkeitswissenschaft.* Leipzig, 1930.
6. *Einleitung in die Geisteswissenschaften* – Der Aufbau der geschichtlichen Welt [atualmente, *Gesammelte Schriften.* Vols. I e IX. Leipzig, 1923-].
7. *Gesellschaftslehre.* Berlim, 1914. • *Kategorienlehre.* Jena, 1924.
8. *Soziologie.* 2. ed. Munique, 1922.
9. *Ideen zur Staats- und Kultursoziologie.* Karlsruhe, 1927.
10. *Soziologie.* Vol. I: "Beziehungslehre". Munique, 1924. • Vol. II: "Gebildelehre". Munique, 1928.
11. *System der Soziologie.* Vol. I. Jena, 1922/1923.

para então, por sua vez, se tomar como tema da sociologia o desenvolvimento da ideologia no curso do processo histórico e sua vinculação ao ser social (Mannheim[12]). Ante essas tentativas, a sociologia do conhecimento de Max Scheler[13] assume uma posição especial por representar apenas uma subdivisão dentro de um sistema da sociologia da cultura e do real, planejado em grande escala por seu fundador.

Em todos os casos mencionados, toma-se como objeto de análise formações de sentido encontradas dentro do mundo social, enquanto tais compreensíveis e por isso acessíveis à interpretação científica. Todas essas formações de sentido, porém, são redutíveis a processos realizados por agentes no mundo social, aos processos de compreensão e posição de sentido a partir dos quais elas se constituíram; para ser preciso: a processos de interpretação de comportamento *alheio* e de doações de sentido de comportamento *próprio*, das quais o indivíduo se torna consciente em autointerpretação. As fases singulares desse processo de constituição ainda não foram, contudo, de modo nenhum investigadas com a atenção necessária, e apenas raramente se evidenciou o grande problema da remissibilidade de todas essas estruturas de sentido a um único conjunto fundamental de fatos.

De fato, alguns poucos autores enxergaram esse problema e se propuseram a tarefa de determinar o campo de estudos próprio à sociologia mediante o esclarecimento dessas relações fundamentais. Assim o faz Litt[14], quando toma as vivências de consciência individuais como ponto de partida, para, passando pela descrição da relação-tu, avançar até os círculos culturais fechados. Como é o caso de Freyer[15], quando o autor busca fundamentar, partindo do curso do agir do indivíduo, o mundo do espírito objetivo; e sobretudo de Sander[16], na sua tentativa – radical e de grandes pretensões – de chegar, desde uma análise das ambições

---

12. *Ideologie und Utopie*. Bonn, 1929.
13. *Die Wissensformen und die Gesellschaft*. Leipzig, 1926.
14. *Individuum und Gemeinschaft*. 3. ed. Leipzig, 1926.
15. *Theorie des objektiven Geistes*. Leipzig, 1923.
16. *Allgemeine Soziologie*. Jena, 1930.

e volições desenvolvida com base na filosofia rehmkeschiana da consciência momentânea do eu solitário, à relação comunitária e à relação associativa, e então ao Estado, à economia e ao direito.

Mas também os trabalhos desses pesquisadores não nos dispensa da tarefa de submeter a uma análise radical o conceito central de "sentido", que, não apenas nas ciências sociais, mas também na literatura filosófica contemporânea[17], cobre aspectos bem heterogêneos.

No entanto, visto que o fenômeno de sentido deverá ser examinado em toda a sua extensão – enquanto sentido de vivências próprias e sentido de vivências alheias –, essa tarefa exige estudos preparatórios em filosofia de grande abrangência. Pois mesmo uma análise superficial já mostra que o *problema referente ao sentido* é um *problema referente ao tempo*, entretanto não ao espaço-tempo fisicalístico, divisível e mensurável, tampouco relativo ao tempo histórico, que sempre consistirá em um curso concretizado por eventos de caráter externo, mas sim concernente à "consciência interna de tempo", à consciência da duração própria ao ego, na qual, para o vivenciante, constitui-se o sentido das suas vivências. Somente nesse mais profundo âmbito vivencial acessível à introspecção, revelado apenas em reflexão estritamente filosófica, é possível encontrar a origem última dos fenômenos "sentido" e "compreensão". O árduo caminho até esses níveis de profundidade não pode, porém, ser evitado por quem pretende esclarecer os conceitos fundamentais das ciências sociais. Antes, só podemos apreender os fenômenos evidenciados na altamente complexa estrutura de sentido do mundo social se formos capazes de inferi-los a partir de leis essenciais, gerais e originárias, da vida da consciência. Somente as grandes

---

17. Cf. as nove ambiguidades contidas no conceito de sentido demonstradas por H. Gomperz (*Über Sinn und Sinngebilde, Verstehen und Erklären*. Tübingen, 1929, p. 5-21) a partir de alguns exemplos da literatura mais recente, e por outro lado o significado radicalmente distinto do conceito de sentido, p. ex., em Heidegger (*Sein und Zeit*. Halle, 1927, esp. p. 144-145, 147, 151-152) ou nos importantes trabalhos de Paul Hofmann ("Das Verstehen von Sinn und seine Allgemeingültigkeit". *Jahrbuch für Charakterologie*, vol. VI. • "Metaphysik oder verstehende Sinn-Wissenschaft", Caderno complementar de *Kantstudien*, 1929).

descobertas de Bergson, e sobretudo de Husserl, no campo da filosofia, abriram acesso a esses estratos mais profundos da reflexão filosófica. Apenas com a ajuda de uma teoria geral da consciência, como a filosofia da duração de Bergson ou a fenomenologia transcendental de Husserl, é possível encontrar a solução para os enigmas que cercam a problemática dos fenômenos da interpretação e da posição de sentido.

As investigações logo a seguir buscam estabelecer, partindo de questões levantadas por Max Weber, uma conexão com as conclusões seguras a que chegam ambos os filósofos acima mencionados e, com auxílio da análise da constituição, determinar de forma exata o *fenômeno de sentido*. Somente depois de definido esse conceito fundamental estaremos em condições de investigar, em análises progressivas, a estrutura de sentido do mundo social, e, desse modo, de consolidar o aparato metodológico da sociologia compreensiva em um âmbito mais profundo do que o alcançado por Max Weber.

Com isso estabelecemos o objetivo e também o caminho das nossas investigações. Buscaremos, considerando o problema concreto da sociologia compreensiva de Max Weber, adquirir clareza sobre seu propósito temático e, ao mesmo tempo, por meio de uma crítica do seu entendimento geral, demonstrar a necessidade de submeter os conceitos "compreensão atual" e "compreensão pelos motivos", "sentido subjetivo" e "sentido objetivo", "agir significativo" e "comportamento significativo" a uma análise mais ampla. Partindo desse último par de conceitos, será investigada, na *seção II* do presente estudo, a constituição de sentido no vivenciar próprio do eu solitário. Nesse contexto, as análises serão conduzidas até se chegar a uma definição do conceito originário de sentido, do sentido que se constitui na consciência interna de tempo, na duração do eu vivenciante. Com base na concepção bergsoniana de duração, mas sobretudo na análise da constituição das vivências de consciência desenvolvida por Husserl, serão descritas – partindo dos fenômenos de retenção e reprodução – a essência das vivências "bem-delimitadas", do comportamento derivado de atividade espontânea e a essência do agir realizado em função de um projeto preconcebido. Assim será determinado um primeiro conceito de sentido, que poderá servir de referência para as análises posteriores. Mediante descrição do fenômeno das modificações atencionais e por meio da redução do "contexto de sentido" ao processo temporal da execução sintética de ato, o contexto estrutural do mundo da experiência do eu surgirá como contexto constituído de sentido das vivências decorridas do eu. Ao mesmo tempo serão apresentados os esquemas de interpretação nos quais o eu, interpretando a si mesmo, insere suas vivências. As reflexões finais da segunda seção serão dedicadas à análise daquele contexto de sentido próprio ao agir, caracterizado de maneira geral como "contexto de motivação", conceito que, por sua vez, refere-se a conjuntos bem heterogêneos de fatos.

Somente na *seção III*, abandonando o mundo do eu solitário, passaremos à esfera social, realizando, assim, a transição da autocompreensão para a compreensão do outro. Nossa tarefa então consistirá em distinguir a compreensão das próprias vivências *referentes ao tu* daqueles atos de compreensão que têm como objeto as vivências *próprias ao tu*, e investigar as relações fundamentais existentes entre ambas. Nesse contexto, a teoria do signo e do índice, do produto e do testemunho ocupará amplo espaço, e, em uma análise da interpretação e da posição de sentido, será dada uma definição precisa aos conceitos de sentido subjetivo e sentido objetivo, apresentados na primeira seção para ilustrar o problema fundamental da sociologia compreensiva. O duplo problema daí resultante, de considerar as ciências humanas como ciências do sentido subjetivo e, ao mesmo tempo, do sentido objetivo, será tratado, em um breve excurso, como representação de uma atitude fundamental geral do pensar humano. Somente na *seção IV* estaremos em condições de elucidar, com base na análise da compreensão do outro, a estrutura do mundo social em geral, portanto de determinar o tema próprio das ciências sociais. Partindo novamente de Weber, submeteremos os conceitos de agir social e de relação social a uma análise radical, para então deixar claro o estado de coisas a que ambos esses termos se referem. Como resultado teremos, então, que o conteúdo significativo desses fenômenos varia a depender da esfera do mundo social em que os mesmos são encontrados, se no mundo dos consociados, dos contemporâneos, dos predecessores ou dos sucessores. Examinar todas essas regiões do mundo social e investigar as respectivas modificações pelas quais passam, em cada uma delas, interpretação e posição de sentido, contexto de motivação e perspectiva de apreensão é tarefa das demais exposições do quarto capítulo, parte central do presente trabalho. A radical distinção que ali se propõe, entre o modo de apreensão próprio ao mundo dos consociados e a forma de apreensão característica do mundo dos contemporâneos, assim como a constituição do tipo ideal que dela se permite inferir, nos possibilitará compreender, com toda clareza, a distinção, introduzida nas nossas considerações iniciais, entre o viver significativo no mundo social e a interpretação significativa desse mesmo viver pelas ciências sociais. No contexto dessas exposições, o campo de estudos da sociologia, enquanto ciência referida ao mundo dos contemporâneos, será distinguido do objeto da história enquanto ciência referente ao mundo dos predecessores.

Somente depois de se ter adquirido amplo entendimento acerca da estrutura do mundo dos contemporâneos, que é sozinha objeto das ciências sociais, poderemos passar aos problemas metodológicos destas, e em especial aos da sociologia compreensiva. Na *última seção* deste livro serão analisados, com base na determinação precisa desenvolvida no quarto capítulo, do método típico-ideal, alguns conceitos fundamentais da "sociologia compreensiva", especificamente os conceitos de "racional", de "adequação de sentido" e "adequação causal", de "probabilidade subjetiva" e "probabilidade objetiva". Os resultados finais da investigação também demonstrarão os fundamentos comuns das categorias weberianas. Somente desde esse contexto resultará possível um enunciado final sobre o campo de estudos próprio e o método específico da sociologia compreensiva, ponto de partida das nossas investigações introdutórias.

Completa-se, desse modo, o conjunto de problemas e temas; e não se trata porventura de uma formalidade, mas se fundamenta na essência da coisa que ponto de partida e de chegada destas análises seja o trabalho de quem mais profundamente avançou sobre os contextos estruturais do mundo social: a obra de Max Weber.

§ 2 O conceito de agir significativo em Max Weber

Segundo Weber, tarefa da sociologia compreensiva é "compreender interpretativamente o agir social", isto é, um "agir que, quanto a seu sentido visado pelo agente ou pelos agentes, refere-se ao comportamento *de outros*, orientando-se por este em seu curso". "Por 'agir' entende-se, nesse caso, um comportamento humano (tanto faz tratar-se de uma atividade externa ou interna, omitir ou permitir) sempre que e na medida em que o agente ou os agentes o relacionem com um sentido subjetivo"[18]. Nossas considerações a seguir se dedicam a essas definições fundamentais propostas por Weber.

Iniciemos nossa crítica com a definição de *agir*. O agir é, por si mesmo, investido de sentido para o agente, pois isso, precisamente, distingue a rigor agir de mero comportamento. Aqui ainda não é feita nenhuma referência à esfera social. Também todo agir voltado a um objeto no mundo é, desde sempre, investido de sentido. Quando mergulho minha pena no tinteiro ou acendo a minha lâmpada, relaciono um sentido a esse agir. Esse *primeiro* conceito de sentido serve, pois, por definição, como base também para aquele agir qualificado como social, referido, a saber, ao comportamento de outro indivíduo.

Consideremos brevemente esse traço específico do agir *social*. Este deve, antes de tudo, quanto ao seu sentido visado, ser referido a outrem, a um alter ego. Com a introdução desse aspecto ocorre a passagem a um *segundo* estrato de sentido. Pois o agente social relaciona com seu agir (o qual, como mostrado acima, é em si mesmo significativo) o sentido de que aquele algo que ele toma como referência para seu agir é outro indivíduo, um alter ego, um tu. Seu agir, portanto, encontra-se significativamente referido à existência do mesmo. Mas nem todo agir que satisfaz a essa condição deve logo ser considerado, segundo Max Weber, agir social. "Nem todo tipo de contato entre pessoas é de caráter social", diz Weber, "senão apenas um comportamento próprio orientado significativamente pelo *comportamento de outro indivíduo*. Um choque entre dois ciclis-

---

18. WEBER, M. *Wirtschaft und Gesellschaft*, p. 1.

tas, por exemplo, é um mero evento, como uma ocorrência natural. Porém, bem que seria agir social sua tentativa de se desviar do outro, assim como a discussão pacífica, os insultos ou a briga após o choque"[19]. Weber determina, portanto, que ao agente social deva ser compreensível (a saber, dado como sentido) não apenas a simples existência de outrem, mas também o *comportamento de outro indivíduo*; com isso se realiza a passagem a um *terceiro* estrato de sentido. Pois, sem dúvida, o sentido da vivência "este é meu próximo" e o sentido da vivência "este, que compreendi como meu próximo, comporta-se de determinada maneira, e este seu comportamento tomo significativamente como referência para o meu" pertencem a estruturas de sentido distintas. Max Weber deixa isso bem claro quando, ao explicar o conceito de "outro", observa: "Os 'outros' podem ser indivíduos e conhecidos ou uma multiplicidade indeterminada e totalmente desconhecidos ('dinheiro', por exemplo, significa um bem de troca, algo que o agente aceita no ato de troca porque seu agir se orienta pela expectativa de que muitos outros indivíduos, mas desconhecidos e em número indeterminado, futuramente estarão, por seu lado, dispostos a aceitá-lo em troca de algo)"[20]. Nesse caso, portanto, o estrato de sentido acima mencionado ("este é meu próximo") não chega a ser apreendido tematicamente, pois, não sem razão, ele é suposto como dado inquestionado pelo agente (em nosso caso aquele que aceita o dinheiro como bem de troca), com base em sua experiência social. Somente a terceira referência significativa, desenvolvida acima, relativa ao "comportamento" de outros indivíduos, os quais no caso citado permanecem anônimos, é tematicamente evidenciada.

Um *quarto* estrato de sentido surge junto com o postulado de que agir social haveria de ser *orientado*, em seu decorrer,

---

19. Ibid., p. 11.
20. Esse termo, que mais tarde será explicitado em detalhes, foi formulado por Scheler no contexto do desenvolvimento da concepção de "visão de mundo relativamente natural" (*Wissensformen und Gesellschaft*, p. 59). Felix Kaufmann, em seu livro *Die philosophischen Grundprobleme der Lehre von der Strafrechtsschuld* (Leipzig/Viena, 1929), utilizou o conceito no contexto da sua análise do valor.

pelo comportamento de outrem. O significado desse conceito, de fato pouco claro, de "ser orientado" – que também sofreu crítica, ainda que em parte equivocada[21] –, apenas poderá ser esclarecido mais adiante, no desenvolvimento das nossas investigações[22]. Todas essas estruturas de sentido são *compreendidas* pelo agente social, pois apenas isso pode significar ele referir seu agir, em função do sentido por ele visado, ao comportamento de outro indivíduo. Ademais, "compreender" esse comportamento social é, para Weber, tarefa fundamental da sociologia, cuja interpretação de sentido ocorre, assim, por seu turno, em outro (*quinto*) estrato.

A análise realizada até aqui já indica três grandes conjuntos de problemas relacionados ao conceito de agir social, os quais deverão ser discutidos mais adiante: 1) O que significaria a afirmação de que o agente relaciona, com seu agir, um sentido? 2) De que maneira o alter ego seria pré-dado ao eu como algo significativo? 3) De que maneira o eu compreende comportamento alheio a) em geral, b) quanto ao sentido subjetivamente visado por quem se comporta de determinado modo? Tais questões, a rigor, não pertencem à ciência social. Antes, referem-se ao substrato, há pouco caracterizado, do seu objeto, a saber, à constituição do mundo social nos atos posicionais e interpretantes da vida diária compartilhada. Neste estágio das nossas investigações ainda não é possível desenvolver uma análise exata dos problemas. Aqui, em que se trata apenas de obter um ponto de partida, deverão bastar algumas poucas indicações, formuladas com validez meramente provisória, forçosamente imprecisa.

A questão sobre o que seria comportamento significativo, sobre como distingui-lo do comportamento desprovido de sentido, é analisada repetidas vezes por Weber. Ele menciona os

---

21. Como Sander ("Gegenstand der reinen Gesellschaftslehre". *Archiv für Sozialwissenschafte*. Vol. LIV, p. 329-423), que supõe que Weber quis dizer com "orientação" que o objeto de todo ato social significaria a causação de comportamento alheio mediante comportamento físico próprio (ação expressiva) (op. cit., p. 335).

22. Cf. seção II, § 17, p. 137ss.

limites de fato tênues do comportamento significativo em geral e dá como exemplo para tal caso-limite o comportamento afetivo. "O comportamento estritamente afetivo está no limite ou além daquilo que é conscientemente orientado 'pelo sentido'; pode ser um reagir desenfreado a um estímulo não-cotidiano. Trata-se de *sublimação*, quando o agir afetivamente condicionado surge como descarga *consciente* do estado emocional: ele já se encontra, então, na maioria das vezes (não sempre) a caminho da 'racionalização valorativa' ou do agir teleológico, ou de ambos"[23].

Ao comportar-se afetivo, portanto desprovido de sentido ou – nas palavras de Weber – que se encontra além dos limites do "conscientemente" (NB.!) significativo, é contraposto o agir afetivo. Agir afetivo tem em comum com o agir racional em termos valorativos que o sentido do agir "não reside no resultado que o transcende, mas sim no agir enquanto tal, de determinado modo peculiar. Age afetivamente quem satisfaz sua necessidade de vingança atual, de prazer atual, de entrega atual, de felicidade contemplativa atual ou de ab-reação de afetos atuais (tanto faz se de maneira bruta ou sublimada)"[24].

Mas não apenas o comportar-se afetivo e, até certo grau, também o racional em termos valorativos se encontram bem próximos ao limite do significativo. Pode-se dizer o mesmo também em relação às "regularidades efetivas no interior do agir social" descritas por Weber, isto é, aos "cursos de agir comuns que se repetem, em um sentido visado de modo tipicamente idêntico, com o mesmo agente ou (eventualmente também: simultaneamente) com muitos agentes"[25], como uso, costume etc., além do "comportamento tradicional", que, como Weber reconhece, "encontra-se por completo no limite e muitas vezes além daquilo que se pode chamar, em geral, de agir orientado 'pelo sentido'. Pois muito frequentemente ele

---

23. WEBER, M. *Wirtschaft und Gesellschaft*, p. 12.
24. Ibid., p. 12.
25. Ibid., p. 14.

consiste apenas em um reagir surdo a estímulos costumeiros que ocorre na direção da atitude habitual"[26].

As passagens citadas mostram que, em Weber, a concepção de agir como comportamento significativo de fato se encontra delimitado de modo bastante impreciso. Podemos já antecipar os motivos mais fundamentais que o levaram a formular o conceito de agir como indicado acima. Estes são de duas espécies. Primeiro, ao definir o comportamento significativo, Weber considera como "arquétipo" do agir um comportamento bem específico, a saber, o racional, especificamente o comportamento racional com respeito a fins, do mesmo modo como, para o autor, a orientação por determinada finalidade sempre, em quaisquer circunstâncias – e, do ponto de vista da sociologia compreensiva, não sem razão[27] –, servirá de modelo para a construção significativa. Em segundo lugar, a classificação do comportamento nos tipos do racional referente a fins, racional em termos valorativos, afetivo e tradicional se baseia em uma equiparação entre o sentido relacionado com um agir e o motivo desse agir – um equívoco que, como logo será mostrado, induz Weber a aceitar várias incoerências no desenvolvimento de sua teoria. A princípio, a tese de Weber parece encontrar fundamento nas experiências da nossa vida diária. Se me volto à sucessão dos meus afazeres diários, que realizo sozinho ou vivendo entre semelhantes, e busco determinar seu sentido visado, encontrarei, sem dúvida, em muitas dessas ações, talvez na maioria delas, certo automatismo. O fato de eu agir dessa forma se afigura a mim de modo inquestionado, visto que, ao agir e me comportar no âmbito dessa minha atividade, não encontro nenhum sentido claramente evidente, ou, precisamente, apreendo sentido apenas de forma indistinta. Contudo, não se deve confundir o grau de clareza no qual o sentido do meu agir

---

26. Ibid., p. 12.
27. Cf. seção V, § 48. • WALTHER, A. "Max Weber als Soziologe". *Jahrbuch für Soziologie*. Vol. II. Karlsruhe, 1926, p. 1-65, esp. p. 35-36. • GRAB, H. "Der Begriff des Rationalen in der Soziologie Max Webers". Karlsruhe, 1927, esp. p. 25-35.

me é apreensível com esse sentido mesmo. O fato de também a maioria dos afazeres da vida diária não ser "desprovida de sentido" é comprovado simplesmente por eu poder constatar a qualquer momento seu caráter significativo – dito de modo preciso, de elucidar o sentido que lhes é inerente –, na medida em que as destaco do curso geral das minhas vivências e me volto atentamente a elas. Significatividade, portanto, não é critério para determinar se essa minha atividade consiste em agir ou mero comportamento "reativo", desde que se pretenda conservar ao termo "sentido" sua generalidade e amplitude originais. Pois também meu comportamento tradicional ou afetivo não é, de modo nenhum, sem sentido para mim. Posso a rigor até mesmo afirmar, a respeito de cada vivência a que me volto, que vinculo um sentido a ela. Portanto, o que distingue agir de comportamento não é que o último não tenha sentido para mim e que o primeiro seja subjetivamente significativo, mas, antes, o sentido particular de cada um. Surge, então, a difícil questão sobre o sentido específico do agir, em oposição ao do mero comportar-se, e com ela a outra pergunta sobre em que, a princípio, consistiria o agir. Todos esses problemas ainda nos ocuparão em diferentes oportunidades. Essas alusões, contudo, já indicam o nível de profundidade ao qual a análise do conceito de sentido haverá de nos conduzir.

O segundo conjunto de problemas assinalado anteriormente – o caráter significativamente pré-dado do alter ego – não chega a ser analisado em nenhum de seus aspectos por Weber, que, ao tratar a interpretação do comportamento alheio, pressupõe a existência significativa do outro indivíduo como simplesmente dada. Desde a perspectiva em que ele formula seus problemas, tampouco parece se fazer necessária uma discussão aprofundada a respeito da constituição do alter ego na consciência autopertencente. No entanto, a questão sobre o caráter pré-dado específico ao anímico alheio sempre terá de ser levantada tão logo se pretenda pesquisar o sentido subjetivamente visado do comportamento de outro indivíduo.

§ 3 O caráter pré-dado do alter ego e o postulado da apreensão do sentido subjetivo

O postulado da investigação do sentido visado do agir de outrem já pressupõe implicitamente uma teoria da apreensibilidade do anímico alheio e, com ela, determinado entendimento fundamental a respeito do modo específico em que o alter ego é pré-dado. Inquirir o sentido visado alheio de forma legítima a princípio somente será possível se presumido que também o outro indivíduo vincula um sentido ao seu comportamento, e que esse sentido pode ser por ele tomado em perspectiva da mesma forma como eu sou capaz de fazê-lo em relação ao sentido do meu agir. Ainda, o fato de esse sentido visado de uma ação ou de um comportamento alheios não coincidir necessariamente com o sentido que o processo percepcionado – que eu interpreto como agir ou comportamento alheios – tem para mim, para o observante, é o segundo pressuposto contido nesse postulado. Mas essa pressuposição não chega a ser tão óbvia a ponto de poder ser aceita sem um exame mais detido. Se – mediante uma variação da intropatia, por exemplo – as vivências particulares do alter ego e o conteúdo da sua sucessão me fossem acessíveis da mesma forma como minhas próprias vivências e seus cursos o são, ou se eu pudesse tomar a vivência de outrem em perspectiva imediatamente em "intuição interna"[28], como afirma Scheler, então a vivência alheia, aqui chamada de sentido visado do comportamento de outrem, teria de ser, para mim, quem observa, apreensível no modo da "posse de coisa mesma". Mais ainda, o comportamento alheio de fato teria, para mim, exclusivamente *o* sentido que o outro in-

---

28. "Intuição interna é um direcionamento de ato, em que podemos realizar em relação a nós mesmos ou ante outros indivíduos atos correspondentes. *Esse 'direcionamento de ato' abarca desde o princípio, em função do 'poder', também a mim e o vivenciar do outro, do mesmo modo como abarca também meu eu e vivenciar em geral*" (SCHELER, M. *Wesen und Formen der Sympathie*. 11. ed. Bonn, 1923, p. 288). "Desde o ponto de vista do ato da percepção interna e da sua essência, assim como em relação à esfera dos fatos que aparece em percepção interna, qualquer um pode apreender o vivenciar do semelhante tão imediatamente (*ou de modo mediato*) como seu próprio" (ibid., p. 296-297). Similar ao que afirma Litt em *Individuum und Gemeinschaft* (3. ed. Leipzig, 1926, p. 100-101).

divíduo relaciona com ele, e a afirmação de que esse comportamento de outrem tem para mim um sentido diverso, por exemplo objetivo, seria absurda. Em todo caso, porém, como ainda será mostrado[29], a assunção de uma intropatia desse tipo, total, encontra-se, enquanto hipótese, em conflito direto com as leis essenciais da vida da consciência. A resultados distintos chega a teoria que instrui no ser pré-dado, entre os aspectos gerais do alter ego, "antes de tudo" seu corpo somático, ou, melhor dizendo, a aparição de seu corpo, suas alterações, seus movimentos etc., e que somente fundado nesse dado se chegaria, *em última instância*, à suposição do *caráter anímico, da existência do eu alheio*[30]. Essa tese conclui que nos seriam dadas apenas coisas do mundo externo, jamais aspectos do psíquico alheio, que a assunção da sua existência seria apenas elemento prescindível se comparada à assunção da existência dos aspectos físicos, que, ante esses aspectos, o psíquico alheio seria apenas secundário desde o ponto de vista da teoria do conhecimento, e que teses a seu respeito seriam em geral desprovidas de sentido científico, pois juízos dessa natureza consistiriam apenas em asserções sobre representações objetivas concomitantes, sem conteúdo empírico. Em alguns escritos, Carnap[31] de fato chegou a defender essa concepção, que parece se sustentar na circunstância de que aquilo que chamamos de agir ou comportamento alheios se nos oferece efetivamente não como uma série de vivências próprias a outro indivíduo, não do modo, por exemplo, em que nosso próprio comportamento se nos apresenta – como sucessão de nossas próprias vivências –, senão na forma de ocorrência no mundo externo, como uma alteração percepcionada no objeto chamado de corpo somático

---

29. Cf. seção III, § 19, p. 157.
30. Às objeções de Scheler contra essa teoria (*Sympathie*, p. 281ss.) deve ser dada toda razão. Sem dúvida é impossível inferir a existência do alter ego apenas a partir da aparição de seu corpo, não desde o caráter pré-dado de sua unidade psicofísica. Sobre esse assunto, cf. seção III, § 19, p. 159.
31. CARNAP, R. *Logischer Aufbau der Welt*. Berlim, 1928, esp. p. 185ss. • CARNAP, R. *Scheinprobleme in der Philosophie*, 1928, esp. p. 18ss. Não é possível oferecer, neste contexto, uma crítica das ideias carnapianas. Carnap recorre ao que atesta a lógica formal, sem dar conta de que sua validade intersubjetiva já pressupõe ingenuamente o psíquico alheio enquanto campo de estudos.

alheio. Porém, para que esse objeto seja a princípio considerado como tal, como corpo de outro indivíduo, temos já de pressupor a existência de um eu alheio, sua "animação". A referência ao corpo de outrem ocorre apenas quando temos em perspectiva o comportamento ou agir alheios enquanto curso e de modo imediato. Entretanto, no modo de apreensão característico da vida diária, agir ou comportamento alheios se tornam visíveis não apenas na forma de ocorrência no corpo somático de outrem, mas também em objetualidades do mundo externo produzidas por outros indivíduos; não apenas nos movimentos de lábios realizados por outras pessoas, mas também nas ondas sonoras assim originadas; não apenas em trabalhos manuais alheios, mas também naquilo que estes realizaram. Partindo desses objetos do mundo externo, desses produtos, é possível inquirir os cursos do produzir, ou seja, as ações alheias mediante as quais os mesmos foram produzidos. Em todo caso, todos esses processos e coisas do mundo externo têm, para mim, para quem os vivencia – e os vivencia mediante apreensão –, sentido, mas este necessariamente não corresponde ao mesmo sentido que o outro indivíduo, que aquele que realizou essa ação, relaciona com seu agir. Pois essas objetualidades do mundo externo (ocorrências e produtos) consistem meramente em *índices* do sentido visado do agente, cuja ação percepcionamos na forma de curso, ou cuja ação produziu aquele objeto do mundo externo. Utilizamos o termo "índice" no sentido precisado por Husserl[32] na primeira das suas *Investigações lógicas*, referente à "circunstância de quaisquer objetos ou estados de coisas, de cuja existência alguém tem um conhecimento atual, indicarem-lhe a existência de certos objetos ou estados de coisas outros, no sentido de que a convicção acerca do ser de um é por ele vivenciada como motivo (precisamente como um motivo não-intelectivo) para a convicção ou a suposição acerca do ser de outros."

A seguir, para não complicar desnecessariamente a problemática, vamos ignorar aqueles produtos do agir que remetem ao próprio agir e nos limitaremos a considerar as alterações no corpo somático de outrem como substrato do agir alheio dado

---

32. HUSSERL, E. *Logische Untersuchungen*. Vol. II. 4. ed. Halle, 1928, parte I, p. 25.

a nós, observadores. Estas só atuam como índices das vivências de consciência de outros indivíduos pelo fato mesmo de o corpo somático alheio ser campo de expressão das vivências daquela unidade psicofísica que chamamos de alter ego e não apenas uma coisa do mundo externo, não apenas um fragmento de matéria análogo aos objetos da natureza inanimada.

Em todo caso, porém, a noção de corpo somático enquanto *campo de expressão* segue ambígua. As equivocações contidas no termo "expressão" já foram demonstradas por Husserl na primeira das suas *Investigações lógicas*. Aqui nos limitamos à indicação de que, na literatura sociológica, não raro[33] é todo agir alheio interpretado como expressão de um vivenciar de outrem. Nesse emprego da palavra, "expressão" assume um duplo significado: de um lado, refere-se à circunstância na qual o curso externo do agir é interpretado como índice de um curso de vivência do agente; de outro, à circunstância em que o agente, com a realização da ação, e por meio dela, "pretende expressar algo". Mas nem tudo que *"vem* à expressão", nem tudo que pode ser interpretado como índice do vivenciar alheio, também é efetivamente *"trazido* à expressão" (como no caso, por sinal, dos chamados movimentos expressivos, por exemplo o corar de raiva). Inversamente, nem tudo que o sujeito da posição de uma ação pretende com ela expressar vem a ser expresso[34].

Trata-se de uma distinção de grande valor significativo. Definir o corpo somático como campo de expressão será justificado sempre que as alterações percepcionadas no mesmo puderem

---

33. P. ex., FREYER, H. *Theorie des objektiven Geistes*, p. 14ss. • LITT, T. *Individuum und Gemeinschaft*. Op. cit., p. 97ss., 141ss., 182ss. E, antes deles: SANDER, "Gegenstand der reinen Gesellschaftslehre", op. cit., p. 338, 354. Em sua obra *Allgemeine Soziologie* (Jena, 1930), Sander diferenciou, em contrapartida, em sutis investigações, o conceito "expressão" (p. ex., p. 177ss.).

34. Outra equivocação no termo "expressão", especificamente na ideia de expressão como signo significativo – p. ex., como a língua – segue, aqui, embora não nas exposições mais adiante, desconsiderada, a princípio para não complicar ainda mais a problemática, mas também porque todo signo, enquanto produto, remonta a um curso externo do produzir, e, por conseguinte, relaciona-se apenas indiretamente com a questão aqui tratada, concernente ao modo como os cursos de vivência de outrem podem ser associados às ocorrências externas do agir alheio.

ser em regra[35] interpretadas como vivências alheias de consciência que vêm à expressão. Isso, porém, não significa outra coisa senão que essas alterações percepcionadas no corpo somático alheio são índice da vivência de consciência de outrem. Com isso não se afirma em absoluto que a cada alteração percepcionada no corpo somático alheio e interpretada como "expressão" possa ser atribuído também um intento "expresso" no sentido original da palavra; tampouco que o agente, portanto, com seu agir, tenha pretendido trazer à expressão, ou, como também podemos dizer, manifestar, uma vivência de consciência. Por exemplo, dizer que o lenhador traz à expressão, com sua atividade, o desejo de derrubar árvores seria uma descrição simplesmente incorreta. Pois todo intento expresso pressupõe, enquanto manifestação, um receptor em vista do qual ocorre a "exteriorização". Por conseguinte, pode-se apenas falar de expressão nesse sentido se aquilo que veio a ser expresso foi trazido à expressão com intento comunicativo[36].

Mas o que, afinal, vem a ser expresso no campo de expressão do corpo somático alheio? Seria a vivência alheia mesma, percepcionada de forma imediata, ou porventura o sentido visado relacionado pela outra pessoa com essa sua vivência? Ao levantarmos essas perguntas, passamos a considerar o terceiro dos problemas assinalados no parágrafo anterior.

Scheler descreve o estado de coisas em questão da seguinte forma: "É certo, sem dúvida, que presumimos apreender diretamente, no sorriso, a alegria, nas lágrimas, o sofrimento e a dor do outro, no seu corar, sua vergonha, em suas mãos estendidas, sua súplica, no seu olhar terno, seu amor, no seu ranger de dentes, sua raiva, em seu punho ameaçador, seu ameaçar,

---

35. Apenas em sentido restrito é a alteração patológica percepcionável no corpo somático alheio índice de vivências de consciência do paciente, de sua dor física ou, p. ex., de seu humor. A formulação no texto é forçosamente imprecisa e provisória.

36. O caso particular no qual o autor da posição de sentido fantasia a si mesmo como receptor da manifestação (anotação em meu caderno de apontamentos) é, aqui, porque insignificante para a reflexão objetiva, desconsiderado.

nos seus sons verbais, o significado do que quer dizer etc."[37]. Suponhamos a afirmação formulada por Scheler como correta e que todos esses conteúdos psíquicos – alegria, sofrimento, dor, vergonha, súplica, amor, raiva, ameaças, significados das palavras – nos sejam dados diretamente em atos da percepção interna, sem necessidade de nenhuma espécie de "inferência". Seria, com isso, da mesma maneira, simplesmente dado a nós também aquilo que o outro – que o indivíduo que nos estende a mão, que nos ameaça com o punho cerrado, que a nós se dirige com palavras – *visa* com esse seu agir (que se pressupõe ser a nós orientado)? Aqui se faz oportuna uma distinção mais precisa. Se por sentido visado de ações alheias não devemos compreender outra coisa senão o conteúdo manifestado da expressão, a saber, que "este aqui" "suplica", "ameaça" etc., então bem posso afirmar que "percepcionei internamente" ou – dito de outra forma – tomei, em simples captura, o sentido visado. Contudo, caso se compreenda por sentido visado, além disso, que o expressante não apenas visa o que é "manifesto" no ato da manifestação, mas também relaciona um sentido com *o fato de* ele mesmo manifestar algo – por exemplo, o sentido referente ao fato de ele, agora, aqui, assim, na presença de determinado indivíduo, realizar o ato de expressão, ou o sentido relativo à circunstância de ele executar esse ato com base em expectativas ou motivos quaisquer; portanto, se inquirido for não o que *significa* o agitar do punho (resposta: um ameaçar), mas o que *visa* este indivíduo ao levantar o punho contra *mim* – logo, ao me ameaçar – (exemplo de resposta: ele espera um determinado comportamento de minha parte), nesse caso, então, *esse* "sentido visado" não nos é de modo nenhum simplesmente acessível na percepção interna. Antes, temos dado apenas o estado de coisas objetivo a ser por nós interpretado, referente àquele "movimento expressivo" do corpo somático alheio que consideramos um ameaçar. Mas mesmo se admitido que, na vida diária, compreendemos o sentido de uma expressão enquanto tal (cerrar o punho = ameaça) em simples evidência (só bem mais adiante poderá ser comprovado o fato de esse compreender estar, a rigor, fundado em contextos

---

37. SCHELER, M. *Wesen und Formen der Sympathie*, p. 301-302.

de sentido inapercebidos altamente complexos), todavia não se encontra, desse modo, acesso ao sentido visado que o sujeito da ameaça relaciona com esse seu agir.

Quando Scheler, nas passagens acima citadas, refere-se à apreensibilidade de vivências alheias em percepção interna, vem-lhe a propósito o fato de o autor, na escolha de seus exemplos, em geral se limitar aos chamados "movimentos expressivos". Mas o que podemos dizer em relação à nossa compreensão de outras ações ou de outros modos de comportamento? Poderia realmente ser afirmado que, no percepcionar do curso externo da ação do derrubar de árvore, as vivências do lenhador nos são diretamente dadas? E, se essa pergunta puder ser afirmativamente respondida: quais vivências do lenhador? Seu esforço físico? Ou o fim que ele considera para sua atividade? Ou o motivo que lhe impele a realizá-la? Todas essas questões, aqui formuladas apenas superficialmente, fazem referência a níveis de profundidade que apenas serão alcançados conforme avançarmos com as análises. No presente contexto, em que se trata apenas da indicação mesma dos problemas, basta-nos essa referência. Amplia-se o horizonte dessa temática – não raro tratada muito rapidamente na literatura especializada – quando elucidamos a resposta dada por Weber às questões acima a partir de uma análise dos tipos, por ele formulados, da *compreensão atual e da compreensão pelos motivos*.

Weber distingue entre duas espécies de compreensão: "Compreensão pode significar: 1) compreensão *atual* do sentido visado de uma ação (inclusive de uma exteriorização). 'Compreendemos' de modo atual, por exemplo, o sentido da proposição $2 \times 2 = 4$ que ouvimos ou lemos (compreensão racional atual de pensamentos), ou um ataque de cólera que se manifesta em expressão facial, interjeições, movimentos irracionais (compreensão irracional atual de afetos), ou o comportamento de um lenhador ou de alguém que põe a mão na maçaneta para fechar a porta ou que aponta a espingarda a um animal (compreensão racional atual de ações). Mas compreensão pode significar também: 2) compreensão *explicativa*: 'compreendemos' *pelos motivos* qual sentido aquele que pronuncia ou escreveu a proposição 2 x 2 = 4 relacionou com o fato de tê-lo *feito* agora e neste contexto, quando o vemos ocupado com um cálculo comercial, uma demonstração científica, um cálculo técnico ou outra ação a cujo contexto 'pertence' essa proposição em função de seu *sentido* compreensível por nós, isto é, a proposição adquire um *contexto* de sentido que nos é compreensível (compreensão racional de motivação). Compreendemos o cortar a lenha ou o apontar a espingarda não apenas de modo atual, mas também pelos motivos, quando sabemos que o lenhador executa essa ação seja por compensação salarial, seja para uso próprio da madeira ou para sua recreação (racional), ou então 'porque ab-reagiu a uma irritação' (irracional) [...]. Todos esses são *contextos de sentido* compreensíveis cuja compreensão consideramos um *explicar* do curso efetivo da ação. 'Explicar' significa, portanto, para uma ciência que se ocupa do sentido do agir, tanto quanto: apreensão do *contexto* de sentido a que pertence, em função de seu sentido subjetivamente visado, um agir compreensível de modo atual [...]. Para todos esses casos, incluídos os processos afetivos, denominamos o sentido subjetivo do acontecimento, também próprio ao contexto de sentido, de sentido 'visado' (nesse aspecto, portanto, para além da compreensão 'atual', da compreensão 'pelos motivos' e da linguagem comum, a qual, nesse entendimento, costuma se referir a 'visar' somente quando se trata de agir racional e intencionalmente orientado por um fim)"[38].

Essa passagem, bastante elucidativa, exige uma análise mais atenta.

§ 4 Crítica dos conceitos "compreensão atual" e "compreensão pelos motivos" em Max Weber

Como se demonstra a partir da passagem citada anteriormente, "sentido visado" significa, em Weber, duas coisas distintas: ora o termo designa o sentido subjetivo de um agir para o agente, e que pode ser apreendido na compreensão atual; ora,

---

38. WEBER, M. *Wirtschaft und Gesellschaft*, p. 3ss., cf. p. 2, ponto 3. • WEBER, M. "Über einige Kategorien der verstehenden Soziologie". *Gesammelte Aufsätze zur Wissenschaftslehre*, esp. p. 408ss.

contudo, também o contexto de sentido que pode ser inferido mediante compreensão explicativa ou pelos motivos e ao qual pertence um agir compreensível de modo atual em função de seu sentido subjetivamente visado.

Consideremos primeiro a *compreensão atual*, especificamente a de "afetos" e "pensamentos". Como seria possível apreender, na compreensão atual, o "sentido subjetivo" dessas vivências? Como acentuado – com razão – pelo próprio Weber[39], conclui-se apenas com muita dificuldade se determinado agir afetivo de fato caracteriza comportamento significativo, ou seja, agir. Por exemplo, "percepciono internamente" (como diria Scheler) no indivíduo A um ataque de cólera; portanto apreendo, em um ato de compreensão atual – na terminologia de Weber –, a mímica e os gestos de A enquanto ataque de cólera. Teria eu com isso já constatado que A se comportou apenas de modo reativo? Teria eu com isso já constatado, portanto, se seu comportamento se encontra "para além dos limites do ser orientado conscientemente significativo", se se trata de um "reagir a um estímulo não-cotidiano", ou se A satisfaz sua necessidade de ab-reação de seu afeto atual e se o sentido do seu agir reside, *para ele*, no ataque de cólera enquanto tal? Uma conclusão acerca desse problema é impossível de ser obtida no âmbito da compreensão *atual*. Embora eu tenha compreendido de maneira "atual" a complexa ação expressiva de A como ataque de cólera, não tenho claro o sentido subjetivo que A possivelmente relacionou com essa ab-reação.

O mesmo vale para a "compreensão atual" de pensamentos, por exemplo do juízo 2 x 2 = 4. Apenas recentemente Husserl[40] esclareceu o duplo significado do conceito "sentido" em relação à esfera judicativa. "Como sentido de uma asserção pode ser entendido 1) o *juízo* em questão. Contudo, se quem faz a asserção passa da mais pura certeza 'S é p' para o supor, para o considerar-como-provável, para o duvidar, para a resposta afirmativa ou para a rejeição contestadora, ou também para a assunção do mesmo 'S é p', tem-se então 2) como sentido do juízo o

---

39. Cf. a passagem supracitada, em § 2, p. 38s.
40. HUSSERL, E. *Formale und transzendentale Logik*, p. 192-193.

'*conteúdo de juízo*', enquanto *algo de comum* que, *na mudança do modo de ser* (certeza, possibilidade, probabilidade, questionabilidade, 'efetividade', nulidade), na perspectiva subjetiva do modo dóxico de posição, permanece idêntico". Pois o que compreendemos "de modo atual" ao ouvirmos um juízo? Pelo visto aquilo que Husserl chama de "conteúdo de juízo", autônomo, portanto, em relação ao modo dóxico subjetivo de posição, o qual justamente haveria de constituir, na terminologia de Weber, o sentido subjetivo a ser investigado, "visado" por aquele que profere o juízo – a saber, se ele supõe o conteúdo de juízo, considera-o como provável etc. A este, contudo, não encontramos, na "compreensão atual", nenhum tipo de acesso.

Na análise da compreensão "atual" de uma ação nos deparamos com dificuldades semelhantes. Segundo Weber, na compreensão atual apreendo o sentido do comportamento de um indivíduo que "corta lenha", que "põe a mão na 'maçaneta'" *para* (NB.) fechar a porta, ou que "aponta" a "espingarda" a um animal. Porém, todas essas ocorrências observadas no corpo somático alheio em movimento, tratadas por Weber como substrato da compreensão atual, já *estão* compreendidas e interpretadas no momento em que as denomino "cortar lenha", "pôr a mão na maçaneta", "apontar a espingarda a um animal". Em todo caso, teria eu de fato compreendido, com essa minha interpretação da ocorrência externa, qual sentido tem esse curso de ação para quem age daquela forma? E o que podemos dizer no caso de o indivíduo observado não cortar lenha, mas apenas realizar algum outro trabalho bem parecido ou, ainda, de curso externo análogo? E no caso de aquele que põe a mão na maçaneta o fizer não *para* fechar a porta, mas para realizar alguma outra coisa, por exemplo consertá-la? E no caso de o caçador "apontar" a espingarda ao animal não para atingi-lo, mas apenas para observá-lo pela mira telescópica nela afixada? Sozinha, a compreensão atual da ocorrência externa não me instrui em nenhum aspecto a respeito dessas questões. Contudo, visto que elas se referem justamente ao sentido subjetivo relacionado pelo agente com seu agir, nota-se ser impossível uma "compreensão atual" desse sentido visado, contanto que com o termo se busque designar – como Weber claramente o faz – o ter manifestado, inferido na percepção mesma, de sentido visado. Pelo contrário, apreendo na "compreensão atual" de ações, antes, a objetualidade concreta do curso da ação, que, mediante um ato de interpretação – como de denominação –, é, por mim e para mim, alocada em um contexto de sentido o qual, porém, de fato não precisa, ou, dito de forma exata, não pode em nenhuma hipótese, corresponder ao contexto de sentido "visado" pelo agente com sua ação. Em oposição a este, vamos denominá-lo em princípio de contexto *objetivo* de sentido.

Analisemos agora a compreensão explicativa ou pelos motivos. Trata-se, nesse caso, segundo Weber, da apreensão do contexto de sentido a que pertence um agir, compreensível de modo atual, em função de *seu* sentido *subjetivamente visado*. No entanto, na mesma passagem citada anteriormente, Weber se refere a um contexto de sentido *compreensível por nós* ao qual pertence a respectiva ação consoante seu sentido *compreensível por nós*. Essa linguagem é ambígua, aparentemente até mesmo contraditória, pois não se especifica em nenhum momento se o contexto de sentido compreensível *por nós* é o mesmo ao qual o agir, em função de seu sentido *subjetivamente visado*, "pertence". Adiante retomaremos essas questões. Assinalemos agora apenas que, para a compreensão caracterizada como explicativa, é essencial o dado prévio de uma série de elementos que (segundo Weber) não se oferecem à compreensão atual. É que para que ocorra a compreensão pelos motivos não basta, em nenhum caso, o "registro momentâneo" descontextualizado da atividade. Antes, a compreensão explicativa já pressupõe uma boa parcela de conhecimento acerca do passado e do futuro do agente: do passado na medida em que, como no exemplo dado por Weber, tenho, como pressuposto, de saber, antes que *eu* possa apreender o *contexto de sentido* no qual devo alocar a ação do outro indivíduo, que este que realiza um juízo matemático havia já dado início a uma demonstração científica, que o lenhador já tinha firmado um contrato salarial; do futuro na medida em que, para poder verificar se a ação, *consoante seu sentido subjetivo*, pertence ao contexto de sentido por mim identificado, tenho de presumir que o agente orientará significativamente seu comportamento pela expectativa de que seu juízo matemático será útil no âmbito das suas demonstrações científicas, ou que derrubar árvores terá como consequência que o empregador efetue o pagamento do salário.

Em ambos esses casos, inquire-se o "motivo" de um agir. Por "motivo" compreende Weber "um contexto de sentido que, ao *próprio agente ou ao observador*, surge como 'fundamento' significativo de um comportamento"[41]. Weber adapta, portanto, consequentemente, também a oposição entre sentido subjetivo e sentido objetivo de um agir à definição daquele contexto de sentido que ele, sem prosseguir na sua caracterização, chama de "motivo" de um agir. Mas o que significaria dizer que "um contexto de sentido surge ao *agente* como fundamento significativo de seu comportamento"? Aparentemente, por sua vez, duas coisas. Em primeiro lugar, surge a mim, como fundamento significativo do meu comportamento, uma série de expectativas relativas a um acontecimento *futuro* que ocorrerá como resultado do meu comportamento. Por essas expectativas me oriento sempre que me comporto de determinada maneira. Em segundo lugar, porém, surgem a mim, como fundamento do meu comportamento, vivências minhas *decorridas* que me levaram a realizar esse comportamento específico. No primeiro caso, considero meu comportamento em questão como meio para a constituição do objetivo pretendido; nesse sentido, se eu quiser determinar os motivos desse meu comportamento, devo então inquirir quais eventos futuros se distinguem de todos outros por mim esperados pela razão de a expectativa referente à sua ocorrência constituir ou co-constituir o sentido do meu comportamento atual. No segundo caso, considero meu comportamento em questão como resultado de vivências antecedentes, como efeito de "causações" prévias; inquirir o motivo do meu comportamento significará então buscar determinar quais das minhas vivências decorridas se distinguem de todas as outras por constituírem ou co-constituírem o sentido do meu comportamento atual. Nos dois casos, inquirir o motivo necessariamente implica transcender o tempo presente desse comportamento atual.

---

41. WEBER, M. *Wirtschaft und Gesellschaft*, p. 5.

Ambas as questões não são distinguidas por Weber, e isso, como veremos a seguir, tem amplas consequências. Além disso, porém, em Weber segue indefinido se o *contexto de sentido* que surge ao agente como fundamento significativo de seu comportamento coincide com o *sentido* que esse agir tem para ele – se o desvelamento dos motivos equivaleria, portanto, à apreensão do sentido visado de um agir. As expectativas relacionadas a um agir, assim como as vivências passadas, cuja consequência, considerada de modo mais abrangente, parece formar o agir objetual, certamente configuram, para o agente, na linguagem cotidiana, o "sentido" do seu agir: "ajo assim para", "ajo assim porque" são, de forma geral, as respostas que qualquer pessoa costuma dar quando indagada qual sentido vincula a sua ação. Mas deve-se ter claro que essas declarações não são outra coisa senão abreviaturas de "vivências de sentido" altamente complexas, próprias ao agente; que, portanto, a indicação do "motivo" de modo nenhum permite evidenciar a estrutura última do "sentido visado". Pelo contrário: o agente "tem" o sentido de seu agir como "dado inquestionado"; ele lhe é, no significado próprio do termo, "uma obviedade". Na busca por determinar os motivos do seu agir, as vivências passadas que foram relevantes para o mesmo, ou os eventos futuros para os quais seu agir – conforme sua expectativa – terá relevância, ele sempre tem como ponto de partida esse sentido, como dado inquestionado. Pode-se, portanto, até mesmo dizer que o "sentido visado" já precisa ser pré-dado ao agente, e isso antes que ele esteja em condições de inquirir o contexto de sentido, o fundamento significativo do seu agir investido de sentido, ou, em uma palavra, o motivo. Isso pode ser comprovado também com base nos exemplos dados por Weber. Quando alguém, no contexto de uma demonstração científica, aplica o juízo $2 \times 2 = 4$, ele necessariamente já relacionou com esse agir um sentido – a saber, nesse caso, que 2×2 *são* 4 –, antes mesmo que lhe fosse possível considerar o juízo como útil à consecução do "objetivo" (demonstração científica) que corresponde ao motivo do seu agir. Mas também o indivíduo que espera obter meios de subsistência disponibilizando sua força de trabalho em troca de remuneração e "crê" alcançar esse objetivo mediante cortar lenha, precisa saber como proceder; tem, portanto, que vincular um sentido a "cortar lenha", a saber, o sentido "como se faz".

Nisso reside o problema, considerando aqui a perspectiva do agente que inquire o contexto de sentido subjetivo ao qual, para *ele*, pertence seu agir. Mas o que dizer em relação ao contexto de sentido que surge *ao observador* na forma de fundamento significativo do comportamento alheio? A compreensão denominada por Weber de "compreensão pelos motivos" tem como objeto, do ponto de vista temático, apenas o desvelamento dos motivos, cuja apreensão, contudo, pode apenas ocorrer, como mencionado, a partir de um sentido já inferido do agir mesmo. Este, enquanto sentido visado, é dado inquestionado para o agente, mas não para o observador. Na chamada compreensão pelos motivos, o sentido, como dado inquestionado para o agente, é então substituído pelo sentido dado como inquestionado ao observador; em outras palavras: nela, a busca pelos "motivos" ocorre partindo do sentido objetivo dado ao observador como se esse sentido objetivo correspondesse ao sentido visado (e, para ser preciso, de modo inquestionado) pelo agente. Weber enxerga isso bem corretamente, ao postular que a compreensão explicativa deve buscar a determinação do contexto de sentido, compreensível *por nós*, ao qual pertence o agir em função do sentido visado pelo agente. Ao mesmo tempo, porém, segue indubitável que esse mesmo "sentido visado" seja inacessível tanto na compreensão pelos motivos como na compreensão atual. Em ambas as espécies de compreensão, sentido é dado à interpretação apenas na forma de sentido objetivo.

Ao colocar assim frente a frente os conceitos weberianos de compreensão atual e pelos motivos, fica claro o quanto arbitrária e internamente infundada é essa distinção. Em ambos os casos é dado ao interpretante um contexto objetivo de sentido; em ambos os casos é impossível apreender o sentido subjetivo. Pode-se considerar a compreensão atual, tão logo se pretenda voltar tematicamente ao sentido subjetivo, também como determinação dos motivos, caso se possa suspender suficientemente a tempo a regressão infinita que condiciona toda busca pelo motivo; por exemplo, o "lenhador" realiza uma atividade de determinada espécie porque relaciona com ela o sentido de que a mesma seja útil à realização do corte de madeira intencionado. Por outro lado, pode-se tratar a compreensão pelos motivos também como compreensão atual de um contexto de sentido, desde que se conceba a série de vivências do observador denominada "ação alheia" de modo suficientemente amplo, portanto desde que se considere, por exemplo, firmar um contrato salarial, cortar a madeira e receber a remuneração como formando ação unitária do indivíduo observado, denominada "exercer uma profissão, precisamente a de lenhador".

Não obstante, a diferenciação entre compreensão atual e compreensão pelos motivos tem como fundamento um importante fato epistemológico. Na vida diária, ao presenciarmos de forma imediata o curso da ação alheia, e, portanto, sempre que pudermos interpretar a ocorrência no mundo externo denominada "ação alheia" como índice de um curso de consciência de outrem, "compreenderemos" esse curso "no modo da atualidade", voltando o olhar aos índices, e, assim, presenciando o agir em seu curso. Por isso, a "compreensão atual", no significado assim definido, é dirigida também ao *curso* do agir enquanto tal, do qual nós, de duração e existência simultâneas à duração e à existência do agente, vivencialmente tomamos parte; a compreensão atual de sentido é, portanto, por princípio, o modo de compreensão do simples imergir no viver no cotidiano do ambiente social; porém, precisamente por essa razão, o vínculo motivacional entre índice e indicado, entre comportamento em curso e sentido *visado* vivenciado na simples unidade de ato, também é em princípio ininteligível, vago, indistinto, não explícito, senão difuso[42].

Em oposição à compreensão atual, a compreensão caracterizada por Max Weber como "compreensão pelos motivos" não se encontra vinculada à condição da existência do curso objetual atual do agir no mundo dos *consociados*. Todo agir relativo ao mundo dos *contemporâneos* e ao mundo dos *predecessores*, esses mais remotos, e, até certo grau, ao mundo dos *sucessores*[43], pode ser tema da compreensão explicativa. Pois essa compreensão pressupõe também não a efetividade do *curso* de ações; mas, antes, como há pouco já sugerido e mais tarde se revelará, que o

---

42. Cf. a citação de Husserl no § 3, p. 44.
43. Na seção IV será dada uma definição precisa desses termos.

agir enquanto – ou a ser futuramente – *decorrido* seja tido como ponto de partida e final da dupla função motivacional acima descrita. Porém, o fato de que toda tentativa de determinar contextos de motivação já parte da existência de um sentido objetivo – ao passo que a compreensão atual, do ponto de vista temático, tem como problema o sentido objetivo mesmo (na forma de índice da existência de sentido subjetivo) – tem como razão mais fundamental o fato de a compreensão explicativa poder alcançar um grau mais elevado de clareza explícita do que a compreensão atual. Conclui-se dessa contraposição, ademais, que o "compreender" próprio à sociologia compreensiva jamais poderá corresponder à compreensão atual, e que portanto a "compreensão explicativa" deverá servir de base para o método científico de investigação do sentido subjetivo, do mesmo modo como, inversamente, a compreensão na vida diária consistirá fundamentalmente em compreensão atual.

Mas com essas considerações não se esgota o conjunto de problemas surgidos. Afirmou-se que o sentido visado não poderia ser apreendido no simples captar de sentido da vida diária, tampouco em compreensão atual ou pelos motivos; que apenas a objetualidade atual do curso de ação seria um "índice" da existência de sentido subjetivo, e que todos os contextos de sentido nos seriam dados somente na forma de contextos objetivos de sentido. Antes de nos voltarmos ao tratamento de outros problemas, somos obrigados, em vista da oposição afirmada entre sentido subjetivo e sentido objetivo, a submeter esses dois conceitos a uma crítica mais ampla.

§ 5 Sentido subjetivo e sentido objetivo

Até aqui empregamos a designação "sentido objetivo" simplesmente em oposição ao "sentido subjetivo", que o agente vincula com seu agir. Desde o ponto de vista temático, contudo, a terminologia exige maior esclarecimento.

Considere-se S o sentido que o agente A relaciona com seu agir D, este manifestado em uma ocorrência externa, por exemplo em um movimento corporal de A a ser interpretado por B, este um observador de A na vida diária, e por C, um sociólogo. Considere-se que D seja compreensível tanto a B quanto a C. Ambos vinculam, nesse caso, um sentido à ocorrência externa D, que interpretam como índice de vivências de A. Contudo, como mostraram nossas investigações acima, porque o sentido visado S, que A relaciona com esse agir, não lhes é acessível em compreensão atual nem pelos motivos, B irá conferir ao curso D, conforme interpretação efetuada desde a práxis da vida diária, o sentido S', enquanto C, por exemplo com base em interpretação realizada em conformidade com os esquemas típico-ideais da sociologia compreensiva, o sentido S". Portanto, S corresponderia, na terminologia de Weber, ao sentido subjetivo ou visado que o agente A relaciona com D, ao passo que S' e S" seriam o sentido objetivo desse agir. Mas S', a rigor, é apenas o sentido que B vincula ao curso D, enquanto S" é "sentido objetivo" da ocorrência D apenas relativamente a C. Assim, com a asserção de que S' e S" são conteúdos objetivos de sentido se afirma, a princípio, nada além de que S' e S" são distintos de S. De fato, visto que S é, por essência, inferível apenas a partir de índices, pode-se dizer que o sentido visado corresponde necessariamente a um conceito-limite, o qual, mesmo no caso ideal de interpretação adequada, jamais poderá coincidir com S' e S".

Busquemos obter clareza primeiro em relação ao conceito de sentido objetivo, ou seja, sobre S' e S". Deve-se, de início, afastar a possibilidade de considerar S' como o sentido subjetivo que B relacionaria com a ação D de A, e, S", como o sentido subjetivo que C atribuiria à ocorrência D, concepção equivocada que vai totalmente de encontro ao intencionado por Weber com os termos "sentido subjetivo" ou "sentido visado". Pois é manifesto que o agente A pode vincular um sentido subjetivo apenas com seu agir, do mesmo modo como a B e C só é possível vincular um sentido subjetivo e visado com seu respectivo agir, nesse caso, com a observação de A. Certamente, a problemática do sentido subjetivo é cercada por tantas ambiguidades que, nesta etapa inicial da investigação, é ainda impossível oferecer um entendimento exato sobre sua essência.

O curso do agir D se apresenta a B e C como uma ocorrência no mundo externo. Vivendo no mundo, ambos se voltam para o mesmo no modo da apreensão. Eles não apenas vivem *em* suas vivências do mundo, mas também refletem *sobre* elas. Os dois têm experiência do mundo não apenas no modo da posse de coisa mesma, mas também explicitam essas suas experiências ao falar e pensar, em predicações e formulações judicativas. Os agentes *interpretam*, portanto, suas vivências do mundo; eles as concebem sob esquemas de interpretação. Para ambos, o mundo e sua própria vivência do mundo têm sentido, do mesmo modo como são significativos para todo ser de razão, como para o tu e para o eu. Nessa acepção da palavra, "sentido" não significa outra coisa senão atitude assumida por um ser racional ante um objeto em geral. Na medida em que B e C vivenciam o curso D como um processo próprio ao seu mundo, um processo do qual, assim, têm experiência pré-predicativa – e a explicitam –, eles "interpretam" essa sua vivência, e seu sentido é para eles o mesmo que foi obtido na explicação do experienciado no modo da posse de coisa mesma.

Mas os fenômenos do mundo externo têm sentido não apenas para mim ou para o tu, para B ou C, senão para todos nós que, juntos, vivemos neste mundo e aos quais é pré-dado apenas um único mundo externo, o mundo de qualquer pessoa. Por isso, toda doação de sentido desse mundo por mim realizada toma como referência original a doação de sentido feita pelo tu em seu vivenciar, e assim se constitui sentido enquanto fenômeno intersubjetivo. Certamente, o modo como deve ser transcendentalmente inferida a intersubjetividade característica a todo conhecer e pensar não se permite demonstrar no contexto da presente investigação, embora somente essa análise esclareceria por completo o conceito de sentido objetivo. Esse problema fundamental – acima de tudo difícil – a toda fenomenologia do conhecimento foi formulado por Husserl em seu livro *Lógica formal e lógica transcendental*[44], mas ainda não se encontra de todo resolvido.

---

44. Op. cit, seção II, cap. VI., esp. § 96, p. 210ss. Desde então Husserl deu continuidade a essas investigações em seu escrito, por enquanto publicado apenas em língua francesa, *Méditations Cartésiennes* (Paris, 1931), esp. na meditação V, p. 74-128.

A noção de sentido objetivo não se refere, porém, apenas aos contextos mais amplos que acabamos de esclarecer. Também objetualidades ideais, signos e expressões, sentenças e juízos têm um sentido objetivo. Afirmamos assim que essas objetualidades ideais são significativas e compreensíveis por essencialidade própria, a saber, em seu ser anônimo, independentemente do agir, pensar e ajuizar individuais. A expressão "2 x 2 = 4", por exemplo, tem um sentido objetivo, isto é, independente não apenas do visar de quem, no caso atual, assim formula o juízo, mas do visar de todo indivíduo judicante em geral. Uma expressão linguística pode ser considerada "contexto objetivo de sentido" sem que seja necessária uma referência aos falantes da língua. Pode-se dizer que um tema da *Nona Sinfonia* é, por si mesmo, "investido de sentido", sem que para isso tenhamos antes de inquirir o que Beethoven quis expressar com ela. Aqui, o termo "sentido objetivo" designa a unidade ideal-idêntica de significação de uma expressão, enquanto objetualidade ideal-lógica. Mas a expressão é verdadeiramente objetiva apenas na medida em que caracterizar significação. Desde as *Investigações lógicas* de Husserl sabemos diferenciar entre significar enquanto ato e significação enquanto unidade ideal ante a multiplicidade de todos os atos possíveis. A distinção feita por Husserl entre expressões "essencialmente subjetivas e ocasionais", de um lado, e expressões "objetivas", de outro, é apenas um caso particular desse entendimento geral mais fundamental: "Uma expressão é *objetiva* quando ela conserva ou pode conservar a sua significação simplesmente por meio do seu teor sonoro aparecente e quando, por conseguinte, pode ser compreendida sem precisarmos ter necessariamente em vista a pessoa que se expressa e as circunstâncias da sua exteriorização"; em contrapartida, a uma expressão *essencialmente subjetiva e ocasional* "corresponde um grupo conceitual-unitário de significações possíveis, de tal modo que lhe seja essencial, em cada caso, orientar a significação respectivamente atual segundo a ocasião, segundo a pessoa que fala e a sua situação"[45].

---

45. Op. cit., parte I, p. 80-81.

A questão agora é se o significado acima atribuído ao termo "sentido objetivo" corresponde ao que tínhamos em vista quando caracterizamos as interpretações de sentido S' e S", realizadas por B e C com relação ao agir D, como sentido objetivo do mesmo. Pelo visto não é disso que se trata, o que não se aplica mesmo no caso de o agir de A ter consistido em uma posição de expressões com conteúdo de significação objetivo, por exemplo no pronunciar de uma sentença. Pois a B e a C não interessa, em última análise, a interpretação daquilo *que* é expresso, portanto da objetualidade ideal da expressão, tampouco sua significação, a qual permanece invariante, independente de quem tenha sido o sujeito da sua posição. Antes, o observador do mundo social busca interpretar o fenômeno de ser o próprio A o indivíduo que agora, aqui e assim executa esse ato de posição. Ele busca, portanto, interpretar o "pronunciar da sentença" (e esse termo designa aqui a unidade constituída pelos movimentos labiais de A em conjunto com suas ondas sonoras, pelas palavras formadas a partir destas, por sua significação e pela sentença construída por essas palavras) como índice de uma vivência de consciência de A – de que A, a saber, relaciona com o pronunciar dessa sentença um sentido específico, de que, por exemplo, ele a pronuncia com um propósito determinado etc. Em relação a uma situação de interesses como essa, contudo, justamente o expresso, enquanto expressão objetiva, será de menor relevância, pois o problema levantado por B e C na interpretação da ocorrência D consiste precisamente em compreender o momento ocasional e subjetivo (ainda que, por essa razão, esse momento não seja em absoluto *essencialmente* ocasional e subjetivo) que serve de fundamento para o fato de o indivíduo pronunciar essa sentença agora, aqui e assim. Porém, de acordo com a terminologia usada acima, também é objetivamente investido de sentido o fato de A, agora e aqui, pronunciar a sentença.

Em todo caso, os conteúdos objetivos de sentido das expressões enquanto "objetualidades ideais", assim como os grandes sistemas da linguagem, da arte, ciência, do mito etc., dos quais fazem parte, certamente assumem uma função bem específica na interpretação do sentido do agir alheio. Pois os mesmos são pré-dados, enquanto *esquemas de interpretação*, a toda interpretação de sentido do comportamento de outrem. Ainda, afirmar que sentido objetivo é dado a B e C no curso H significa dizer, a rigor, que a interpretação desse curso, mesmo que efetuada por B e C, e nesse aspecto relativa a ambos, em regra ocorre, a saber, a partir de esquemas objetivamente pré-dados.

Essa listagem, breve e superficial, dos diferentes significados do termo "sentido objetivo"[46] já indica a necessidade de dar prosseguimento à análise em um âmbito mais fundamental, como também ocorrerá adiante. Tanto o conceito de sentido objetivo como o de sentido subjetivo passará, nesse processo, por diversas modificações, e somente ao final da terceira seção estaremos em condições de definir a essência de ambos. Faremos agora apenas mais algumas observações de caráter preliminar sobre o rumo das nossas investigações.

Considerando de um modo geral os significados assumidos pelo termo "sentido objetivo" indicados acima, nota-se que tratamos as objetualidades ideais e reais do mundo que nos cerca como significativas sempre que apreendidas em atos de "voltar--se-para" específicos da nossa consciência. Desde a publicação das *Ideias* de Husserl[47], sabemos que doação de sentido não é outra coisa senão uma realização da intencionalidade mediante a qual as vivências meramente sensoriais (os "dados hiléticos") são em princípio "animadas". Portanto, aquilo que, nessa breve visão geral, apresentou-se como significativo, constituiu-se enquanto tal, em primeiro lugar, por meio de uma realização intencional precedente da nossa consciência. A fundamentação mais profunda desse problema foi proposta por Husserl em sua obra *Lógica formal e lógica transcendental*, embora referente à esfera dos objetos lógicos. Husserl esclarece a essência da gênese de sentido e reconhece que a intencionalidade deve ser vista

---

46. Apenas a fim de evitar confusões com determinadas ideias defendidas por alguns escritores, enfatizamos que o uso do termo "sentido objetivo" é, axiologicamente, totalmente neutro. A remissão, não raro comum, do sentido objetivo a valores objetivos, ou a constituição de objetualidades ideais objetivas a partir de valores objetivos, situa-se totalmente de fora do nosso conjunto de problemas.

47. Cf. HUSSERL, E. *Ideen zu einer reinen Phänomenologie*. 3. ed. Halle, 1928, p. 172ss.

como "um contexto de realizações" que se encontram "contidas, na unidade intencional respectivamente constituída, e em seu respectivo modo de ser dado, como uma *história sedimentada*, uma história que *sempre pode ser revelada em método rigoroso*"[48]. "Cada formação de sentido pode ser inquirida em sua *história de sentido* que lhe é *essencial* [...]. Todas as unidades intencionais o são a partir de uma gênese intencional, são unidades 'constituídas', e em quaisquer circunstâncias é possível analisar as unidades 'prontas' em sua constituição, na totalidade da sua gênese, precisamente em sua forma essencial a ser tomada eideticamente"[49]. "Enquanto a *análise 'estática'* toma como referência a unidade do objeto intencionado, e, assim, partindo do modo indistinto de ser dado, busca a clarificação, seguindo sua referência enquanto modificação intencional, a análise genética intencional é dirigida ao contexto concreto em totalidade, no qual se encontram, respectivamente, cada consciência e seu objeto intencional enquanto tal"[50]. É possível investigar esses fenômenos da constituição em análise genética da intencionalidade, e, a partir de uma apreensão dessas intencionalidades, revelar a gênese de sentido. Inversamente, cada objetualidade que se tenha em perspectiva na forma de conteúdo de sentido completamente dado e constituído pode "ser inquirida em sua história de sentido". Ambos os direcionamentos do olhar podem já ser adotados pelo *eu solitário*. Posso olhar para o mundo que me é pré-dado, e que a mim se apresenta como completamente constituído, sem me voltar para as intencionalidades realizantes próprias à minha consciência nas quais seu sentido havia outrora se constituído. Nesse caso, tenho à frente o mundo dos objetos reais e ideais, sobre os quais posso afirmar que seriam investidos de sentido, e isso não apenas para mim, mas também para o tu, para nós e qualquer um, precisamente porque não tenho em perspectiva os atos que a princípio constituem seu sentido; mas, antes, já pressuponho, como dado inquestionado, uma série de conteúdos de sentido altamente complexos. A formação de sen-

---

48. Op. cit., p. 217.
49. Op. cit., p. 184-185.
50. Op. cit., p. 277-278.

tido produzida, e desvinculada do processo do produzir, teria, posso assim dizer, um sentido objetivo, que seja significativo por si mesmo – como, por exemplo, "2 x 2 = 4" tem sentido independente do lugar ou da época em que esse juízo é formulado, sem importar tampouco seu autor. Posso me voltar, contudo, também às intencionalidades realizantes próprias à minha consciência, em que e pelas quais ocorreu a doação de sentido. Nesse caso, tenho à frente um mundo não completamente constituído, mas um mundo que apenas se constitui na corrente do meu eu que dura, e que se encontra continuamente em construção; não um mundo existente, mas que, em cada agora, de novo devém, desvanece-se, ou melhor, que se desvai. Também ele é investido de sentido para mim, em virtude das intencionalidades doadoras de sentido, as quais posso apreender em um olhar reflexivo. E, enquanto mundo que se constitui, jamais acabado senão sempre se construindo, ele remonta ao fato originário da minha vida de consciência: à minha consciência do curso do meu viver, à minha duração, minha *durée*, como diz Bergson[51], ou, para utilizar uma expressão de Husserl[52], à minha consciência interna de tempo[53]. No simples imergir no viver, em atitude *natural*, vivo, contudo, *nos* atos mesmos doadores de sentido, e tenho em perspectiva apenas a objetualidade "sentido objetivo", neles constituída. Somente quando me distancio – como diz Bergson, "em árduo esforço" – do mundo dos objetos e me volto à minha corrente interna da consciência, apenas quando (na terminologia de Husserl) ponho o mundo natural "entre parênteses" e, em redução fenomenológica, tomo em perspectiva somente minhas vivências mesmas de consciência, apercebo-me desse processo de constituição. Assim, para o eu solitário imerso no viver em atitude natural, a problemática indicada pelos termos "sentido

---

51. "Essay sur les donnés immédiates de la conscience". Paris, 1889. • *Matière et mémoire*. Paris, 1896. • *Évolution créatrice*. Paris, 1907. • *L'Energie spirituelle* [trabalhos dos anos 1901-1913]. Paris. • *Introduction à la métaphysique*. Paris, 1903. • *Durée et Simultanéité*. Paris, 1922.

52. "Vorlesungen zur Phänomenologie des inneren Zeitbewusstseins", de 1904, todas as lições foram editadas por Heidegger em 1928.

53. Essa temática deverá ainda ser esclarecida desde outra perspectiva no próximo parágrafo, e explorada metodicamente na seção seguinte.

objetivo" e "sentido subjetivo" ainda não se faz evidente, mas apenas se revela depois de efetuada a redução fenomenológica[54]. Em relação ao domínio dos objetos lógicos, essa problemática foi descrita por Husserl com insuperável mestria no contexto da caracterização da antítese entre "lógica formal" e "lógica transcendental", em todos os seus aspectos.

Contudo, a distinção que acabamos de demonstrar, entre ambas as formas de se considerar o significativo, não corresponde propriamente à oposição entre sentido objetivo e sentido subjetivo tratada anteriormente. Chegamos a esse problema no contexto de uma análise da interpretação significativa do *mundo social*, e "sentido" foi por nós considerado não o "predicado" mais geral das minhas vivências intencionais, mas algo que, dentro do mundo social, assume uma significação específica. Na passagem para a esfera da socialidade, ambos os conceitos "sentido objetivo" e "sentido subjetivo" ganham um novo significado, sociologicamente relevante. Posso, por um lado, considerar e interpretar em si mesmos, como índices de vivências alheias, os fenômenos do mundo externo que a mim se apresentam; nesse caso, afirmo que seriam investidos de sentido objetivo. Por outro lado, também posso, mediante os mesmos, tomar em perspectiva o processo que se constitui na viva consciência de um ser racional, processo do qual esses mesmos fenômenos do mundo externo são índices (sentido subjetivo). Assim, aquilo que chamamos de mundo do sentido objetivo se encontra, também na esfera social, desvinculado dos processos de constituição de uma consciência doadora de sentido – seja própria ao ego ou alheia. Nisso consiste o caráter anônimo dos conteúdos de sentido que lhe são predicados, sua invariância ante toda consciência que, em virtude da sua intencionalidade realizante, atribuiu-lhes sentido. Em contrapartida, quando se fala de sentido subjetivo no mundo social, tem-se em vista os processos de constituição na consciência do indivíduo que produziu aquilo de objetivamente significativo, ou seja, tem-se em vista o "sentido visado" por ele, tenha o sujeito esses processos de constituição em perspectiva ou não. O mundo do sentido

---

54. Sobre esse assunto, cf. "Nota", mais adiante, p. 73.

subjetivo é, por isso, jamais anônimo, porque essencialmente existente apenas *a partir de* e *na* intencionalidade realizante de uma consciência egoica – própria ou alheia. Em todo caso, no mundo social é por princípio possível, mediante uma técnica particular – ainda a ser descrita –, inquirir, partindo de qualquer dado de conteúdo objetivo de sentido que remonte a uma consciência alheia, a construção do mesmo na consciência do outro indivíduo, ou seja, seu sentido subjetivo. Ademais, também pode ser postulado que a apreensão do processo de constituição ocorre no mais alto grau de clareza explícita. Esse postulado é sustentável contanto que por "sentido subjetivo" não se compreenda outra coisa senão a remissão de objetualidades constituídas à consciência alheia[55] em geral; o postulado se revelará inconcretizável, como veremos[56], se por "sentido subjetivo" for entendido o "sentido visado" alheio, o qual sempre, e também em interpretação ideal, permanece um conceito-limite. Tudo isso requer exaustivas investigações, que só poderão ser desenvolvidas na terceira seção. Apenas acrescentemos aqui, por fim, que a exigência de apreensão mais explícita possível do sentido subjetivo no mundo social não se aplica ao indivíduo na intuição natural. Na vida diária, antes, nossos esforços voltados à interpretação de sentido do parceiro de interação são suspensos em nível de clareza condicionado pela nossa situação de interesses, ou, com outras palavras, que ainda se mostra relevante para a orientação do nosso comportamento. Por exemplo, a tentativa de determinar o sentido subjetivamente visado pode não se efetuar enquanto tarefa temática se o agir do parceiro se nos torna evidente, enquanto conteúdo objetivo de sentido, de um modo que nos dispense do esforço de rastrear mais amplamente os processos de constituição. Esse, por sinal, é o caso do assim chamado "agir estritamente racional" do indivíduo observado: tão logo o conteúdo de sentido que se apresenta objetivamente pareça bastar para que por ele orientemos nosso comportamento futuro, suspenderemos nossa atividade de interpretação, em

---

55. Ou melhor, também na esfera do eu solitário, sempre que se referir ao "sentido visado" que se constitui na consciência própria do ego.

56. Seção III, § 19.

um nível relativamente superficial. Algo totalmente diferente ocorre quando inquirimos, por exemplo, colocando em questão o conteúdo de sentido que assim se oferece, o significado que nosso parceiro atribui à sua exteriorização etc. Nesse sentido, podemos afirmar ser toda interpretação de sentido do mundo social "*pragmaticamente determinada*".

§ 6 Passagem à análise da constituição – Elucidação do conceito "sentido vinculado a uma ação"

Ilustremos as exposições com as quais concluímos o parágrafo precedente a partir de um exemplo cuja análise ao mesmo tempo nos proporcionará um entendimento mais aprofundado sobre as circunstâncias nas quais se insere nosso problema. Determinados a conhecer a essência da sociologia compreensiva, tomamos como ponto de partida para nossas investigações a definição weberiana de agir social. Nossa primeira tarefa foi investigar o significado possível do enunciado "o agente vincula um sentido a seu agir". Logo no segundo parágrafo tratamos de desenvolver parte das análises requeridas. Agora, depois de esclarecer os conceitos "sentido objetivo" e "sentido subjetivo", retomaremos nossas investigações ali interrompidas.

Comecemos com a indicação de uma ambiguidade, até aqui desconsiderada, própria ao termo "agir". Com a palavra designa-se, por um lado, a ação acabada constituída, enquanto unidade encerrada, enquanto produto, objetividade; por outro lado, o agir que se constitui como fluxo ou curso, como processo do produzir, enquanto executar, não enquanto execução. Todo agir, próprio como também alheio, pode surgir sob esse duplo aspecto. Meu *agir, em seu curso*, apresenta-se a mim como uma cadeia de vivências, nas quais vivo, *agora existentes* – ou, dito de modo mais preciso, *agora* devindo e desvaindo –; meu *agir intencionado* surge a mim na forma de uma série de vivências *futuras* esperadas; minha *ação decorrida efetuada* (meu agir desvaído), como série de vivências *decorridas* às quais me encontro voltado na reflexão própria ao modo da recordação. Aquilo que denomino de sentido do meu agir se refere não só àquelas vivências de consciência nas quais vivo durante a execução do agir, mas também a minhas vivências futuras, que acima recebem o nome de agir intencionado, e a minhas vivências passadas, caracterizadas como ações por mim executadas. Nossas considerações ao final do parágrafo anterior tornaram clara a diferença entre conteúdos de sentido completamente constituídos e conteúdos de sentido em processo de constituição. Apliquemos agora esse conhecimento ao estudo do fenômeno do agir, distinguindo de forma precisa, do ponto de vista terminológico, entre o *agir* em seu executar (*actio*), enquanto produzir de ações, e a *ação* completamente constituída (*actum*), como algo produzido pelo agir.

Distinguiremos também entre agir e ação alheios. As vivências de consciência nas quais, para o alter ego, seu agir se constitui, apresentam-se a nós em ocorrências do mundo externo, como em movimentos do corpo somático de outrem ou alterações do mundo externo por eles provocadas, que interpretamos como índices de vivências de consciência de outro indivíduo. Podemos, assim, considerar esses índices como *actio* ou *actum* alheios, a depender se temos em vista fases do curso que se executam ante nossos olhos ou as objetualidades de ação acabadas e constituídas produzidas nesse curso.

Ação, portanto, consiste sempre em um "agido", e pode ser considerada como independente de um sujeito do agir e do decurso de vivência no qual ela se constituiu para o agente. O agir, pré-dado a todo agido, não chega a ser tido tematicamente em perspectiva quando se fala em ação. Ao contrário desta, agir é *subjetivamente referido*, não consiste em anônimo tornar-se-agido, senão em uma série de vivências que se constroem no curso concreto e individual da consciência do agente (próprio a mim ou de um alter ego).

Vimos anteriormente, quando da discussão do problema da gênese de sentido, que a diferença mais fundamental entre sentido objetivo e sentido subjetivo só poderá ser de todo elucidada se partindo da construção da formação de sentido na corrente de uma consciência egoica. Sentido remonta à consciência interna de tempo, à *durée*, na qual ele se constitui, originalmente e em seu entendimento mais geral. Consideramos essa afirmação como confirmada pela nossa análise dos conceitos de agir e ação. Todo agir se executa no tempo, precisamente na consciência interna de tempo, na *durée*; é imanente à duração. "Ação", em contrapartida, refere-se ao ser-executado transcendente à *durée*, não ao executar-se que lhe é imanente.

Esclarecido esse ponto, podemos retornar à questão sobre o significado do princípio weberiano segundo o qual o agente relaciona, com seu agir, um sentido. Relacionaria o agente, portanto, sentido com os processos de consciência que se constituem na *durée*, na forma dos quais ele vivencia o próprio agir em seu curso, ou com suas ações executadas, que se encontram decorridas, acabadas e constituídas?

Antes de buscarmos uma resposta a esse problema, contudo, devemos observar que falar de um sentido a ser "relacionado" com um agir (ou com uma ação) tem caráter absolutamente metafórico, e isso também para Max Weber. Pois, embora o conceito weberiano de agir, como Sander[57] corretamente reconhece, seja imbuído de várias indistinções, é certo que Weber, com "agir", não tem em vista o processo físico, portanto tampouco, por exemplo, o movimento corporal que o indivíduo somático executa, ao passo que o sentido por ele "relacionado" com esse movimento corporal percorre seus próprios caminhos, em singular harmonia preestabelecida. A definição de agir de Weber abrange, a rigor, também atividade ou comportamento internos, uma vez que apenas com estes é relacionado sentido. Demonstramos anteriormente que essa tese não deve ser compreendida como se comportamento que não caracterize agir não fosse significativo. A intenção é evidentemente afirmar que o agir, em comparação com o comportamento, assume um sentido específico.

À primeira vista, surge como nota característica da distinção entre agir e comportamento a *voluntariedade* do primeiro, em oposição ao aspecto involuntário do segundo. Caso se interprete dessa forma a definição weberiana de agir como comportamento significativo, o sentido que é relacionado com um agir, ou me-

---

57. SANDER, F. "Der Gegenstand der reinen Gesellschaftslehre". Op. cit., p. 367ss.

lhor, que transforma comportamento em agir, consistiria no *ato de eleger*, no escolher, na liberdade de poder-se-comportar-assim mas não-ter-de-se-comportar-assim. Com isso, porém, estaria determinado apenas um dos dois complexos caracterizados com o termo "arbítrio" – forma abreviada de se referir a processos de consciência altamente complexos que exigem investigação sistemática. Nesse contexto, a definição do fenômeno "*vontade*" não pode de modo nenhum ser deixada em aberto, como se se tratasse da denominação de uma atitude fundamental (em geral pouco clara) de caráter metafísico. Antes, a análise do comportamento voluntário precisa ser realizada aquém de toda essa espécie de problemática.

Uma segunda diferenciação superficial compreenderia agir como comportamento *consciente*, para então distingui-lo do comportamento *inconsciente* ou reativo. Nesse caso, o sentido que "é relacionado" com um comportamento consistiria a rigor na "consciencialidade" desse comportamento. Porém, o aqui chamado de "consciente" é manifestamente a evidência específica na qual o comportar próprio surge ao sujeito do comportamento. Em *Lógica formal e lógica transcendental*, Husserl mostrou o quanto difícil resulta desvelar essas evidências. Assim, é questão complicada determinar, por exemplo, se, a quem se comporta, o comportamento seria evidente apenas em *um* determinado modo de ser dado, ou se, antes, ao comportar-se *modo futuri* (logo, ao comportar-se intencionado), ao comportar-se no modo do agora e ao ter-se-comportado poderiam corresponder, a cada um, evidências distintas. Também essa problemática precisa ser considerada em uma análise do comportamento significativo.

Essa breve visão geral logo mostra que apenas no âmbito de uma análise da constituição será possível obter clareza a respeito também do conceito de agir significativo. Há que se investigar sistematicamente a construção daquelas vivências que constituem o sentido de um agir, mas essa investigação tem de ser realizada em um nível ainda mais fundamental. Pois também o que chamamos de "comportamento", já em um significado originário da palavra, é investido de sentido. O comportamento enquanto vivência se distingue de todas as outras vivências pelo fato de remontar a uma atividade do eu. Seu sentido se constrói, portanto, em atos de tomada de posição. Porém, posso afirmar, também a respeito de minhas vivências não provenientes de atividade, que são significativas. Para mim, ser capaz de aperceber o sentido de uma vivência pressupõe tomá-la em perspectiva e a "destacar" ante todas as outras vivências em que vivo. O eu, em cada instante da sua duração, tem consciência de seus estados somáticos, de suas sensações, suas percepções, de seus atos de tomada de posição e de suas condições anímicas. Todos esses componentes constituem o "assim" do respectivo "agora" em que o mesmo vive. Quando afirmo ser uma dessas vivências significativa, isso pressupõe que, "voltando-me" para ela, eu a "destaque" do conjunto das vivências simplesmente vivenciadas que lhe são precedentes, subsequentes e, ao mesmo tempo, coexistentes. Denominamos uma vivência assim destacada de *"bem-circunscrita"* e afirmamos que com ela "vinculamos um sentido". Com isso obtemos o primeiro e originário conceito de sentido em geral.

Mas, ao afirmá-lo, acabamos nós mesmos utilizando a metáfora antes rejeitada, quando discutimos a ideia de "vincular" sentido a um agir. As investigações a seguir, que tratam da constituição da vivência de sentido, justificarão a rejeição dessa metáfora. Em hipótese nenhuma consistirá o sentido de uma vivência própria em uma nova vivência adicional, tampouco em certa medida acompanhante, a qual, de maneira que dispensa ser precisada, seja colocada em "vinculação" com aquela primeira vivência, tida como significativa. Também em hipótese nenhuma corresponde sentido a um *predicado* de determinado vivenciar próprio, ao contrário do que parece sugerir as expressões, igualmente metafóricas, de que uma vivência "tem sentido", "*é*" "significativa" ou "investida de sentido". *Sentido é, antes*, como pretendemos logo precisar, em antecipação dos resultados finais das nossas investigações, *a designação de determinado direcionamento do olhar a uma vivência própria*, que nós, imersos no simples viver no curso da duração, somente em um ato reflexivo podemos "destacar" ante todas as outras vivências na forma de uma vivência bem-circunscrita. "Sentido" designa, portanto, uma atitude específica do eu ante o curso da sua duração. Isso vale fundamentalmente para todos os níveis e estratos do significativo. Assim, seria completamente desencontrada a ideia de considerar o próprio comportamento como distinto do vivenciar desse comportamento, a ideia de que sentido caberia apenas à vivência desse comportamento, mas não a este próprio. A dificuldade reside principalmente na *linguagem*, que, por razões mais fundamentais, *de certo modo hipostasia, na forma de comportamento, vivências tomadas em perspectiva, e, por conseguinte, predica, justamente a esse comportamento, como sentido, o direcionamento mesmo do olhar, o qual em última instância faz, desse tipo de vivências, comportamento*. E, do mesmo modo, também "agir" é apenas resultado de um hipostasiar discursivo de vivências tidas de determinado modo em perspectiva, e *o sentido pretensamente relacionado com o agir não é outra coisa senão o "como" específico desse voltar-se-para dirigido à vivência própria, portanto aquilo que, por princípio, constitui o agir*.

Nossa análise do agir significativo nos reconduz, assim, aos problemas da constituição do sentido de uma vivência na consciência interna de tempo. Nenhuma ciência que tenha a pretensão de descrever o fenômeno "sentido", em sua origem e de forma radical, pode se furtar a essa incursão. As investigações a que passamos agora poderão nos dar respostas a uma série de questões por esclarecer; por exemplo, sobre o que seria sentido em primeiro lugar, sobre em que consistiriam o sentido específico ao comportamento e o sentido específico do agir, se sentido cabe ao agir em seu curso ou à ação executada, sobre o modo como o sentido objetivo se constitui a partir do "sentido visado" etc. Todas essas investigações nos servirão como estudo preparatório antes de alcançarmos um entendimento preciso da noção weberiana de "sentido subjetivo do comportamento alheio". Ao mesmo tempo ficará evidente a importância fundamental desse conceito, tanto para a análise dos atos interpretantes da vida diária como também para o método das ciências sociais. O trabalho de Weber, que, do campo da filosofia, não raro se apropria das doutrinas da Escola de Baden, revela-se tão mais genial se considerada a completa independência em que ele reconheceu a extensão da problemática do sentido visado enquanto princípio de acesso ao conhecimento do mundo social. E assim, as investigações às quais agora nos voltamos buscam alcançar o objetivo mais amplo de fornecer à sociologia compreensiva o alicerce filosófico até hoje ausente e basear seus princípios fundamentais nas conclusões seguras da filosofia moderna.

Para isso partimos dos trabalhos de dois filósofos que fizeram do problema do sentido interno de tempo ponto cardeal de suas meditações: Bergson, cujo escrito *Ensaio sobre os dados imediatos da consciência*, publicado ainda em 1888, fez do fenômeno da duração interna, em grandiosa concepção, elemento central de um sistema filosófico, e Husserl, que já em suas *Lições para uma fenomenologia da consciência interna de tempo* (proferidas no ano de 1904, mas publicadas apenas em 1928, editadas por Heidegger), e depois também em suas obras tardias[58], expôs sistematicamente, em descrição fenomenológica, o problema da gênese de sentido.

Nota

Para deixar claro o caráter fenomenológico das investigações que se seguem, faz-se necessária uma observação.

As análises dos fenômenos da constituição na consciência interna de tempo, aos quais em seguida nos voltamos, serão realizadas no interior da esfera "fenomenologicamente reduzida" da consciência[59]. Elas pressupõem, por isso, "colocar entre parênteses" ("tirar de circuito") o mundo natural, por consequência a efetuação daquela radical mudança de atitude (*"epoché"*) ante a tese do "mundo, como ele se me dá enquanto existente", descrita por Husserl em detalhes no primeiro capítulo da segunda seção de suas *Ideias*[60]. Entretanto, desenvolveremos a análise em redução fenomenológica somente enquanto isso se mostrar indispensável para a obtenção de um entendimento exato acerca dos fenômenos da consciência interna de tempo. O propósito deste livro, que consiste em analisar os fenômenos de sentido na socialidade *mundana*, não exige adquirir experiência transcendental

---

58. Apenas tive acesso à publicação mais recente de Husserl, *Méditations Cartésiennes* (Paris, 1931), depois da conclusão do presente trabalho, razão pela qual ela não foi incluída nesta exposição da doutrina husserliana.

59. Cf. acima, § 5, p. 64s.

60. Op. cit., p. 48-57.

além da proposta, e, por conseguinte, tampouco uma permanência prolongada na redução transcendental-fenomenológica. Na socialidade mundana, a rigor, não mais lidamos com fenômenos de constituição na esfera fenomenologicamente reduzida, mas apenas com seus respectivos correlatos na atitude natural. Assim que tivermos apreendido corretamente, em descrição eidética, a "problemática da temporização interna da esfera imanente de tempo"[61], poderemos então, sem riscos, aplicar nossas conclusões ao estudo dos fenômenos da atitude natural, contanto apenas que permaneçamos, assim – agora como "psicólogos fenomenológicos" –, no "terreno da intuição interna enquanto intuição do essencialmente próprio ao anímico"[62]. Também nesse contexto, assumiremos como nosso objetivo o estabelecimento não de uma ciência dos fatos concretos dessa esfera interna da intuição, mas sim de uma ciência de essências, e trataremos, portanto, de inquirir as estruturas invariantes essencialmente próprias de uma alma, isto é, de uma comunidade de vida anímica (mental), ou seja, seu *a priori*[63]. Porém, visto que todas as análises desenvolvidas em redução fenomenológica têm, por essência, validez também em apercepção psicológica (portanto dentro da atitude natural), não teremos de efetuar nenhuma mudança nos resultados finais da nossa análise da consciência interna de tempo antes de aplicá-los ao domínio da socialidade mundana. Praticamos, então – sobretudo na terceira e na quarta seções das nossas investigações –, sob consciente renúncia da problemática da subjetividade e da intersubjetividade transcendentais, a qual decerto só se torna em princípio evidente depois de efetuada redução fenomenológica, aquela "psicologia fenomenológica" que, segundo Husserl, corresponde em última instância a uma psicologia da intersubjetividade pura e não é outra coisa senão "fenomenologia constitutiva da atitude natural"[64].

---

61. HUSSERL, E. "Nachwort zu meinen 'Ideen'". *Jahrbuch für Philosophie und phänomenologische Forschung*, vol. XI, 1930, p. 549-570, p. 553 (Halle).
62. Ibid., p. 554.
63. Ibid., p. 555.
64. Ibid., p. 567.

Seção II
A constituição da vivência significativa na duração do eu próprio

§ 7 O fenômeno da duração interna – Retenção e reprodução

Tomemos como ponto de partida para as investigações a seguir a oposição formulada por Bergson entre o simples viver na corrente de vivências e a vida no mundo abstrato espaçotemporal. Bergson contrapõe ao curso interno da duração, à *durée* enquanto contínuo devir e desvair de qualidades em princípio múltiplas, o tempo homogêneo porque espacializado, descontínuo e quantificável. Na "pura duração" não há nenhum lado a lado, nenhum apartado e nenhuma divisibilidade, mas apenas uma continuidade do fluir, uma sequência de estados da consciência. Mas também falar de estados é inadequado e toma como referência fenômenos do mundo espaçotemporal, somente no qual há de perdurante: imagens, percepções, objetos. A rigor, contudo, o que vivenciamos na duração não é um ser, não é algo de fixamente delimitado ou bem-distinto, senão uma constante transição, de um agora-e-assim para um novo agora-e-assim. A corrente de consciência da duração interna é a princípio irrefletida; a reflexão mesma já pertence, enquanto função do intelecto, ao mundo do espaço-tempo, dentro do qual nos deslocamos na vida diária. Assim, a estrutura das nossas vivências se altera a depender se nos entregamos ao curso da nossa duração ou refletimos sobre ela, na esfera abstrativamente espaçotemporal. Podemos, por exemplo, vivenciar movimento em sua ocorrência enquanto multiplicidade constantemente em variação, portanto como fenômeno da nossa duração interna, mas também concebê-lo como processo divisível no espaço homogêneo; nesse último caso, porém, não chegamos a apreender a essência do movimento em seu devir e desvair, senão apenas o movimento decorrido, desvaído, em suma: o espaço percorrido. Do mesmo modo, podemos considerar ações humanas como processos de consciência em curso na duração ou como atos decorridos, espacializados, já executados. Esse duplo aspecto, contudo, verifica-se não apenas em "objetos temporais" transcendentes; antes, a distinção introduzida por Bergson se refere, de modo bem amplo, às vivências em geral. Com as investigações de Husserl sobre a consciência interna de tempo, essa ideia passou por uma fundamentação mais profunda.

Husserl se refere expressamente à dupla intencionalidade da corrente de consciência: "Ou consideramos o conteúdo do fluxo com a sua forma-de-fluxo. Consideramos então a protocadeia de vivências, que é uma cadeia de vivências intencionais, consciência-de. Ou dirigimos o olhar para as unidades intencionais, para o que, no correr do fluxo, é intencionalmente consciente como algo unitário: tem-se então, para nós, uma objetividade no tempo objetivo, o campo temporal propriamente dito em oposição ao campo temporal da corrente de vivências"[65]. Em outra passagem, Husserl denomina essas duas intencionalidades de "intencionalidade longitudinal" e "intencionalidade transversal". "Em virtude de uma (da intencionalidade transversal) se constitui o tempo imanente, um tempo objetivo, autêntico, no qual se tem duração[66] e alteração do que dura; na outra (na intencionalidade longitudinal), a disposição *quasi*-temporal das fases do fluxo, o qual, sempre e necessariamente, tem o ponto-'agora' fluente, a fase da atualidade, e as séries das fases pré-atuais e pós-atuais (das ainda não atuais). Essa temporalidade pré-fenomenal, pré-

---

65. HUSSERL, E. "Vorlesungen zur Phänomenologie des inneren Zeitbewusstseins". *Jahrbuch für Philosophie und phänomenologische Forschung*. Vol. IX, 1928, p. 469 (apêndice VIII).

66. Aqui deve ser expressamente assinalado que Husserl compreende por "duração", seguindo o uso da palavra na língua alemã [*Dauer*], a imutabilidade de um objeto no espaço-tempo, e, assim, justamente o oposto do que Bergson compreendia pelo termo "*durée*", que, na exposição acima, seguindo a terminologia das versões alemãs, também foi traduzida por "duração".

-imanente, constitui-se intencionalmente como forma da consciência constituinte de tempo e nela mesma"[67].

Mas como se constituem, dentro do curso da *durée*, no correr do fluxo de consciência, as vivências particulares formando unidades intencionais? Caso se tome como ponto de partida a concepção bergsoniana da *durée*, a oposição entre as vivências em fluxo na pura duração e as imagens descontínuas, bem-isoladas, no mundo homogêneo do espaço-tempo, revela-se uma oposição entre dois planos da consciência: agindo e pensando na vida diária, o eu vive no plano de consciência do mundo do espaço-tempo, a "atenção à vida" (*attention à la vie*) impede a submersão intuitiva na duração pura; entretanto, se diminui por alguma razão a "tensão da consciência", o eu então nota que aquilo que antes parecia bem-delimitado agora se desfaz em fluidas transições, que a fixidez das imagens assume a forma de um devir e desvair dentro do qual não se apresentam contornos, limites ou divisões. Bergson chega assim à conclusão de que todas as delimitações, todas as apartações de vivências ante o curso uniforme da duração são artificiais, isto é, alheias à pura *durée*, e que todas as divisões do curso são apenas projeções de modos de representação espaçotemporais à *durée*, esta de espécie por princípio diversa.

De fato, quando submerso no curso da minha duração, não encontro em absoluto vivências delimitadas frente a outras; agora se liga a agora, uma vivência devém e se desvai, enquanto algo de novo surge de um anterior e dá lugar a um porvir, sem que eu seja capaz de indicar o que distingue o agora do antes, e, o agora posterior, do agora que acaba de ter sido, a não ser a certeza de que aquilo que passou, aquilo que acaba de ter sido, aquilo que agora devém e se desvai são diferentes do agora-e-assim atual. Pois vivencio minha duração como curso unidirecional e irreversível, e, entre o mesmo-agora-sido e o-que-agora-vem-a-ser, portanto de transição em transição, *envelheci*. Mas, apesar disso, o fato de eu vivenciar esse meu envelhecer, de apreender meu agora e ser-assim como outro que não o mesmo-agora-sido, não se me torna evidente *no interior* do curso unidirecional irrever-

---

67. Ibid., p. 436.

sível, isto é, no simples imergir no viver no curso da minha duração. Também essa apreensão do fluxo mesmo da duração já pressupõe uma retrospecção à mesma, uma atitude específica ante o curso da própria duração, uma "*reflexão*", como a queremos denominar. Pois apenas o fato de que aquele "antes" precedeu a esse agora-e-assim faz do "agora" esse "assim", e aquele "antes" constituinte do agora foi dado por mim neste agora, precisamente no modo da recordação. O *aperceber-se* do vivenciar no puro curso da duração se transforma, em cada fase, de instante em instante, em mesmo-agora-sido *recordado*; é a recordação que destaca as vivências do curso irreversível da duração, modificando, dessa maneira, a protoimpressão do "aperceber-se", que assume a forma de "re-cordação".

Husserl descreveu esse processo de modo bem preciso[68]. Ele distingue a recordação primária ou *retenção*, enquanto consciência-do-ainda relativa à protoimpressão, da recordação secundária, da recordação iterativa ou *reprodução*: "À 'impressão'", diz Husserl, "liga-se continuamente a recordação primária ou retenção [...]. No caso da percepção de um objeto temporal (imanente ou transcendente), ela termina, sempre, em uma apreensão-do-agora, em uma percepção no sentido de uma posição-como-agora. Enquanto um movimento é percepcionado, tem lugar, de momento para momento, um tomar-como-agora, no qual se constitui a fase, agora atual, do movimento mesmo. Mas essa apreensão-do-agora é como que o núcleo, por assim dizer, de uma cauda de cometa de retenções, referente aos pontos-agora anteriores do movimento. Mas se mais nenhuma percepção tem lugar, [...] então não se liga à última fase nenhuma nova fase da percepção, senão uma simples fase de recordação recente, a esta, por sua vez, outra de mesma espécie etc. Com isso, tem lugar uma incessante retrotração em direção ao passado, a mesma complexão contínua sofre incessantemente uma modificação, até o seu desaparecimento; pois com a modificação vai de mãos dadas um enfraquecimento que termina, por fim, na im-

---

68. HUSSERL, E. *Zeitbewusstsein*, p. 382-427. • HUSSERL, E. *Ideen zu einer reinen Phänomenologie und phänomenologischen Philosophie*. 3. reimp. Halle, 1928, p. 77ss. (p. 144-145).

perceptibilidade"[69]. "Dela (da retenção) deve-se distinguir por completo a *recordação secundária, a recordação iterativa*. Depois de a recordação primária se ter ido, pode surgir uma nova recordação daquele movimento"[70]. "Ou a executamos em um simples captar [...], ou executamos efetivamente recordação reprodutiva, reiterativa, na qual o objeto temporal se constrói de novo integralmente em um contínuo de presentificações, na qual, por assim dizer, o percepcionamos novamente, mas apenas, de fato, por assim dizer"[71].

A modificação retencional se vincula imediatamente, na forma de um único contínuo de constante adumbramento, a uma protoimpressão; ela começa, por isso, clara e, no curso contínuo, perde gradualmente em clareza. Seu grau de evidência é de certeza absoluta, pois a intencionalidade da protoimpressão segue conservada também nas modificações retencionais, ainda que em forma alterada. A modificação da recordação secundária ou reprodução, em contrapartida, não tem em absoluto aquele caráter de constante adumbramento próprio à transição de impressão em retenção. Antes, a diferença entre reprodução e impressão é distintiva. Presentificação é um livre-percorrer, "podemos efetuar a presentificação 'mais depressa' ou 'mais devagar', de forma mais clara e explícita ou difusa, de uma só vez, com extrema rapidez, ou em passos articulados etc."[72]. É que reprodução, ao contrário de retenção, não consiste em consciência originária, e, por conseguinte, em comparação com a retenção originária, é sempre pouco clara; a ela não caberá, jamais, a evidência de certeza absoluta.

De fato, a retenção possibilita tomar a vivência em perspectiva como algo que dura, em fluxo direcional, que se modifica deste e daquele modo, mas não é a perspectiva mesma: "a retenção não é ela própria um olhar retrospectivo que faça da fase decorrida um objeto; enquanto capto a fase decorrida, vivo na atual,

---

69. Ibid., p. 391.
70. Ibid., p. 395 [sem grifo no original].
71. Ibid., p. 397.
72. Ibid., p. 406.

'junto-a' – graças à retenção – e estou voltado ao adveniente. Mas porque a tenho captada, posso dirigir o olhar a ela em um novo ato, o qual chamamos de reflexão (percepção imanente) ou de recordação iterativa – a depender se o vivenciar decorrido continua ainda a se produzir em novos protodados, portanto de se tratar de uma impressão, ou se ele, já encerrado, enquanto todo, se move 'ao passado'. Esses atos se encontram, com a retenção, em uma relação de preenchimento"[73]. Em virtude da retenção, portanto, constitui-se a multiplicidade do curso da duração; o agora atual difere do antes apenas pelo fato mesmo de a retenção ocorrer na forma de consciência-do-ainda do mesmo-agora--sido em um agora que ela co-constitui. Na recordação iterativa (reprodução), em contrapartida, constituem-se a identidade do objeto e o tempo mesmo objetivo: "Apenas na recordação iterativa posso ter repetido um objeto temporal idêntico, e também na recordação posso constatar que o anteriormente percepcionado é tal como o posteriormente recordado de forma iterativa. Isso ocorre na simples recordação 'eu percepcionei isso' e na recordação iterativa de segundo grau 'eu me recordei disso'"[74].

A reprodução de um objeto temporal – e também o vivenciar em seu curso consiste em um objeto temporal imanente – pode se efetuar, pois, como já mencionado, na forma de inserção reiterativa, na qual o objeto temporal é de novo integralmente construído, ou então em um simples captar, "como quando 'surge' uma recordação e, em um raio de mirada, tomamos em perspectiva o recordado, na qual o recordado é vago, apresentando intuitivamente talvez uma fase momentânea prioritária, mas que não corresponde a uma recordação reiterativa"[75]. Essa forma de reprodução apresenta todas as notas características da reflexão no sentido descrito anteriormente. O simples olhar para, captar, "é um ato possível em relação a tudo que se tenha feito em passos sucessivos, também em passos da espontaneidade, por exemplo da espontaneidade do pensamento [...]. Parece, portanto, que podemos dizer: objetualidades que se constroem

---

73. Ibid., p. 472.
74. Ibid., p. 459.
75. Ibid., p. 397.

originariamente em processos temporais, constituindo-se parte por parte ou em fases (enquanto correlatos de atos unitários, continuamente e multiformemente relacionados), deixam-se apreender em uma intuição retrospectiva como se fossem objetos acabados num ponto do tempo. Mas essa doação mesma remonta, assim, a outra, 'originária'"[76].

Resulta desse entendimento uma diferenciação no interior do conceito "vivência", uma distinção de maior importância para o nosso tema. "Também uma vivência não é, e jamais será, integralmente percepcionada; ela não é adequadamente passível de apreensão em sua unidade plena. Ela é, por essência, um fluxo, que, dirigindo-lhe o olhar reflexivo, podemos retraçar desde o momento atual, enquanto os trechos percorridos jamais se oferecerão novamente à percepção. Somente na forma da retenção, isto é, da recordação retrospectiva iterativa, temos uma consciência do imediatamente esvaído"[77]. "Deve-se, portanto, distinguir: o ser pré-fenomenal das vivências, seu ser antes de nos voltarmos reflexivamente para elas, e seu ser enquanto fenômeno. Quando nos voltamos atentamente para a vivência e a apreendemos, ela adquire um novo modo de ser, *torna-se 'distinta'*, *'destacada'*, e esse distinguir não é outra coisa senão o apreender mesmo, e, o caráter de distinto, nada além do ser apreendido, do ser objeto do voltar-se-para. Mas não se deve agora conceber os fatos como se a distinção consistisse meramente em que a mesma vivência estivesse de fato relacionada com o voltar-se-para, com uma nova vivência, a do dirigir-se-para, portanto como se tivesse lugar uma mera complicação. Decerto que distinguimos com evidência, dentro da circunstância do voltar-se-para, entre seu objeto (entre a vivência A) e o próprio ato. E dizemos, decerto que com fundamento, que estávamos anteriormente voltados para outro objeto, que efetuamos então o voltar-se-para dirigido a A, e que A 'existia' antes mesmo de nos termos voltado para ele"[78]. Esse importante entendimento é de significado fundamental no contexto da questão, por nós levantada, sobre a

---

76. Ibid., p. 397.
77. HUSSERL, E. *Ideen zu einer reinen Phänomenologie*, p. 82.
78. HUSSERL, E. *Zeitbewusstsein*, p. 484.

essência das *vivências bem-distintas* e, com ela, para a determinação do *significado originário e primeiro* do termo "*sentido de uma vivência*". Assinalemos, por isso, mais uma vez, as fases mais importantes da investigação desenvolvida por Husserl.

O simples viver imerso no fluxo da duração conhece apenas vivências fluentes, não delimitadas, continuamente em transição. Cada agora é, por princípio, distinto do seu antes, porque, no agora, também está contido o antes, em modificação retencional. Contudo, no simples viver imerso no fluxo da duração, não sei nada a esse respeito, pois as modificações retencionais, e, com elas, o antes, são somente tidas por mim em perspectiva mediante um ato reflexivo de voltar-se-para. Dentro do fluxo da duração há apenas um viver de agora em agora, que sempre inclui também as modificações retencionais do agora anterior. Vivo, então, como diz Husserl, *em* meus atos, cuja viva intencionalidade me leva do agora para o novo agora. Mas esse agora não deve porventura ser considerado como instante pontual, como divisão da corrente da duração em duas partes. Pois, para que pudesse realizar tal ruptura artificial no interior da duração, eu haveria de ter abandonado o fluxo da mesma. Para o viver imerso na corrente da duração, o "agora" é, antes, sempre fase, e, por essa razão, as fases singulares da vivência se fundem umas com as outras, em constante transição. O simples viver imerso na duração ocorre, portanto, de modo unidirecional, irreversível, de multiplicidade em multiplicidade, em um curso constante. Cada fase do vivenciar, ao ser vivenciada, torna-se imediatamente outra; cada fase é distinguida da outra em seu "assim" tão logo seja tomada em perspectiva.

Porém, ao executar um voltar-se-para atento dirigido às vivências vivenciadas, abandono, em um ato da reflexão, a corrente da pura duração, o simples imergir no viver em fluxo. As vivências são apreendidas, distinguidas, destacadas, delimitadas; as vivências que se constituíram, fase por fase, no vivenciar, no curso da duração, são agora tomadas em perspectiva na forma de vivências constituídas. Aquilo que em fases se construiu é, agora, tenha o voltar-se-para se efetuado seja em reflexão ou reprodução (em simples captura), claramente delimitado enquanto vivência "acabada", ante todas as outras vivências. *Pois o ato de voltar-se-para, não importa se de natureza reflexiva ou reprodutiva, pressupõe* – e isso é de grande importância para toda pesquisa que tem o sentido como tema – *uma vivência decorrida, desvaída, acabada, em suma, passada*[79].

Assim, às vivências não delimitadas, transitivas no vivenciar de seu curso, temos de opor as vivências bem-circunscritas, mas decorridas, passadas, desvaídas, que são apreendidas não no modo do simples imergir no viver, senão em um voltar-se-para. Para o nosso tema, isso tem grande valor significativo. *Pois, visto que o conceito da vivência investida de sentido sempre pressupõe que a vivência, à qual é predicado sentido, seja bem-distinta, mostra-se assim com grande clareza que significatividade só pode ser conferida a uma vivência passada, isto é, a uma vivência que se apresenta ao olhar retrospectivo como completada e desvaída.*

Somente para o olhar retrospectivo existem, portanto, vivências bem-distintas. *Somente o vivenciado é investido de sentido, mas não o vivenciar.* Pois sentido não é outra coisa senão uma realização da intencionalidade, porém tornada visível apenas no olhar reflexivo. Ante a vivência em curso, a predicação de sentido é necessariamente trivial, visto que, nessa esfera, não deve ser compreendido por "sentido" outra coisa senão o "voltar-se-para atento", que só pode ser efetuado em direção a um vivenciar decorrido, jamais, contudo, a um vivenciar em curso.

Mas seria justificada a distinção que acabamos de realizar, entre vivências bem-delimitadas e o vivenciar? Antes, não estaria o olhar atento em condições – ao menos no que diz respeito à possibilidade – de se voltar para toda e qualquer vivência decorrida, o mesmo olhar atento que a "destaca" da corrente do

---

79. "A '*reflexão*' tem a notável propriedade de que aquilo que nela é apreendido no modo da percepção se caracteriza em princípio como algo que não apenas é e perdura no interior do olhar percepcionante, senão que *já era antes* de esse olhar se voltar a ele" (HUSSERL, E. *Ideen zu einer reinen Phänomenologie*, p. 83). Ademais: "Pode-se agora levantar a questão: e quanto à fase inicial de uma vivência que se constitui? [...]. Acerca disso, deve-se dizer: a fase inicial apenas pode se tornar objeto *depois* de seu decurso, do modo indicado, mediante retenção e reflexão (ou reprodução)" (HUSSERL, E. *Zeitbewusstsein*, p. 472 [grifo no original]).

curso do viver e a "distingue", delimita frente a outras? Acreditamos ter de responder negativamente a essa pergunta. Pois há vivências que de fato são vivenciadas em suas respectivas fases do agora, sobre as quais, contudo, é a princípio impossível se refletir, ou então apenas em uma captura extremamente vaga, e cuja reprodução, para além da mera representação vazia do "ter vivenciado algo" – ou seja, de modo intuitivo –, não traz nenhum resultado[80]. Caracterizaremos esse grupo de vivências como "*essencialmente atuais*", porque se encontram, por essência, vinculadas a determinada posição temporal da corrente interna da consciência. Elas se distinguem por seu pertencimento ou sua vizinhança à parte mais interna do eu, que Scheler bem caracterizou com o termo "pessoa absolutamente íntima"[81], sobre a qual sabemos "que, por necessidade essencial, *existe*, do mesmo modo como permanece *absolutamente* inacessível a todo vivenciar imediato possível". Mas também em relação ao conhecimento do próprio eu há uma esfera de intimidade absoluta, de "existência" tão indubitável quanto a impossibilidade de se tomá-la reflexivamente em perspectiva. Vivências dessa esfera são simplesmente impossíveis de se recordar; relativamente a seu "como", pode-se dizer que a recordação apreende apenas o "que" dessas vivências. Sustenta a correção dessa afirmação (a qual aqui pode apenas ser formulada, mas não completamente fundamentada) a constatação, realizável sem nenhum impedimento, de que a reprodução resultará tão menos adequada à vivência quanto "mais próxima" essa mesma vivência se encontrar em relação à pessoa íntima. Esse grau decrescente de adequação tem como consequência uma vagueza cada vez maior do reproduzido. De mãos dadas com essa tendência diminui a capacidade de se realizar reprodução reiterativa, isto é, de realizar a completa reconstrução do decurso da vivência; mesmo que reprodução seja a princípio possível, ela pode ser efetuada apenas em simples captar. O "como" do vivenciar, porém, só pode ser reproduzido em construção reiterativa. A recordação iterativa de uma vivência da

---

80. Sobre isso e as análises adiante, cf. § 16, p. 134s.
81. SCHELER, M. *Phänomenologie der Sympathiegefühle*, p. 77.

percepção externa é relativamente clara; uma ocorrência externa, como um movimento, pode ser iterativamente recordada em livre-reprodução, isto é, em qualquer ponto da duração. Trata-se de algo incomparavelmente mais difícil de ser realizado em relação a vivências da percepção interna; contanto que também as vivências em proximidade à pessoa absolutamente íntima sejam compreendidas como pertencentes a esse grupo, a recordação do "como" será inexecutável, e, a recordação do "que" dessas vivências, tida apenas em simples captura. Pertencem a esse grupo a princípio todas as vivências da corporeidade somática do eu, portanto, do eu-vital (como contrações e relaxamentos musculares enquanto correlatos dos movimentos corporais, dor "física", vivências da esfera sexual etc.), mas também fenômenos psíquicos reunidos sob a vaga designação de "estados de espírito", e desde certo ponto de vista também os "sentimentos" e "afetos" (alegria, pesar, asco etc.). Os limites do que se pode recordar são exatamente idênticos aos limites da "possibilidade de racionalização", contanto que se pretenda empregar essa palavra, de significado altamente ambíguo, em seu entendimento mais amplo – como por vezes Max Weber o faz –, portanto para designar "doação de sentido em geral". A rigor, a possibilidade de se recordar constitui principal pressuposto de toda construção racional. O impossível de ser recordado – algo por princípio sempre inefável – pode apenas ser "vivido", mas de modo nenhum "pensado"; é, essencialmente, inarticulado.

§ 8 As "vivências de consciência doadoras de sentido" em Husserl e o conceito de comportar-se

Tratemos agora de responder à questão sobre o modo como aquelas cadeias de vivências que denominamos de "comportamento próprio" se distinguem de todas as demais. O uso comum da palavra "comportamento" nos indica o caminho: o decurso das séries de vivências surgidas quando sinto uma dor física, ou quando alguém levanta meu braço para então deixá-lo cair, não chega a ser qualificado na linguagem comum em geral como "comportamento". Minha "atitude", porém, ante minha dor, o fato de eu "lutar" contra ela, de a "reprimir" ou de lhe "dar livre-curso", bem que corresponde a um comportamento no uso cotidiano da palavra, assim como o "permitir" ou "oferecer resistência" a uma influência concreta de origem externa sobre meu corpo. Não restam dúvidas, porém, que essas vivências qualificadas como "comportamento", embora fundamentalmente relacionadas às vivências de passividade originária exemplificadas acima, não são em absoluto idênticas a elas. Pelo contrário, uma coisa é a série de vivências de passividade originária, outra, a "tomada de posição" com relação às mesmas. "*Comportamento*", portanto, seria, na terminologia de Husserl, uma "*vivência de consciência doadora de sentido*". No contexto das suas investigações sobre o "difícil e significativo problema de uma delimitação essencial do conceito mais geral do 'pensar'", Husserl observa que nem todas as vivências de consciência têm a capacidade de realizar "doação de sentido": "Vivências de passividade originária, associações atuantes, as vivências de consciência nas quais se passa a consciência originária de tempo, a constituição da temporalidade imanente e outras do tipo são incapazes disso" (a saber, de ser doador de sentido). Uma vivência de consciência doadora de sentido deve, antes, "ser, em sentido específico, do tipo ato egoico (ato de tomada de posição) ou uma modalização que caiba a todos os atos análogos (passividade secundária, por exemplo juízo que surge passivamente, como 'algo que vem à mente')"[82].

Em todo caso, é possível considerar os atos de tomada de posição também como atos de atividade originalmente producente[83], contanto que, com Husserl[84], subsuma-se a esse conceito também as atividades do "ânimo", com suas constitui-

---

82. HUSSERL, E. *Logik*, p. 22; sobre o tema da passividade e atividade e sobre a análise a seguir do agir, cf. as excelentes e profundas investigações de Reiner em *Freiheit, Wollen und Aktivität* (Halle, 1927), as quais só conheci depois da conclusão deste trabalho. Concordo com ele em todos os pontos essenciais.

83. "Os atos executados, ou, como melhor se pode chamar sob certos aspectos (especificamente considerando que se trate de processos), as *execuções de ato* representam as '*tomadas de posição*' *no sentido mais amplo*", lê-se, como característico, em *Ideen zu einer reinen Phänomenologie*, p. 236.

84. HUSSERL, E. *Logik*, p. 281.

ções de valores, fins, meios. Vivências dadas na intencionalidade, da forma de atividade espontânea, ou dadas a uma das modalizações secundárias da mesma são, na linguagem de Husserl, vivências de consciência doadoras de sentido. No entanto, quais seriam as modificações da atividade espontânea? Suas ocorrências principais, que nos interessam aqui, são os modos de consciência da retenção e da reprodução, discutidos há pouco. Husserl os descreve da seguinte forma: "Com cada ato da espontaneidade entra em cena algo de novo, ele atua, por assim dizer, em cada momento do seu fluxo como protossensação que sofre seu adumbramento segundo a lei fundamental da consciência (nomeadamente, da modificação retencional). A espontaneidade, que, no fluxo da consciência, procede em passos, constitui um objeto temporal, precisamente um objeto deveniente, um processo – por princípio, apenas um processo, e não um objeto perdurante. E esse processo retrotrai-se ao passado"[85]. "Onde quer que uma constituição original de uma objetualidade da consciência tenha sido realizada através de uma atividade, a *ação original* se transforma, em constância retencional, *em uma forma secundária* que não mais consiste em atividade, portanto em uma forma passiva, de uma 'sensibilidade secundária', como também a expressamos. Em virtude da constante síntese de identidade, a consciência passiva é consciência do mesmo 'há pouco' constituído em originalidade ativa"[86]. Esse estado de coisas encontra exemplo no "ajuizar", que, em todo caso, também "*é atividade formadora, agir*", só que, a rigor, um agir que "desde o começo e em todas as suas formações graduais tem exclusivamente irrealidades em sua esfera temática"[87]. Também as objetualidades ideais "são objetivos, fins e meios produzíveis, elas são o que são apenas '*a partir de*' produção original. Isso, contudo, não afirma em absoluto que elas são o que são apenas *na* e *durante a* produção original. 'Na' produção original significa: nela se encontrar consciente como em certa intencionalidade da forma de *atividade espontâ-*

---

85. HUSSERL, E. *Zeitbewusstsein*, p. 487.
86. HUSSERL, E. *Logik*, p. 251.
87. Ibid., p. 149.

nea, especificamente no modo do si-mesmo original. *Esse modo de doação derivado de tal atividade originária não é outra coisa senão a sua espécie própria de 'percepção'"*[88].

Busquemos agora aplicar o conhecimento resultante das investigações de Husserl, reproduzido nas citações acima, à análise do nosso problema.

Definimos *"comportamento" como vivência de consciência doadora de sentido mediante atividade espontânea*, e, por conseguinte, tomaremos, de modo isolado, atividade e agir formadores que ocorrem no interior desse comportamento como caracterizando categoria própria, à qual adiante serão dedicadas outras investigações. Aquilo que distingue a objetualidade da consciência constituída em uma atividade originária, portanto um comportamento, de todas as outras vivências de consciência, e a torna, na linguagem de Husserl, "doadora de sentido", apenas pode ser compreendido se aplicadas as distinções expostas acima, entre ato em constituição e objetualidade constituída, também ao estudo dos atos da espontaneidade e da objetualidade neles constituída. No curso, o ato da espontaneidade não é outra coisa senão o modo da intencionalidade na qual é dada a objetualidade que se constitui; com outras palavras: o comportar-se, em seu curso, é "percepcionado" em

---

[88] Ibid., p. 150. Cf. tb. as exposições de Husserl sobre a tese como ato de livre-espontaneidade e atividade (*Ideen*, p. 253). Recentemente, em suas *Meditações cartesianas* (quarta meditação), Husserl radicalizou a distinção entre gênese ativa e passiva como duas formas fundamentais da vida de consciência. Ele diz (op. cit., p. 65ss., § 38): "Se então indagamos, primeiro para nós, enquanto sujeitos possíveis referidos ao mundo, os princípios universalmente significativos da gênese constitutiva, estes se dividem, segundo duas formas fundamentais, nos princípios da *gênese ativa* e da *gênese passiva*. No primeiro, o eu atua como mediante atos egoicos específicos, como producente, constituinte. [...] O característico é que atos egoicos, interligados na socialidade (cujo sentido transcendental, entretanto, resta ainda evidenciar) por meio da relação comunitária, ligando-se em variadas sínteses da atividade específica, *originalmente constituem*, sobre o fundamento de objetos já pré-dados (na consciência pré-doadora), novos *objetos*. Estes se apresentam então conscientialmente na forma de produtos. [...] Em todo caso, porém, toda construção interna da atividade necessariamente pressupõe, como nível mais fundamental, uma passividade pré-doadora, e ao analisá-la nos deparamos com a constituição por meio da gênese passiva."

um modo próprio, especificamente no modo de ser dado da atividade originária.

Essa percepção atua como protoimpressão, à qual se vinculam, então, adumbramentos retencionais contínuos. Assim, tudo que, no contexto da análise da retenção, foi afirmado a respeito da protoimpressão se aplica também ao ato. Atividade é uma vivência que se constitui em fases, na transição de um agora a um novo agora, à qual, porém, o raio intencional da reflexão só pode ser dirigido desde um agora posterior, e isso ou na percepção imanente da retenção ou na recordação iterativa (seja essa realizada em simples captura ou então em reconstrução por fases). Porém, visto que a intencionalidade original segue conservada também na modificação intencional, ela permanecerá a mesma também na retenção ou recordação iterativa, na derivação genética a partir da atividade espontânea.

Aplicado à teoria do comportamento, isso significa: em seu curso, o comportar-se é uma vivência de consciência *pré-fenomenal*. Somente depois de decorrido (desvaído, passado), o comportamento – ou, pelo menos, seus momentos iniciais, sempre que estruturado em fases – pode ser apreendido pelo olhar retrospectivo e destacado, na forma de vivência bem-distinta, do fundo composto por todas as demais vivências de consciência. A rigor, portanto, a vivência fenomenal jamais será o comportar-se, senão sempre apenas o *ter*-se-comportado; mas, nessa modificação intencional, a vivência primordial originária continua a existir, pois também o comportamento passado é *meu* comportamento, corresponde a um ato egoico específico de tomada de posição, ainda que em um adumbramento modificado. Precisamente por isso, pelo caráter específico de tomada de posição, o comportamento se distingue do conceito mais geral "minha vivência". A vivência desvaída é minha porque a vivenciei. Isso, porém, é apenas outra forma de exprimir em palavras a continuidade do curso da duração, a unidade da corrente de consciência constituinte de tempo. O olhar retrospectivo também apreende vivências de passividade originária enquanto *minhas*; em contrapartida, meu comportamento, isto é, meu ter-se-comportado, remonta à impressão de origem formada por atividade espontânea.

Comportamento consiste, portanto, em uma série de vivências que, dentro do grupo das "vivências em geral", distinguem-se pela intencionalidade de origem – conservada em todas as modificações intencionais – da atividade espontânea. Notamos aqui, como já afirmado anteriormente, que o termo "comportamento" se refere a vivências que foram tomadas de determinado modo em perspectiva (a saber, no modo da remissão intencional à atividade "geneticamente protofundante"), e que o sentido predicado a esse comportamento não é outra coisa senão o modo específico do direcionamento do olhar, o qual faz, dessas vivências, "comportamento" ("desde o qual" se dá comportamento). Também aqui se vê confirmado o princípio formulado no parágrafo anterior por ocasião da análise das "vivências bem-circunscritas", segundo o qual "sentido", a saber, pode apenas ser conferido a uma vivência passada, que se apresenta ao olhar retrospectivo como completamente desvaída. Pois investida de sentido não é a vivência de atividade pré-fenomenal, senão apenas a percepcionada *reflexivamente* na forma de atividade espontânea.

Podemos agora dar um passo adiante e buscar delimitar, dentro da categoria de comportamento, o conceito de agir.

§ 9 O conceito de agir – Projeto e protenção

Na linguagem da vida diária, "agir" frequentemente é distinguido de "comportamento" simplesmente pela atribuição, ao primeiro, de "consciencialidade", por vezes até de "voluntariedade", enquanto "comportamento", em geral, no uso comum do termo, também inclui o assim denominado comportamento "reativo", os "reflexos" não intencionados e involuntários. Investiguemos agora as razões mais profundas dessa distinção aparentemente tão superficial[89].

Antes de tudo, todo agir é atividade espontânea "dirigida a algo futuro". O ser dirigido "ao futuro", porém, não é de modo nenhum uma particularidade apenas do comportar-se; antes, todo processo originalmente constituinte, derivado ou não de

---

89. O fato de a distinção weberiana entre agir e comportamento ser insuficiente os resultados das nossas análises desenvolvidas aqui já trataram de demonstrar.

atividade espontânea, implica intencionalidades de vivência dirigidas ao futuro. Também esse ponto já foi esclarecido por Husserl[90], segundo o qual "reflexão", em sentido mais amplo, pode ser praticada não somente em atos de retenção e de reprodução.

À retenção corresponde, no ponto de vista natural-ingênuo, a "protenção" imediata: "Cada processo originalmente constituinte se encontra animado por protenções, as quais constituem de modo vazio o adveniente enquanto tal, agarram-no, levam-no à realização"[91]. Da protenção imediata deve-se distinguir a recordação prospectiva (expectativa antevidente), que, em sentido completamente diverso à protenção, é "presentificante", a saber, reproducente, enquanto contraparte da recordação iterativa. "Nesse caso, o esperado intuitivamente, o consciente em antecipação como 'futuramente advindo', tem, ao mesmo tempo, graças à reflexão possível 'na' recordação prospectiva, o significado de algo *que será percepcionado*, da mesma maneira como o rememorado tem o significado de um ter-sido-percepcionado. Também na recordação prospectiva, podemos, portanto, refletir e nos tornar conscientes de vivências próprias – às quais, nela, não estávamos orientados – como pertencentes ao prospectivamente recordado enquanto tal; como sempre procedemos quando dizemos que *veremos* o adveniente voltando o olhar reflexivo para a vivência de percepção 'futura'"[92]. O fato de a antecipação do algo futuro, o "ser-dirigido-a", também ser essencial a todo agir foi, com maior clareza, reiteradamente enunciado por Husserl, que diz: "Em todo agir, os objetivos da ação nos são conscientes de antemão no modo de uma antecipação vazia, ainda indeterminada quanto ao conteúdo, e em todo caso ainda não preenchida, na forma daquilo que ambicionamos e a ser trazido à autodoação concretizante, justamente aquilo que caracteriza o agir completado passo a passo"[93].

---

90. HUSSERL, E. *Ideen*, p. 145, 149, 164. • HUSSERL, E. *Zeitbewusstsein*, p. 396, 410, 497, e em outras passagens.
91. HUSSERL, E. *Zeitbewusstsein*, p. 410.
92. HUSSERL, E. *Ideen*, p. 145.
93. HUSSERL, E. *Logik*, p. 145ss.

A considerar o que foi dito acima, parece que agir poderia ser definido como um comportamento que, em protenções vazias indeterminadas, antecipa o adveniente enquanto tal (em nosso caso, aquilo a se concretizar mediante o agir, portanto, a ação). Mas essa definição seria, por vários motivos, insuficiente. De início, a antecipação do adveniente em protenções *vazias* não é em absoluto algo de específico ao agir, senão também encontrável em todos os demais atos de tomada de posição. Ademais, as protenções surgem, contudo, apenas no processo de constituição do agir irrefletido – no desenrolar das fases das vivências derivadas da atividade espontânea –, enquanto *vazias* e *não preenchidas*. No momento em que o olhar intencional se volta ao agir, este já se encontra, a rigor, decorrido, desvaído, completamente constituído – ao menos aquelas fases do agir apreendidas reflexivamente assim estarão. Contudo, no voltar-se-para reflexivo (a princípio o de recordação), as protenções jamais correspondem a intencionalidades de expectativa vazias e não preenchidas, dirigidas a um visar do assim-ser do mesmo modo como são dirigidas a um visar do ser-outro ou não-ser. Antes, elas trazem ao ter-sido, tomado em perspectiva desde um novo agora em um ato reflexivo de voltar-se-para, todas as notas características do preenchimento pelo desvanecer do agora original, ao qual pertenceram enquanto intencionalidades vazias. Assim, a função particular das protenções se revela apenas na recordação: "Cada recordação contém intenções de expectativa cujo preenchimento conduz ao presente. [...] O processo iterativamente recordado não renova apenas, segundo o modo da recordação, essas protenções. Elas não estavam apenas a agarrar, elas também o agarraram, elas se preencheram, e disso somos conscientes na recordação iterativa. O preenchimento, na consciência que recorda iterativamente, é re-preenchimento (precisamente, na modificação da posição da recordação), e se a protenção originária da percepção do evento era indeterminada e deixou aberto o ser-outro ou o não-ser, temos então, na recordação iterativa, uma expectativa pré-dirigida, a qual não deixa tudo isso em aberto, a não ser na forma de recordação iterativa 'inacabada', diferente, em estrutura, da protenção originária indeterminada. E, no entanto, também esta se encontra contida na recordação iterativa"[94].

Assim, aquilo que, para o agente, era expectativa vazia, é, para aquele que se recorda, expectativa preenchida ou não preenchida. Aquilo que, para o agente, apontou, desde o presente, ao futuro, aponta, desde o passado, da perspectiva daquele que se recorda, sob conservação do caráter temporal do futuro, a ponto presente. O olhar intencional encontra, contudo, apenas ações, não o agir, e às ações cabem somente protenções preenchidas, jamais, porém, vazias.

Voltemo-nos agora à "recordação prospectiva", portanto àquela antecipação reflexiva que corresponde à reprodução, e indaguemos o que poderia significar a afirmação de que os objetivos da ação seriam, em todo agir, na antecipação de uma recordação prospectiva, conscientes de antemão. Uma análise descritiva do agir demonstra que o mesmo sempre é executado de acordo com um "plano preconcebido" mais ou menos explícito, que, portanto, a ele cabe, para usar um termo de Heidegger[95], "*caráter de projeto*"[96]. Mas o projetar do agir ocorre em princípio de modo independente de qualquer agir concreto. Todo projetar de agir é, antes, um "fantasiar" de agir, isto é, um fantasiar[97] derivado de atividade espontânea, mas não a atividade espontânea mesma. Trata-se de uma presentificação intuitiva da atividade espontânea, que pode ter o caráter da posicionalidade ou neu-

---

94. HUSSERL, E. *Zeitbewusstsein*, p. 410.

95. HEIDEGGER, M. *Sein und Zeit*, Halle 1927, p. 145; apropriamos de Heidegger, porém, apenas o termo, não também sua interpretação específica como "existencial da compreensão", tampouco do *"Dasein"*.

96. Em seu excelente estudo "Motiv und Motivation" (in: *Festschrift für Lipps*, 1911 [reimpresso na forma de livro em Leipzig, 1930]), p. 143, Pfänder caracteriza o autocomportamento premeditado de "projeto".

97. Não temos aqui como aprofundar o tema da importante distinção entre "fantasia", enquanto modificação de neutralidade, e "recordação prospectiva", como presentificação posicional, visto que o aclaramento do mesmo exigiria discussões fenomenológicas mais abrangentes. Utilizamos, assim, nesta passagem, a palavra "fantasia" – para além do uso que Husserl faz do termo – também para designar presentificação posicional (recordação prospectiva). Sobre a – em outro contexto fundamentalmente essencial – distinção mesma, cf. HUSSERL, E. *Ideen*, § 111, p. 224-225, § 114, p. 233. • HUSSERL, E. *Zeitbewusstsein*, § 17, p. 400-401, apêndice II, p. 452ss. Cf. mais adiante § 11.

tralidade[98] e cujo modo de certeza (da tomada de posição) pode variar[99]. Esses "fantasmas" se distinguem das protenções sobretudo porque estas, enquanto ainda não tiverem sido captadas, são em princípio simples representações *vazias*, ao passo que aquelas, em contrapartida, por princípio simples representações *intuitivas*. Naturalmente, com isso não se afirma caber ao agir fantasiado determinado grau de clareza ou explicitação; antes, todas as antecipações de agir futuro são marcadas por alto grau de indistinção, mesmo onde há ocorrência de agir racional (no sentido comum da palavra).

Para determinar de forma mais precisa o caráter de projeto, referimo-nos acima a um "fantasiar de *agir*". Surge, contudo, a pergunta se a expressão pode continuar a ser usada nesse sentido particular, tendo em vista nossa distinção terminológica entre agir e ação. Podemos formular essa questão da seguinte forma: seria apreendido ("recordado prospectivamente") na representação intuitiva da fantasia presentificante o agir ou a ação? Estaria, portanto, o projeto referido ao agir ou à ação, isto é, a isso que, nas palavras de Husserl, é "trazido à autodoação concretizante, justamente aquilo que caracteriza o agir completado passo a passo"?[100]

A resposta é simples: *projetado ("recordado prospectivamente") não é o agir completado passo a passo, senão a ação*, o "objetivo" do agir a ser concretizado pelo mesmo. Isso pertence à essência do projeto. A rigor, o agir não seria sequer projetado caso a ação não tivesse ao menos sido co-projetada. Pois somente a ação pode ser objeto da representação *intuitiva* na fantasia presentificante. Nisso precisamente consiste, enfim, o "*vir-a-ser-percepcionado*", contido intencionalmente em toda expectativa. Se isso que deve levar o agir à autodoação concretizante não for ao menos co-representado, a representação de um agir *enquanto curso* permanecerá necessariamente vazia e não intuitiva; ela consistirá, de fato, na terminologia de Husserl, em uma protenção não-intuitiva. Também me é possível fantasiar meu agir;

---

98. A explicação precisa desse par conceitual será feita mais adiante, à nota 115.
99. HUSSERL, E. *Zeitbewusstsein*, p. 453.
100. HUSSERL, E. *Logik*, p. 149ss.

por exemplo, que me levanto da minha cadeira e me coloco à janela. Mas, ao me voltar para esse "levantar-se" fantasiado e ao "colocar-se à janela", a ação é imaginada como já executada, e os fantasmas, correspondentes ao meu agir, referentes a contrações e relaxamentos musculares singulares efetuados em atividade espontânea – portanto os fantasmas das fases do curso do agir enquanto tais –, não chegam a ser objeto do voltar-se-para reflexivo (recordação prospectiva). Seria possível objetar, ademais, tratar-se de uma ilusão ocasionada por atenção insuficiente ao curso fantasiado do agir enquanto tal. Contra essa ideia argumenta-se que cada agir parcial fantasiado, por exemplo o esticar de uma perna, será fantasiado também apenas na forma de ação, a saber, como movimento realizado pelo corpo somático, mas não o curso enquanto tal. Essa segmentação pode, como é evidente, prosseguir indefinidamente.

Nota-se, assim, que o curso, fase por fase, do agir intencionado jamais poderá ser isolado da ação intencionada, a qual se constitui por meio desse e nesse agir. Assim como ao olhar reflexivo da autêntica recordação é evidente apenas ação enquanto produto completamente constituído do agir, mas não agir na forma de curso, poderá ser apreendida, na reflexão da recordação prospectiva, somente ação fantasiada, não, contudo, agir fantasiado, contanto que se compreenda por "fantasiado", como é o caso aqui, o mesmo que "representado intuitivamente". O projetado, portanto, é a ação, não o agir mesmo.

Entretanto, todos esses fenômenos do projetar e ser projetado são dados apenas ao pensamento reflexivo, portanto à retrospecção ao fluxo de vivência, mas não à consciência em seu curso, portanto não à atividade espontânea, que, em sua plena atualidade, consiste essencialmente em vivência irrefletida. Embora também o vivenciar da atividade espontânea seja envolto por um halo de expectativa, essas expectativas são, por si, vazias e não-intuitivas, elas são, a rigor, autênticas protenções que surgem no atualizar do agir: espera-se *que* algo advenha; *aquilo* que advém segue indeterminado. Porque, contudo, a ação que deverá ser trazida à autodoação – mediante o agir em execução – foi anteriormente projetada, as protenções do agora-e-assim atual assumem um caráter *quasi*-intuitivo em virtude da reprodução do projeto preconcebido associada a esse agora-e-assim. *Distingue agir de comportamento, portanto, o ser projetado da ação que, mediante o agir, deverá alcançar a autodoação.* Em todo caso, visto que, nesse primeiro nível mais fundamental, deve-se compreender por sentido a intencionalidade peculiar do ato reflexivo, podemos formular o enunciado também de modo que *seja o sentido do agir a ação anteriormente projetada*. Essa definição conceitual oferece ao mesmo tempo uma primeira delimitação da expressão – não raro utilizada de forma equivocada – "ser orientado do agir", que em Max Weber assume papel central. O agir, podemos assim dizer, é, em seu curso, orientado pela ação projetada. O modo como desse entendimento resulta uma interpretação dos demais usos, por Weber, do conceito "agir orientado" será investigado mais adiante.

Busquemos agora aclarar essa concepção de agir, de fundamental importância para a solução de vários problemas sociológicos, mediante análise da essência de um "agir racional" com objetivo de ação explícito, no mais alto grau de evidência, portanto de um agir teleológico puro. Como procede o indivíduo que age racionalmente? O projeto do seu agir, o plano, tem início com o estabelecimento do objetivo, ainda que seja a princípio indiferente o modo como ocorre essa determinação. Para alcançar esse objetivo, o agente tem de aplicar meios, isto é, executar ações parciais adequadas para chegar ao fim estabelecido. Mas isso não significa outra coisa senão afirmar a validade do princípio segundo o qual, conforme a experiência concordante do indivíduo em questão no momento do projetar, objetivos da espécie do que foi projetado podem em regra ser alcançados mediante aplicação de uma série de fatos denominados "meios": para alcançar o objetivo projetado, deverão, assim, ser aplicados os meios M_1, M_2... M_n. No caso de esses meios terem sido "escolhidos", eles corresponderão, por seu lado, a objetivos de ação projetados, precisamente, a objetivos intermediários. Para se chegar a esses objetivos intermediários faz-se necessária a escolha de novos meios, e assim se dá, gradualmente, no caso do agir estritamente racional, aquele processo que há pouco caracterizamos como projetar do objetivo da ação. *O agir racional até pode ser definido como agir com objetivos intermediários conhecidos.* Nesse contexto, é de essencial importância que o juízo daquele que projeta tenha a seguinte forma: quando o objetivo O da ação *for alcançado*, isso *terá sido ocasionado* pelos meios $M_1, M_2... M_n$; assim, se $M_1, M_2... M_n$ *tiverem sido aplicados*, então se terá O como consequência. Vemos, portanto, também nesse plano do agir racional, que o projeto é essencialmente dirigido à ação a ser futuramente executada, pois somente a partir dela pode a princípio ocorrer uma determinação dos meios. Isso significa: o sujeito do projeto não procede de modo diferente da forma como o faria se o agir que ele projeta já fosse, no momento do projetar, ação executada, decorrida, situada no passado, que agora é inserida no contexto de experiência (dado no momento do projetar). Assim, o "agir" planejado carrega consigo, também no projeto, as características temporais do passado. No curso mesmo do agir, portanto durante o executar daquilo que foi previamente projetado, decerto tem-se também a representação secundária do desejo de que o meio escolhido possa ser apropriado para se chegar ao objetivo pré-dado, assim como *a protenção* (no sentido próprio da palavra) de que o resultado esperado da aplicação do meio em questão também de fato será obtido. Aqui, porém, não precisamos dar continuidade à investigação desses aspectos. Para nós é importante sobretudo o entendimento de que também todos os projetos de agir futuro são essencialmente dirigidos a um agir passado, concluído; de que, portanto, não o curso do agir na corrente da duração, mas sim a ação tomada como decorrida, e por isso apreendida reflexivamente, é projetada no modo da fantasia. Ainda vamos nos deparar repetidas vezes com essa forma do pensamento, à qual damos aqui o nome de *pensar modo futuri exacti*. Esse caráter temporal, como se depreende do mencionado acima, também cabe já à expectativa, contanto que esta se trate de uma representação intuitiva e não de uma protenção vazia que, embora dirigida ao adveniente, deixe indeterminado aquilo que advirá.

    A fim de ilustrar o estado de coisas acima descrito, pensemos em uma consciência profética como a de Tirésias, capaz de antecipar a ocorrência futura no agora-e-assim atual de modo semelhante a como nossa consciência retém, no agora-e-assim atual, aquilo que passou; resulta então, por necessidade, que também a tal consciência poderiam ser dadas não ocorrências futuras, senão apenas algo decorrido investido do caráter temporal do futuro. Pois se a Tirésias fossem conscientes apenas ocorrências, como então ele teria conhecimento de seu decorrer? Como seria capaz de profetizá-los se não lhe fossem conscientes na forma de algo decorrido? Ademais, detrás de toda ocorrência há novas ocorrências, às quais se aplica o mesmo princípio[101].

Mas nossa definição de agir como comportamento projetado resolve de modo suficiente também o difícil problema da delimitação do curso concreto atual do agir ou, como gostaríamos de denominá-lo, o problema da *unidade do agir*. A questão, que deverá ser abordada mais de perto, sobre em que consiste essa unidade, refere-se a um tema até hoje ainda não investigado pela sociologia compreensiva, mas altamente significativo, em especial para a determinação do seu campo de estudos. Independentemente do contexto específico no qual o sociólogo inquire o sentido visado de um agir, ele o considera "de modo inquestionado" como unidade determinável de forma exata – para ser preciso, objetivamente. Logo quando da investigação da relação entre compreensão atual e compreensão pelos motivos tivemos a oportunidade de apontar a arbitrariedade com a qual a sociologia compreensiva define o agir concreto, algo ao que tudo indica realizado de modo completamente independente da definição do sentido visado que o agente relaciona com seu agir. À mesma conclusão chega a análise do agir que acabamos de desenvolver, em especial a do racional. Dado o objetivo, seguem-se ao mesmo a escolha dos meios, na qual todo meio se torna objetivo intermediário, a ser realizado por novos meios. A ação unitária está estruturada em ações parciais; ademais, na investigação de um agir concreto é simplesmente impossível verificar objetivamente – isto é, sem recurso à intenção do agente, ou, para ser preciso, do sujeito do projetar – se o agir projetado enquanto unidade se esgota na ocorrência que se torna particularmente visível ao observador. Em todo curso, constituído por fases, a unida-

---

101. Cf. tb. HUSSERL, E. *Zeitbewusstsein*, p. 413.

de pode ser considerada, com cada fase, preenchida, e, cada fase seguinte ou precedente, como nova unidade. Assim, fica a cabo do observador – seja este um parceiro de interação no mundo social ou o sociólogo – fixar, por iniciativa própria, os pontos inicial e final do agir alheio cujo sentido visado constitui objeto do inquirir, visto que o curso objetivo não oferece nenhum critério para a delimitação da ação "unitária". Isso, porém, acaba por dar origem a um paradoxo insolúvel. Pois como pode ser inquirido o sentido visado de um agir sem que seja tomada em perspectiva a fase do seu curso de agir relevante *para o agente*, senão, antes, em seu lugar, seja selecionado um fragmento, arbitrariamente escolhido, desde o interior da "facticidade" do curso observado? É evidente que o sentido visado será de fato bem distinto caso se tome como objeto da investigação, por exemplo, as execuções singulares do cortar lenha ou do agir referente ao "exercer profissão". Contudo, se verdadeiramente levada a sério a questão sobre o sentido visado de um agir, será necessário também inquirir a constituição subjetiva da unidade desse agir, com o qual o agente, apenas, relaciona "sentido subjetivo".

Essa radicalização da questão foi feita aqui mediante a remissão do agir ao projeto precedente da ação fantasiada *modo futuri exacti* como decorrida. Dessa tese fundamental resulta, de plena consequência, o conceito da unidade do agir, a qual *se constitui em virtude do ser projetado da ação, a qual deve ser concretizada mediante o agir intencionado, a ser passo a passo executado. Essa unidade é uma função da "extensão" do projeto*. Com isso fica demonstrada a "subjetividade" da unidade do agir e eliminada a dificuldade diretamente resultante da tentativa de associar um sentido "subjetivamente visado" a um curso "objetivamente" unitário[102]. Contudo, porque o sentido do agir é assim determinado pelo projeto precedente, temos agora de todo confirmada nossa afirmação antecipada já no sexto parágrafo: o enunciado "agir com o qual, de parte do agente, é relacionado sentido" consiste apenas em uma designação meta-

---

102. As consequências, resultantes dessa concepção da unidade do agir, p. ex., para a ética e jurisprudência (direito penal!), não podem ser aprofundadas aqui.

fórica para vivências tomadas, de determinado modo, em perspectiva, e o sentido, erroneamente predicado a esse agir, não é outra coisa senão o "como" desse voltar-se-para dirigido ao próprio vivenciar, não é outra coisa senão aquilo, portanto, que por princípio constitui o agir (para ser preciso, como unidade).

§ 10 O agir "consciente" e sua evidência

Investiguemos agora as condições[103] que deram origem ao entendimento vulgar de agir "consciente" (em oposição ao comportamento "inconsciente"). A expressão "vivência inconsciente" certamente caracterizará contrassenso caso se refira à existência de vivências que não afetam a consciência de nenhum modo. Pois "vivência" é correlato direto da consciência, é aquilo que se apresenta ou já se apresentou à consciência, e nada além. Mesmo desconsiderado esse uso ingênuo da expressão "vivência inconsciente", o termo segue ambíguo. Pode-se com ele pretender afirmar que uma vivência a princípio poderia surgir como "protodado" dentro do fluxo de vivência, e isso na forma peculiar do "agora"[104], porém sem ser objeto de um voltar-se-para reflexivo; ou então afirmar que, embora tenha lugar um voltar-se-para reflexivo dirigido a uma vivência, o mesmo ocorre de modo vago, difuso; ou que a vivência que foi ou pôde ser objeto de um voltar-se-para permanece "inapercebida", como por exemplo o "plano de fundo de uma vivência de indeterminação determinável". Nenhum desses casos se aplica a "agir consciente" e "comportamento inconsciente". Também uma vivência derivada de atividade espontânea não é, por si, "consciente", contanto que pela expressão se compreenda uma apreensão reflexiva. Também o agir apenas se torna "consciente" ao agente uma vez apreendido reflexivamente, e por isso tão logo não mais caracterize agir, senão agir decorrido, desvaído, portanto: ação. Mas, em oposição a todas as outras atividades espontâneas, o

---

103. Sobre esse problema, cf. as excelentes investigações de M. Geiger ("Fragment über das Unbewusste". *Jahrbuch für Phänomenologie*, vol. IV, 1921, p. 1-136). A terminologia aqui escolhida, entretanto, difere da de Geiger.
104. HUSSERL, E. *Zeitbewusstsein*, p. 473.

"agir" é "consciente" mesmo *antes* de sua execução, a saber, já na forma de ação projetada. A ação intencionada, portanto a expectativa do agir que se executa em atividade espontânea, passa por preenchimento justamente mediante esse agir. Assim, toda vivência atual do executar de ação se entrelaça a uma retenção ou reprodução do projetado. Nesse duplo vínculo – "o ser orientado" do agir pela ação e a respectiva remissão ao projeto – consiste a peculiar condição que fez com que se atribuísse ao agir, no discurso comum, um grau específico de consciencialidade. Isso se torna mais facilmente compreensível quando considerado que, na intuição natural-ingênua, referida com a ideia do "comportamento consciente", as vivências (o agir, a referência intencional à ação, e a referência retencional ou reprodutiva ao projeto da ação imaginada *modo futuri exacti* como sendo executada) são indistintamente consideradas unidade.

De todo modo, esclarecer o conceito "agir consciente" será de pouca importância enquanto não for elucidada a evidência[105] desse ter-consciente. Em relação à ação intencionada – apenas projetada e ainda não executada –, em relação ao agir durante o curso – enquanto vivência irrefletida de espontaneidade atual dentro do curso de consciência – e em relação à apreensão reflexiva da ação decorrida desvaída, essa evidência será, não obstante, em cada caso, de espécie distinta.

A vivência de fantasia que caracterizamos como projeto de ação pode, por si mesma, em qualquer grau de evidência, desde a indistinção até a explicitação ideal, ser encontrada pelo olhar reflexivo. Mas essa evidência não alcança o substrato, a ação fantasiada mesma. É que todo projeto contém, necessariamente, enquanto vivência de fantasia, lacunas que somente são ou não preenchidas mediante o curso do agir, até o agora-e-assim atual. Podemos, por exemplo, durante o executar de uma ação, apreender, em uma reprodução, o projeto da ação, e, em uma retenção, as fases executadas do agir, e constatar as divergências que a retenção das fases decorridas do agir efetivo apresenta com

---

105. "Evidência" deve ser compreendida aqui no sentido que lhe atribui Husserl, enquanto espécie particular da experiência desse ter-consciente. Sobre esse tema, cf. HUSSERL, E. *Logik*, p. 137ss., esp. p. 144.

relação ao agir intencionado reproduzido. Ambas as evidências podem ser de explicitação ideal, como no caso de um agir caracterizado pela sociologia compreensiva como estritamente racional (por exemplo, quando um agente que age de acordo com um "plano detalhado" se pergunta durante o executar se seu agir seria adequado ao seu plano). Porém, o fato de o projeto se distinguir do agir efetivamente executado, e isso por necessidade essencial, tem seu fundamento *apenas* na circunstância *mesma* de a evidência da vivência atual de espontaneidade ser, também de modo essencialmente necessário, diferente da evidência com a qual surge a recordação do projeto apenas fantasiado, não tornado efetivo. Pois todo agir, em sua execução imediata, assim como toda retenção de tal agir, consiste em um ato autodoador de evidência originária imediata. Toda recordação tem uma diretiva apenas relativa e incompleta: "Em relação àquilo que ela (a recordação) presentifica, digamos, a algo passado, nela reside uma referência ao presente atual. Ela realiza a posição de algo passado e, com ele, necessariamente de um horizonte, mesmo que de maneira vaga, difusa, indeterminada; trazido à clareza e à distinção tética, este teria de se permitir explicitar em um contexto de recordações teticamente executadas que terminaria *em percepções atuais, no* hic et nunc *atual*. O mesmo se aplica a quaisquer recordações nesse nosso sentido *mais amplo*, referido a todos os modos temporais"[106]. "A recordação se corrobora com cada progressão, de recordação em recordação, formando um contexto de recordações cada vez mais distinto, cujo fim último se estende até o presente perceptivo. [...] Se, todavia, a explicitação for conduzida até o *agora atual, algo da luz da percepção e de sua evidência refletirá sobre toda a cadeia*"[107]. Assim, ao agir intencionado durante o projeto na forma de vivência de fantasia atual, ao agir intencionado durante o curso da ação e ao agir intencionado segundo ação executada correspondem, respectivamente, evidências diferentes, e isso apenas *porque essas evidências são realizações intencionais do* hic et nunc *atual*. Do mesmo modo, corresponde, também ao agir efetivamente levado a

---

106. HUSSERL, E. *Ideen*, p. 293.
107. Ibid., p. 294.

termo, em seu curso e enquanto ação decorrida, uma evidência distinta em cada caso. A extensão dessa problemática, desenvolvida pela primeira vez por Husserl, não pode nem deverá ser tratada aqui para além das premissas iniciais, imprescindíveis à análise da nossa questão. Essencial para nós é apenas ter sempre em mente que também o modo de ser dado – e, com ele, a evidência das vivências denominadas "agir" – pode ser tomado em perspectiva, em todas suas variações. Isso explica o fato de graus bem diferentes de clareza e indistinção poderem ser justapostos e combinados uns aos outros. Assim, por exemplo, o projeto do agir pode alcançar clareza ideal, ao passo que o agir, durante o curso mesmo, torna-se "consciente" (retido) apenas de um modo vago e difuso, enquanto a reprodução do agir decorrido, em virtude da inadequação da recordação, é absolutamente frustrada porque a imagem mnêmica, como diz Husserl, "explode" e se desfaz em reproduções heterogêneas.

Não há limite para as variações possíveis. Em todos os casos, porém, somente se poderá falar de *agir consciente* uma vez que o agir tiver já decorrido, sido executado, portanto se tornado *ação*. Isso vale mesmo para o projeto, que inclui *modo futuri exacti* o agir intencionado como ação – e apenas enquanto tal. Assim, se há pouco dissemos[108] que o enunciado "comportamento com o qual se relaciona sentido é comportamento consciente" poderia ser interpretado como a afirmação de que o sentido relacionado com esse comportamento consistiria na consciencialidade mesma desse comportamento, temos agora reconhecida a ambiguidade do expressado. Em contrapartida, o enunciado "o sentido de um agir é a ação" permanece, como antes, consistente, pois resulta da nossa definição de agir como comportamento orientado por um projeto pré-dado.

Ademais, a análise temporal deixou clara a radical diferença entre ação executada e agir antes da sua execução. Ela demonstrou que, comparado ao problema do sentido visado desse mesmo agir concreto – que é intencionado –, o problema do sentido visado de uma ação executada exige outro tratamento.

---

108. Cf. § 6, p. 70.

A importante distinção entre a estrutura de sentido própria ao agir antes de sua execução e a do agir executado reside sobretudo no fato de ser a ação, no projeto do agir, fantasiada *modo futuri exacti* como já executada em um momento no qual ela ainda não foi levada a termo. O voltar-se-para reflexivo dirigido ao agir fantasiado como executado sucede, portanto, desde um agora-e-assim que, dentro da duração, situa-se *antes* da execução efetiva. Apenas porque o eu, durante o executar da ação, envelheceu e foi enriquecido de novas vivências, a ação executada será, em sua estrutura de sentido, por princípio distinta da ação projetada. Aquela fonte luminosa que clarifica as fases decorridas da duração caminha, em certa medida, do agora-e-assim atual para o novo agora-e-assim, e isso basta para se deslocar o âmbito do que é aclarado; aquilo que, durante o projetar, encontrava-se à luz, adentra a escuridão, e as expectativas protencionais antes à sombra se iluminam tão logo elas sejam tomadas em perspectiva depois de executada a ação. Imaginemos um eu que projeta um agir racional previamente planejado para ocorrer em um longo intervalo de tempo, cujos objetivos final e intermediário são, portanto, recordados prospectivamente em clareza explícita. Permanece, contudo, fora de questão que a atitude do eu relativa a seu *plano* é necessariamente outra quando comparada à atitude do eu ante sua *ação efetuada*, e isso mesmo no caso em que o agir de fato ocorreu "conforme plano". "Tem um aspecto o crime projetado: consumado – tem outro diferente!"[109] Trata-se de um problema há muito conhecido pelas ciências particulares do mundo social e que forma parte central de toda interpretação histórica, esta determinada sobretudo a esclarecer a discrepância das estruturas de sentido do historicamente "pretendido" com relação ao historicamente alcançado. O jurista conhece as circunstâncias do problema, as quais também envolvem, por exemplo, a distinção fundamental entre *de lege lata* e *de lege ferenda*, ou, desde outra perspectiva, entre as formas de interpretação *ex nunc* e *ex tunc*. Dentro da sociologia compreensiva, nosso problema ressurge, finalmente, na oposição, cujos detalhes ainda teremos a oportunidade de analisar, entre probabilidade subjetiva e

---

109. SCHILLER, F. *Die Braut von Messina*, III, 5.

probabilidade objetiva, entre interpretação adequada quanto ao sentido e interpretação causalmente adequada[110]. Os exemplos poderiam crescer consideravelmente em número. Fundamental a todos eles, porém, é o fato de a estrutura de sentido se alterar junto com o agora-e-assim atual a partir do qual se realiza a abordagem. Também por essa razão não se pode falar de um sentido simplesmente visado, relacionado com um agir. *Antes, a construção conceitual "sentido visado" exige necessariamente complementação, ela carrega sempre o índex do agora-e-assim atual da interpretação de sentido.* Esse aspecto não foi considerado por Max Weber, que indistintamente compreende, por sentido visado de um agir, tanto o "com-vista-a" do projeto de ação como também os determinantes causais da ação executada, e inclui, portanto, nesse conceito, tanto a interpretação do projeto pelo agente antes da execução da ação como também a interpretação, pelo sujeito que agiu, da ação executada.

§ 11 O agir voluntário e o problema do ato de eleger

Uma vez despojado o conceito de vontade da sua problemática metafísica e antinômica, resta, como estado de coisas acessível a uma descrição objetiva, aquela vivência de consciência específica que caracterizamos como atividade espontânea baseada em um projeto precedente. As investigações dos últimos três parágrafos deixaram suficientemente claro, para nossos propósitos, em que consiste uma vivência de atividade espontânea e como a essência do projeto poderia ser determinada de forma mais precisa, assim como o modo específico de "consciencialidade", especificamente de evidência, que caberiam ao projeto e à atividade espontânea dele resultante. A forma como se constitui o projeto mesmo será tratado quando da discussão do conceito de motivo. Uma análise da vivência fenomenal mesma da vontade, daquele "*fiat*" específico, como James o denominou, mediante o qual o projetado na fantasia se converte em atividade espontânea, é dispensável para o desenvolvimento das investigações seguintes e pode, por isso, ser aqui deixada de lado.

---

110. Cf. seção V, § 47, p. 366s.

Note-se apenas que a diferenciação que acabamos de introduzir, e em linha com o pensamento de Husserl, entre vivências irreflexivas e reflexivas, é de grande importância também no interior de uma fenomenologia da vontade[111] (no sentido estrito explicado acima).

Voltemo-nos agora ao segundo conjunto de temas ligado à expressão "agir voluntário", especificamente ao caracterizado pelo momento da escolha, do ato do eleger, da liberdade[112]. Caso voluntariedade seja afirmada como um critério do comportamento significativo, então o "sentido" desse comportamento poderá consistir apenas no escolher, na liberdade do poder-se--comportar-assim, mas não-ter-de-se-comportar-assim. Isso pressuporia não apenas ser o agir "livre", como a rigor pode ser admitido sem contradição interna, mas também que, no momento da decisão, são conhecidos os respectivos objetivos da ação; que, portanto, é possível escolher livremente entre no mínimo dois objetivos. É incontestável o mérito de Henri Bergson em aplicar a análise da duração, por ele desenvolvida já em seu primeiro escrito, publicado em 1888[113], à controvérsia do determinismo, e assim evidenciar sua pseudoproblemática. Reproduziremos sucintamente sua argumentação.

O que significa escolher entre duas ações possíveis X e Y? Tanto deterministas quanto indeterministas tendem, em suas

---

111. Sobre essa fenomenologia cf. os trabalhos, citados anteriormente, de Geiger e Pfänder, também de Reiner.

112. A alta medida da consciência que os falantes do alemão no início do século XIX tinham de ambos os componentes ['Wille' e 'Kür'] da palavra "arbítrio" [Willkür] pode ser depreendida, p. ex., do dicionário crítico-gramatical de Adelung, que assim a define (citado de acordo com a edição de 1808): "Arbítrio [Willkühr] – 1) A capacidade de agir a próprio talante. Em significado estrito, arbítrio [Willkühr] é a capacidade de agir segundo ideias próprias indistintas, diferentemente da escolha [Wahl], fundada em ideias claras. 2) A livre-escolha [Die freye Wahl]; em desuso no alto-alemão, mas corrente no alemão superior. Ter o arbítrio. Também essa palavra é antiga, e composta por 'vontade' [Wille], 'escolha' [Wahl] e 'ato de eleger' [Kuhr], este de uso antiquado [...]".

113. Essay sur les données immédiates de la conscience. 20. ed. Paris, 1921, cap. III: "La durée reelle et la contingence", p. 133-169 [trad. alemã: Zeit und Freiheit. Jena, 1911, p. 137-138].

respectivas concepções, a tomar X e Y como pontos no espaço: o eu que se decide se encontra "no meio", por exemplo, no ponto P, e pode decidir livremente se toma o caminho que leva a X ou o que conduz a Y, como um andarilho se decide, em uma encruzilhada, por seguir caminho até a localidade A ou até B, como indicado pela placa. Mas justamente essa representação de um objetivo no espaço, de um caminho pré-dado, de uma coexistência dos objetivos de ação X e Y, é um pressuposto equivocado – comum a ambos, a determinismo e indeterminismo –, que encobre por completo a verdadeira problemática do ato de escolha e levanta, em seu lugar, uma série de pseudoproblemas. Pois X e Y, portanto os objetivos da ação, não são dados em paralelo, nem coexistem os "caminhos" que levam de P a X ou Y, tampouco se pode a rigor falar de um "caminho" enquanto este não for percorrido, seguido e, desse modo, produzido – enquanto, portanto, ainda ocorre a escolha, enquanto a ação não tiver sido executada e, com ela, X ou Y não tiver sido alcançado. Porém, uma vez executada a ação – por exemplo a implicada na escolha por X –, a afirmação de que no "ponto" P também poderia ter sido escolhido Y, assim como dizer que X teve de ser escolhido porque para essa escolha havia já em P uma "razão determinante", revela-se, de igual maneira e necessariamente, sem sentido. Pois, embora ambas as afirmações partam da ação executada, elas ao mesmo tempo se colocam no "ponto" P, no qual a ação ainda não chegou a ser executada, para então, a partir da ação ainda a ser cumprida (*"l'action s'accomplissante"*), fazer todas as asserções que poderiam valer para a ação cumprida (*"l'action accomplie"*). Fundamenta ambas as concepções tão somente a atribuição de modos espaciais de representação a fenômenos da duração, a tentativa de descrever adequadamente a duração mediante uma análise do espaço, e, a sucessão, mediante descrição da simultaneidade. Na verdade, porém, a escolha entre duas possibilidades ocorre com o eu sucessivamente atravessando uma série de "estados" (*"états psychiques"*), em cada um dos quais ele "se expande, se enriquece e se transforma" (*"grossit, s'enrichit et change"*); até que, desse modo, "a ação livre dele se desprenda como um fruto maduro". As duas "possibilidades", "direções" ou "tendências", que presumimos como coexistentes a partir desse conjunto de sucessivas transições da consciência, na verdade nem mesmo existem anteriormente à ação executada; o que existe é apenas um eu, implicado, junto com seus motivos, em um perdurante devir. Ambos, determinismo e indeterminismo, porém, tomam essa oscilação como um movimentar-se errante no espaço, e os argumentos do primeiro podem ser todos reduzidos à fórmula "a ação, uma vez cumprida, está cumprida" (*"l'acte, une fois accompli, est accompli"*), os argumentos do indeterminismo, porém, ao enunciado "a ação, antes de ter sido cumprida, ainda não o havia sido" (*"l'acte, avant d'être accompli, ne l'était pas encore"*). É o que diz Bergson.

Depois desse exame da distinção bergsoniana entre ação executada e agir anterior à execução, apenas nos resta situar os resultados da sua dedução dentro do nosso argumento. Retomemos a análise a partir do "caráter de projeto próprio ao agir", evidenciado acima. Vimos que o projeto antecipa não o agir, senão, *modo futuri exacti*, a ação que no futuro virá a ser decorrida. Investigamos, ainda, a vinculação estrutural particular desse projeto de ação com o agir mesmo em real execução, e com a ação apreendida em reflexão, ambas as quais, por fim, encontram-se em uma relação de preenchimento ou não-preenchimento com o projeto. O projeto mesmo tem, em todo caso, o caráter de uma vivência de fantasia; para utilizar um termo de Husserl, ele consiste em uma "*modificação de neutralidade* da presentificação 'posicional'", portanto não configura ato autodoador. O projeto, contudo, não é apenas uma simples modificação, mas uma *presentificação* neutralizante (recordação prospectiva na forma de "reprodução") de uma vivência posicional, especificamente do ato de atividade espontânea com caráter temporal de futuro e que faz da vivência do agir algo originariamente autodoador[114]. O projeto se distingue do agir "efetivamente posicional" por se tratar apenas da "sombra" de um agir, um mero reflexo de uma "realização" (*vivência neutra de consciência*), enquanto o agir mesmo, a atividade espontânea, *efetivamente* "*realiza*", e tem, por essa razão, caráter tético, é "vivência de consciência *posicional*"[115].

---

114. HUSSERL, E. *Ideen*, p. 223ss. Sobre esse assunto, cf. mais acima, p. 93s.
115. "A *consciência em geral é tal* que ela é de um duplo tipo: arquétipo e sombra, consciência *posicional* e *neutra*. Uma se caracteriza pelo fato de sua

Por outro lado, contudo, a vivência de fantasia, enquanto é vivenciada, consiste em vivência atual na duração, uma vivência de consciência sobre a qual, por sua vez, é possível refletir, em todas as modificações. Como se dá, então, o "escolher", a tomada de decisão? Ao que tudo indica, apenas depois de projetada uma ação X, isto é, após executado um ato pelo qual um agir X, que vem a ser decorrido *modo futuri exacti* na fantasia, alcança presentificação neutralizante. *Só então* é refletido sobre esse ato de fantasia; visto que toda intencionalidade ao ter-fantasiado é fundada na intencionalidade àquilo que foi fantasiado, essa reflexão toma como referência o ato de fantasia e também o próprio agir X, fantasiado no ato de representação intuitiva como algo vindo a ser decorrido. Também essa reflexão é, por seu lado, uma vivência de consciência atual. *Só então* a ação Y é projetada, ou seja, é executado outro ato pelo qual um agir Y que vem a ser decorrido *modo futuri exacti* na fantasia alcança a presentificação neutralizante. Sobre esse ato de fantasia Y é agora refletido, e, nesse processo, a vivência de fantasia do projetar da ação X, seja mediante retenção, seja por reprodução, é intencionalmente tomada em perspectiva, em um novo voltar-se-para etc. Tem-se, assim, inúmeros atos em sucessão, justapostos, reciprocamente fundados e combinados de variadas formas uns aos outros, todos os quais, embora de fato sejam dirigidos *modo futuri exacti* a agir decorrido, consistem apenas em vivências de consciência neutralizantes "não efetivas", em "sombras" de agir (por sinal, tanto do complexo identificado por X como também de Y). Seriam, então, esses atos que se executam em sucessão aqueles "*états psychiques*" alternantes dos quais fala Bergson? A resposta deverá soar negativa. Pois, a rigor, no curso da duração, o eu não chega a executar todas essas reflexões. Isso também é expressamente constatado por Husserl, ao enfatizar repetidas vezes que as *cogitationes* mesmas não são conscientes na forma de objetos intencionais ao eu vivente *no cogito*, senão que apenas mediante o direcionamento reflexivo do olhar elas *podem* sê-lo. Portanto, aquilo que, em Bergson, é designado com o termo

---

potencialidade dóxica dar origem a atos dóxicos efetivamente posicionais; a outra, por permitir surgir de si mesma apenas silhuetas de tais atos, apenas modificações de neutralidade dos mesmos" (HUSSERL, E. *Ideen*, p. 234ss.).

"*états psychiques*" corresponde não às *cogitationes* apreendidas reflexivamente na forma de objetos, senão aos atos vivos, conscientes de modo apenas irrefletido, *nos quais* vive o eu[116]. Contudo, tão logo for refletido – e esse é o elemento central da argumentação bergsoniana –, os atos tornados reflexivamente conscientes que constituem a ação, a começar pelo projetar de agir – até o refletir sobre a ação como algo decorrido –, estarão sempre referidos intencionalmente à *action accomplie*. A *action s'accomplissante* jamais alcança o olhar reflexivo.

Mas nossa análise, realizada em linha com o pensamento de Husserl, desenvolve-se em larga medida para além da tese fundamental bergsoniana, que permanece incólume. Todo o processo acima descrito – da "decisão", da seleção, o ato do eleger entre projetos produzidos sucessivamente, e também o agir mesmo, até a execução – se apresenta como exemplo típico de um "ato sintético de grau superior"[117] estruturado em atos singulares ("politeticamente"), especificamente na forma de um ato da preferência ou, se nos for permitido esse termo algo vago e que ainda exige discussões[118] mais precisas, como um "ato do querer relacional" ("com vista a outrem"). *Em todo caso, pertence a qualquer "constituição politética de objetualidades sintéticas, a qual, por sua essência, 'originalmente' só pode se tornar consciente sinteticamente, a possibilidade, por lei essencial, de transformar aquilo de que se tem consciência multirradialmente em algo de que se tem consciência simplesmente em um raio, de tornar 'objetual', em sentido específico, em um ato 'monotético', aquilo de início sinteticamente constituído*"[119]. Por isso, uma vez tomada a decisão, esta aparece ao olhar reflexivo monorradial na forma de ato unitário do fantasiar de ação, sem que os atos singulares que constituem essa decisão sejam ainda tidos em perspectiva. Essa objetualização, em um ato monotético

---

116. Para o eu simplesmente imerso no viver, caso se aceite a distinção introduzida por Reiner (op. cit., p. 22), não chega sequer a existir a situação da "escolha", senão apenas um "seguir o cortejo".
117. HUSSERL, E. *Ideen*, p. 246.
118. No contexto deste trabalho, estas não poderão ser desenvolvidas.
119. HUSSERL, E. *Ideen*, p. 248 [no original há outros grifos]. Sobre isso, cf. as discussões mais adiante em § 14, p. 120 e 126.

de decisão, dos atos do fantasiar de ações (do projeto) que lhe dão origem, continuam a ter, por seu lado, o mesmo caráter de neutralidade consciencial dos atos politéticos singulares – descritos acima com maior precisão – relativos ao "escolher entre projetos distintos", os quais, originalmente, tornaram consciente a constituição sintética do "ato realizado do eleger". Uma vez executada a ação, e, ao mesmo tempo, dirigido o olhar reflexivo às fases decorridas do agir (realizando uma síntese de caráter posicional), ou então, também por meio dessa síntese, de modo monoteticamente monorradial, ao projeto assim objetualizado (realizando uma síntese de caráter neutro), evidencia-se aquele fenômeno do preenchimento do agir esperado (monoteticamente apreendido) pelo agir em seu curso próprio, que acima investigamos em detalhes. A razão mais profunda do equívoco, já constatado por Bergson, na observação do "fenômeno do ato do eleger", do qual foram vítimas teorias tanto deterministas quanto as indeterministas, consiste na projeção, uma vez executada a ação, do "estado psíquico" (*"état psychique"*) a um "ponto" da duração anterior à escolha feita.

Porém, a transformação de constituições politéticas em objetualidades monotéticas é, ainda em outro sentido, de eminente importância para nós. O processo integral da vivência, caracterizado com o termo "agir", a começar pelo projetar de ações em geral até a ação concreta executada, captada pelo olhar retrospectivo, consiste em uma objetualidade sintética que se constitui em atos politéticos estruturados e pode, por isso, *após seu curso*, ser apreendido em um olhar monorradial, portanto monoteticamente, como é sempre o caso também na visão de mundo natural-ingênua; o agir, tão logo executado, é, do projeto à execução, unitário porque apreendido por um raio de mirada singular do eu, sem importar as fases pelas quais se constituiu.

§ 12 Resumo: clarificação do conceito primeiro e original de sentido

Avançamos o suficiente com nossas investigações para agora fixar o conceito de sentido, primeiro e original, desenvolvido até aqui. Como em todas as exposições da presente seção, pretendemos restringir a definição apenas ao sentido do comportamento próprio ao ego, portanto sem adentrar mais profundamente a problemática da intersubjetividade.

Recordemos nossa análise geral do viver na duração, ao qual contrapomos o pensamento no mundo espaçotemporal. A essa tensão se refere o enunciado da significatividade das vivências. Contudo, o discurso que *predica* sentido às vivências acaba por induzir ao erro, profundamente ancorado que está também na essência da reflexão. Significativas são, precisamente, aquelas vivências reflexivamente tomadas em perspectiva. O "significativo" reside não na vivência ou em sua estrutura noemática, senão apenas no "como" do voltar-se-para dirigido a essa vivência, ou, como antes formulado em antecipação, na atitude do eu ante sua duração decorrida. Mas também essa formulação ainda é pouco precisa. Pois compreender por "vivência" uma vivência bem-circunscrita apartável do curso da duração já implica o entendimento de ser essa vivência "investida de sentido". Mas isso não significa outra coisa senão *que os enunciados "uma vivência é tomada em perspectiva" e "uma vivência é investida de sentido" são equivalentes*. Seria, apenas por isso, toda vivência autopertencente investida de sentido? De modo nenhum, pois vivencio em meu curso de duração também todas aquelas vivências essencialmente atuais, pertencentes à esfera da corrente pré-fenomenal do vivenciar e que são todas elas autopertencentes, mesmo que sigam irrefletidas. É que para a constituição do "autopertencimento" de todas as minhas vivências basta como condição a forma temporal interna do eu, a *"durée"*, ou, como Husserl a denomina, a "consciência interna de tempo" – ambas apenas expressões usadas para designar a mesma correlatividade da constituição do eu que perdura com a constituição do autopertencimento de todas as minhas vivências. Assim, seria incorreto afirmar, sem qualquer ressalva, que predicar significatividade a uma das minhas vivências não seria outra coisa senão dizer que essa vivência foi por mim vivenciada, que ela pertenceria à minha duração. Pois com isso seria desconsiderada justamente aquela tensão peculiar entre o vivenciar na duração e o refletir sobre o vivenciado – em suma, entre viver e pensamento – que tem em vista o discurso do sentido. Contudo, se isso que é visado com a afirmação da significatividade não reside na estrutura noemática, isto é, na vivência mesma, tampouco no simples pertencimento a meu curso de duração, então aquele voltar-se--para dirigido à própria duração é comparável em certa medida a um cone de luz, que ilumina fases singulares decorridas da corrente de duração e assim as delimita – de modo que, uma vez aclaradas, podemos afirmar esse seu caráter.

Nossas análises mostraram que dentro do viver na direção do curso da duração não há espaço para a problemática do sentido, que a afirmação da significatividade do agora-e-assim irrefletido seria, para esse viver, no mínimo trivial. Os atos do *cogito*, nos quais o eu vive, o presente vivo no qual o eu é carregado de cada agora-e-assim a um novo agora-e-assim, jamais se encontram, portanto, naquele círculo de luz com o qual comparamos a significatividade. Porém – e também isso se tornou claro com as análises realizadas até aqui –, aquele agora-e-assim atual do eu vivente *é* a mesma fonte de luminosidade a partir da qual os raios, coniformemente, propagam-se sobre as fases da duração decorridas. Pois somente desde o agora-e-assim a vivência passada, desvaída, é exposta, apartada da corrente da duração.

Com isso fica esclarecido um primeiro conceito de vivência significativa. O olhar reflexivo que se volta a uma vivência decorrida, desvaída, e assim a destaca, bem-circunscrita, ante todas as outras vivências na duração, constitui essa vivência como algo investido de sentido. Com a remissão intencional à "atividade espontânea" geneticamente protofundante, "a partir da" qual é "produzida" a vivência que se aparta na forma de unidade bem--circunscrita, constitui-se, nesse voltar-se-para, e através dele, comportamento significativo. Além disso, ao apreender também o projeto, portanto a vivência de fantasia do comportamento fantasiado *modo futuri exacti* como algo que vem a ser decorrido, o olhar reflexivo constitui a "vivência bem circunscrita pré-projetada de atividade espontânea" tida em perspectiva como agir significativo. Claro está que o ato reflexivo de voltar-se-para dirigido ao comportamento significativo, isto é, ao agir, é por princípio fundado em um ato de mesma espécie voltado a uma vivência significativa, isto é, bem-circunscrita[120]. Disso resulta que "comportamento" e "agir" sempre se constituem na forma de sínteses politeticamente estruturadas de uma série de vivências, às quais o ato reflexivo de voltar-se-para pode se dirigir de dois modos: enquanto "re-constituição" imaginativa, em raio de mirada politético, daquilo que, em passos sucessivos, veio a se tornar (re-constituição do agir, do comportar-se), ou enquanto voltar-se-para monotético dirigido ao que foi trazido à autodoação por meio do agir executado passo a passo (comportamento) – dirigido, portanto, à ação, isto é, ao ter-se-comportado.

Agora daremos início à tarefa de ampliar, em correspondência, esse primeiro conceito do significativo. Nosso tema é, a rigor, o conceito de "sentido visado" como formulado na sociologia de Max Weber, aquele sentido que "o agente relaciona com seu agir". Contudo, é fácil mostrar que *esse* sentido visado, embora de fato fundado, e por necessidade essencial, no direcionamento de olhar que acabamos de caracterizar como "doador de sentido", não se identifica ao mesmo. Pois, afinal, "o que o agente visa com seu agir" não corresponde àquele sentido constituinte de uma série de vivências na forma de agir ou ação, sentido que, assim, atribui-se a toda ação em geral; mas, antes, trata-se de um sentido *específico*, que distingue esse mesmo agir particular ante qualquer outro agir. Como se constituiria, então, a partir daquele primeiro conceito de vivenciar significativo, que tratamos até aqui de evidenciar, o sentido específico de um agir particular – ou, formulado de maneira mais geral, de um vivenciar específico singular – no interior da consciência em duração? Sobretudo, como é possível que o sentido "de uma e mesma" vivência se transforme, quanto mais profundamente se retrotrai ao passado?

O "voltar-se-para", mediante o qual vivências simplesmente vivenciadas são trazidas ao olhar intencional, sobre o qual falamos acima, encontra-se ele mesmo sujeito a diversas modificações de difícil apreensão em cada um de seus aspectos, as quais denominamos, como ocorre a Husserl, de *"mudanças de atenção"*

---

120. Cf. a investigação da relação fundamental entre atividade e passividade em Reiner (op. cit., p. 24-25).

ou *"modificações atencionais"*. São elas que constituem em primeiro lugar o sentido particular de cada vivência tomada em perspectiva, porque formam o "como", específico do voltar-se-para, que definimos como "sentido" da vivência.

§ 13 Ampliação do primeiro conceito de sentido: A) As modificações atencionais de sentido

Husserl descreve a essência das modificações atencionais da seguinte forma: "Trata-se aqui de uma série de mudanças idealmente possíveis, que já pressupõem um núcleo noético[121] e momentos caracterizantes de gênero distinto que necessariamente lhe competem, que por si não alteram as respectivas realizações noemáticas[122], e que, no entanto, representam variações de *toda* a vivência, em seu lado noético como noemático [...]. Fixemos, na ideia, uma coisa perceptivamente consciente ou uma ocor-

---

121. A oposição, de fundamental importância para a fenomenologia, entre noesis e noema de uma vivência se dá na seguinte forma: "Temos de distinguir, por um lado, as partes e momentos que encontramos mediante uma *análise real* da vivência, de modo a tratar a vivência como outro objeto qualquer, inquirindo suas peças e seus momentos não autônomos, que os constroem de modo real. Por outro lado, porém, a vivência intencional é consciência de algo, e isso por sua essência, p. ex. como recordação, juízo, vontade etc.; assim podemos indagar o que se pode enunciar essencialmente a respeito desse 'de algo'" (HUSSERL, E. *Ideen*, p. 181).

122. A primeira espécie dessa questão é a noética; a segunda, a noemática. Momentos noéticos "são, p. ex.: os direcionamentos do olhar do eu puro ao objeto por ele 'visado' em virtude da doação de sentido, ao objeto que 'não lhe sai do sentido'; é, ademais, apreensão, conservação desse objeto, enquanto o olhar se voltou a outros objetos que encontram no 'visado'; do mesmo modo, realizações do explicitar, do referir, do abarcar, das diversas tomadas de posição do crer, supor, valorar etc." (HUSSERL, E. *Ideen*, p. 181). Em todo caso, contudo, corresponde aos "múltiplos dados do conteúdo ideal, noético, uma multiplicidade de dados, apresentáveis em intuição efetivamente pura, em um '*conteúdo noemático*' correlativo, ou, em suma, no '*noema*' [...]. A percepção, por exemplo, tem seu noema, tem, no nível mais inferior, seu sentido percepcional, isto é, o *percepcionado enquanto tal*. Do mesmo modo, cada recordação tem seu *recordado enquanto tal*, precisamente como aquilo que nela é 'visado', de que nela se é 'consciente'; ainda, o julgar tem o *julgado enquanto tal*, o prazer, aquilo que apraz enquanto tal etc." (HUSSERL, E. *Ideen*, p. 181-182).

rência coisal em função de seu conteúdo noemático, do mesmo modo como fixamos toda a consciência concreta da mesma no intervalo correspondente da duração fenomenológica, segundo a essência imanente plena. Então pertencerá a essa ideia também a fixação do raio atencional em seu deslocamento *determinado* que lhe é próprio. Pois também este é um momento da vivência. Fica então evidente que são possíveis modos de alteração da vivência fixada, os quais acabamos de designar sob o título de 'meras alterações na distribuição da atenção e de seus modos'"[123]. "É claro que essas modificações não apenas são modificações da vivência mesma em sua composição noética, mas também atingem seus *noemas*, e, do lado noemático – sem prejuízo ao núcleo noemático idêntico –, apresentam um gênero próprio de caracterizações [...]. Manifestamente, as modificações no noema, nesse caso, não são tais que meros anexos exteriores se acrescentam àquilo que permanece idêntico; antes, os noemas concretos mudam por completo, trata-se de modalidades necessárias do modo de ser dado do idêntico"[124]. Todas as espécies de vivências – vivências do mundo da percepção, do mundo da recordação e do mundo puro da fantasia –, por conseguinte também todas as modificações de neutralidade da presentificação, como por exemplo as ações fantasiadas *modo futuri exacti* no projeto como vindo a ser decorridas, estão sujeitas a modificações atencionais[125]. Como sabemos desde Husserl, as mudanças de atenção apreendem consciência tanto posicional como neutra[126]. Elas podem transformar consciência neutra em potencial[127]. Por sua vez, as modificações atencionais apresentam elas mesmas vários adumbramentos, do apreender atual até o atentar secundário, até o ainda-notar e manter-se-inapercebido[128]. "As

---

123. HUSSERL, E. *Ideen*, p. 190. Sobre o problema da atenção, cf. HUSSERL, E. *Logische Untersuchungen*. Vol. II, parte I, p. 160-161. • HUSSERL, E. *Zeitbewusstsein*, p. 484-485.
124. HUSSERL, E. *Ideen*, p. 191.
125. Sobre isso, cf. acima, nota 97.
126. Sobre o conceito de consciência posicional e neutra, cf. acima, p. 108.
127. HUSSERL, E. *Ideen*, p. 228ss.
128. Ibid., p. 191.

formações atencionais têm, em seus modos de atualidade, eminentemente o *caráter da subjetividade*, e este próprio é assumido então por todas as funções que por meio desses modos mesmos são modalizadas, ou seja, que os pressupõem segundo sua espécie. O raio atento [...] não se separa do eu, mas ele mesmo é e permanece raio egoico"[129].

O fato de o raio atencional sempre permanecer raio egoico significa que ele acompanha as mudanças do eu na corrente de duração, ou, em outras palavras, que ele co-constitui o agora-e--assim atual, pois, a rigor, o "agora" não seria nenhum "assim" sem essa postura atencional do eu, única e bem determinada, com relação a suas vivências. Inversamente, pode-se dizer que a modificação atencional atual é condicionada pelo respectivo agora-e-assim, a partir do qual o olhar reflexivo é dirigido às fases decorridas, tese que ainda requer alguma explicação.

Mencionamos há pouco as atitudes variantes assumidas pelo eu reflexivo ante sua duração decorrida. Mas também o eu levado adiante, em viva transição, do agora para o novo agora, está voltado, em atitudes diversas, ao seu fluxo de vivências no curso da duração. Sua consciência apresenta distintos "estados de tensão", que variam a depender, por exemplo, se ele se encontra voltado ao mundo externo espaçotemporal em viva atividade ou à sua duração interna, em submersão reflexiva. A esses distintos estados de tensão da consciência correspondem, como Bergson demonstrou em seu escrito *Matéria e memória*, distintos graus de "atenção à vida", de *"attention à la vie"*. O termo bergsoniano corresponde precisamente àquilo que Husserl repetidas vezes denomina de "ser direcionado do eu ao viver", a saber: àquela postura fundamental essencial que o eu assume no agora-e-assim atual ante seu curso de vivência[130], postura que determina também toda a atitude do eu em relação a seu passado. Se a princípio terá lugar um ato reflexivo de voltar-se-para dirigido a vivências decorridas; a qual espécie particular corresponde

---

129. Ibid., p. 192.
130. As modificações dessa postura fundamental são bem comparáveis ao "humor", que Heidegger trata como "existencial do *Dasein*" (cf. *Sein und Zeit*, p. 134-135).

esse ato; o campo visual mesmo do voltar-se-para e, com ele, as próprias modificações atencionais da vivência – tudo isso é condicionado pela *attention à la vie* no respectivo agora-e-assim.

À afirmação de que o voltar-se-para dirigido à vivência decorrida está sujeito a modificações atencionais, as quais, por seu lado, são condicionadas pelo respectivo agora-e-assim no qual o ato é executado, equivale dizer que o sentido predicado às vivências em função do voltar-se-para a elas dirigido está sujeito a modificações fundadas no agora-e-assim atual. Assim se constitui em princípio o sentido específico de cada vivência, aquele que a sociologia compreensiva tem em vista quando se refere ao seu sentido *visado*. Pois também "uma e mesma" vivência concreta idêntica passa por uma modificação do seu "sentido", que varia a depender de qual agora-e-assim ocorre o direcionamento do olhar. É uma experiência cotidiana que as vivências estejam sujeitas a uma mudança de sentido conforme a posição temporal que assumem em relação ao agora atual no qual são recordadas. Porque, porém, o "sentido" de uma vivência não é outra coisa senão a realização intencional de atos de voltar-se-para gradualmente construídos, justapostos, podemos formular o conhecimento recém-adquirido também com o enunciado de que a profundidade do âmbito de constituição que o olhar reflexivo alcança será, em cada caso, distinto, e, com efeito, condicionado pelo agora-e-assim atual. Fomos apresentados a essa problemática já nas nossas investigações preliminares[131] sobre o conceito de sentido visado em Max Weber. Quando mencionamos os processos de interpretação de sentido no mundo social da vida diária, falamos de casos em que estamos dispensados da interpretação explícita de sentido porque o conteúdo de sentido que manifestamente se nos apresenta basta para orientarmos nosso comportamento futuro por ele. Naquela oportunidade nos referimos à "determinação pragmática da interpretação de sentido". Mas não apenas a interpretação e a posição de sentido na esfera intersubjetiva são determinadas pragmaticamente; antes, *pragmaticamente determinado* é, também, no curso de consciência do eu solitário, *o nível de profundidade que alcança o olhar reflexivo*.

---

131. Cf. a conclusão do § 5, p. 66s.

Até aqui fizemos uso algumas vezes do conceito de *dado inquestionado*. Vemos agora essa noção adquirir, mediante a análise das modificações atencionais, um sentido bastante preciso. *Dado de modo inquestionado será sempre aquele nível de profundidade que, ao voltar-se-para reflexivo do olhar* (em virtude da sua determinação pragmática), *apresenta-se*, em determinado agora-e-assim, *como prescindindo elucidação ulterior*. Deixa-se com isso totalmente em aberto se esse dado inquestionado é dado em atos da consciência posicional ou da consciência neutra, se ele originalmente se constituiu apenas "como que" existente, se em atos téticos ou em pseudoatos de posição não efetivos e sem intensidade. Em todo caso, fica assim evidente que o dado inquestionado pode se tornar, mediante uma mudança da *attention à la vie*, "algo problemático", objeto de um voltar-se-para específico.

Nas exposições acima, os pontos de partida para uma análise fenomenológica da atenção – cujo desenvolvimento *in extenso*, no contexto desta investigação, não é tarefa nossa – puderam apenas ser delineados. Deve nos bastar termos encontrado nas modificações atencionais, às quais estão sujeitos os atos de voltar-se-para do olhar dirigidos a vivências desvaídas, um ponto de partida para uma teoria da constituição do sentido específico de cada vivência singular. Mas o esclarecimento da essência das modificações atencionais a rigor oferece apenas esse ponto de partida; a questão do sentido visado de uma vivência específica aponta além, a um conjunto mais amplo de problemas.

§ 14 Continuação: B) O contexto das vivências – Contexto de sentido e contexto de experiência

Busquemos analisar a fundo essa questão. Ao fazê-lo devemos ter em vista o quanto a consideração isolada de uma vivência particular desfigura as circunstâncias que a sociologia compreensiva tem em conta ao reivindicar inquirir o sentido visado específico. O eu vivenciante *vivencia* as vivências de sua duração não como unidades bem-circunscritas ou, por conseguinte, isoladas, embora seja capaz de *trazê-las* enquanto tais *ao olhar reflexivo*. Pelo contrário, toda vivência do agora tem um antes e um depois, porque a cada ponto da duração pertence necessariamente um passado e um futuro. Isso a princípio no mesmo sentido a que nos referimos quando falamos dos "horizontes" da vivência, quando falamos das retenções de vivências passadas às quais ela se refere retrospectivamente e das protenções de vivências futuras às quais ela remete em prospecção. Também vivências bem heterogêneas são, afinal, *minhas* vivências, e o fato de cada uma das minhas vivências se ligar à que lhe é precedente e à que lhe sucede remonta à essência da *durée*, na qual essas vivências são vivenciadas em fluida transição, e à essência do ato reflexivo de voltar-se-para dirigido a estas, as quais ele destaca formando vivências bem-circunscritas, *significativas* no sentido originalmente primeiro da palavra, sem com isso eliminar os horizontes temporais do antes e depois. À análise desses aspectos foram dedicadas as investigações realizadas até aqui. Pudemos constatar, em seu desenvolvimento, que as vivências do mundo material e do mundo interno no qual vivemos são, por si mesmas, pré-fenomenais, e que se tornam fenomenais somente em um ato específico de voltar-se-para.

Por outro lado, contudo, no conceito das *sínteses politeticamente executadas de ordem superior*[132], possíveis de se tomar retrospectivamente em um olhar monorradial – portanto monoteticamente –, encontramos um contexto de vivência de espécie totalmente diversa. Vimos que execuções de ato construídas passo a passo, tão logo executadas, podem ser apreendidas pelo olhar reflexivo como unitárias. Esse contexto não deve ser confundido com o da duração, no qual se encontram todas as vivências apenas em virtude da forma temporal interna e da irreversibilidade do seu curso. Por essa razão, há que se distinguir[133] com rigor entre a constituição, por um lado, do autopertencimento de todas vivências (para ser preciso, de todos aqueles atos *em* que vivo enquanto *ego cogitans*), e, por outro, sua constituição politética em sínteses de ordem superior. Todas as execuções de ato construídas passo a passo, que dão origem a uma síntese dessa espécie, são elas mesmas vivências significativas,

---

132. A esse respeito, cf. acima § 11, p. 110s.
133. Sobre esse aspecto, cf. HUSSERL, E. *Ideen*, p. 246.

tão logo cada fase do ato for, por si, apreendida reflexivamente (o que, *após* seu curso, é sempre possível). Isso que é trazido à autodoação nas execuções de ato construídas passo a passo, portanto a síntese constituída, pode, porém, por seu lado, ser outra vez apreendido de modo reflexivo, a saber, em um raio de mirada unitário, como algo de significativo. A cada síntese de ordem superior produzida em construção politética corresponde uma totalidade objetiva que pode ser tomada em perspectiva de modo monorradial. Já o contexto do autopertencimento é de espécie distinta. Pois as vivências heterogêneas, em sua simples sucessão, a rigor não se constituem formando uma síntese de ordem superior possível de ser tomada monorradialmente em perspectiva; antes, no contexto do autopertencimento, constitui-se, como ponto de referência ao qual se atribuem todas as *cogitationes*, apenas o eu. Denominaremos as relações entre os atos politeticamente construídos e as sínteses de ordem superior por eles constituídas de *contexto de sentido*, conceito que definimos precisamente da seguinte forma: *afirmaremos a respeito de nossas vivências V_1, V_2...V_n, investidas de sentido, que se encontram em um contexto significativo sempre que as mesmas se constituírem em atos politeticamente estruturados, formando uma síntese de ordem superior, e nós formos capazes de tomá-las em perspectiva como unidade constituída, em um raio de mirada monotético.*

Quando, por exemplo, um agir é projetado e executado, e, então, desde um agora-e-assim posterior do curso da duração, toma-se em perspectiva o agir passo a passo executado e a ação projetada *modo futuri exacti* como vindo a ser decorrida, são apreendidos, em um olhar monotético, os atos do agir que se constituem politeticamente, a saber, enquanto ação executada. Podemos por isso dizer que toda ação, porque executada segundo projeto, é contexto de sentido em relação aos atos do agir construídos em fases.

Mas, a partir dessas ações, que são elas mesmas contexto de sentido, constituem-se, em construção fase por fase, novas sínteses, as quais, por sua vez, podem ser tomadas monoteticamente em perspectiva, e, por conseguinte, são elas mesmas contexto de sentido para os atos singulares constitutivos etc.

A isso que acabou de ser exposto como modelo para o agir, aplica-se, de modo bem geral: toda nossa experiência[134] de mundo, considerado amplamente, constrói-se em execuções politéticas de ato, cuja síntese somos capazes de tomar em perspectiva mediante um raio de mirada monotético, como apreensão do experienciado. Isso vale para os atos da experiência externa como interna, indistintamente. Junto com a constituição do experienciado a partir do experienciar executado passo a passo, constitui-se o objeto da experiência. "Nas sínteses contínuas e discretas de múltiplas experiências se constrói de modo essencial o objeto da experiência enquanto tal, 'visivelmente', no mostrar-se variante de lados e momentos sempre novos que lhe são essencialmente próprios, e, a partir desse viver em construção, que traça de antemão seu desenvolvimento possível da concordância, eles e o objeto mesmo (mostrando-se apenas assim variante) criam seu sentido enquanto o simultaneamente idêntico de autoformações possíveis e a se repetir após a concretização"[135].

Por sua vez, é óbvio que tais sínteses – e Husserl, em suas *Ideias*, levou o exame das mesmas até as últimas consequências – podem ser acrescidas a outras em atos politéticos, formando sínteses de ordem superior. Pode-se por isso considerar o contexto de experiência como a reunião de todos os contextos de sentido em um agora-e-assim atual ou também como contexto de sentido principal. Pois, lançando um olhar retrospectivo à totalidade da minha experiência, apenas executo um voltar-se-para monotético dirigido a atos construídos em fases[136]. O contexto geral da

---

134. Nota-se que por "experiência" não se deve compreender aqui, tampouco nas análises seguintes, o difuso conceito de experiência do naturalismo empírico (sensualismo). Antes, o termo "experiência" é utilizado no significado ampliado assumido pelo conceito em *Lógica formal e lógica transcendental*, de Husserl, i. é, como experiência de um dado individual – portanto também, p. ex., de um objeto irreal – no modo da autoapreensão evidente e posse de coisa mesma.

135. HUSSERL, E. *Logik*, p. 147.

136. Aqui deve-se reiterar que experiência, no sentido por nós atribuído, e também a experiência concordante, nada afirma sobre o "como" no qual tal experiência se constitui na consciência. O experienciado *pode* se constituir

minha experiência, isto é, a reunião de tudo experienciado por mim em atos experienciais, ou o conjunto de todas as minhas percepções de mundo no sentido mais amplo da palavra, é, nesse caso, em cada agora-e-assim, algo de concordante. Esse contexto de experiência cresce com cada nova vivência, e a cada agora-e--assim pertence um acervo fixo de elementos pré-experienciados. De fato, esse estoque de objetualidades (*reais e ideais*) de experiência se constituiu originalmente nas sínteses politéticas de atos experienciais, nos quais ele se produziu. Contudo, aquilo que certa vez foi experienciado é, em cada agora-e-assim, pré--dado à minha consciência na forma de um produto cuja produção não é inquirida, na forma de objetualidade completamente constituída cuja constituição (sem voltar-se-para específico) não chega a ser tomada em perspectiva; assim, estrato por estrato, na sedimentação das vivências experienciais, formando objetualidades constituídas objetivas, ocorre a construção da experiência. Também podemos dizer que o contexto geral da experiência, em determinado agora-e-assim, consiste em objetualidades gerais de ordem superior apreendidas monoteticamente, cuja constituição, em sínteses politeticamente construídas, é tida como "dado inquestionado", isto é, cuja construção constitucional é pressuposta como situada em um nível de profundidade não mais apreendido pelo raio atencional.

Esse estoque de experiência pode a princípio ser encontrado no modo passivo de posse. Contanto, porém, que as vivências passivamente tidas na "experiência" do agora-e-assim atual tenham se constituído originalmente de atividade autodoadora, as sínteses tomadas monoteticamente em perspectiva podem ser convertidas em atividade mediante imaginação dos atos que as constituem, construídos em fases. Em sua *Lógica formal e lógica transcendental*, Husserl tratou de demonstrar *in extenso* como isso se aplica à esfera do juízo. Os juízos formulados são tidos não na forma de efetuações de juízo, senão como objetualidades

---

em uma série de atos posicionais tidos monoteticamente em perspectiva. Mas também todos os conteúdos da consciência neutralizante, portanto todos os conteúdos de consciência não expressamente téticos, senão simplesmente desconsiderados ou convertidos em potencionalidade a partir da consciência neutralizante, atuam na constituição do contexto geral da experiência.

ideais, como algo válido em existência[137]. Mas a doação passiva desses juízos efetuados pode sempre ser de novo convertida em atividade, em novas efetuações de juízo. "Se tomamos como ponto de partida a posse passiva, aquilo que a nós (normalmente em certeza) é existencialmente válido do lado da significação, surgem a nós, em ação livremente producente, novas formações categoriais de intenção, junto com seus signos correspondentes, isto é, palavras"[138]. Isso vale não só para o juízo, mas em geral para tudo produzido a partir de atividade categorial[139], portanto, em nossa terminologia, também para todo comportamento e para todo agir – e também ajuizar não é outra coisa senão um agir de espécie singular. É mesmo uma peculiaridade de todos os produtos da atividade espontânea que possam ser reconstituídos em uma "*idealização do sempre-de-novo*"[140]. Mas sempre que eu puder identificar, mediante retenção ou reprodução, com o produzido em imaginação, o produto encontrado em um agora-e-assim anterior, essa identificação será um novo contexto de sentido, especificamente – para utilizar uma expressão de Husserl – uma *síntese de recognição*[141]. Esta, por sua vez, é ato experiencial e não mais experiência pré-dada – ao menos não no agora-e-assim da reativação de experiência propriamente pré-dada.

Por essa razão, quando falarmos de "experiência em estoque", vamos limitar esse termo de início apenas ao estoque de objetualidades constituídas da experiência no agora-

---

137. Husserl fala nesse contexto também da "validez habitual e a ser reativada" das formações categoriais do julgar (*Logik*, p. 104).

138. Ibid., p. 285.

139. Ibid., p. 282.

140. Quanto aos juízos em especial, eles podem sempre, apenas por apresentarem a forma fundamental da "infinitude iterativa do poder-sempre-de-novo", ser transformados em atividade, a partir da posse passiva em um julgar explícito re-producente. Nisso reside um problema por esclarecer, que constuma ser encoberto com o uso do conceito "saber", evitado até aqui. Pois saber ou pré-saber (Scheler e Sander) pode significar tanto a pura posse passiva de juízos apreendidos difusamente na forma de objetualidades ideais como também a atividade explícita, imaginada, de iteração reconstrutiva de tais juízos – por princípio, duas coisas distintas.

141. HUSSERL, E. *Logik*, p. 143.

-e-assim atual, portanto à posse passiva do experienciado, não à sua reconstituição.

Aquilo que é presente no modo do ressurgir apercepcionante, ou até na conversão em reconstituição imaginativa, é condicionado pelo voltar-se-para atencional executado pelo eu no agora-e-assim atual, dirigido ao seu *estoque de experiência*. Trata-se, portanto, no sentido precisado acima, de algo pragmaticamente determinado pela *attention à la vie* do eu nesse agora--e-assim. Podemos, então, *definir o contexto geral da experiência* também como *a reunião de todos os atos reflexivos de voltar-se-para* (incluindo todas as modificações atencionais dos mesmos) *executados pelo eu enquanto ser livre, em um dado instante de sua duração e dirigidos a suas vivências decorridas, constituídas em construção fase por fase.* O sentido específico de uma vivência, portanto o "como" específico do voltar-se-para dirigido à mesma, *consiste então na inserção dessa vivência no contexto geral de experiência pré-dado.* Podemos exprimir esse princípio também da seguinte forma, oferecendo ao mesmo tempo uma *definição* precisa *do conceito "sentido visado": sentido visado de uma vivência não é outra coisa senão uma autointerpretação da vivência desde um novo vivenciar.* Investigaremos a seguir o modo em que essa autointerpretação se realiza e como devemos entendê-la. Para isso nos bastará uma exposição esquemática e menos elaborada, visto que nossas investigações a rigor não objetivam, como fim próprio, obter um entendimento fenomenológico, mas intencionam apenas adquirir um conhecimento em fenomenologia que seja relevante para nossa problemática sociológica.

§ 15 A construção do mundo da experiência e seu ordenamento em esquemas

Tratemos de esclarecer os complicados contextos estruturais da autointerpretação tomando como exemplo a constituição de um objeto da nossa experiência externa. Em atos experienciais das vivências das múltiplas aparições coisais se constitui o objeto da experiência externa, a coisa do mundo externo. As vivências particulares das aparições formam entre si um contexto de sentido, pois constituem, em execução fase por fase, a experiência do objeto; em raio de mirada monotético, podemos tomar em perspectiva nossa experiência desse objeto, e junto com ela o contexto mesmo enquanto objeto da nossa experiência, formando algo de unitário. Contudo, o fato de vivências de cada modo de aparição de um objeto se ligarem formando a experiência que se tem do mesmo é, por sua vez, algo propriamente experienciado[142] e disponível em estoque no respectivo agora-e-assim do voltar-se-para dirigido à aparição do objeto, enquanto experiência do modo de constituição objetiva. Se aqui já se mostra a enorme complicação das distintas sedimentações na construção do mundo da experiência, cuja história só poderá ser inquirida fenomenologicamente, um perscrutar mais profundo no estado de coisas tratará de expor uma intricada junção e ainda mais complexa estratificação dos fenômenos de constituição. Toda vivência experiencial que co-constitui a experiência do objeto é envolta por um halo de retenções que remetem retrospectivamente a vivências passadas, e por protenções que apontam, em prospecção, a vivências advenientes. Pertence à essência da síntese que as fases singulares da vivência nas quais ocorre a construção politética sejam ligadas deste modo entre si. Pois uma vivência experiencial referente a um objeto somente se constitui junto com uma vivência deste objeto a qual lhe antecedeu – formando uma síntese da experiência desse objeto –, pelo fato de a vivência "posterior" ter sido vivenciada em um agora cujo "assim" é co-determinado pela retenção da vivência experiencial precedente desse objeto. E sob esse plano se situa, ainda, aquele contexto que cada vivência forma com seu antes e depois, e que caracterizamos acima como contexto do autopertencimento de todas as minhas vivências.

As estratificações continuam, porém, também em direção oposta. Uma vez executada a síntese, a partir da construção, fase por fase, de cada uma das minhas vivências experienciais, formando o objeto da minha experiência, por exemplo o objeto "esta mesa aqui", ocorrem logo em seguida novos atos sinté-

---

142. Embora enquanto "*a priori* subjetivo" anterior a toda "experiência" no sentido empírico, a qual este, a princípio, fundamenta.

ticos, novas inserções em contextos de experiência, como é o caso, por exemplo, quando denomino o objeto constituído da minha experiência, a saber, *esta* mesa, de *"mesa"*. Deixemos aqui de lado todos aqueles problemas implicados no fenômeno da linguagem e na associação do signo escrito ou sonoro "mesa" com o objeto da minha experiência "esta mesa, única e singular, da minha experiência, aqui e assim". Não restam dúvidas de que o juízo "isto aqui é uma mesa", implicado no ato de denominação, remonta a experiências prévias, mesmo que novamente constituídas, referentes a outros objetos do mundo externo (a saber, experiências de mesas em geral) que, no agora-e-assim da efetuação do juízo "isto aqui é uma mesa", encontram-se disponíveis em estoque[143].

Considera-se que apenas com esse entendimento tenha se alcançado a mais fundamental daquelas "sintaxes" sobre as quais se baseia a construção do mundo lógico e linguístico. A lógica transcendental terá de inquirir também a história de sentido de todos os processos de formalização e generalização que passam a surgir, e de interpretar todos esses processos da lógica formal como fenômenos da constituição na consciência do *ego cogito*, portanto como atos de experiência do *ego cogitans*. Pois, a rigor, para o *ego cogitans* vivenciante, também é "experienciado" (no sentido das nossas exposições) haver formalizações e generalizações, também o modo como ocorrem esses processos e se produz, no formalizar, o formalizado; no generalizar, o generalizado.

---

143. Aqui é de grande importância esclarecer que, para a constituição do mundo da experiência, no significado por nós expresso da palavra, o domínio eidético pode ser desconsiderado. Pois o *eidos* apreendido depois de executada a "visão de essência" é, no sentido das considerações acima, também "experienciado". Deve-se reiterar que mesmo "experiência" e "contextos de experiência", no sentido aqui utilizado, não equivalem em absoluto a "empiria" no uso comum da linguagem, que, por exemplo, vivências de fantasia, que na perspectiva fenomenológica têm primazia, constroem o contexto de experiência do eu no agora, aqui, assim, como experiências de objetos reais do mundo externo. Na investigação acima, experiências são sempre tratadas como vivências do *ego cogitans* experiencial em sua construção constitucional na duração interna, jamais simplesmente como propriedade do mundo empírico e de suas coisas. Nossas considerações, portanto, para utilizar as palavras de Husserl, tratam de fatos de essência intencionais da empiria, mas não fatos empíricos (*Logik*, p. 279).

Nossa análise recorreu à construção da experiência de um objeto do mundo externo obviamente apenas para oferecer um *exemplo* das implicações contidas no conceito da experiência pré-dada. Em princípio, porém, ela pode ser aplicada ao estudo de qualquer domínio de vivências, começando pelas sínteses de toda espécie do "coligar dóxico" em sentido puramente lógico, portanto pela constituição do juízo a partir do ajuizar, mas também ao estudo das sínteses práticas e axiológicas de qualquer espécie[144]. Pois as últimas, afinal, também podem ser remontadas a sínteses coligantes, apenas que estas têm por base uma sintaxe não doxológica, senão prática e axiológica. Mas também estas são experienciadas, precisamente no mesmo sentido ao que nos referimos quando da caracterização do estoque pré-dado de experiências como contexto de sentido principal em um agora-e--assim atual do *ego cogitans*.

Diante da estrutura altamente complexa dos contextos de sentido constituídos, nos quais uma vivência apreendida em voltar-se-para pode vir a ser inserida, surge a necessidade de encontrar um critério de definição para o conceito da autointerpretação do vivenciar próprio, portanto do sentido visado específico.

Indicamos anteriormente esse critério quando falamos da *determinação pragmática do nível de profundidade* alcançado pelo olhar reflexivo, conceito do qual agora podemos fazer uso.

Ao inquirirmos a história de sentido de uma vivência tomada em perspectiva, podemos fazer avançar a análise dos atos construtivos, a partir dos quais essa vivência se constituiu, em princípio sempre até a constituição dos atos experienciais, ocorrida na forma temporal interna mesma, portanto na pura duração. Em contrapartida, porém, nosso estoque de experiências não remonta em absoluto, seja imediatamente ou originariamente, à forma temporal interna. Antes, o contexto de sentido da experiência é formado por contextos de sentido de grau superior, que são, eles próprios, constituídos por contextos de sentido, e assim por diante. Porém, os substratos do que é experienciado como disponível são, para nós, dados inquestionados,

---

144. HUSSERL, E. *Ideen*, p. 250.

isto é, situam-se em um nível de profundidade não alcançado pelo direcionamento reflexivo do olhar. Tudo isso sem dúvida se aplica relativamente ao agora-e-assim atual. A delimitação do âmbito do inquestionavelmente dado é condicionada pelas modificações atencionais do voltar-se-para dirigido à vivência tida em perspectiva, por aquelas modificações que, por seu lado, são condicionadas pela *attention à la vie* no respectivo agora-e--assim do voltar-se-para. É certo que mediante voltar-se-para adequado pode ser realizada a remissão de todas as sínteses politéticas à protoconstituição da vivência na pura duração. Nós mesmos demonstramos há pouco essa possibilidade, com o exemplo do objeto de experiência do mundo externo. Mas para isso é necessário um ato de introspecção de caráter estritamente filosófico, que, por seu lado, tem como precondição um modo específico da *attention à la vie*.

Agora teremos de desenvolver a análise de sentido também para o estudo do eu em sua visão de mundo natural[145]. Também o indivíduo natural, a cada agora-e-assim de seu vivenciar, encontra experiências em seu estoque de consciência, tem conhecimento do mundo; tem, dele, um pré-saber. A esse estoque de experiências se acrescenta, com cada vivência, contanto que seja esta experiencial, nova experiência, e isso apenas em virtude da circunstância de, desde um novo agora (que é um "assim" apenas porque distinto do mesmo-agora-sido), o mesmo-agora-passado poder ser "tido em perspectiva em toda a sua extensão". Tudo isso reside, como vimos, por necessidade essencial, na concepção de uma duração contínua, múltipla e que corre em irreversibilidade. Mas todos esses momentos podem ser encontrados também na atitude do indivíduo natural-ingênuo, que vivencia seu envelhecer e com ele seu "acréscimo de experiências". Em todo caso, ao indivíduo natural, suas experiências são pré-dadas de modo "*ordenado*" (e isso na forma de saber ou de pré-saber), da mesma maneira como, ao mesmo indivíduo, também o mundo objetual, em sua totalidade, é pré-dado de modo ordenado, sem que o sujeito se pergunte pela constituição, em sua consciência, desse mundo, ao menos enquanto não for

---

145. Sobre isso, cf. a "Nota" acima, p. 73s.

forçado a fazê-lo com a colocação de um problema específico. Os ordenamentos no interior do contexto de experiência permanecem então conscientes na forma de contextos de sentido sintéticos de vivências experienciadas.

Ilustremos com base em alguns exemplos o que se deve compreender por esses *ordenamentos de sínteses de vivências de experiência*. Tem-se, antes de tudo, experiências do mundo natural externo, no qual o indivíduo está situado em simplicidade ingênua, e de seus objetos, primeiro dos inanimados, depois dos animados. Ele "tem", portanto, experiências de indivíduos semelhantes, de coletividades sociais, de coisas e dos objetos do mundo material produzidos mediante ação de outrem, portanto de artefatos, e destes também na função específica que assumem enquanto "objetos culturais". O indivíduo encontra, ademais, sínteses pertencentes ao campo da experiência por assim dizer interna, em sentido bem-entendido. Incluem-se aqui não apenas os conteúdos de juízo de seus atos judicantes antecedentes, ou seja, seu saber atual ou pré-saber (em significado mais estrito), mas também todos os produtos das atividades do ânimo ou do assim chamado domínio da vontade, sem importar se esses produtos se constituem a partir de atos de fato posicionalmente executados ou de pseudoexecuções em uma consciência neutralizante, por exemplo no modo da fantasia. Cada uma dessas experiências, externas ou internas, encontra-se, para o próprio indivíduo natural, em um contexto de sentido de ordem superior, e também deste ele tem experiência. Por isso, a suas experiências no agora-e-assim atual pertence também toda experiência da inserção de experiências no plano técnico-científico, assim como a experiência do contexto de sentido dessas ciências mesmas, por exemplo da lógica formal, mas também as experiências dos respectivos correlatos dessas inserções na esfera prática e axiológica, portanto dos contextos de sentido das máximas do agir e da inserção daquilo que foi valorado em contextos de valor.

Denominaremos os ordenamentos que buscamos acima caracterizar, pelos quais se estrutura o respectivo contexto de experiência, de *esquemas da nossa experiência*¹⁴⁶, e propomos definir esse conceito da seguinte forma: *um esquema da nossa experiência consiste em um contexto de sentido das nossas vivências experienciais o qual abrange as objetualidades da experiência completamente constituídas nas vivências experienciais mas não o "como" do processo de constituição no qual essas vivências se constituem formando objetualidades da experiência.* Antes, o "como" do processo de constituição, assim como este próprio, permanece inapercebido. O constituído é dado inquestionado¹⁴⁷. Entretanto, posso, a todo momento, mediante voltar-se-para atencional adequado, tornar problemático, "questionável", qualquer esquema da experiência dado de modo inquestionado.

Quando definimos os esquemas da experiência como contextos de sentido, tratou-se de uma determinação formal e material: formalmente por mostrar como sua constituição se efetua como sínteses de grau superior de atos politéticos das vivências experienciais; materialmente na medida em que a cada síntese politética captada monoteticamente em olhar retrospectivo corresponde, por essência, uma totalidade objetiva que nela se constitui. A respeito das nossas vivências experienciais que formam um contexto correspondente de sentido com os fundamentos determinantes formais e materiais apresentados, afirmamos que estão, umas em relação às outras, em *concordância*. Com a expressão se caracteriza a princípio a fundamentação recíproca das vivências experienciais e sua construção sintética dando origem a um ordenamento da experiência, mas ademais também o contexto de sentido ao qual pertencem esses mesmos ordenamentos, chamado "contexto geral da experiência no agora--e-assim atual" ou, como denominamos anteriormente, "contex-

---

146. Como se conclui da nossa definição, nosso conceito de esquema não tem nada que ver com o "esquema" kantiano, o qual é "um produto da faculdade da imaginação" (KANT, I. *Kritik der reinen Vernunft*, B 185).

147. Cf. como exemplo o que Husserl afirma sobre "ciência": "Ciência é apenas possível onde os resultados do pensamento possam ser conservados na forma de saber e utilizáveis por outro pensar na forma de um sistema de orações afirmativas claras quanto ao sentido lógico, *mas compreendidas sem clareza das bases da representação, portanto sem intelecção, ou seja, atualizadas quanto ao juízo*" (*Ideen*, p. 124).

to de sentido principal das nossas vivências de experiência". Em cada agora-e-assim, portanto, nossa experiência se encontra em concordância, e isso não significa outra coisa senão que o contexto geral mesmo da nossa experiência é uma síntese, realizada em construção por fases, das nossas vivências experienciais, uma síntese à qual corresponde uma totalidade objetiva, a saber, o conjunto do nosso saber no agora-e-assim atual. Certamente podem se apresentar, no interior desse contexto de experiência, experiências discordantes, mas a unidade da experiência sempre se manterá conservada: "*Anterior* a todo ajuizar há um fundamento universal da experiência; ele é sempre pressuposto *como unidade concordante da experiência possível*. Dentro dessa concordância, tudo 'tem que ver', objetivamente, com tudo. Mas unidade da experiência pode também se tornar *discordante*, todavia de modo *que o conflitante tenha, com aquilo que discorda, uma comunidade de essência*; de forma que, na unidade de experiência coesa, e ainda mais coesa no modo do conflitante, tudo se encontra em unidade essencial comum. Assim, todo *ajuizar original, em seu conteúdo*, e, desta maneira, todo ajuizar que se desenvolve de modo coeso, tem *contexto mediante o contexto das coisas na unidade sintética da experiência*, sobre cujo fundamento se encontra"[148].

Porém, a unidade da experiência que adentram todos esquemas da experiência enquanto objetualidades constituídas não deve ser compreendida como se seu ser pré-dado no agora-e--assim atual fosse estruturalmente homogêneo, como se todos esses esquemas de experiência disponíveis estivessem porventura presentes em um e mesmo grau de clareza, e como se todos os objetos "consciencialmente" existentes, "com respeito à afecção possível da consciência", estivessem "em uma relação de igualdade"[149]. Antes, também os esquemas da experiência têm seus horizontes e perspectivas, suas obscurezas e aclaramentos por eles captados no raio atencional em que o eu, em virtude da *attention à la vie* variante no respectivo agora-e-assim, volta-se a eles.

---

148. HUSSERL, E. *Logik*, p. 194.
149. Ibid., p. 264.

§ 16 Os esquemas da experiência como esquemas de interpretação – Autointerpretação e interpretação – Problema e interesse

Os esquemas da experiência assumem uma tarefa especial na constituição do sentido específico de uma vivência tomada em perspectiva, portanto na autointerpretação, pelo eu, desde um agora-e-assim posterior, da vivência passada. Definimos a doação específica de sentido como autointerpretação, isto é, como inserção de uma vivência no contexto geral da experiência. Essa inserção ocorre em uma síntese de reconhecimento, por meio da remissão, aos esquemas de experiência disponíveis em estoque, da vivência a ser inserida, e mediante fixação intencional de seu núcleo idêntico. A vivência a ser interpretada é, assim, referida a uma objetualidade de experiência pré-dada como algo de idêntico a esta. Com isso não se afirma que essa remissão ocorre em um ato particular apartável do voltar-se-para si mesmo. Decerto, ambas as direções do ato são verificáveis em uma análise da constituição de um ato experiencial (por exemplo, de uma percepção). Ao olhar retrospectivo, em contrapartida, voltar-se-para e inserção, percepção e reconhecimento parecem ter sido realizados conjuntamente.

Segundo o afirmado acima, é evidente que a inserção de uma vivência no contexto geral da experiência pode acontecer em variados modos de execução. Ela pode ocorrer em todas as graduações, desde a da formulação lógico-conceitual em objetualidades judicativas até a simples captura no agora-e-assim do instante; pode ocorrer mediante todas as atividades da razão, do ânimo ou do domínio da vontade, sob livre-deslocamento de contextos de sentido pré-dados altamente complexos tidos monoteticamente em perspectiva. Ela pode acontecer rapidamente, em uma captura ou em imaginação, fase por fase, dos atos que constituem a vivência problemática, em apreensão habitual vaga ou em um máximo de clareza explícita. A cada um desses modos da inserção, infinitamente recorrentes e em enredamento variado, corresponde um esquema diferente (ou então modificado de outra maneira) que, por sua vez, pode ser ele mesmo dado em distintos graus de clareza, da indistinção até a máxima explicitação.

Podemos denominar o processo de inserção de uma vivência nos esquemas da experiência mediante recognição sintética também de *interpretação dessa vivência*, desde que consideremos essa expressão em um sentido mais amplo, que também abarque, como na linguagem comum em geral, a associação de um signo àquilo que ele designa. Interpretação, então, não é outra coisa senão remissão, do desconhecido ao conhecido, do que é apreendido em atos de voltar-se-para aos esquemas da experiência, os quais, no processo do interpretar das vivências próprias, assumem especial função. Esses esquemas são contextos de sentido acabados, sempre disponíveis em estoque no modo de saber (pré-saber), compostos por material categorialmente pré-formado ao qual a vivência a ser interpretada é referida em um novo ato sintético. Nesse sentido, os esquemas da experiência são *esquemas de interpretação*, e assim gostaríamos de denominá-los de agora em diante. A associação de um signo a um sistema de signos, ao qual será preferencialmente referido com o termo "esquema de interpretação", é apenas um caso particular do processo de autointerpretação em geral que acabamos de caracterizar.

Nossa exposição da constituição do sentido visado executada no processo da autointerpretação parece contradizer a circunstância de as vivências se apresentarem na consciência também como *únicas* e não mais passíveis simplesmente de inserção. Isso tem sua razão no fato de a extensão do âmbito em que vivências podem ser apreendidas no voltar-se-para depender do grau da sua "intimidade". Já mencionamos anteriormente[150] o grupo das vivências essencialmente atuais, que – ao menos no que diz respeito a seu "como" – não podem ser trazidas ao olhar reflexivo. Vamos agora precisar essa afirmação: trata-se da impossibilidade de inserção dessas vivências em esquemas de experiência e, assim, de uma doação específica de sentido da mesma, tendo em vista que sua intimidade, e portanto *seu vínculo essencial com a posição temporal da duração interna*, não permite a fixação de um núcleo idêntico, tampouco, por conseguinte, uma síntese de recognição. Porém, é importante consi-

---

150. Cf. § 7 desta seção, p. 83-85.

derar, em contrapartida, que a constatação do *caráter inédito* de uma vivência que se apresenta como "nova", isto é, de uma vivência cujo núcleo idêntico não pode ser associado, na síntese de recognição, a um esquema de experiência, já implica, sob todas as circunstâncias, uma remissão aos esquemas de experiência disponíveis em estoque; só que com o resultado de que a tentativa dessa remissão empreendida fracassa, de que a experiência entra em conflito com si mesma, além de se levantar uma dúvida quanto à validade dos esquemas de experiência até então inquestionados. O fato de um fenômeno ser inexplicável ou necessitar de explicação significa, antes de tudo, que ele não pode ser inserido nos esquemas de experiência enquanto objetualidades dadas de modo inquestionado, que, portanto, esses mesmos esquemas têm de ser, por sua vez, inquiridos e, assim, de se tornar, eles próprios, problemáticos.

Busquemos agora esclarecer os critérios segundo os quais ocorre a seleção do esquema de interpretação – entre os muitos outros concordantes entre si – a ser respectivamente aplicado à autointerpretação de uma vivência. Pois, a rigor, a síntese de recognição não se encontra em absoluto estabelecida de antemão como algo de evidente e exclusivo, e nenhuma vivência poderá ser incluída em um *único* esquema de interpretação. Pelo contrário, toda vivência, antes de executada a autointerpretação, pode, por essência, sem prejuízo à identidade do núcleo noemático, se abrir a múltiplas interpretações (noeses). Porque o sentido de toda vivência se constitui apenas no ato reflexivo de voltar-se-para – embora este, como vimos, carregue sempre o índex do respectivo agora-e-assim –, também a síntese de recognição, e com ela o esquema de interpretação sob o qual sucede a inserção, deve carregar o índex do agora-e-assim atual. A elucidação desse complicado processo exigiria extensas e difíceis investigações. Aqui nos basta indicar o fato de a seleção, dentro do contexto geral da experiência, dos esquemas de interpretação relevantes, ser determinada pelas modificações atencionais por que passam os atos de voltar-se-para do eu dirigidos à vivência mesma a ser inserida, dirigidos, assim, à totalidade do estoque de experiência no respectivo agora-e-assim. Poderia ser afirmado, em paradoxo, que aquilo que é dado como *problema*, a saber, a vivência a ser inserida, determinaria ele mesmo o esquema de interpretação em que ocorre a inserção.

Mas com isso não estaríamos apenas recuando um pouco mais na questão? Pois como se chega, em primeiro lugar, à colocação do problema? Como é selecionada, entre todas as outras vivências do eu da duração, a vivência à qual se dirige o voltar-se-para? Ante essas questões podemos aqui apenas responder que o voltar-se-para si mesmo, portanto a colocação do problema pelo eu, consiste em um livre-ato de sua atividade espontânea em seu agora-e-assim. Certamente, uma vez *levantado* – portanto *colocado* – o problema, podem então, com sentido, ser inquiridas as razões que levaram à escolha desse problema, pode ser perguntado pelo "interesse" no problema, uma circunstância que só terá como ser explicada mais adiante[151].

Mas não nos deparamos aqui com uma fatídica *petitio principii*? Como poderia o esquema de interpretação ser co-constituído por aquilo a ser interpretado? Como seria possível, portanto, que este último, em certo sentido, determine seu próprio esquema de interpretação? Em todo caso, esse risco de uma *petitio principii* é apenas aparente. A falsa impressão resulta da confusão entre duas formas de abordagem por princípio distintas, e do fato de as circunstâncias do problema serem confrontadas, em uma esfera, com seu reflexo na outra.

Pois ao afirmarmos a dependência do esquema de interpretação ao agora-e-assim atual, o que fazemos é descrever o processo de constituição do esquema de interpretação, e assim "inquirimos sua história de sentido", realizamos pesquisa transcendental da constituição. Em contrapartida, ao aplicarmos o esquema à interpretação dos fatos em vista, o que temos é um esquema de interpretação já constituído – assim, uma objetualidade ideal da lógica formal. Essa rigorosa distinção entre ambas as perspectivas torna inofensiva a ambiguidade inerente à expressão "esquema de interpretação". Contudo, tomando por base, também essa solução para a aparente circularidade é uma nova ilustração – desde um campo totalmente diverso – da fun-

---

151. § 18 desta seção, p. 152.

damental oposição, por nós afirmada, entre a constituição das vivências na pura duração e o ser da objetualidade constituída do mundo espaçotemporal, entre o modo de considerar o devir e a forma de se voltar ao ser, entre viver e pensamento.

No decorrer das nossas exposições, teremos ainda a oportunidade de ampliar, e em parte também de precisar, a teoria da autointerpretação do eu, apresentada aqui apenas em suas linhas gerais. Isso, entretanto, só poderá ocorrer no contexto de uma análise dos processos de interpretação e posição de sentido no mundo intersubjetivo. Contudo, antes de passarmos a ela, analisemos o contexto de sentido próprio aos atos previamente projetados de atividade espontânea, portanto ao agir, a saber: o *contexto de motivação*. Assim, com base em um exemplo cuja análise, ademais, proverá um esclarecimento adicional do conceito "sentido visado de um agir" – no significado atribuído à expressão pela sociologia compreensiva –, teremos a oportunidade de pôr à prova a teoria geral e fundamental da autointerpretação e do contexto de sentido.

§ 17 O contexto motivacional como contexto de sentido – A) O "motivo-para"

Fomos apresentados, já nas investigações introdutórias[152], à teoria da motivação de Max Weber, segundo o qual motivo é um contexto de sentido que surge ao próprio agente ou ao observador como "fundamento" significativo de um comportamento. Submetemos essa tese a uma crítica, cujos pontos de vista principais gostaríamos de apresentar mais uma vez, sucintamente, antes de procedermos a outras investigações. Nossas objeções podem ser agrupadas da seguinte forma:

1) A definição de motivo de Weber inclui o contexto de sentido vivenciado pelo próprio agente como fundamento significativo de seu comportamento e o contexto de sentido suposto pelo observador para esse comportamento, não obstante a autointerpretação do agir pelo agente e a interpretação desse mesmo

---

152. Cf. § 4, p. 53s.

agir por um alter ego sejam simplesmente incomensuráveis, em especial para uma teoria do "sentido visado". Referimo-nos já ao fato de esse descuido ter consequências fatais para a teoria da compreensão do outro de Weber, circunstância à qual ainda voltaremos em um exame mais detido. Aqui tratamos apenas do "motivo" que surge *ao próprio agente* "enquanto fundamento significativo do seu comportamento"; pois as investigações a seguir se ocuparão, como em toda a segunda seção, exclusivamente da esfera do eu solitário.

2) Para Weber, "comportamento" – assim como "agir" – é um dado unitário, bem-delimitado, com cujo conceito é possível ser operado diretamente, sem que se façam necessárias investigações mais amplas sobre a essência dessa unidade. Nossa análise do tempo explicou como a constituição do agir se desenvolve desde o projeto precedente da ação e remontou sua unidade à extensão desse projeto. Assim efetuada a fundamentação subjetiva da unidade do agir, e demonstrada sua dependência com relação ao agora-e-assim do projeto, segue então que também o "fundamento significativo" do agir tomado como unidade é sempre apenas relativo a determinado agora-e-assim do agente, e, por isso, requer necessariamente uma complementação.

3) A essência do "contexto de sentido" e sua relação com o sentido de um agir concreto permanece, em Weber, por discutir. Ele coordena, por essa razão, a assim denominada compreensão explicativa ou pelos motivos com o compreender atual, e não deixa claro se o "sentido visado" de um agir é ou não idêntico a seu motivo. Depois de termos acima esclarecido o conceito de contexto de sentido, deve-se agora investigar se o contexto de motivação, para o agente, de fato consiste em um contexto de sentido (questão que responderemos afirmativamente), e determinar qual estrutura específica ele apresenta.

4) Com o termo "motivo" Weber designa, como mostram os exemplos dados por ele, e sem justificar essa ambiguidade, ora o "para" do agir, portanto a orientação do agir por um evento futuro, ora o "porquê" do agir, portanto sua referência a uma vivência passada. Trataremos a seguir de ambos conceitos de motivo.

Caso o *"para"* do agir, portanto sua orientação por algo futuro, seja compreendido como o motivo do agir, nossa análise temporal do agir significativo já terá provido o esclarecimento necessário. Todo agir se executa segundo um projeto, e se orienta pela ação fantasiada *modo futuri exacti* como decorrida. A unidade do agir se constitui exclusivamente por esse projeto, cuja extensão pode ser bem distinta a depender do grau de correlação explícita do agir ao plano, como mostrado no exemplo do agir racional com objetivos intermediários conhecidos, por exemplo quando eu projeto o plano de visitar um conhecido, residente na minha vizinhança. Para esse fim, tenho de me levantar da minha cadeira, realizar, portanto, distintas contrações e relaxamentos musculares no meu corpo somático, passar pelo quarto ao lado até chegar à antessala do meu apartamento, descer as escadas e caminhar por toda a rua em direção à casa do meu conhecido etc. A alguém que, durante o trajeto, venha a me perguntar pelo "fundamento significativo" da minha saída, responderei ter a intenção de visitar A, que mora na rua transversal. O projeto da minha visita a A é o "motivo" de todas as ações descritas acima, porque falar com ele é o objetivo final do agir por mim projetado; todas as outras ações correspondem apenas a objetivos intermediários orientados pela ação projetada "visita a A". Por ter concebido o plano de visitar A, portanto fantasiado *modo futuri exacti*, como executado, um "ir ao apartamento de A", o agir orientado por esse objetivo se encontra, para mim, em um contexto de sentido.

Se *"motivo"* designar as expectativas relacionadas, por parte do agente, com o agir, então o contexto de motivação poderá ser definido como *aquele contexto de sentido no qual se encontra um agir específico para o agente, em função do ser projetado da ação.* Esse estado de coisas pode ser expresso também na tese de que *a ação projetada* modo futuri exacti *como decorrida, pela qual o agir é orientado, consiste, para o agente, em motivo (a saber, "motivo-para")*[153].

---

153. Também aqui vale fazer referência a ambos os estudos de A. Pfänder, "Phänomenologie des Wollens" e "Motiv und Motivation" (2. ed., 1930). Embora o acima exposto divirja das considerações de Pfänder em pontos essenciais, terminologicamente e tecnicamente, creio fundamentalmente concordar com o autor (cf., p. ex., op. cit., p. 95-104).

Nessa definição nada se altera – diferentemente do exemplo acima – caso sejam consideradas, no projeto, ocorrências situadas fora da esfera do comportamento produzido a partir de atividade espontânea, portanto se forem levados em conta, por exemplo, produtos finais de uma cadeia causal no mundo material independente do agir em seu decorrer ou também já em seu desencadeamento. Quando, por exemplo, para falar com meu conhecido, manuseio um aparelho telefônico de modo apropriado, esses movimentos encontram-se *também* orientados pela expectativa de que será desencadeado, mediante meu agir, determinado processo físico (a saber, um funcionar da aparelhagem segundo rigorosas leis causais), o qual, "como a experiência ensina", pode levar à consecução do meu objetivo (a saber, falar com meu conhecido). Pois não há dúvidas de que também o suceder desse processo físico, causalmente determinado, que será desencadeado pelo agir objetual, é minha expectativa. Mas esse processo se encontra, para mim, para quem deseja falar ao telefone com determinada pessoa, no contexto de sentido apenas dessa intenção, é mero meio para a concretização do meu projeto de falar com A. Para isso basta que eu tenha em conta o efeito final, aguardado em conformidade com meu contexto de experiência (no momento do projetar), da série causal por mim desencadeada, na medida em que a fantasio *modo futuri exacti* como já sucedida. O indivíduo que conta com esse suceder não precisa ter conhecimento do modo como ocorre essa série causal em seus pormenores – e, em regra, também o desconhece. Só poucos que utilizam o aparelho telefônico sabem explicitamente "como" um telefone "funciona", isto é, quais processos físicos são desencadeados pela "chamada". É-lhes dado de modo simplesmente inquestionado que o pôr em funcionamento da aparelhagem desencadeia, em regra, determinados resultados, e apenas esses efeitos são tidos em conta quando é feito uso da aparelhagem. Com isso não se afirma outra coisa senão que aquele para quem o ocasionar desse efeito surge como motivo do desencadeamento da série causal encontra, em seu contexto de experiência, enquanto pré-experienciada, a vinculação causal do resultado projetado com a causação a ser efetivada pelo sujeito (ele "sabe dela"); a ocorrência própria da série causal, porém, permanece, por ele, desconsiderada. Tudo isso sempre se aplicará apenas relativamente a um estoque de experiência e uma situação de interesses, ambos pré-dados, de um eu particular em determinado agora-e-assim. Por exemplo: o técnico ou mecânico, no manuseio do aparelho telefônico, tem em conta aquela mesma série causal por mim inquestionada; baseado em seu conhecimento explícito do processo físico, ele projeta determinados efeitos e aplica, com vistas à sua consecução, aqueles meios que, com base na sua experiência, são "adequados" ao efeito projetado. Essa consecução, por si mesma, consiste, para ele, no principal objetivo de ação[154] projetado, corresponde ao contexto de sentido de todo agir voltado a esse fim, e, por isso, é motivo-para, no significado estrito da definição acima. Em situação semelhante – antecipando aqui o resultado de algumas análises – se encontram aqueles casos, próprios à esfera social, nos quais se interpõe, como meio para alcançar o objetivo da ação, não uma aparelhagem física, mas o agir de um alter ego.

Assim, ao indicar, como motivo do meu agir concreto, que este serve a um "para", afirmo a rigor que o agir mesmo consiste apenas em meio, dentro do contexto de sentido de um projeto no qual a ação foi fantasiada, *modo futuri exacti*, como algo a ser decorrido ocasionado pelo agir. Por isso, sempre que o objetivo da ação ainda carregar o caráter temporal do futuramente – isto é, quando a ação se encontrar projetada, mas ainda não tiver sido realizada mediante um agir concreto –, "para" será minha resposta à pergunta pelo "motivo" do meu próprio agir. O contexto de motivo do "para" sempre irá pressupor que a ação a ser decorrida *modo futuri exacti* seja fantasiada somente no modo da recordação prospectiva, mas pressupõe também que o agir que dá origem à ação e as vivências de atividade espontânea a ele associadas – as quais se encontram, relativamente à recordação prospectiva, em uma relação de preenchimento ou não-preenchimento – não ocorram, razão pela qual protenções vazias continuariam a se aderir à ação prospectivamente recordada como decorrida, ao passo que ela mesma se encontre no modo

---

154. Por questões terminológicas evitamos a expressão mais correta "objetivo do agir".

da incerteza. O contexto de sentido da motivação "para" de um agir foi dado de modo inteligível apenas pelo indivíduo que age com vistas a alcançar o objetivo último *projetado* (mas ainda não concretizado em agir) da ação, pelo mesmo indivíduo o qual, em uma reprodução, toma em perspectiva, em um único raio de mirada, o agir integral previamente projetado (imaginado *modo futuri exacti* como vindo a ser decorrido), e, ao mesmo tempo (em uma retenção ou reprodução), o agir parcial executado ou que se executa no decorrer do agir integral projetado. Contudo, ao se afirmar que sempre caberá ao objetivo principal da ação o caráter temporal do futuramente, não se pretende dizer que este seja absoluto. Suponhamos, em linha com o exemplo acima, que eu tivesse deixado meu apartamento para falar com meu conhecido e, após o regresso, fosse perguntado pela razão da minha ausência. Aqui eu também poderia dizer que saí de casa *para* visitar A. Sem dúvida, *no momento em que é dada essa informação*, já atingi, ou então deixei de alcançar – mas em todo caso "concretizei" –, o objetivo principal da ação que motivou minha saída, a saber, visitar A. Porém, o objetivo principal da ação continua a ter o caráter temporal do futuramente, com todas as respectivas protenções vazias e as notas características de não-preenchimento, em relação àquele momento *a respeito do qual* realizo a afirmação. Aqui é importante apontar essa diferença, pois, na vida diária, ambos os momentos não chegam a ser distinguidos, razão pela qual sempre há a possibilidade de converter, na linguagem, uma sentença do tipo "para" em uma sentença do tipo "porque": *porque* eu pretendia – ou pretendo – falar com A, saí – ou saio – de casa. Denominaremos de *inautênticas* as "*sentenças-porque*" logicamente equivalentes às "sentenças-para". Essa dupla possibilidade de expressão nos é interessante uma vez que as sentenças-para indicam claramente ser tido em vista pelo falante o objetivo ainda não preenchido da ação, situado no futuro, enquanto o indivíduo que faz uso de uma sentença-porque inautêntica tem em perspectiva o projeto situado no passado. Vemos aqui, novamente, um exemplo da dupla referência significativa do agir, tornada evidente ora na forma de referência ao projeto antecedente, ora enquanto orientação pela ação a ser concretizada mediante o agir.

O contexto de sentido particular formado pela ação projetada *modo futuri exacti* e por todos os objetivos intermediários ou meios, nos quais se constitui o agir que dá origem à ação projetada, requer, porém, elucidação mais ampla. É essencial a todo contexto de sentido que determinados cursos, constituídos em fases, sejam tomados monoteticamente em perspectiva e considerados como se já decorridos e completamente constituídos. Resulta então a questão sobre como seria possível, no projeto – que, afinal, antecede temporalmente ao agir ocorrido em fases –, tomar monoteticamente em perspectiva a ação enquanto unidade constituída, embora os atos do agir politeticamente construídos, somente a partir dos quais se constitui a síntese da ação (e, com ela, seu objetivo), não tenham ainda sequer sido realizados. Isso se explica pelo fato de *o projeto mesmo necessariamente já remeter a ações precedentes* análogas[155] à ação projetada, *que entraram, na forma de ações propriamente vividas, no contexto de experiência concordante no momento do projeto*, e as quais, agora, mediante atitudes atencionais particulares, são reproduzidas ou se encontram presentes na forma específica do "saber" passivo.

Para projetar uma ação como executada *modo futuri exacti*, tenho já de dispor *modo preterito* de um pré-saber acerca do decorrer de tal agir. É necessário, portanto, que precedam ao projeto ações semelhantes, constituídas em atos politéticos construídos em fases e tomados monoteticamente em perspectiva na forma de unidade. Quanto mais frequente tiverem sido efetuadas execuções de ato dessa espécie, e quanto maior o número de ações semelhantes possíveis de serem consideradas monoteticamente, tanto mais profundamente avançará, sobre o domínio dos dados inquestionados, a construção em fases do objetivo monoteticamente tomado em perspectiva. Assim se explica a influência da *prática* e do *hábito* sobre o agir, qualquer que seja sua espécie. Quanto mais um agir, por exemplo uma tarefa técnica,

---

155. Isso que aqui chamamos de análogo é impossível de esclarecer sem amplas e complicadas investigações, e pertence, ademais, à temática da fenomenologia geral. Para nossos propósitos basta poder supor com o termo um "idêntico núcleo de sentido" (como usado no discurso fenomenológico) em múltiplos adumbramentos, o qual é presente ao autor do projeto no modo da experiência.

tiver sido "praticado", menor a quantidade de fases singulares tidas em perspectiva e tanto mais parecerá como dado inquestionado tudo o que teve de ser originalmente executado em atos constituintes-construtivos centralmente apreendidos.

Não é difícil mostrar que também a extensão do projeto mesmo é condicionada pelos objetivos intermediários que, de modo inquestionado, são desconsiderados no momento do projetar, portanto pelos objetivos intermediários pré-experienciados. Quanto mais cotidiana a ação projetada, maior poderá ser a extensão do projeto, isto é, um número tanto maior de atos que futuramente se executarão de modo politético poderá ser apreendido *modo futuri exacti* em um único raio de mirada na recordação prospectiva. Vemos aqui novamente um exemplo da – já enfatizada repetidas vezes – determinação pragmática da autointerpretação de vivências próprias. Pois todo projetar "interpreta", antecipando a autointerpretação, o sentido que se constitui no agir projetado, ao remetê-lo (ainda que apenas raramente de modo explícito), em uma síntese de recognição, a ações "semelhantes" de execução preconcebida – e ao identificá-lo com elas. Enquanto contexto de sentido, portanto, também a motivação "para" se funda no contexto de experiência no agora-e-assim atual – em especial no do projetar. Também a cadeia meio-fim é, a rigor, um contexto de vivências experienciais antecedentes, especificamente um contexto das vivências de semelhantes concretizações de objetivos alcançadas por meios análogos, e toda motivação "para" pressupõe um pré-saber acerca dessa cadeia meio-fim na idealização do "e-assim-por-diante" e "poder-sempre-de-novo".

Porém, o ponto até o qual o passado dessa estrutura de sentido poderá ser retraçado é, por sua vez, condicionado pela extensão do projeto e, justamente por essa razão, pragmaticamente determinado[156]. Assim, tanto o projeto como também o objetivo mesmo da ação podem adentrar a esfera dos dados inquestiona-

---

156. O "agir tradicional", como definido por Weber, caracteriza-se apenas pelo fato de essa referência ocorrer de modo vago e difuso, e por não apenas os "precedentes", mas também os objetivos de ação consistirem sempre em "dados inquestionados".

dos, e somente alguma circunstância externa ao simples curso da ação – por exemplo, a pergunta feita por outro indivíduo sobre o "para quê" da própria atividade – permite que se fixe perspectiva no objetivo da ação ou no projeto. Vimos logo acima que o agente responderá a essa questão com uma sentença-para ou uma sentença-porque inautêntica, a depender se ele tem em vista o objetivo enquanto tal da ação ou o projeto precedente.

§ 18 Continuação: B) O "motivo-porque" genuíno

Às sentenças-porque inautênticas devem ser opostas as genuínas, que não se deixam converter em motivação "para". Elucidemos a essência do motivo-porque genuíno a partir de um exemplo. Ao afirmar, sobre um indivíduo que praticou um homicídio, que a pessoa cometeu o ato para se pôr em posse do dinheiro da vítima, realizo uma asserção referente ao motivo-para de seu agir. Ao afirmar, ademais, que o indivíduo cometeu o crime porque pretendia fazer determinado uso do dinheiro, a estrutura dessa asserção, em relação à anterior, permanece inalterada; somente a extensão do projeto atribuído ao criminoso parece ampliada, pois conseguir dinheiro é considerado apenas objetivo intermediário, e, seu uso específico que ele tem em vista, objetivo projetado da ação. Em contrapartida, ao se afirmar que o indivíduo em questão cometeu o assassinato porque incitado por seus cúmplices a realizar o crime, tem-se uma asserção de espécie totalmente diferente se comparada aos exemplos anteriores, sem nenhuma referência ao seu projeto de ação enquanto posição monotética de agir decorrido *modo futuri exacti* em fases. A afirmação não parte do projeto de agir futuro, mas sim da ação do indivíduo já efetivamente executada. Seu sentido consiste na vinculação, formando um novo contexto de sentido, entre vivências decorridas de caráter de passado com outras vivências de mesmo aspecto temporal ou referidas a passado mais distante. Certamente, costuma-se enxergar na constatação "o assassino foi incitado a realizar o ato criminoso" uma explicação para seu delito. "Explicado", porém, é evidentemente apenas que certas vivências do indivíduo, a saber, a influência de seus cúmplices sobre o mesmo, geram uma "disposição" para que ele projetasse alcançar seu objetivo de ação (tomar posse de determinada soma de dinheiro) mediante aplicação do meio "homicídio" – e não de outro, por exemplo "trabalho assalariado". Assim notamos claramente a diferença entre o motivo-para e o motivo-porque genuíno. *Enquanto o motivo-para, partindo do projeto, explica a constituição da ação, o motivo-porque genuíno explica a constituição mesma do projeto com base em vivências antecedentes.*

Examinemos essa circunstância a partir de um exemplo extraído da esfera da vivência própria ao ego. Digo: "Abro meu guarda-chuva porque chove". Antes de tudo, temos de distinguir o motivo-para – ou motivo-porque inautêntico – do motivo-porque genuíno implicado nessa declaração. O motivo-para pode ser expresso, por exemplo, na sentença: "Para me proteger da umidade, abro meu guarda-chuva". Pré-dada ao projeto é a consideração de que a umidade provocada pela chuva nas minhas roupas causaria em mim uma sensação desagradável. Mas essa ponderação, de fato pré-dada ao projeto, não pertence propriamente à cadeia-para. Pois esta tem início apenas com o projeto enquanto tal. Para evitar uma circunstância suscitante de desagrado, projeto, portanto, uma ação. O agir mesmo, a saber, abrir o guarda-chuva, é orientado por esse projeto antecedente, o qual, por seu lado, toma a ação enquanto decorrida *modo futuri exacti*, como no caso do juízo de que, com o guarda-chuva aberto, seria evitado que as roupas se encharcassem, que se suscitasse desagrado. A rigor, precisamente por essa razão, o agir enquanto construção por fases compõe um contexto de sentido com o projeto, o qual toma em perspectiva a ação na forma de unidade, tida monoteticamente. Como mostrado logo acima, o projeto mesmo está fundado em um contexto de experiência que poderia assumir forma na sentença "abrir um guarda-chuva protege de umidade em caso de precipitação". A validade desse enunciado já foi reiteradamente comprovada na experiência; trata-se de um dado inquestionado quando da simples execução do agir. Portanto, consistindo esse motivo-para (motivo-porque inautêntico) no objeto de interesse, não haverá nada que acrescentar à análise anterior.

Contudo, a afirmação "abro meu guarda-chuva porque chove" carrega também um motivo-porque genuíno, inconvertível em uma sentença-para, e que pode ser assim parafraseado: "percebo que chove". A esse percepcionar "vincula-se" a cadeia de representações de que, com a chuva, poderia acontecer de me molhar, e, desse modo, de me encontrar em um estado desagradável – aquela cadeia de representações por seu lado pré-dada ao projeto da ação "abrir o guarda-chuva". Aparentemente, assim se constitui, em minha consciência da percepção da chuva, o projeto, na forma de um agir de proteção em geral, ocorra este seja com a abertura do guarda-chuva ou na busca por um lugar longe da umidade. O motivo-porque genuíno motiva, portanto, a constituição do projeto; o motivo-para ou motivo-porque inautêntico motiva, com base no projeto constituído, a ação que se constitui. Na relação-para, é motivador o projeto precedente; ele motiva o agir executado com base no projeto. Na relação-porque genuína, é motivadora uma vivência precedente ao projeto; ela motiva o projeto mesmo que se constitui. Aqui se evidencia uma diferença essencial entre a relação do motivo-para e a relação do motivo-porque genuíno.

Na relação-para, a vivência motivada (o agir que se constitui em fases derivado de atividade espontânea) é, a saber, prospectivamente recordada na vivência motivadora (no projeto mesmo), ou seja, imaginada *modo futuri exacti* como vindo a ser decorrida. Uma referência desse tipo é impossível de ser demonstrada no âmbito de uma relação-porque genuína. Enquanto o projeto "abrir o guarda-chuva", relativo ao agir concreto "abrir o guarda-chuva", consiste em recordação prospectiva, representação não efetiva, mas intuitivamente fantasiada, e enquanto puder ser afirmado, inversamente, que o agir se encontra em uma relação de preenchimento ou não-preenchimento quanto ao projeto que o motiva, a percepção da chuva, por si, ainda não fará referência, em absoluto, a nenhum projetar. Pois asserir o juízo "quando caminho na chuva, minhas roupas se molham, uma adversidade da qual, portanto, devo me prevenir" não está, por si, "vinculado" de nenhuma forma com a percepção "está chovendo". Uma "vinculação" surge a princípio por meio do desencadeamento de uma modificação atencional específica, com a qual me volto ao contexto geral da minha experiência, em que certamente se encontrará a objetualidade judicativa acima. Percepcionar que chove – por exemplo, de dentro do quarto, olhando para a janela – não implica a reprodução de um conteúdo de juízo correspondente, tampouco a constituição de um projeto, embora, em minha experiência, o contexto do juízo possa se encontrar disponível em estoque, por exemplo na forma de máxima hipotética relativa ao meu agir.

Podemos agora caracterizar, de modo mais geral, o contexto de sentido da motivação-porque genuína: tanto a vivência motivadora como também a motivada conservam, em toda motivação-porque genuína, o caráter temporal do passado. A formulação de uma questão sobre o "porquê" genuíno é em princípio possível apenas após o decurso do vivenciar motivado, tomado em perspectiva como decorrido e acabado. Em relação à vivência motivada, a vivência motivadora é antecedente, e, por essa razão, podemos caracterizar a retrospecção a essa vivência anterior como um *pensar modo plusquamperfecti*. *Modo plusquamperfecti*, e de nenhuma outra forma, posso afirmar algo a respeito do genuíno "porquê" desse vivenciar. Pois, se pretendo fazê-lo, tenho então de poder me voltar à vivência motivada mesma (em nosso caso, ao projeto), e esta, por seu lado, precisa já ser decorrida e passada, seja em preenchimento autodoador, seja *modo futuri exacti* na fantasia. O contexto de sentido da relação-porque genuína é, portanto, sempre uma autointerpretação *ex eventu*.

Ilustrado com o nosso exemplo, o processo assim se executa: tão logo dirija meu olhar apenas à percepção mesma da chuva, essa percepção não terá nenhuma vinculação com o abrir do guarda-chuva. Mas a percepção da chuva dá origem a um voltar-se-para atencional específico dirigido ao contexto geral da minha experiência, ou, para ser preciso, ao destaque – realizado em função da estrutura pragmática desse ato direcional – da objetualidade judicativa disponível, a saber: "quando caminho na chuva sem proteção, acabo por me molhar, e isso me causa sensação de desagrado. O risco de me molhar vai de encontro ao ter um guarda-chuva aberto (isto é, ao agir dessa abertura, fantasiado *modo futuri exacti* como decorrido). Por isso abrirei meu guarda-chuva". Aqui ainda não é dada, por si, nenhuma relação imediata de sentido entre a percepção da chuva e o abrir do guarda-chuva. *Tenho* eu, contudo, projetado o agir "abrir um guarda-chuva" no modo acima descrito ou mesmo dado início à sua execução, para *agora* me perguntar, *desde o meu novo agora-e-assim*, como se chegou à constituição desse projeto, apreenderei, então, em um raio da mirada, as execuções de ato, politeticamente estruturadas, "percepção da chuva" até "abrir guarda-chuva", e responderei "porque chove" a quem me perguntar pelo porquê de eu abrir o guarda-chuva. Com isso exprimo se tratar de uma relação-porque genuína, cujo componente motivador tenho em perspectiva; pois no interior de uma relação-para eu teria de responder: "para não me molhar". *O contexto de sentido no qual se encontra o motivo-porque do meu agir com relação a este próprio se constitui, precisamente, no olhar retrospectivo, que apreende, simultaneamente, o agir motivado decorrido e a vivência motivadora desvaída* modo plusquamperfecti. Justamente por essa razão, também o contexto de sentido existente entre motivador e motivado, na relação-porque genuína, irá variar a depender do agora-e-assim em que retrospectivamente dirijo meu olhar à vivência decorrida motivada e à vivência motivadora antecedente.

Agora compreendemos também a distinção, introduzida nas nossas investigações preliminares[157], entre o motivo e o sentido subjetivo de um agir. Identificamos o sentido mesmo do agir com o próprio voltar-se-para dirigido ao projeto que o antecede, que o antecipa *modo futuri exacti* e assim faz, do agir, em primeiro lugar, um agir "*tal*". Contanto que "agir" seja tido como unidade constituída no interior da extensão do projeto, o motivo-para do agir será a ação projetada, e a esta corresponderá também o sentido do agir em seu curso. Porém, caso seja compreendido por agir apenas um agir parcial dentro de um contexto de ação maior – e isso, por essência, é sempre possível –, as expressões "sentido deste agir parcial" e "'para' deste agir" não mais serão equivalentes, ao passo que o objetivo da ação pré--formado será separável do "sentido" do agir parcial, sentido

---

157. Cf. § 4, p. 54.

esse possível de ser considerado isoladamente. Isso é válido tanto para o caso de se tratar de um agir simplesmente intencionado como para o caso de um agir em seu curso, ou então também de uma ação decorrida. *Motivos-porque genuínos, em contrapartida, são aquelas vivências antecedentes do agente às quais o mesmo se volta* modo plusquamperfecti *depois de executada a ação (ou depois de executadas as fases iniciais do agir), e que, para ele, se encontram em um contexto de sentido pelo fato de ele ser capaz de tomar em perspectiva as vivências motivadoras e motivadas em um raio da mirada monotético, enquanto uma síntese constituída em fases.* A identificação da vivência motivada, nessa definição, com o agir executado, ou com as fases iniciais executadas do agir, exige uma correção, tendo em vista que, a rigor, também a partir do *projeto* executado de um agir é já possível tomar em perspectiva seu motivo-porque genuíno. Mas pertence à essência mesma do projeto antecipar *modo futuri exacti* o agir projetado como já sendo decorrido. Além disso, também um agir meramente projetado aparece ao olhar monotético sempre apenas como fantasma de uma ação decorrida e executada – certamente que enquanto mero *fantasma*, como sombra não efetiva, sem intensidade, porém, em todo caso, necessariamente como sombra de uma ação que carrega o caráter temporal do passado.

Essas considerações sozinhas permitem fundamentar de modo suficiente outra observação feita nas nossas investigações preliminares: de que o sentido de um agir – a saber, sua referência ao projeto – é, assim afirmamos, dado de modo inquestionado ao agente, sem nenhuma relação com o motivo-porque genuíno. O agente tem em perspectiva, como sentido do seu agir, não esse processo de constituição, que parte do motivo-porque genuíno até chegar à ação, senão apenas o ser referido do seu agir ao projeto. *Para apreender o motivo-porque genuíno do seu agir, o indivíduo tem de executar um novo voltar-se-para* sui generis, realizado ao investigar a produção daquele mesmo projeto que, tomado apenas como produto, consiste no "sentido do seu agir". Inquirir o motivo-porque genuíno ocorre, portanto, em um modo específico da autointerpretação do eu. Para fazê-lo é essencial que se parta do motivo-para, portanto do projeto do agir concreto enquanto contexto de sentido completamente constituído, ante o qual todos os motivos-porque genuínos são considerados na forma *modo plusquamperfecti*. Por isso, o projeto jamais se encontra, relativamente ao motivo-porque genuíno, em uma relação de preenchimento ou não-preenchimento; *porque os motivos-porque são tomados* modo plusquamperfecti *em perspectiva, eles são livres de todas protenções ou recordações prospectivas*, consistem em simples recordações, e adquiriram seus horizontes de adumbramento, obscurezas e aclaramentos desde o respectivo agora-e-assim, sempre posterior àquele em que o projeto se constituiu.

Já tomamos conhecimento de um caso típico de *interpretação desses motivos-porque na nossa análise do processo de escolha que precede a um agir*. Vimos que não são de modo nenhum "dadas" ao agente, no interior do curso da duração, duas ou mais possibilidades de escolha; vimos, antes, que essas possibilidades, apenas aparentemente coexistentes, devem ser consideradas como percorrer sucessivo de projetos distintos. Uma vez "feita a escolha", de fato parece que aquelas possibilidades dadas ao livre-escolher haviam coexistido, que um "fundamento determinante" para a constituição da decisão efetivamente tomada tinha estado disponível. Essa questão foi identificada como pseudoproblemática, mas sem dar prosseguimento à sua investigação. Agora estamos em condições de explicar também esse fenômeno. Pois todas essas possibilidades que se colocavam à escolha, e todos os fundamentos determinantes que parecem ter levado à escolha de um projeto específico, revelam-se ao olhar retrospectivo como motivos-porque genuínos. Enquanto o eu vivia *nelas*, ou seja, de modo pré-fenomenal, as mesmas existiam não como vivências bem distintas. Trata-se apenas de interpretações que o olhar retrospectivo realiza ao tomar *modo plusquamperfecti* em perspectiva as vivências de consciência precedentes ao projeto efetivo na duração. E porque também toda interpretação *modo plusquamperfecti* é determinada pelo respectivo agora-e-assim no qual é executada a interpretação, é também o destaque de vivências antecedentes, enquanto motivos-porque genuínos – portanto relevantes para a constituição do projeto –, dependente do cone de luz que o eu, a partir de um agora situado *após* o projeto constituído, e justamente por isso tornado um "assim", lança, em função da sua orientação atencional específica, às vivências precedentes ao projeto.

Também em uma esfera totalmente diferente nos deparamos com um problema análogo, a saber, quando discutimos a *questão referente à escolha do problema e à constituição do esquema de interpretação correspondente* (§ 16). Esse contexto pode ser concebido como contexto de motivação, do seguinte modo: ao inquirir o sentido visado de uma das minhas vivências, o que pretendo é realizar a inclusão, no contexto geral da minha experiência, de uma vivência a mim pré-dada. Eu projeto, portanto, o plano de um "para", e a escolha do esquema de interpretação é ela mesma determinada pela modificação atencional na qual me volto à minha vivência decorrida e, ao mesmo tempo, junto com ela, ao contexto geral da minha experiência. Uma vez realizada a escolha do problema, a qual, como vimos, corresponde a um ato livre do eu, podem então, a partir deste, ser inquiridos *modo plusquamperfecti* os fundamentos da sua formulação, portanto o "porquê" da escolha desse problema. Em um plano mais elevado, tudo o que acabamos de dizer a respeito da relação do motivo-para com o motivo-porque genuíno pode ser afirmado sobre o complexo geral de escolha do problema e da seleção do esquema de interpretação. Quem planeja inserir uma vivência concreta no contexto geral da sua experiência, orienta esse seu comportamento pelo *problema enquanto motivo-para do seu interpretar*, ao selecionar, entre todos os esquemas de interpretação disponíveis em estoque na sua experiência atual, aquilo que é relevante para a solução do problema. *A colocação mesma do problema*, portanto a constituição do motivo-para da autointerpretação, *realiza-se, porém, a partir de um motivo-porque genuíno*, o qual, por essa razão, pode apenas ser tido *modo plusquamperfecti* em perspectiva. Esse complicado estado de coisas recebe, na vida diária, e também na sociologia de Max Weber, a designação "*interesse*", termo entretanto ambíguo e que encerra também um motivo-para. Quem inquire o sentido visado de uma de suas vivências se "interessa" por esta, de início porque ela compõe o contexto de sentido de determinada problemática (interesse "para"), mas seu interesse se volta também a essa problemática em si mesma (interesse "porque"), algo que, porém, acaba por caracterizar um hísteron-próteron, na medida em que a problemática já se encontra pré-dada e a constatação de que ela seja interessante ou relevante pode apenas resultar de uma interpretação *ex post*.

Com isso concluímos as investigações sobre o contexto motivacional de sentido e acerca da estrutura do significativo no eu solitário. A seguir nos voltamos à esfera social de sentido propriamente dita, à interpretação do alter ego.

Seção III
Linhas gerais de uma teoria da compreensão do outro

§ 19 A tese geral do alter ego na intuição natural

Depois de termos tratado, na segunda seção das nossas investigações, a constituição de sentido na vida anímica solitária com base em uma análise da consciência de tempo – em traços gerais, mas não de modo aprofundado –, voltemo-nos agora àquela doação de sentido específica no mundo social em geral designada com a expressão "compreensão do outro". Quando realizarmos a passagem da análise do eu solitário à investigação do mundo social, abandonaremos[158] a perspectiva estritamente fenomenológica assumida durante a análise do fenômeno de sentido na vida solitária da alma e aceitaremos a *existência* do mundo social em visão de mundo natural-ingênua, como acostumados a fazer na vida diária, vivendo entre indivíduos, mas também quando desenvolvemos pesquisa social. Assim renunciamos de tratar a questão propriamente transcendental-fenomenológica sobre a constituição do alter ego na consciência do eu solitário. Em sua obra *Lógica formal e lógica transcendental*, Husserl demonstrou, embora sem abordar problemas concretos, as tarefas próprias a esse tipo de investigação, assim como seu significado essencialmente fundamental e também as dificuldades com as quais se depara[159].

---

158. Sobre isso, cf. a "Nota" acima, ao final da primeira seção, p. 73s.
159. As *Meditações cartesianas* de Husserl – principalmente a quinta meditação – demonstraram, em análises muito bem aprofundadas, todo o valor significativo dessas questões, e já indicaram os pontos de partida essenciais para sua solução.

Somente o desenvolvimento das análises ali postuladas permite em princípio oferecer uma resposta à questão sobre o "sentido" do "tu". Porém, podemos agora já afirmar, com toda segurança, ser a concepção de um mundo em geral (como também resulta das considerações de Husserl[160]) necessariamente fundada em um primeiro sentido do "qualquer um", e também, portanto, do "outros". O mesmo pensamento é expresso da seguinte forma por Max Scheler, em seu escrito "Conhecimento e trabalho": "A realidade do mundo compartilhado e da comunidade é, primeiramente, enquanto *esfera-tu* e *esfera-nós*, *pré*-dada à natureza em sua totalidade, enquanto orgânica e inanimada [...]. Ademais, a realidade do 'tu' e de uma comunidade em geral é *pré*-dada ao ser-real do 'eu' no sentido do eu-próprio, e a seu 'propriamente-vivenciado', singular e individual"[161].

Temos, como dito, de desconsiderar os problemas, eminentemente difíceis, relativos à constituição do tu na subjetividade autopertencente. Assim, não vamos inquirir o modo como o tu em geral se constitui em um eu, nem se auto-observação, quanto à sua possibilidade, é pré-dada à observação do alter ego, nem se a subjetividade psicofísica "ser humano" remonta a um ego transcendental no qual o alter ego transcendental já se encontre constituído, tampouco se e de qual forma um conhecimento intersubjetivo universalmente válido seria possível em virtude da constituição do alter ego transcendental no ego transcendental etc. Por mais importantes que sejam análises dessa espécie para a teoria geral do conhecimento, e, assim, indiretamente, também para as ciências sociais, podemos, em vista das condições do nosso problema, não tê-las em conta, sem prejuízo de nenhuma sorte.

Tomamos, portanto, como objeto da análise, o indivíduo em sua *atitude natural-ingênua*, o qual, lançado em um mundo social, encontra como dado inquestionado a existência tanto de seus próximos como de todos os outros objetos do mundo natural. Para nossos propósitos basta o entendimento *de que também o tu tem, por princípio, consciência, que este dura, que nossas*

---

160. HUSSERL, E. *Logik*, p. 212.
161. SCHELER, M. *Die Wissensformen und die Gesellschaft*, p. 475-476.

correntes de vivência apresentam a mesma forma original. Isso, porém, significa também dizer que o tu conhece suas vivências apenas em função da intencionalidade realizante da sua consciência, portanto somente por meio da execução de atos reflexivos de voltar-se-para; implica, ainda, afirmar que esses atos estão sujeitos a modificações atencionais desde o agora-e-assim atual do tu, como é o caso em relação às minhas vivências em meu curso de consciência – em suma, significa dizer que o tu, tal como o eu, vivencia o próprio envelhecer.

Assim, as conclusões de todas aquelas investigações que, na segunda seção, tiveram como objeto a consciência solitária, especificamente a consciência autopertencente, aplicam-se também à caracterização da consciência do tu. Em virtude da sua realização intencional, também a consciência do tu é doadora de sentido. Também o alter ego destaca, desde a corrente do seu vivenciar na duração, em voltar-se-para específico, vivências bem-circunscritas, e realiza uma autointerpretação dessas vivências ao inseri-las em contextos de sentido. Também o tu é capaz de apreender reflexivamente, na forma de unidade, atos que se constroem politeticamente; é capaz de sedimentar, camada por camada, contextos de sentido, construindo, assim, seu mundo da experiência, que, tal como o meu, carrega o índex do agora-e-assim atual. *Ao interpretar suas vivências, o tu lhes atribui sentido – a saber, "sentido visado".*

As investigações desenvolvidas na nossa primeira seção[162] logo trataram de mostrar os obstáculos à apreensão do sentido visado alheio, cujo postulado caracterizamos como irrealizável. Afirmamos que "sentido visado alheio" permaneceria, mesmo em interpretação ideal, um conceito-limite. Somente com nossas análises do tempo se tornou compreensível o real fundamento desse fato. *O postulado da "apreensão do sentido visado alheio" afirma, pois, que as vivências próprias ao alter ego são interpretadas por um ego da mesma forma como o alter ego realiza a autointerpretação de suas próprias vivências.* Essa autointerpretação se realiza, como vimos, em uma série de atos de consciência altamente complexos, justapostos e em sobreposição, que o eu

---

162. Cf. § 5, p. 65s. e a "Nota" do § 6, p. 65s./73s.

toma em perspectiva em atos de voltar-se-para, os quais, junto com suas modificações atencionais, são condicionados pelo respectivo agora-e-assim. Caracteriza, portanto, um contrassenso postular ser o observador capaz de tomar a vivência do alter ego em perspectiva do mesmo modo como este o faz – em atos idênticos de voltar-se-para e nas mesmas modificações atencionais destes –, se não for ao mesmo tempo subentendido que ele, o observador, "sabe" de todas as sínteses efetuadas politeticamente e de todos os atos de voltar-se-para a elas dirigidos, nos quais se constituiu o sentido visado das vivências próprias ao alter ego para o mesmo, em processo da autointerpretação. Um "saber" desse tipo, porém, apenas poderia consistir em um vivenciar próprio e em uma série de direcionamentos reflexivos do olhar ao mesmo. Nesse caso, o observador haveria de encontrar as vivências singulares, a saber, as protoimpressões, os atos reflexivos, as espontaneidades ativas, as vivências de fantasia etc. na mesma sucessão e com os mesmos halos de protenções e retenções em sua consciência (na sua própria consciência de observador). Mais ainda: o observador teria que ser capaz de percorrer, em livre-reprodução, também *todas* as vivências antecedentes próprias ao indivíduo observado; teria, portanto, de haver vivenciado as mesmas vivências em sua totalidade, em igual sucessão, e executado atos de voltar-se-para do mesmo modo como o próprio observado o fez. Mas isso significaria apenas afirmar que observador e observado compartilham a mesma corrente de consciência da *durée*, ou, em outras palavras, que são uma e a mesma pessoa. Também esse argumento já foi expressamente tratado por Bergson em seu *Ensaio sobre os dados imediatos da consciência*[163]. "*Sentido visado*" *é, portanto, essencialmente subjetivo* e, por princípio, refere-se apenas à autointerpretação pelo indivíduo vivenciante. *Esse sentido é essencialmente ina-*

---

163. Sobre isso, cf. HUSSERL, E. *Ideen*, p. 167: "Um exame mais detido mostraria, além disso, que *duas correntes de vivência* (esferas de consciência para dois eus puros) *de idêntico conteúdo de essência são impensáveis*, como também [...] que nenhuma vivência *completamente determinada* de um jamais poderá pertencer a outro; apenas vivências de idêntica conformação interna podem lhes ser comuns (embora não em comunidade individualmente idêntica), mas jamais duas vivências que, ademais, tenham um 'halo' absolutamente igual."

cessível ao tu porque se constitui apenas no interior da corrente de consciência autopertencente.

Parece que, com essa constatação, a possibilidade não apenas de uma sociologia compreensiva, mas também da compreensibilidade do anímico alheio estariam simplesmente negadas – o que não vem, em absoluto, a ser o caso. Não se afirmou nem que as vivências próprias ao alter ego em princípio permanecem inacessíveis ao ego, tampouco que elas seriam desprovidas de sentido para o ego que a elas se volta. Antes, conclui-se das nossas considerações até aqui apenas que o sentido predicado a vivências alheias não pode ser o mesmo sentido visado que se constitui na consciência do alter ego pelo processo de autointerpretação.

A fim de deixar clara a diferença entre a autointerpretação das próprias vivências e a apreensão das vivências alheias, recorramos à distinção introduzida por Husserl entre atos dirigidos à *transcendência* e atos dirigidos à *imanência*: "Por *atos dirigidos à imanência* ou, de modo mais geral, por *vivências intencionais referidas à imanência*, entendemos aqueles atos a cuja *essência pertence seus objetos intencionais, caso de fato existam, fazem parte da mesma corrente de vivência que elas mesmas* [...]. Dirigidas à *transcendência* são vivências intencionais em que isso *não* ocorre, como, por exemplo, atos dirigidos [...] a vivências intencionais de outros eus com outras correntes de vivência"[164]. É óbvio, porém, que transcendentes são não apenas os atos dirigidos às correntes de vivências de outros indivíduos; mas, antes, também todas as vivências referentes ao corpo do alter ego, a rigor também ao meu próprio corpo e ao meu eu enquanto unidade psicofísica. Eis que surge então a questão sobre o caráter específico dos atos transcendentes dirigidos às *vivências de outrem*. Podemos dizer que "*percepcionamos*" as vivências próprias a outros indivíduos desde que compreendamos por percepção não o conceito estrito da percepção adequada, da intuição em sentido mais próprio, senão aquele intencionar intuitivo em que apreendemos uma coisa ou um processo como algo propriamente presente. Husserl usa a palavra "percepção" para caracterizar a recepção do manifesto, no seguinte sentido: "O ouvinte

---

164. HUSSERL, E. *Ideen*, p. 68.

percepciona que o falante exterioriza certas vivências psíquicas e, nessa medida, percepciona também essas vivências; mas ele próprio não as vivencia, não tem delas nenhuma percepção 'interna', senão uma percepção 'externa'"[165]. Essa concepção não deve ser confundida, porém, com aquele conceito de percepção contraposto ao da representação signitivamente simbólica, portanto com a percepção transcendente, na qual uma coisa é imediatamente apreendida. Pois realizamos a apreensão do vivenciar do anímico alheio apenas em representação signitivamente simbólica, ou por meio do corpo de outrem enquanto campo de expressão[166] do vivenciar alheio, ou mediante um artefato no sentido mais amplo, isto é, mediante um objeto do mundo externo cuja existência remonta a uma produção por mim mesmo ou por outrem.

Elucidemos a ideia da *apreensão signitiva do vivenciar do anímico alheio*. Se, em atitude natural-ingênua, examinamos nosso estoque de experiência referente a indivíduos, nele encontramos vivências referentes ao corpo somático ou a cursos de comportamento e agir alheios, ou a resultados de tais cursos, a artefatos. De início, nossa intenção é tratar a interpretação apenas de *cursos de agir alheios*, um termo que continua a exigir explicação mais ampla. Nossa vivência das ações de outrem consiste em percepções do corpo somático alheio em movimento, que interpretamos significativamente em um processo de autointerpretação, precisamente como mudanças na coisa do mundo externo dada à nossa experiência na forma de "corpo do outro indivíduo". Este, porém, remete ao curso de duração pleno de consciência próprio ao tu, curso que permanece associado a esse corpo somático em cada momento da sua existência, em cada agora--e-assim da duração alheia. Desse modo, o movimento corporal do outro indivíduo não apenas é percepcionado como acontecimento do mundo objetual das coisas, mas também apreendido como signo referente à vivência alheia que o outro associa a seu movimento corporal em sua corrente de duração. O olhar intencional se dirige às vivências do tu por meio da percepção

---

165. HUSSERL, E. *Logische Untersuchungen*, II, parte I, p. 34.
166. Sobre isso, cf. § 3, p. 44s.

de mudanças em seu corpo somático, as quais são signos das vivências. É, portanto, essencial a esse modo de apreensão de vivências alheias que movimentos do corpo do outro indivíduo sejam tomados como *índice* de suas vivências, de vivências as quais também ele, o outro, é capaz de tomar em perspectiva, pois são suas próprias vivências em seu curso de duração, desde o qual, voltando-se a elas, ele pode destacá-las na forma de vivências bem-circunscritas, ordená-las formando contextos de sentido mediante atos politeticamente estruturados e fazer delas objeto da autointerpretação. O movimento corporal alheio observado é, por conseguinte, um signo não de uma vivência do outro indivíduo apenas, senão de uma vivência com a qual este "relaciona sentido visado". O modo como ocorre essa interpretação do movimento corporal alheio será investigado em detalhes mais adiante. Por agora nos basta ter em mente que a *experiência signitiva* do mundo, assim como qualquer outra experiência no agora-e-assim atual, encontra-se em concordância e, desse mesmo modo, "disponível em estoque", como bem constatamos em relação à experiência em geral[167].

Poderia nos ser objetado aqui que o conceito de vivência abrangeria essencialmente apenas as vivências autopertencentes, porque "vivência" seria equivalente a "objeto do conhecer imanente". Nesse sentido, uma apreensão transcendente de vivenciar alheio seria, por princípio, um contrassenso, pois, a rigor, apreendo de modo transcendente apenas índices de vivenciar, a partir dos quais *deduziria* determinada vivência própria ao anímico alheio. Em oposição a esse ponto de vista, é importante enfatizar que a *apreensão signitiva do corpo somático alheio* como campo de expressão não corresponde em absoluto a um ajuizar ou um inferir, por qualquer que seja sua natureza, mas consiste, antes, no *ato intencional específico de um apreender fundado*, em que nos voltamos não ao intuído, não ao corpo somático, senão, por meio dele, às vivências mesmas de outrem[168].

---

167. Cf. § 15, p. 131-133.
168. Cf. HUSSERL, E. *Méditations Cartésiennes*, p. 97: "O corpo somático alheio de que se tem experiência se manifesta continuamente como corpo somático apenas em seu 'comportamento' variante, mas sempre concordante, de

No mundo da vida diária, no qual tanto o eu como também o tu se apresentam como sujeitos psicofísicos, não como sujeitos transcendentais, corresponde portanto a toda corrente de vivência do eu uma corrente de vivência de outro indivíduo, certamente que referida à minha corrente de vivência, e isso do mesmo modo como corresponde, ao meu corpo, o corpo do outro, certamente que referido ao meu. Trata-se, aqui, ainda da referência do meu próprio eu ao alter ego, no sentido de que minha corrente de vivência é, para o tu, corrente de vivência de um alter ego, como meu corpo, para o tu, é corpo de um alter ego[169].

§ 20 Continuação: a simultaneidade da corrente alheia de vivências

Se pretendo tomar em perspectiva uma vivência própria, tenho então de realizar um ato reflexivo de voltar-se-para, razão pela qual apreendo não a vivência em curso, senão apenas a vivência já decorrida, desvaída. Isso vale para todo voltar-se-para dirigido ao próprio vivenciar, portanto também para o voltar-se do tu para sua corrente de vivências. Com isso se afirma, porém, que também o tu pode tomar em perspectiva apenas suas vivências decorridas, desvaídas. Em todo caso, minhas vivências referentes a vivências alheias seguem sendo autopertencentes, mas têm como objeto intencional uma vivência própria a outro indivíduo, apreendida de modo signitivo, vivenciada por ele como imanente à sua corrente do viver. Para tomar em perspectiva uma vivência autopertencente, tenho que me voltar a ela em um ato de reflexão. De modo nenhum, porém, tenho de realizar o ato reflexivo de voltar-se-para dirigido à *minha* vivência *referente ao* outro para tomar em perspectiva a vivência *própria ao* outro. Posso, antes, "no mero olhar para", apreender também tais vivências alheias para as quais o ou-

---

modo que este tenha seu lado físico, o qual indicia apresentativamente algo de psíquico, que então deve surgir preenchente em experiência original. E assim na constante mudança do comportamento, de fase em fase. [...] E nessa espécie de comprovável acessibilidade do originalmente inacessível funda o caráter do alheio existente".

169. A esse respeito, cf. tb. HUSSERL, E. *Formale und Transzendentale Logik*, p. 210.

tro indivíduo *não* se volta reflexivamente; vivências, portanto, para ele, pré-fenomenais, e que não são em absoluto bem-distintas. Portanto, se, por um lado, posso ter em perspectiva minhas *próprias vivências* apenas na forma de vivências decorridas desvaídas, sou capaz de olhar para vivências alheias *em seu curso*. *Isso, porém, não significa outra coisa senão que o tu e o eu são, em um sentido específico, "simultâneos"*, que eles "coexistem", que a duração do eu e a duração do tu "se intersectam" – figuras de linguagem que, apenas porque originadas na esfera espacial, certamente resultam inadequadas. Mas também essa referência ao mundo espacial, impossível de ser evitada ao se falar da simultaneidade de duas durações, encontra sua fundamentação essencial mais profunda no fato de considerarmos ego e alter ego como unidades *psicofísicas*, tão logo nos voltamos, na visão do mundo natural-ingênua (sem efetuar redução fenomenológica), à corrente de vivência própria ou à alheia.

O conceito *"simultaneidade"*, aqui, é entendido no sentido que lhe foi atribuído por Bergson em seu livro *Duração e simultaneidade*: "Chamo de 'contemporâneos' dois fluxos que são, para minha consciência, indiferentemente únicos ou duplos, minha consciência os percebendo juntos como um único curso caso ela prefira formar um ato de atenção indiviso, distinguindo-os ao contrário no decorrer do processo caso ela prefira dividir sua atenção, passando por ambos fluxos ao mesmo tempo, sem, no entanto, dividi-la em dois"[170].

Assim, tomamos em perspectiva o curso de duração alheio e o nosso próprio em um ato unitário, que abarca a ambos. Essa simultaneidade não é a do tempo físico, este sim quantificável, divisível e objetivamente mensurável. A coexistência de ambas as durações, há pouco caracterizadas como simultâneas, é, antes, a expressão da suposição, essencialmente necessária, de que a estrutura da duração própria ao tu seja análoga à minha. O outro indivíduo perdura de modo diverso em comparação à coisa física, pois vivencia seu envelhecer, de onde se constituem todas as suas demais vivências. Enquanto a duração de uma coisa física não é *durée*, mas justamente seu oposto, a saber, um perdurar no curso do tempo objetivo, a duração do tu, como a minha, corresponde

---

170. *Durée et Simultanéité*. 10. ed. Paris, 1923, p. 66.

a uma autêntica *durée*: uma que vivencia a si mesma, contínua, múltipla e irreversível. Não apenas o eu e o tu vivenciam sua respectiva *durée* como realidade absoluta (no sentido atribuído por Bergson); antes, a *durée* de cada um é dada ao outro dessa mesma forma. *Isso e nada além – o fenômeno do envelhecer junto – entendemos por simultaneidade de duas durações.* Tão logo buscamos outros critérios para definir simultaneidade, o curso de ambas as durações assume a forma de um contexto puramente espaçotemporal, e, a duração real, de um *tempo imaginário*, compreendido por Bergson[171] como um tempo não vivenciável, seja por mim, pelo tu ou por qualquer outra pessoa. *Tanto para a consciência do eu como para a do tu, porém, a própria* durée, *assim como a* durée *do outro indivíduo – também a de qualquer um –, é uma* durée *não apenas vivenciável senão, ademais, vivenciada, autêntica e real*[172].

Assim, posso até mesmo caracterizar *o tu como aquela consciência cujas execuções de ato, em seu curso, sou capaz de tomar em perspectiva, em simultaneidade, enquanto agora-e-assim alheio atual;* posso também apreender vivências que o tu propriamente não chega a ter em perspectiva, como suas vivências pré-fenomenais ou essencialmente atuais. Por exemplo, na presença de um falante, não apenas suas palavras, mas também seus gestos, a entonação de sua voz etc., são dados à minha interpretação. É certo que interpreto esses sintomas sempre no modo, anteriormente descrito, da compreensão das minhas próprias vivências. Porém, permaneço em todo caso dirigido à vivência do tu, da qual o percepcionado, assim como o que foi interpretado como índice, é índice. Qualquer contexto de sentido que encontro em minhas vivências de tais índices extrai sua diretiva original do contexto de sentido mediante o qual as vivências indicadas próprias ao tu, pelo fato de se constituírem em seu curso de duração politeticamente e em fases, encontram-se em sua consciência[173].

---

171. Op. cit., p. 88, e em outras passagens.

172. Husserl afirma algo semelhante em *Méditations Cartésiennes* (p. 97): "Do ponto de vista fenomenológico, o outro é uma modificação do meu si-mesmo".

173. À mesma conclusão chega Husserl em *Méditations Cartésiennes* (§ 55, p. 108) embora desde um ponto de partida totalmente distinto: "ela (a experiência referente ao outro) estabelece, em sua complicada construção interna, mediante presentificação, uma análoga relação entre experiência de si mesmo,

A isso que acabamos de descrever, à apreensão simultânea dos atos politéticos pelos quais, na consciência do alter ego, ocorre a constituição das sínteses de ordem superior, corresponde aquele modo de compreender que Weber tem em vista quando se refere à compreensão atual, em oposição à compreensão pelos motivos. Porém, o essencial dessa simultaneidade consiste não em uma coexistência corpórea, como se eu porventura apenas pudesse compreender "atualmente" indivíduos do meu mundo circundante, a saber, tomando em perspectiva as suas vivências em curso. Também os artefatos e objetos culturais, portanto todos aqueles produtos legados por indivíduos do mundo dos meus predecessores, sejam registros escritos, música, pinturas, ciência etc., posso compreender em uma *quasi-simultaneidade* do meu curso de duração com a duração do alter ego autor do ato de posição que deu origem a esses artefatos. As modificações por que passa esse compreender em cada uma das esferas do mundo social ainda serão objeto de um exame mais detido.

A simultaneidade do curso de duração alheio com o próprio, como acabamos de demonstrar, não deve, porém, ser compreendida como se o mundo a mim dado em meu agora, aqui e assim, fosse, indubitavelmente, também o mundo dado ao tu em seu agora, aqui e assim correspondente (para não dizer coexistente). Pois não apenas minha vivência do tu, mas também as imediações atribuídas por mim ao tu, carrega sempre o índex do meu próprio agora-e-assim, e não do agora-e-assim do *outro indivíduo*. Suponho ao tu, portanto, uma imediação como sua própria, de características de apreensão apropriadas desde o meu agora-e-assim, e parto do princípio

---

em inabalada vivacidade progressiva (enquanto autoaparição original puramente passiva), do ego concreto, portanto de sua esfera primordial, e a esfera alheia nela presentificada. Ela a realiza por meio da síntese identificante do corpo somático alheio dado primordialmente e do próprio corpo, apenas apresentado em outro modo de aparição, e, a partir daí, estendendo-se mediante síntese identificante da mesma natureza, dada e conservada ao mesmo tempo primordialmente (em pura originalidade sensível) e de modo apresentativo. Protofundada desta maneira é a coexistência do meu eu (e por princípio do meu ego concreto) e do eu alheio, do meu e do seu viver intencional, da minha e da sua *realidade*; em suma, uma forma temporal comum".

de que os conteúdos transcendentes de atos próprios ao eu e ao tu em um dado agora, aqui e assim, sejam rigorosamente idênticos[174]. Isso ao menos na perspectiva natural mundana da vida diária no mundo circundante, em que suponho ser a mesa que enxergo a mesma vista pelo tu. As modificações por que passa essa suposição nas regiões do mundo social dos contemporâneos, dos predecessores e dos sucessores serão também apresentadas mais adiante[175].

A seguir examinaremos a validade da *tese geral do alter ego* acima desenvolvida, considerando os problemas concretos relativos à compreensão do outro. Agora, porém, já podemos extrair da mesma algumas conclusões fundamentais de grande importância para o entendimento preciso do fenômeno da interpretação do sentido de vivências alheias.

A autointerpretação das minhas vivências ocorre com base no contexto geral da minha experiência, ao qual adentraram, na forma de contextos constituídos de sentido, todas as vivências que tinham se constituído na minha duração decorrida. Nessa transformação em contextos constituídos de sentido estão presentes (ao menos em potencialidade) todas as minhas vivências; elas se encontram, em certa medida, à minha disposição, seja de modo que eu as presentifique em ato na recognição ou reprodução, seja que eu, potencialmente, a partir do contexto de sentido completamente constituído, *possa* tomar em perspectiva as vivências que elas construíram. Ademais, posso iterar minhas vivências em livre-reprodução (pelo menos sempre que derivadas

---

174. Husserl (*Méditations Cartésiennes*, p. 104) chega a conclusões semelhantes. Ele formula o conceito da "natureza intersubjetiva", correspondente ao nosso conceito da "imediação", e faz uma profunda distinção entre a apercepção no modo do "*hic*" e do "*illic*": "Ele (o outro) então apresenta, antes de tudo, seu vigorar nesse corpo, ali [*illic*] e de modo mediato, seu vigorar na *natureza* que lhe é aparecente perceptivamente – da mesma à qual pertence seu corpo ali [*illic*], da mesma que é minha natureza primordial. É a mesma; apenas que no modo de aparição do como se eu me encontrasse no lugar no corpo alheio. [...] 'minha' natureza geral é a mesma do outro, ela é constituída na minha esfera primordial como unidade idêntica dos meus variantes modos de ser dado – enquanto idêntica dentro das variantes orientações ao redor do meu corpo somático somo corpo central, no 'aqui' [*hic*] absoluto", e assim por diante.

175. Cf. seção IV, § 33-§ 41.

de atividades espontâneas)[176]. "Em livre-reprodução" porque posso desconsiderar fases quaisquer e me voltar a inúmeras outras, antes inapercebidas. Por princípio, porém, a totalidade da minha corrente de vivências – a saber, o contínuo do meu curso de duração preenchido por vivências – encontra-se, em sua plenitude, a todo momento aberta à minha autointerpretação.

O mesmo não se pode afirmar em absoluto da corrente de vivências do alter ego dada ao eu à interpretação. Certamente, *também a corrente de vivências do tu é um contínuo, mas dela o eu apreende apenas segmentos desconexos.* Demonstramos anteriormente que, da corrente de vivências alheia, essencialmente posso conhecer apenas fragmentos; caso contrário, observador e observado seriam, a rigor, idênticos. Além disso, também os contextos de sentido nos quais se ordenam, *em minha experiência,* os fragmentos da corrente de vivências alheia têm de ser distintos daqueles nos quais o *alter ego* apreende, no experienciar, *suas vivências.* Pois mesmo se tivesse eu mesmo conhecimento ideal de todos os contextos de sentido constituídos na consciência de um alter ego em dado agora-e-assim, mesmo se eu tivesse à disposição todo seu estoque de experiência atual, ainda assim não seria capaz de dizer se os contextos de sentido específicos, nos quais *eu* insiro os segmentos da duração *alheia* por *mim* pré-experienciados e as vivências decorridas próprias à consciência *alheia* por *mim* "conhecidas", são *aqueles mesmos* nos quais o *alter ego* – cujos atos de voltar-se-para passam por modificações atencionais bem distintas – as insere. Contudo, se nos limitamos àqueles mesmos segmentos da corrente de vivências alheia os quais "conhecemos", os quais, portanto, temos disponível em estoque como pré-experienciados, e então inquirimos sua construção estrutural, fica evidente *que toda experiência do anímico alheio é fundada na experiência das minhas próprias vivências desse alter ego.* Somente porque minhas vivências experienciais *referentes ao* alter ego se constituíram em simultaneidade ou *quasi*-simultaneidade com vivências *próprias ao* alter ego, às quais são intencionalmente referidas, também experienciei estas

---

[176]. Para não complicar a exposição, podemos, aqui, desconsiderar as vivências essencialmente atuais.

mesmas, em olhar retrospectivo, junto com minhas vivências experienciais de vivências alheias antecedentes.

Aqui alguém poderia objetar que mesmo assim seria construível, livre de antinomias, um curso de duração alheio, fase por fase simultâneo ao meu curso de consciência, de modo que a cada agora-e-assim da minha duração corresponderia um agora-e-assim da duração do outro indivíduo. Ademais, que seria admissível a suposição idealizante de que o eu, em cada agora-e-assim da sua duração, tem experiência das vivências alheias e, junto com elas, de vivências quaisquer próprias ao outro indivíduo; de que, portanto, o eu sempre teria disponível em estoque uma experiência referente ao curso de duração alheio, *em sua continuidade*. De fato, porém, apenas em sua continuidade (desde que a cada agora-e-assim da duração alheia pudesse ser associada uma vivência autopertencente sua), *não na completude de seus conteúdos*. Pois a sequência das vivências próprias ao alter ego por mim apreendidas constitui apenas *um* – e, ademais, somente um *possível* – contexto de experiência de algumas vivências específicas próprias ao alter ego (a saber, daquelas às quais minhas vivências experienciais são intencionalmente referidas), jamais, contudo, a totalidade das vivências próprias ao tu, que torna seu agora atual em um assim, e, por sinal, nesse assim determinado. Isso vale naturalmente também para a apreensão, em simultaneidade, de um único agora-e-assim. Podemos então afirmar, em suma, que *a duração própria é dada à autointerpretação continuamente e em completude, ao passo que a duração alheia se oferece à compreensão do outro em segmentos descontínuos e jamais em completude, senão apenas em "perspectivas de apreensão"*.

No entanto, com isso também se afirma que *as cogitationes que têm o anímico alheio como objeto* são, *por princípio, sujeitas a dúvida*, em oposição à *indubitabilidade fundamental dos atos imanentes dirigidos a vivências próprias*[177].

As reflexões acima são de grande importância para a teoria do agir alheio, à qual dedicaremos a maior parte das nossas análises a seguir. É por princípio incerto se as vivências próprias ao

---

177. HUSSERL, E. *Logik*, p. 85.

tu por mim apreendidas de fato são por ele consideradas reflexivamente, se elas têm origem em um ato espontâneo do tu, se são, por conseguinte, "comportamento" no sentido por nós definido, e, caso isso se aplique, se correspondem a comportamento orientado por um projeto pré-dado, ou seja, a agir. O conceito de agir alheio revela, já nesse âmbito, sua profunda problemática. Portanto, não apenas o postulado da apreensão do sentido visado de vivências alheias é por princípio irrealizável; essencialmente permanecerá também incerto se o tu de fato se volta, em doação de sentido, para suas vivências por mim apreendidas.

§ 21 As equivocações no conceito vulgar da compreensão do outro – A fundamentação da compreensão do outro em atos de autointerpretação

Antes de seguirmos adiante em análises mais detalhadas, devemos ter claro que ao conceito de compreensão do outro costumam ser subsumidos estados de coisas bem heterogêneos[178]. "Compreensão do outro" designa ora todos os atos dirigidos a um alter ego em geral, portanto todas as *minhas* vivências *referentes ao* alter ego, ora apenas atos voltados à apreensão de vivências *próprias ao* alter ego. Recebem essa denominação tanto a inserção mesma dessas vivências em determinados contextos de sentido (apreensão do sentido visado segundo Weber) como também a inserção do comportamento e agir alheios em contextos de motivação. O número de equivocações vinculadas ao termo "compreensão do outro" aumenta ainda mais tão logo se trate da compreensão de signos manifestados por outrem. Pois aqui, por um lado, "compreendido" é o signo mesmo; depois, por sua vez, *aquilo que* o outro indivíduo a princípio pretende dizer com a posição desse signo; por fim, aquilo que ele quer dizer com *o fato de* utilizar o signo agora, aqui e especificamente nesse contexto etc.

---

178. Aqui está longe de ser nossa intenção fazer referência àquela hermenêutica que, radicada em pressupostos sempre metafísicos ou axiológicos, ultimamente tem utilizado o termo "compreender" para designar oposição ao conceber racional.

A fim de deslindar todas essas estratificações, iniciaremos a análise pelo *conceito mais amplo de compreensão em geral*. Podemos logo afirmar *ser compreensão correlativa a sentido em geral*, visto que todo compreender está dirigido a algo de significativo, e somente algo compreendido é investido de sentido. As implicações inerentes a esse conceito de significativo já na esfera do eu solitário foram expostas na seção anterior. Todos os atos que reunimos sob a rubrica "autointerpretação das próprias vivências pelo eu" seriam, nesse sentido atribuído à palavra, atos de compreensão; e também os vários substratos do apreender do significativo, nos quais, como vimos, toda autocompreensão se encontra fundada, teriam de ser caracterizados de "compreensão".

Portanto, o indivíduo na atitude natural compreende o mundo na medida em que interpreta suas vivências do mesmo, referentes seja ao mundo das coisas inanimado que lhe circunda ou ao seu mundo circundante animado de outros indivíduos e de animais. Compreensão do outro equivaleria, assim, em um primeiro conceito, à autointerpretação das vivências próprias ao eu *referentes a* seus semelhantes em geral. Tenho experiência, por meio de um ato de autointerpretação das minhas próprias vivências do tu, de que o indivíduo à minha frente é meu semelhante, dotado de duração e consciência, e não uma imagem projetada em uma tela.

Ademais, nessa coisa do mundo externo *reconhecida como corpo de outrem*, o indivíduo, em atitude natural, percepciona alterações que pode interpretar do mesmo modo como interpreta alterações em uma coisa inanimada do mundo externo, especificamente em autointerpretação das suas próprias vivências desses processos e ocorrências. Também essa segunda fase não chega, ainda, a ultrapassar o âmbito da doação de sentido na vida anímica solitária.

A passagem, antes, só ocorre na medida em que os *cursos percepcionados* sejam tomados como *vivências próprias a* uma consciência *de outrem* a qual, segundo a tese geral do alter ego, apresenta estrutura idêntica à da minha consciência. Nesse caso, a ocorrência percepcionada no corpo do outro indivíduo não é apenas considerada meramente como *minha* vivência desse curso em *minha* corrente de consciência; antes, a ele *também* corresponde – e isso em simultaneidade – *uma vivência própria ao tu* em *seu curso de consciência*. Com isso, permanece a princípio totalmente em suspenso a determinação da espécie particular dessa sua vivência, isto é, a determinação dos contextos de sentido nos quais o olhar retrospectivo alheio a insere. Apenas se compreende que a ocorrência percepcionada no corpo do outro, para sua consciência, é, em primeiro lugar, uma vivência.

Além disso, porém, e em quarto lugar, é possível inquirir o contexto de sentido no qual essa vivência referente ao tu é alocada. Já vimos que a análise dessa questão jamais possibilitará a apreensão do sentido visado, no significado estrito da palavra. Apreendido será sempre apenas um "valor aproximado" desse conceito-limite "sentido visado alheio", do qual podem ocorrer aproximações em infinita progressão.

No entanto, a ideia de um contexto de sentido no qual o tu aloca sua vivência é, por sua vez, demasiado vaga. Por exemplo, determinar se um movimento corporal alheio percepcionado ocorre com base em um projeto, portanto se, para aquele que o executa, o movimento se encontra em um contexto motivacional do "para" ou então corresponde meramente a um "comportamento reativo", não projetado, é questão já referente ao contexto de sentido do vivenciar alheio. Além disso, amplia-se o horizonte dessa problemática, de várias ramificações, referente ao conceito de compreensão do outro, se levamos em consideração que podem surgir outras questões relativas aos esquemas de experiência nos quais o tu aloca seu "agir", por exemplo sobre o contexto motivacional em razão do qual esse agir específico tem lugar agora, aqui, assim. Consiste em tarefa das mais importantes penetrar nos contextos estruturais dessa autêntica compreensão do outro e demonstrar o modo como todo compreender genuíno de vivências *próprias ao* alter ego se encontra fundado na autointerpretação das próprias vivências *referentes ao* alter ego.

Até aqui, limitamos nossa análise exclusivamente à esfera do ser corporeamente dado de um alter ego no mundo circundante, assumindo a compreensão do outro como fundada na interpretação de ocorrências em um corpo somático alheio. Alguma reflexão mostra que com isso foi investigada apenas uma de muitas regiões do mundo social. Pois, também em sua atitude mundana natural, o indivíduo tem experiência de semelhantes que não se encontram frente a frente em presença corpórea; ele tem conhecimento não apenas de seu *mundo de consociados* (que lhe é circundante), mas também de seu *mundo de contemporâneos* (mais remoto). Além disso, ele tem experiências referentes a seu *mundo histórico de predecessores* e a indivíduos nesse mundo de contemporâneos, encontra-se rodeado por coisas que remontam a uma produção alheia, por artefatos em sentido mais amplo, inclusive por sistemas de signos e demais objetos culturais. Esses artefatos são por ele interpretados, de início, mediante inserção em seu contexto de experiência. O indivíduo, contudo, pode a todo momento inquirir mais amplamente os decursos de vivência ocorridos na consciência de quem produziu esses artefatos, o "com-vista-a" da produção, assim como os cursos do produzir, fase por fase, e os contextos de sentido nos quais estes se encontravam para a consciência alheia.

Agora trataremos de descrever, em um exame mais detido, cada um desses processos complicados. Realizaremos a seguir essa tarefa, porém, apenas enquanto nosso tema, a "compreensão do outro no mundo social", exigi-lo. Para esse propósito, temos de começar pelo nível mais fundamental e esclarecer aqueles atos de autointerpretação pré-dados a toda compreensão do outro propriamente dita. Pressupomos, assim – a princípio de modo a simplificar –, que o alter ego cujo comportamento deve ser compreendido encontra-se frente a seu observador, imediatamente e em presença corpórea, portanto em seu mundo circundante. Nossos exemplos serão extraídos de diferentes domínios do comportamento humano. Analisaremos inicialmente um agir sem função de manifestação, e então um agir que se manifesta por meio de signos.

Como exemplo da "compreensão de uma ação humana" sem função de manifestação, tomamos a atividade de um lenhador. Compreender que madeira é cortada pode significar...

...(1) que o olhar é dirigido meramente à "ocorrência externa", portanto ao machado atingindo o tronco da árvore, ao corte da madeira em pedaços menores realizado de determinado modo etc. Enquanto o observador tiver em perspectiva apenas essas ocorrências externas, não se dá nenhuma referência ao "anímico alheio", tampouco a um alter ego. O processo permanece em princípio o mesmo, independentemente de ter sido efetuado por atividade humana imediata, por uma máquina ou de ter sido causado por uma "força da natureza". Decerto sucede uma doação de sentido, portanto um ato de compreensão no uso mais amplo da palavra, e isso já pelo fato de o observador incluir esse processo no contexto geral da sua experiência e denominá-lo, por exemplo, "corte de madeira". Mas esse "compreender" não é outra coisa senão uma autointerpretação das vivências próprias ao observador referentes ao processo percepcionado, como detalhadamente descrito na segunda seção. O observador percepciona o processo, forma suas percepções em sínteses politeticamente construídas, para as quais ele se volta retrospectivamente, em direcionamento monotético do olhar, e insere, no contexto geral da sua experiência, essas suas séries de vivências formadas unidade, designando-as por determinada palavra. Em nosso caso, porém, o observador não chega, por assim dizer, a percepcionar *o lenhador*, senão apenas *que madeira é cortada*, e "compreende" por "cortar madeira" a ocorrência percepcionada. Essencial é que já essa interpretação do processo é determinada pelo contexto geral da experiência disponível em estoque própria ao observador no respectivo agora-e-assim da interpretação. Quem jamais teve experiência do modo como papel é produzido não estará em condições de inserir, no contexto geral da sua experiência, os processos que levam à produção de papel, por lhe faltarem esquemas de interpretação necessários para isso, tampouco de formar o juízo "aqui se produz papel". Como nós constatamos, isso se aplica, de modo bem geral, para toda inserção de vivências no contexto de experiência.

...(2) também que alterações em uma coisa do mundo externo denominada corpo somático alheio são percepcionadas de modo a se interpretar, nesse vivenciar, o corpo alheio como animado, e, o alter ego, implicitamente, como vivências em geral, sem que, contudo, venha a ser inquirido se e quais vivências específicas no curso de duração alheio correspondem a esses movimentos particulares do corpo do outro indivíduo, portanto tampouco se a princípio se tem um "agir" (um comportar-se segundo projeto) e quais "motivos" poderiam ser próprios a este. Por qualquer que seja o modo como o observador interpreta os movimentos do corpo do outro indivíduo, também nesse processo ele não realiza outra coisa senão uma autointerpretação da sua própria percepção do corpo somático alheio, isto é, ele constata, primeiro, que essa coisa do mundo externo é um corpo de um alter ego, e, em segundo lugar, que e o modo como este se modifica.

Compreender que alguém corta madeira pode, contudo...

...(3) significar: não que a "ocorrência externa" seja tida em perspectiva, mas sim que a atenção é dirigida às vivências *próprias ao* lenhador enquanto indivíduo *agente*. A questão colocada não é, nesse caso, "quais ocorrências têm lugar no mundo externo?", senão: "quais vivências vivencia o outro indivíduo em seu executar?" Agiria ele a princípio em atividade espontânea segundo projeto precedente? Se isso for o caso, com vista a que ele executa esse agir? Qual seria seu motivo-para? Em qual contexto de sentido se encontraria, para *o outro indivíduo*, esse seu agir etc.? Essas questões não se referem à facticidade da ocorrência enquanto tal, tampouco aos movimentos corporais mesmos. Antes, ocorrência factual e movimentos corporais são apreendidos como índices de uma série de vivências na duração do indivíduo observado. O olhar do observador é dirigido não aos índices mesmos, senão àquilo do qual são índices, portanto ao processo mesmo de vivência do observado (*autêntica compreensão do outro*).

Tratamos agora brevemente semelhantes estratificações dentro do compreender de um manifestar de signos, tomando como exemplo a compreensão de um indivíduo que profere palavras da língua alemã. O observador pode se voltar...

...(1) aos movimentos corporais do falante; nesse caso ele realiza uma autointerpretação do seu próprio vivenciar com base no contexto de experiência do seu agora-e-assim atual. O observador constata, antes de tudo, que seu parceiro de interação é um semelhante (não uma imagem projetada em uma tela), ademais que os movimentos corporais executados pelo outro devem ser interpretados como agir.

...(2) somente à percepção acústica do som da voz. Do mesmo modo, aqui se terá uma autointerpretação da percepção própria apenas no caso de aquele a quem são dirigidas as palavras constatar que o som percepcionado provém do sujeito da fala (e não, por exemplo, de um gramofone).

...(3) à articulação específica do que foi percepcionado acusticamente. O observador constata que os sons produzidos pelo falante mediante seu agir (ou então também por um gramofone) indicam determinada articulação. Ele constata, então, que o indivíduo por ele observado (ou, sob outras circunstâncias, o aparelho fonográfico que produz esses sons) *fala*, e não "canta" ou "solta um grito", e assim interpreta os sons percepcionados como palavras de uma língua. Com base em sua experiência, o observador por conseguinte associa os sons percepcionados a determinado esquema, por exemplo ao da língua alemã, dentro do qual o som verbal é "signo de", a saber, signo de seu determinado significado verbal. Essa associação ao esquema geral da língua alemã pode também ocorrer sem que se volte ao significado verbal mesmo, e isso devido a critérios também dados ao interpretante no agora-e-assim do seu contexto de experiência. Por exemplo, mesmo em viagem a um país estrangeiro cuja língua não compreendo, sou capaz de realizar a interpretação não apenas de que duas pessoas por mim observadas falam uma com a outra, mas também de que fazem uso da língua do país em questão. A rigor, portanto, realizo a interpretação de que os falantes observados são meus semelhantes, e não imagens de um filme projetado em uma tela, de que proferem sons articulados, palavras; posso, ademais, fazer a constatação de que essas formações sonoras denominadas "palavras" são "signos de" em determinado esquema de ordem superior; a respeito desse esquema, posso de fato até mesmo afirmar qual seja sua forma geral, a saber, língua – por exemplo, o húngaro –, sem que eu esteja todavia em condições de apreender os significados mesmos verbais.

Todas essas interpretações consistem, sem exceção, em atos de autointerpretação das próprias vivências do observador, e ainda não são em absoluto dirigidas à apreensão das vivências próprias ao observado.

O observador "compreende", além disso...

...(4) a palavra como signo de um significado verbal. Também nesse caso ele executa apenas um ato de autointerpretação, ao associar o signo a um sistema de signos pré-experienciado (esquema de interpretação), por exemplo à língua alemã. O observador relaciona, com o signo lexical "*Tisch*", segundo seu conhecimento da língua alemã, a representação de determinado utensílio com determinado propósito de aplicação e com qualidades aproximadamente especificáveis. Para isso é em princípio irrelevante se essa palavra foi proferida por um semelhante, por um papagaio ou se foi reproduzida por um gramofone, se o observador a escreveu, imprimiu ou a percepciona como formada por letras de madeira ou ferro, sem importar o lugar, o momento ou o contexto em que o faz[179]. A palavra, apenas enquanto signo do significado verbal, permanecerá, portanto, objeto exclusivamente da autointerpretação do interpretante, isso enquanto for executada apenas a interpretação do signo objetivo dentro de um sistema de signos objetivo, e não for inquirido o sentido ocasional (ainda que este seja não essencialmente ocasional) que o autor da posição do signo visa com seu ato – e enquanto não se buscar identificar, portanto, de que o signo, *para o indivíduo que o utiliza*, é signo. Ao afirmarmos que todas essas interpretações caracterizam autointerpretações do interpretante, devemos sempre ter em conta que, ao contexto de experiência geral do interpretante com base no qual essa interpretação é executada, pertence também todo pré-saber acerca do alter ego observado.

O observador, contudo, também pode realizar a passagem à autêntica compreensão do outro, na medida em que...

...(5) considera o significado verbal como índice de processos de consciência do falante, ou seja, enquanto sentido posto. Para ser preciso, ele pode inquirir (a) o que o falante quer dizer com aquilo que fala, e (b) o que o falante quer dizer com o fato de que ele diz (manifesta) isso, agora e aqui, e na presença daquele a quem dirige palavras. Tem-se assim em vista vivências de consciência do alter ego, portanto autêntica compreensão do

---

179. Semelhante ao que afirma Husserl na sexta das suas *Investigações lógicas* (3. ed., vol. II, parte II, p. 89).

outro. Ora se busca determinar o contexto de sentido no qual o signo manifestado se encontra para o sujeito manifestante, ora o motivo do manifestar mesmo. A análise desenvolvida mostra, com toda clareza, que mesmo esse inquirir só poderá ocorrer tão logo o eu tiver apreendido, em autointerpretação, a palavra ouvida (enquanto manifestada por um alter ego); mostra-se claramente, portanto, *que toda autêntica compreensão do outro está fundada em atos de autointerpretação do sujeito do compreender*.

Todas essas análises têm certamente caráter apenas exemplificativo. Ainda teremos várias oportunidades de retornar às condições essenciais ilustradas por nossos exemplos. Recapitulemos resumidamente quais atos de interpretação referidos a um alter ego devem ser considerados atos de autointerpretação do interpretante. Em primeiro lugar, o fato de o observado ser um semelhante, e não, por exemplo, uma imagem projetada, é dado ao observador tão somente em uma autointerpretação das suas percepções referentes ao corpo somático alheio. Do mesmo modo, a interpretação de todos os cursos "externos" de agir, portanto de movimentos corporais alheios, assim como dos efeitos ocasionados pelo agir de outrem, consiste apenas em atos de autointerpretação próprios ao interpretante. Ele os interpreta – como ao interpretar o voo de um pássaro ou um galho de árvore balançado pelo vento – sem considerar os decursos de consciência do alter ego, partindo puramente do contexto geral da sua experiência referente a essas ocorrências em si mesmas[180]. Enquanto se busque determinar apenas o significado geral – e não o ocasional – do signo para o autor da sua posição, todos os movimentos expressivos percepcionados no alter ego serão, do mesmo modo, interpretáveis apenas com base no contexto de experiência do interpretante, como o são os signos utilizados pelo alter ego no manifestar.

Com "compreensão do outro" ademais se designa, porém – e esse é por princípio o sentido próprio do termo –, a interpretação dos decursos de consciência do alter ego que signitivamente expe-

---

180. Tudo isso certamente que "dentro" da tese geral, em virtude da qual a coisa do mundo externo caracterizada de "corpo" é considerada "corpo somático animado alheio", precisamente "corpo de um alter ego".

rienciamos mediante as ocorrências externas. Toda interpretação desse tipo é precedida por outra – realizada em autointerpretação –, dessa vez dos signos nos quais se manifestam os decursos de consciência do alter ego. Mas realizar autointerpretação não basta ao interpretante, o qual sabe – isso, em todo caso, com base no contexto geral da sua experiência – que corresponde, ao contexto de sentido no qual se encontram, *para ele*, os signos e aquilo que é por eles representado, também um contexto específico de sentido *na consciência alheia*, e é justamente este que o interpretante tem em vista quando se pergunta, por exemplo: O que ocorre na consciência do lenhador? Qual sentido ele relaciona com sua atividade? Ou, mais corretamente: De qual modo ele executa o voltar-se-para dirigido à sua vivência de consciência derivada de atividade espontânea? Ainda: O que visa aquele que me dirige palavras ao fazê-lo, ao falar comigo em primeiro lugar, precisamente agora, aqui, assim? Em vista de quem ele o faz (motivo-para), e qual razão ele alega para isso (motivo-porque genuíno)? Ademais, o que significam as palavras por ele proferidas, em sua boca e naquela ocasião? Todas essas questões se referem ao contexto de sentido no qual se encontra, para o alter ego, a vivência a ser interpretada; referem-se à constituição das vivências próprias a esse alter ego em sua construção por fases, e à retrospecção monotética por ele executada a essas suas vivências.

§ 22 A passagem à autêntica compreensão do outro

Depois de o parágrafo anterior nos ter mostrado que toda autêntica compreensão do outro se encontra fundada em atos de autointerpretação do sujeito do compreender, submeteremos agora essa forma de compreensão a um exame mais detido. Conclui-se já de nossos exemplos que essa análise deve ser desenvolvida em duas direções distintas. Investigaremos primeiro a compreensão autêntica do agir humano alheio realizado *sem intento comunicativo* (exemplo do lenhador), para então analisar o compreender do *agir manifestante* de outrem, o que inclui uma dimensão nova e ainda não tratada em todos os seus aspectos, a saber, a da interpretação e posição de signos com propósito de manifestação (exemplo: compreensão do proferir de uma palavra da língua alemã).

Inicialmente continuaremos nos referindo ao primeiro conjunto de exemplos; observamos, portanto, um indivíduo na execução de uma ação, como ao cortar lenha, e dirigimos nosso olhar para o decurso da vivência na consciência do observado. Excluímos, por enquanto, a possibilidade de consultar diretamente esse indivíduo a respeito de suas vivências de consciência; pois, para fazê-lo, teríamos de entrar com ele em uma relação social, e a possibilidade de tal encontro pressupõe, por seu lado, que compreendemos determinados decursos de consciência do outro indivíduo por meio de determinados signos – como da língua –, do mesmo modo como ele é capaz de compreender determinados signos utilizados por nós como signos referentes a nossos decursos de consciência[181]. Esse estado de coisas, contudo, só pode ser aclarado no contexto de uma análise da dinâmica manifestação-recepção, portanto considerando o segundo conjunto de exemplos acima mencionado, que pretendemos investigar isoladamente.

Como outro pressuposto, assumimos que nada sabemos a respeito do observado para além da ocorrência mesma percepcionada, a qual interpretamos, já em autointerpretação, como processo no mundo externo. No nosso exemplo, por essa razão, sabemos, mediante autointerpretação precedente, somente que o indivíduo por nós observado é um semelhante, que seus movimentos corporais significam um agir, o qual por sinal identificamos como "cortar madeira"; mas fora isso não temos nenhum tipo de "pré-saber" referente a esse indivíduo em questão.

Em todo caso, como apreendemos o decurso da vivência na consciência do indivíduo observado? Percepcionamos e interpretamos como ocorrência do mundo externo a ação do outro. A partir desta podemos imaginar, no modo da fantasia, a série das vivências de consciência nas quais a ação se constituiu para o agente, na medida em que projetamos a ação percepcionada e

---

[181]. O conceito de "relação social", aqui ainda utilizado no sentido que Max Weber atribui ao termo, não suficientemente esclarecido pelo autor, será adiante (§ 31) analisado mais a fundo.

interpretada como uma ação a ser *por nós* realizada, e, em uma fantasia da execução da ação, fixamos intencionalmente nossas vivências de consciência junto ao agir orientado por esse projeto. *Projetamos, portanto, o objetivo da ação de outrem como objetivo no nosso próprio agir, e então fantasiamos a ocorrência do nosso agir orientado por esse projeto.* Observamos que, nesse processo, o projeto *modo futuri exacti* do nosso agir assume todo o agir como decorrido, que a execução de ação então fantasiada é acompanhada de retenções e reproduções do projeto (certamente que apenas no modo da fantasia), que o agir em execução fantasiado se encontra, relativamente à ação previamente projetada, no modo de preenchimento ou não-preenchimento etc.

No lugar de uma mera fantasia de um agir próprio imaginado, o qual pudesse levar, passo por passo, a alcançar o objetivo alheio da ação que, na fantasia, transformamos em nosso projeto, pode também surgir uma reprodução de vivências decorridas referentes a agir próprio que "de fato" se encontrava orientado por um objetivo de ação previamente projetado, precisamente por um objetivo de ação idêntico àquele pelo qual o observado agora orienta seu agir. Ambos os casos são distintos entre si porque, no primeiro deles, fixamos intencionalmente, em conformidade com o projeto fantasiado de um objetivo de ação, um decurso fantasiado de vivências nossas, o qual poderíamos "experienciar em autodoação" se realizássemos, em um ato de posição, uma ação de objetivo igual, enquanto, no segundo caso, "de fato" já realizamos "a mesma" ação que o observador acabou de realizar e que agora nós presentificamos em reprodução.

Efetuamos, portanto, em certo grau, um intercâmbio de pontos de vista pessoais, pondo-nos no lugar do agente para então identificar nossas vivências de consciência – no caso de um agir semelhante ao agir observado – com as vivências de consciência alheias. Parece que com isso acabamos por incorrer no mesmo equívoco da conhecida teoria "projetiva" da intropatia. Pois aparentemente supomos, aos decursos da consciência alheia, os nossos, e, assim, em certa medida, incorremos em uma *quaternio terminorum*, visto que procedendo deste modo sempre acedemos apenas à nossa própria consciência, mas não à alheia. Se observamos, porém, com mais atenção, nota-se que o processo por nós descrito seguramente nada tem em comum com as circunstâncias consideradas pela teoria da intropatia, à exceção da tese geral do tu como "eu alheio", segundo a qual todo tu, enquanto semelhante, realiza a constituição *das suas* vivências de consciência de modo igual à forma como executo as minhas. Mas também esse aspecto é apenas aparentemente comum, pois, a rigor, enquanto a teoria projetiva somente chega à "crença cega" na existência do indivíduo semelhante, animado a partir do *factum* da intropatia, nós tomamos como ponto de partida a tese geral do curso de duração alheio. Trazemos à clareza explícita, portanto, apenas aquilo que se encontra implicado no juízo – efetuado em autointerpretação – "este é um indivíduo semelhante". Temos certeza, em total evidência, de que a vivência do alter ego referente ao seu agir é por princípio distinta das nossas vivências do nosso agir (fantasiado ou reproduzido) de igual objetivo de ação, porque o sentido visado mesmo de um agir, como já mostrado anteriormente, é por princípio subjetivo e acessível apenas ao curso de consciência próprio ao ego. O erro cometido pela teoria da intropatia consiste, em primeiro lugar, em buscar ingenuamente deduzir a constituição do alter ego na consciência do eu, processo descritível apenas transcendental-fenomenologicamente, a partir da intropatia, como se nela encontrássemos diretamente a fonte de todo conhecimento a respeito da existência de outros eus[182], e, em segundo lugar, em alegar poder adquirir um saber acerca do "como" específico de uma consciência alheia muito além da constatação da igualdade estrutural entre o curso de consciência alheio e o do próprio eu. Porém, tudo o que podemos afirmar sobre o sentido de um agir alheio sem função de manifestação já se encontra implicado na tese geral do tu.

Em suma, segundo os resultados das nossas análises desenvolvidas até aqui, fazemos dos objetivos de ação alheios, ou, como também podemos dizer, dos motivos-para de outrem, motivos-para próprios de um agir fictício, para então, em atos de

---

182. Sobre esse aspecto e a respeito da crítica da teoria da intropatia, cf. SCHELER, M. *Wesen und Formen der Sympathie*, p. 277s.

posição neutralizantes, utilizar a execução imaginária de um agir próprio orientado por esse motivo-para como esquema para a interpretação das vivências, próprias ao outro agente, referentes a seu agir efetivo. Contudo, para evitar mal-entendidos, deve-se expressamente acrescentar que tudo isso significa apenas uma análise reflexiva do curso de ação alheio após sua execução. Na simultaneidade do vivenciar, a viva intencionalidade leva consigo o observador, sem que este seja forçado a executar passo a passo todos esses atos de voltar-se-para dirigidos a um vivenciar próprio, fictício ou precedente. À sua frente se constrói, em execução por fases, o agir alheio. A identificação do ego com o alter ego ocorre, então, não em regressão, não a partir do objetivo da ação pré-dado, imaginado conjuntamente, até as fases singulares do agir; antes, é em contínua progressão, com cada fase do agir, que o ego se identifica com o curso de vivências próprio ao alter ego, apreendido em sua plenitude no comum nós. Isso será mais tarde[183] tratado em detalhes.

Todas as nossas considerações foram feitas sob a condição restritiva de que o observador não tem outro conhecimento acerca do indivíduo observado senão sobre aquela ocorrência no mundo externo que lhe é dada à interpretação na forma de agir alheio. Tenhamos claro que essa condição restritiva isola a ação alheia observada e a remove de seu contexto formado com o antes e o depois, de um contexto no qual se encontra tanto para o observador como também para o alter ego, enquanto curso de vivências deste. Produzimos, em certa medida, uma de várias fotografias instantâneas – ou uma série delas – da coisa do mundo externo denominada "corpo somático alheio movimentado", as quais, porém, formam apenas um pequeno fragmento de um filme cujos antes e depois são desconhecidos ao observador. Nossa experiência do agora-e-assim atual do observado, nossa interpretação da facticidade do decurso ou do movimento corporal observados, em autointerpretação, de fato nos possibilita o projetar fantasiante de um objetivo análogo de ação. Contudo, se nos forem acessíveis as vivências próprias ao observado para além do agora-e-assim atual, se conhecermos, portanto, por exemplo o objetivo principal da

---

183. Cf. seção IV, § 33, p. 256.

ação, dentro do qual o "para" do agir observado é apenas objetivo intermediário, ou se tivermos conhecimento, por experiência, de séries de vivências próprias ao observador decorridas "em situações semelhantes", o agir a ser por nós projetado na fantasia como modelo de agir alheio obterá um grau mais alto de determinação. Para retomar o exemplo dado por Max Weber, ao ter conhecimento de que o lenhador realiza sua atividade profissionalmente, portanto em expectativa de remuneração, ou então em seu tempo livre, isso significa que, nesse conhecer, aloco os motivos-para de seu agir concreto, a saber, o corte da madeira, em um contexto de sentido e motivação ampliado. Nesse caso, só posso construir um modelo adequado dos decursos de consciência alheios mediante o fantasiar de projetos próprios de ação se insiro o agir, a ser por mim fantasiado como projetado, em um contexto de sentido e de motivação que, do mesmo modo, ultrapasse a facticidade do agir percepcionado e percepcionável no agora-e-assim. Com outras palavras: já vimos em considerações anteriores que a unidade do agir se constitui exclusivamente na extensão do projeto. Se, enquanto observador, eu tiver, a respeito do observado, conhecimento apenas da ocorrência externa da facticidade da sua ação como simplesmente se apresenta a mim, então, na execução reconstituinte das suas vivências de consciência fantasiadas enquanto previamente projetadas, poderei tomar apenas aquele agir que deu origem à ação por mim observada. Porém, se pretendo evitar que meu agir fantasiado com base nesse projeto seja "inadequado" ao agir alheio, tenho então de "me apropriar", refantasiando, de todos os contextos de sentido nos quais esse agir, com base no meu pré-saber acerca desse alter ego, foi em princípio alocado. Ainda vamos retornar repetidas vezes a esse conceito de inadequação, e assim conhecer seu significado para a teoria da compreensão do outro.

§ 23 Movimento expressivo e ação expressiva

Às ações que acabamos de analisar é característico que o agente queira, com seu agir, operar algo no mundo externo, que, portanto, ocasionar uma alteração no mundo físico seja seu motivo-para, contudo sem que, com esse seu agir, ele pretenda "trazer à expressão" suas vivências de consciência. Porém, o termo "trazer à expressão" é ambíguo e exige uma clarificação antes que analisemos a compreensão das ações manifestantes alheias. Por "ação expressiva" pode ser compreendido todo agir pelo qual um indivíduo deseje "projetar para fora" conteúdos de sua consciência, seja a fim de conservá-lo para si mesmo (por exemplo, anotações de um diário), seja para compartilhá-lo com outra pessoa (para manifestar). Em ambos os casos se tem um autêntico agir conforme projeto, cujo motivo-para no mundo social consiste na recepção, pelo alter ego, da manifestação do que vem a ser expresso, enquanto, no mundo do eu solitário, esse motivo-para é a fixação do que é expresso com propósito de posterior recepção, pelo eu, da manifestação. Da *ação expressiva* se deve distinguir o *movimento expressivo* – assim conhecido na psicologia –, que não ocorre com intento comunicativo e ao qual falta também a intenção "de apresentar um 'pensamento' qualquer de modo expresso, seja para outrem, seja também para si mesmo"[184]. Nesse caso não se tem nenhum agir autêntico segundo nossa definição, mas um mero comportar-se. A esse comportamento derivado de atividade espontânea falta o projeto, por conseguinte também o motivo-para, característico a todo agir autêntico. "Movimentos expressivos", nesse sentido, são, por exemplo, a mímica e os gestos com os quais acompanhamos nosso falar, sem com eles relacionar intento expressivo[185].

O observador, ao qual o corpo animado alheio é dado na forma de campo de expressão de decursos de consciência de outrem, pode apreender tudo que se expressa nesse corpo como índice de uma vivência própria ao eu alheio, podendo aqui se tratar de movimentos ou de ações expressivos[186]. Mas essa afirmação exige uma clarificação mais ampla.

Quando compreendo, como diz Weber, um ataque de cólera que se manifesta em expressão facial, interjeições, movimentos irracionais, essa compreensão mesma, por sua vez, pode ser entendida de diversas maneiras. Ao interpretar como ataque de

---

184. HUSSERL, E. *Logische Untersuchungen*, vol. II, p. 31.
185. Ibid.
186. Cf. § 3, p. 44s. e 48.

cólera todas essas ocorrências no campo de expressão do corpo alheio movimentado, realizei apenas a autointerpretação das minhas percepções desse campo de expressão aqui denominado de corpo somático alheio, e precisamente daquele mesmo modo em que havia interpretado os movimentos corporais do lenhador como um cortar madeira. Somente mediante outro direcionamento do olhar, decerto que diretamente relacionado àquele primeiro em simultaneidade – na viva intencionalidade do apreender imediato do tu –, associo a essa ocorrência no corpo movimentado uma vivência específica do tu, a saber, o afeto "cólera", e realizo, portanto, autêntica compreensão do outro. Essa passagem à autêntica compreensão do outro me é possível somente por ter conhecimento, na minha experiência, de afetos dessa espécie, seja por tê-los propriamente vivenciados – em atividade de autodoação do meu ânimo ou em livre-fantasia –, seja por ter experienciado, mediante sua "exteriorização"[187], seu curso na consciência de outros indivíduos. Portanto, não restam dúvidas de que o movimento expressivo, para o observador, encontra-se em um contexto de sentido, mas de fato apenas para o *observador*, para o qual o movimento é índice de vivências alheias. Em contrapartida, o observador não é capaz de afirmar se o movimento expressivo se encontra em um contexto de sentido para aquele que o realiza; pois isso apenas seria o caso se o alter ego tivesse em perspectiva a constituição, fase por fase, do seu movimento expressivo, algo impossível visto que esse movimento, enquanto vivência essencialmente atual (apenas pré-fenomenal), permanece inacessível a qualquer reflexão.

Movimentos expressivos, portanto, têm sentido em princípio apenas para observador, não para o indivíduo observado que o realiza. Em virtude precisamente desse aspecto eles se distinguem das ações expressivas, estas sempre investidas de sentido também no curso de consciência do observado. Ações expressivas são sempre autênticas ações manifestantes, realizadas especificamente com o propósito de interpretação seja pelo sujeito mesmo da posição do signo, seja por outro indivíduo.

---

187. Sobre isso, apenas uma análise do "mundo dos contemporâneos" será capaz de dar o esclarecimento necessário. Cf. § 37.

Assim, a facticidade da ocorrência externa não oferece ao interpretante nenhum indício de que a expressão observada no corpo somático alheio seja movimento expressivo ou ação expressiva. Constatá-lo é possível apenas com base em outro contexto de experiência. A mímica e os gestos que percepcionamos em um indivíduo na vida diária podem externamente apresentar facticidade igual à da ocorrência da mímica e dos gestos de um ator. Porém, nesse último caso, se por um lado consideramos, em função do contexto de experiência que nos é pré-dado, os gestos e a mímica do ator como signos das vivências por ele expressas, segue incerto, na vida diária, se os gestos do nosso semelhante foram por ele realizados na qualidade de signos ou se são meros movimentos expressivos sem função de manifestação. Se quisermos obter clareza em relação a isso, e inquirir se esses movimentos expressivos eram signos, teremos então de investigar se aquele que executa o movimento realizou ou não um agir em conformidade com um plano anteriormente projetado, se no plano do seu agir se encontrava co-projetada também a interpretação pelo observador e se todo esse complexo de contextos de sentido não seria apenas um único elo dentro de outro contexto ("subjetivo") de sentido, isto é, se o ato projetado da posição do signo não consistiria em um objetivo intermediário para um agir intencionado de maior extensão – em suma, teremos de nos perguntar pelo motivo que levou o indivíduo por nós observado a realizar a posição do signo.

Para a compreensão das ações expressivas é por princípio indiferente se as mesmas consistem na posição de um gesto ou de um complexo sonoro (palavra), ou na criação de um artefato à parte do corpo somático. Todo agir expressivo é posição sígnica em ato, resulte deste um artefato ou um movimento corporal. Tratemos agora da essência do signo.

§ 24 Signo e sistema de signos

Devemos antes de tudo separar o conceito de *signo* ou *símbolo* do conceito geral de *índice* ou *sintoma*, como Husserl tratou de fazê-lo já na primeira das suas *Investigações lógicas*. Por "índice" compreende Husserl[188] um objeto ou estado de coisas cuja existência indica a existência de certos objetos ou estados de coisas outros, no sentido que a convicção acerca do ser de um é vivenciada como motivo não-intelectivo para a convicção no ser do outro. Considerando o problema levantado, resulta dessa definição que a relação existente entre índice e indicado se constitui exclusivamente na consciência experiencial daquele que interpreta o índice como remissão ao indicado.

É evidente que a caracterização, por Husserl, de índice como motivo de uma convicção nada tem a ver com o contexto de sentido por nós denominado de "motivo de um agir". De fato, o motivo ao qual se refere Husserl também é contexto de sentido; em nossa terminologia, contudo, motivo corresponde a *um contexto de sentido formado por ao menos dois esquemas de interpretação, que se constituiu em atos pré-experienciados*. Esse contexto, porém, não é considerado na interpretação do índice, razão pela qual o "motivo" é "não-intelectivo". A relação existente entre índice e indicado é, portanto, puramente formal, e, por isso, mais geral. Ela não remete a um ser de modo específico de constituição. Isso se encontra também em clara correspondência com a forma como Husserl a concebe. Tanto objetos do mundo inanimado como também do mundo animado podem ser índice. Para o geólogo, determinada formação da superfície terrestre é índice da presença de determinados minerais; para o matemático, o fato de uma equação algébrica ser de grau ímpar constitui índice de que ela tem ao menos uma raiz real. Tudo isso corresponde a contextos de vivências de experiência referentes a esses objetos, contextos constituídos na consciência do interpretante do índice. É nesse sentido que se considera as ocorrências percepcionadas no corpo animado alheio como índices das vivências de consciência do alter ego.

Aos *índices* devem ser contrapostos os *"signos significativos"* ou *"expressões"*, não raro denominados também de *símbolos*.

Consideremos primeiro a constituição da função sígnica na consciência daquele que interpreta o signo. Entre signo e designa-

---

188. HUSSERL, E. *Logische Untersuchungen*, vol. II, parte I, p. 25-31. Sobre esse assunto, cf. as considerações no § 3, p. 44s. do presente trabalho.

do há uma relação de representação[189]. Pois quando olhamos para o símbolo, que é sempre objeto do mundo externo no sentido mais amplo da palavra, enxergamo-lo não como *o objeto mesmo*, senão como *representante* daquilo que representa. Em um ato fundado do apreender temos em perspectiva, portanto, não o signo, mas sim aquilo "de que" é signo. Na caracterização dessas relações, Husserl assinala repetidas vezes pertencer à essência do signitivo o fato de que signo e designado "nada têm a ver entre si"[190]. *A relação sígnica manifestamente consiste, portanto, em uma relação específica entre os esquemas aplicados à interpretação daqueles objetos do mundo externo chamados aqui de signos.* No ato de apreensão do compreender signitivo, o designante é interpretado não como ele mesmo, portanto não em função daqueles esquemas de interpretação que lhe seriam adequados enquanto objeto autônomo do mundo externo, senão que de acordo com outros esquemas de interpretação adequados não ao objeto designante mesmo, mas ao objeto designado. *Nesse caso, contudo, um esquema de interpretação deve apenas ser chamado de adequado em relação a um objeto da experiência se constituído por vivências politeticamente experienciais referentes especificamente a esse objeto como a algo em si mesmo.* Assim, por exemplo, esses traços escuros sobre este papel formando um "A" poderiam ser interpretados adequadamente como figura desta e daquela forma específica – a qual se constituiu em vivências visuais –, ou então "inadequadamente" enquanto signo da "vogal A", com seu conteúdo de expressão determinado; o esquema de interpretação adequado para a vogal A se constitui, a rigor, não de vivências visuais, mas sim auditivas.

Entretanto, essas circunstâncias se tornam mais complexas em vista do fato de a aplicabilidade do esquema adequado, para o designado, à interpretação do designante ser pré-experienciada (pré-conhecida), razão pela qual se encontra ela mesma, por sua vez, sob um esquema de interpretação[191].

---

189. Sobre esse conceito, cf. a sexta das *Investigações lógicas* de Husserl.
190. P. ex., HUSSERL, E. *Logische Untersuchungen*, vol. II, parte II, p. 55. • HUSSERL, E. *Ideen*, p. 79 e em outras passagens.
191. Esse esquema de interpretação de ordem superior a ambos os esquemas de interpretação corresponde àquilo que Felix Kaufmann chamou de esque-

Tudo isso pode ser afirmado sobre a interpretação de signos tanto na vida solitária como também no mundo social, embora devamos ter em conta o duplo sentido implicado no enunciado recorrente de que signo seria sempre "signo de". O signo é ora "signo de" uma interpretação de signo, a saber, disso que *designa* (*função significativa do signo*), mas também "signo de" algo que ele *expressa*, especificamente das vivências de consciência do autor da posição do signo. No mundo da natureza não há signos, apenas índices. Signo é essencialmente signo *posto*, por mim mesmo ou por outro indivíduo, precisamente com a finalidade de trazer à expressão uma vivência de consciência; e por sempre remeter a um ato de posição por um ser racional, cabe ao signo a qualidade de *índice* das vivências de consciência do *autor do ato* (*função expressiva do signo*)[192].

Por essa razão, um signo é sempre um artefato ou uma objetualidade constituída de ação. O limite entre ambos é absolutamente tênue. Toda objetualidade de ação na forma de objetualidade sígnica (por exemplo o dedo apontando a determinada direção) é remissível ao curso do agir que originou essa ação executada. Contudo, por princípio pouco importa se desse agir origina uma objetualidade completada de ação (gestos) ou um artefato (por exemplo: ☞, "sinalização de caminho")[193].

Em todo caso, porém, um signo a se interpretar não precisa sequer ser remetido ao ato de posição realizado por um alter ego. O interpretante pode, antes, dar-se por satisfeito com o saber acerca do contexto sintético de sentido, formado – com base na sua experiência – pelos esquemas de interpretação relativos respectivamente a designante e designado, para então imediatamente tomar em perspectiva, em um ato de apreensão fundada, o designado mesmo, portanto sem con-

---

ma de associação (*Das Unendliche in der Mathematik und seine Ausschaltung*. Leipzig/Viena, 1930, p. 42).

192. Nota-se sem dificuldades em quais pontos a perspectiva aqui defendida diverge das formulações contidas na primeira e na sexta das *Investigações lógicas* de Husserl.

193. Nesse sentido discordo da diferenciação fundamental feita por Hans Freyer entre o lado fisionômico do agir e a sua objetivação no mundo externo material (cf. FREYER, H. *Theorie des objektiven Geistes*, p. 29-30).

siderar o designante como objeto autônomo do mundo externo, tampouco o ato de posição desse designante realizado por mim mesmo ou por um alter ego. Então lhe basta a função significativa do signo.

Podemos, assim, definir "signo" da seguinte maneira: *signos são objetualidades de ação ou artefatos interpretados não segundo aqueles esquemas de interpretação que se constituíram por vivências dos mesmos enquanto objetualidades independentes do mundo externo, ou que, em relação a tais vivências de objetualidades do mundo físico, são disponíveis em estoque no contexto de experiência atual (esquemas de interpretação adequados); trata-se, antes, de objetualidades de ação ou artefatos que, em função de determinadas vivências experienciais precedentes, são inseridos em esquemas de interpretação outros (inadequados), cuja constituição se realiza a partir de posições politéticas de atos experienciais referentes a outras objetualidades, físicas ou ideais*. Como já mencionado, a aplicabilidade mesma do esquema adequado ao designado para a interpretação do designante é algo pré-experienciado, e essa experiência atua, por sua vez, como um esquema de interpretação que aqui denominaremos de *sistema de signos*. Por *"sistema de signos" entendemos um contexto de sentido formado por esquemas de interpretação no qual o signo em questão se encontra alocado para aquele que dele faz uso, em interpretação ou em posição*.

Entretanto, o enunciado de um "contexto no qual um signo é alocado" é um tanto ambíguo. Decerto não podemos em absoluto afirmar ser um contexto formado por signos algo de *objetivo*, algo independente de toda interpretação ou posição de sentido. Pois contexto composto por elementos significativos será sempre, ele mesmo, algo investido de sentido, e, por conseguinte, ou interpretado ou resultante de um ato de posição. A rigor, portanto, o que se tem é um contexto de sentido formado não pelos signos enquanto tais, mas pelos significados dos signos, por aquilo "do qual os signos são signos", portanto pelas vivências próprias ao *ego cogitans*, seja ele interpretante ou autor da posição do signo. Porque, contudo, esses "significados" só são apreendidos em e mediante signos, formam também estes um contexto, que acima denominamos "sistema de signos".

O sistema de signos se apresenta, àquele que o tem presente na forma de pré-saber, como contexto de sentido de ordem superior formado por signos pré-experienciados. Para esse indivíduo, a língua alemã é contexto de sentido para cada uma de suas palavras, o sistema de signos de um mapa geográfico é contexto de sentido para cada signo desse mapa, a notação musical é contexto de sentido para cada nota que possa ser escrita, e assim por diante.

A experiência do pertencimento de um signo a um sistema de signos é independente do saber acerca daquilo *que* o signo significa e acerca da vivência de consciência própria ao autor do signo, da qual este último é expressão. Mesmo que não domine o sistema sígnico da estenografia, posso reconhecer em um papel coberto por signos um escrito estenográfico. Mesmo sem ter conhecimento das regras de determinado jogo de cartas, sou capaz de apreender as cartas como signos dentro do sistema geral de regras que constituem esse jogo, especificamente como cartas *de jogo* etc. A associação de um signo a um sistema de signos ocorre sempre com base no contexto geral da experiência atual. Para isso basta que eu encontre disponível, em minha experiência, um pré-saber acerca da existência de tal sistema de signos e sobre os critérios da sua constituição. Mas não chega a ser necessário que eu apreenda o significado de cada signo, que eu "domine" o sistema sígnico. Por exemplo, o juízo "estes são caracteres chineses" pode ser formulado independentemente do "entendimento" dos mesmos ou de caracteres chineses em geral.

Todo signo *posto* é, enquanto tal, investido de sentido, e, assim, por princípio compreensível. De um modo geral, é contrassenso falar de signos desprovidos de sentido ou incompreensíveis. Pode-se apenas dizer que um signo é sem sentido em relação a um ou vários sistemas sígnicos pré-dados determinados, o que, entretanto, significaria somente dizer que esse signo é alheio aos sistemas pré-dados e pertencente a outro. Por exemplo, nunca, e por ninguém será possível constatar a falta de sentido de determinada sequência simples de sons e letras, senão apenas a sua ausência de sentido dentro de determinada "língua", no sentido mais amplo do termo. Uma combinação qualquer de símbolos do alfabeto, que não precisa sequer ser pronunciável, pode ter "significado de código", pode ser apresentada e oferecida a outros indivíduos à interpretação considerando esse esquema de interpretação específico. Mais que isso. A sequência de letras e sons "bamalip", por exemplo, parece desprovida de sentido dentro do sistema de signos das línguas europeias. Isto é, o indivíduo que encontra em sua experiência apenas esses sistemas sígnicos indo-europeus não relaciona, com esse signo, nenhum sentido. Mas essa afirmação é apenas em princípio correta. Pois quem já aprendeu que o signo "bamalip" corresponde à denominação escolástica de uma figura-chave da lógica formal, precisamente o primeiro modo da quarta figura do silogismo, irá lhe conferir, por exemplo também dentro do sistema de signos da língua alemã, um sentido apropriado, e por sinal bem preciso.

Portanto, também o significado sígnico dentro de determinado sistema de signos precisa ser pré-experienciado, e surge a questão sobre o que se deve compreender por "ter aprendido" um signo. Investigando o modo como adquirimos a experiência de que a sequência de letras e sons "bamalip" é signo de uma figura-chave bem determinada, logo se nota que aprendemos o significado dessa combinação de sons, enquanto signo no interior do sistema signitivo ao qual pertence, a partir da leitura de um manual de lógica ou ensinado por algum professor. "Ter aprendido" quer dizer, porém, que tivemos de realizar, na imaginação, a combinação de sons "bamalip" como posição do signo daquilo que foi tomado em perspectiva – no exemplo que apresentamos, da objetualidade ideal "silogismo do primeiro modo da quarta figura". Assim, a compreensão de um signo (precisamente: a possibilidade de sua interpretação desde o interior de determinado sistema) remonta a um ato de posição antecedente, por nós executado mediante esse signo, como expressão do nosso conteúdo de consciência.

Todo sistema de signos é, portanto, um esquema da nossa experiência, e isso em dois sentidos: primeiro enquanto *esquema de expressão*, considerando que o signo já foi posto por mim como referência ao designado ao menos uma vez, seja em atividade espontânea, seja no modo imaginativo da fantasia; em segundo lugar, como *esquema de interpretação*, tendo em vista que já interpretei anteriormente o signo em questão como signo do designado. Essa distinção é de importância porque, como nossos exemplos acima mostraram, somos capazes de identificar o sistema de signos como esquema de interpretação mesmo que não façamos uso desse sistema sígnico na forma de esquema de expressão, e apenas saibamos que outros indivíduos o utilizam enquanto tal. No mundo do eu solitário, o esquema de expressão de um signo coincide necessariamente com seu esquema de interpretação. Por exemplo, quando, apenas para mim, faço determinadas anotações em linguagem cifrada, os signos dessa escrita são, em princípio, signos postos por mim, a saber, ao inventar essa linguagem e fazer uso dessa escrita para minhas anotações; ela é, então, para mim, esquema de expressão. Mas também é esquema de interpretação para mim quando leio as anotações feitas nessa linguagem, ou quando pretendo fazer outros apontamentos utilizando a mesma escrita cifrada.

Dominar um *sistema de signos* – por exemplo, uma língua – significa apreender, em clareza explícita, o significado do signo particular dentro desse sistema. Isso é possível apenas se o sistema sígnico e cada um dos signos que lhe formam são presentes na forma de saber, como esquema tanto de expressão como de interpretação de atos pré-experienciados. Em ambas as funções, como esquema de expressão e como esquema de interpretação, todo signo remonta a experiências precedentes à sua constituição. Enquanto esquema de interpretação e como esquema de expressão, um signo é compreensível apenas a partir daquelas vivências mesmas que lhe constituem, as quais ele designa; seu sentido consiste na capacidade de transposição, isto é, em sua remissibilidade a algo de outro modo conhecido. Este, por seu lado, pode ser o esquema mesmo de experiência no qual o designado é inserido, ou então outro sistema de signos. O filólogo Meillet[194], desde a perspectiva da linguística, esclarece esse ponto de modo notável: "O sentido de uma língua desconhecida não se permite apreender intuitivamente. Para se compreender um texto escrito em uma língua morta é necessário que dele haja uma tradução fidedigna em língua já conhecida, portanto textos

---

194. *Apud* VOSSLER, K. *Geist und Kultur in der Sprache*. Heidelberg, 1925, p. 115.

bilíngues de alguma fiabilidade, ou então a língua em questão deve ser bem próxima de uma ou mais línguas com as quais estamos familiarizados. Em outras palavras: *ela já deve nos ser, propriamente, conhecida*".

Esse "ser-já-conhecido" da língua consiste em que o significado do signo se encontra disponível em estoque, no agora-e-assim atual de quem faz uso dele, na forma de sedimento de vivências precedentes pré-experienciadas. Assim, dominar uma língua, ou, de modo mais geral, dominar um sistema de signos, consiste tanto em determinadas inserções em um esquema de interpretação as quais o falante sabe ainda aplicar, com base em experiências precedentes – mesmo que em implicações difusas –, como também na conversão, sempre possível, dessas objetualidades constituídas de experiência, disponíveis à aplicação, em atividade reconstituinte[195], isto é, na possível utilização, como esquema de expressão, do sistema de signos tido como esquema de interpretação.

Podemos agora nos aproximar de uma resposta à questão sobre o significado de "*relacionar um sentido com o signo*", enunciado esse de significado a rigor distinto de "relacionar sentido com um comportamento", que, nas reflexões da seção introdutória[196], mostramos se tratar de metáfora de linguagem. Com um signo é relacionado sentido na medida em que seu significado sígnico é apreendido em um sistema de signos pré-dado, e isso tanto desde a perspectiva do autor da posição que o originou como também de parte de quem interpreta o signo. Em todo caso, devemos ter claro todas as implicações da pressuposição do pertencimento – constatado – de um signo a determinado sistema sígnico. O signo, no interior desse sistema do qual é parte, terá um "sentido objetivo" na medida em que for associável, de modo inteligível, àquilo que ele significa, independente de seu autor ou de seu interpretante. Em um exame mais preciso do conteúdo desse enunciado, isso não significa outra coisa senão que qualquer um que "domine" esse sistema de signos compreenderá pelo signo, em sua função significativa, o designado,

---

195. Cf. § 14 acima, p. 123s.
196. Cf. § 6 acima, p. 69, 71s.

sem importar por quem ou em qual contexto ele é usado. A remissibilidade essencial do signo aos conteúdos de consciência pré-experienciados permitem ao interpretante mesmo a iteração das sínteses constitucionais que dão origem a esse esquema de expressão ou interpretação. Por isso, no interior do sistema, ao signo é característica a idealização do "sempre-de-novo"[197].

Mas com isso não se afirma que o signo, dentro do sistema sígnico pré-experienciado, só poderá ser compreendido depois de executado o voltar-se-para dirigido às vivências experienciais a partir das quais se constituiu a experiência desse signo. Pelo contrário: como autêntico esquema de interpretação de vivências pré-experienciadas, o signo é invariante frente às vivências do eu experienciante em que se constituiu.

A esse significado objetivo do signo, apreendido em um processo de autointerpretação, deve-se contrapor a função expressiva do signo enquanto índice de processos de consciência próprios ao autor da posição sígnica – o contexto de sentido, portanto, no qual se encontra, para o manifestante, o signo manifestado. Ilustremo-lo com um exemplo.

Quando quero descobrir o significado de uma palavra em uma língua estrangeira, busco a ajuda de um dicionário, isto é, de um catálogo do qual posso encontrar os signos associados à sua objetualidade significativa objetiva, em dois sistemas de signos (línguas) distintos. Mas o conjunto de todas as palavras contidas nesse dicionário certamente não corresponde à língua. Pois o dicionário contém exclusivamente o significado objetivo das expressões que são compreensíveis sem necessidade de considerar as circunstâncias de seu uso e das pessoas que as utilizam. Não nos referimos, aqui, às expressões caracterizadas por Husserl como "*essencialmente subjetivas e ocasionais*", tratadas anteriormente[198]. Estas, como "esquerda", "direita", "aqui", "ali", "este", "eu", certamente são encontradas no dicionário, a princípio traduzíveis, mas apenas têm um sentido objetivo também na medida em que designam *deter-*

---

197. Cf. HUSSERL, E. *Formale und Transzendentale Logik*, p. 167, assim como § 14 acima, p. 123s.

198. § 5, p. 60.

minada relação ao sujeito que as utiliza. Uma vez executada a fixação espaçotemporal desse sujeito, posso afirmar, também acerca das expressões essencialmente subjetivas e ocasionais, que isso o que significam é objetivamente investido de sentido. Em contrapartida, *todas as expressões, sejam ou não essencialmente subjetivas e ocasionais no sentido atribuído por Husserl, têm, ainda, tanto para aquele que as utiliza como também para aquele que as interpreta, junto com o significado objetivo – e não raro para além dele –, também um sentido subjetivo e ocasional.* Consideremos primeiro o componente *subjetivo*. Todo indivíduo que utiliza um signo, que pretende com ele significar algo a alguém – ou inversamente –, relaciona com esse signo um sentido particular que tem sua origem no "como" específico dos atos experienciais nos quais o mesmo se constituiu para ele na forma de pré-saber. O sentido objetivo próprio ao signo, enquanto núcleo idêntico, é revestido por esse sentido subjacente ou significado secundário[199]. Isso se refere tanto ao mundo da linguagem de um indivíduo como também ao de toda uma comunidade linguística. Aquilo que, em Goethe, significa a palavra "demoníaco" – cuja importância central, na imagem de mundo do autor, Jaspers[200] tratou de sublinhar – apenas pode ser inferido desde a totalidade da sua produção literária. Somente uma investigação do desenvolvimento histórico da cultura e língua francesas evidencia o sentido subjetivo da palavra "civilização" quando proferida por um francês[201]. Vossler estende essa ideia a toda a história da linguagem: "Estudamos o desenvolvimento de um pequeno vocábulo, e a vida espiritual de todos que o usaram se condensou e nele se cristalizou

---

199. A rigor podemos até mesmo dizer que a apreensão do sentido objetivo de um signo segue um postulado por princípio irrealizável, o qual não afirma outra coisa senão que os componentes subjetivos e ocasionais no sentido do signo em questão devem ser explicitados, mediante construção racional de conceito, com maior clareza e distinção possíveis. O discurso é "preciso" quando todos esses significados subjetivos ocasionais são, segundo as circunstâncias, suficientemente explicitados.

200. JASPERS, K. *Psychologie der Weltanschauung.* 3. ed., Berlim, 1925, p. 193ss.

201. Cf. CURTIUS, E.R. *Frankreich.* Vol. 1. Stuttgart, 1930, p. 2-3.

de um modo particular"[202]. Entretanto, para poder "estudar" o pequeno vocábulo, temos de encontrar na nossa experiência um pré-saber acerca da estrutura espiritual daqueles que o utilizaram. O "como" específico dos atos experienciais, nos quais o designado (e, junto com ele, o signo) se constituiu para o autor da posição sígnica, confere ao signo aquele sentido subjetivo que, junto com seu significado objetivo, o interpretante tem de interpretar para plenamente compreender o sujeito da posição do signo.

Como segundo componente do significado secundário, acrescenta-se, ao sentido subjetivo, o significado *ocasional* atribuído ao signo desde o contexto no qual ele é usado. Ao compreender um falante, interpreto não apenas palavras isoladas por ele proferidas, mas toda a sucessão articulada de palavras sintaticamente vinculadas umas às outras, que aqui chamamos de discurso. Nessa sucessão, cada palavra adquire seu significado particular por meio do contexto discursivo tomado em totalidade e das outras palavras envolvidas. A rigor, porém, compreendo uma palavra somente depois de ter realizado a interpretação do sentido referente a todo o segmento discursivo enquanto unidade, pois a compreendo somente com base no contexto geral da minha experiência no momento do interpretar. No discurso mesmo se constitui uma síntese, construída fase por fase, e a partir da qual é possível tomar em perspectiva cada um dos atos constituintes dos processos de interpretação e posição de sentido. Por conseguinte, o discurso é, ele mesmo, contexto de sentido. Para quem o interpreta, a sua construção ocorre como para o falante, em atos sinteticamente estruturados. A língua alemã registra de modo bem preciso essa sutil distinção, nas duas formações do plural de "palavra": "*Wörter*" [vocábulos] e "*Worte*" [palavras]. Podemos afirmar, portanto, que aquele sentido ocasional adquirido pelos vocábulos no contexto do discurso é justamente aquilo que faz, deles, palavras. De palavras é constituído o todo significativo que adentram os vocábulos somente por lhes ser atribuído, desde o contexto geral do discurso, um sentido específico.

---

202. VOSSLER, K. *Geist und Kultur in der Sprache*, p. 117.

Mas, em todo caso, o que seria aquela síntese, aquele contexto de sentido de ordem superior, e, com ele, ao mesmo tempo, aquele esquema de interpretação também de ordem superior desde o qual o sentido ocasional do signo particular (vocábulo) pode ser apreendido? A unidade do discurso, desde a perspectiva do sujeito da fala, é fundada na unidade da posição do signo enquanto ação unitária do falante, e, por essa razão, tudo que afirmamos[203] sobre a unidade da ação se aplica também à unidade do discurso. Ela se constitui apenas no projeto do autor da posição de sentido, e, enquanto não tiver sido completada e desvaída, é por princípio inacessível ao interpretante em apreensão adequada. Daquilo que é visado pelo falante, o interpretante tem apenas aproximações, condicionadas pelo seu pré-saber no agora-e-assim atual; isso ao menos durante a construção do discurso, pois também a apreensão "objetiva" do mesmo só é alcançada depois de terminado. Isso que aqui chamamos de discurso, seja uma frase específica, um livro, a obra completa de um autor ou a produção de todo um movimento literário – tudo que em cada caso consistir, portanto, em esquema último de interpretação para o interpretante – permanece, sempre, *quaestio facti*.

Nossas exposições sobre o sentido subjetivo e ocasional do signo são de significado apenas exemplificativo e remontam ao problema mais geral da oposição entre sentido objetivo e sentido subjetivo, à qual já fomos apresentados em sua formulação mais simples e que mais adiante será objeto de um exame mais detido.

§ 25 Interpretação e posição de sentido

No parágrafo anterior conhecemos as diferentes funções do signo. Um signo pode, primeiro, ser considerado em sua função significativa, que se constitui para o interpretante em um processo de autointerpretação, especificamente na inserção do signo ao sistema sígnico pré-experienciado. O interpretante, porém, também pode se perguntar pelo sentido subjetivo e ocasional do signo que este adquire enquanto função expressiva e elo do contexto do discurso. Isso vale de modo bem geral para a

---

203. Sobre isso, cf. § 9, p. 97-99.

interpretação de qualquer signo. Um signo, posto por mim mesmo, posso interpretar em seu sentido subjetivo, tomando em perspectiva, em um olhar monorradial, desde o agora-e-assim do interpretar, os atos politéticos da minha própria consciência constituintes da posição do signo. Posso apreender um signo posto pelo tu em seu significado subjetivo executando retrospecção monotética às vivências de consciência alheias nas quais se constitui a posição do signo. A interpretação daquilo que outro indivíduo intenciona com um signo contém, portanto, dois componentes, a saber, a experiência do significado do signo em geral (portanto em sentido objetivo), e a experiência de seu sentido subjetivo e ocasional, das "franjas de sentido" ou do "sentido subjacente" que esse signo assume, em função do contexto de sentido, na vivência do autor da posição. Fundamentemos nossa análise tomando como exemplo a situação de uma conversa. Nela, os cursos de consciência, que se constituem em fases, próprios ao sujeito da posição de sentido, são apreendidos em simultaneidade pelo interpretante, que faz a recepção do sentido posto dado-lhe à interpretação, mas não como unidade constituída acabada; antes, o sentido se constrói à sua frente, em atos de posição de sentido politicamente estruturados, e em atos estruturados politicamente se constitui, fase por fase, a interpretação de sentido, voltada aos atos de posição e a qual o interpretante executa construtivamente durante a ocorrência dos mesmos. Falante e ouvinte vivenciam, durante a fala, seu executar de atos politicamente estruturados, aos quais se aderem retenções e protenções, atravessadas por reproduções e recordações prospectivas, em variados adumbramentos e justaposições, e ambos podem alternadamente tomar esses atos em perspectiva na forma de unidades monotéticas. O sentido do discurso do indivíduo que a mim se dirige se constitui para ele *e* para mim nas frases singulares da sua fala, e o sentido das mesmas se constitui nas palavras postas sintaticamente em sucessão temporal, fase por fase. Por isso, tanto para o falante como para o ouvinte, o discurso é o contexto de sentido das frases, e, a sentença, contexto de sentido das palavras.

 A autêntica compreensão dos atos de consciência do outro, do sujeito da posição do signo, ocorre em simultaneidade ou em *quasi*-simultaneidade, do mesmo modo como na autêntica compreensão das ações não comunicativas do outro (§ 22). O interpretante projeta o ato percepcionado de posição de signos interpretados como um agir a ser por ele realizado, e pode, em uma fantasia do posicionar, fixar intencionalmente, ao agir orientado em função desse projeto, suas vivências de consciência. Ele interpreta, portanto, o sentido sígnico subjetivo posto pelo outro indivíduo como se tivesse sido ele o autor da posição do signo. Certamente, nessa interpretação entra toda a experiência do interpretante referente ao sujeito da posição sígnica, toda a experiência acerca dos hábitos e esquemas de expressão que lhe são próprios. Todo tornar ao sentido subjetivo toma como referência a totalidade do pré-saber sobre o autor do ato posicional sígnico em dado agora-e-assim da experiência do interpretante. Esse pré-saber se amplia permanentemente, mediante a conservação retencional das experiências que se agregam, simultaneamente ou em *quasi*-simultaneidade, durante a posição do signo.

Algo semelhante se pode dizer a respeito do sujeito do ato posicional sígnico. Este o realiza com o propósito de ser compreendido pelo interpretante. Aqui, precisamente, os signos devem ser compreendidos não apenas em sua função significativa objetiva, senão como expressão das vivências do autor da posição de sentido. Seu ouvinte deve compreender inteligivelmente o que é dito. O falante antecipa *modo futuri exacti*, no projeto da sua fala, o contexto de sentido que deverá ser formado, em construção fase por fase, na interpretação pelo ouvinte. Ele então interpreta os signos a serem por ele postos em conformidade com seus hábitos interpretativos, em função dos quais ele, o autor da posição de sentido, costuma interpretar signos que lhe são dados à interpretação por outros indivíduos. Nesse processo, ele certamente também considerará todos aqueles esquemas de interpretação que se lhe agregam mediante sua experiência específica referente ao seu ouvinte.

Mas quando o *sujeito da posição* de sentido toma em perspectiva, em olhar monorradial, os atos que se constroem na consciência do interpretante, ele o faz apenas em fantasias de interpretações de sentido, e essas fantasias têm caráter de expectativas, de recordações prospectivas, de protenções mais ou menos vazias. A interpretação de sentido efetiva pelo interpretante se encontra, para a posição de sentido (dito de modo mais preciso, para a interpretação de sentido pelo autor da posição de sentido) em uma relação de preenchimento ou não-preenchimento. A recordação prospectiva da interpretação pelo sujeito da posição de sentido é necessariamente vaga. Pois o ato real de interpretação pelo interpretante pertence ao futuro e se encontra em aberto.

Diferente o *interpretante*: a posição de sentido pelo alter ego lhe é dada na forma de ato decorrido, desvaído. Pois ele somente torna à função expressiva subjetiva a partir dos signos já constituídos e completamente postos, acabados. Para se chegar ao sentido subjetivo que os signos, em virtude da sua construção constitutiva, assumem na consciência do autor da posição, o interpretante busca determinar, na imaginação do ato no modo da fantasia, o projeto do sujeito da posição de sentido, mas tem em perspectiva esse projetar apenas a partir dos atos de posição já executados, decorridos e preenchidos. Por isso, para o interpretante, o projeto que lhe é dado à interpretação, próprio ao autor da posição de sentido, não se encontra de modo nenhum em uma relação de preenchimento ou de não-preenchimento com os atos de posição de sentido já executados. O projeto do sujeito da posição de sentido, desde a perspectiva do interpretante, é precedente aos atos de posição de sentido, ele *foi* ou não por eles preenchido, mas não os *preenche*. O interpretante torna *modo plusquamperfecti*, a partir dos signos postos, ao projeto que lhes é precedente, do autor da posição de sentido.

Contudo, porque os atos de posição de sentido se encontram em relação de preenchimento ou não-preenchimento com o projeto mesmo de posição de sentido, segue, todavia, incerto para o interpretante se os atos de posição efetivamente executados preencheram ou não o projeto do sujeito da posição de sentido, o projeto de ser compreendido adequadamente pelo interpretante. Por essa razão, também o projeto próprio ao sujeito da posição de sentido, que o interpretante busca encontrar mediante construção realizada no modo da fantasia, é vago e indeterminado. De fato, nada ficaria indeterminado se fosse correta a premissa de que o autor da posição de sentido preenche seu projeto mediante seu agir (posição de sentido). Mas mesmo essa premissa se encontra, por seu lado, necessariamente, no modo de incerteza.

Ilustremos o estado de coisas com outras palavras, para adquirir total clareza sobre esse ponto. O autor da posição de sentido diz a si mesmo: "se aquele, a quem dirijo minha fala, apreende o que é proferido do mesmo modo como eu a apreendo, então, para trazer à expressão meus pensamentos de forma clara e distinta, vou ter de escolher essas e aquelas palavras". O interpretante diz a si mesmo: "se o autor da posição de sentido relaciona com suas palavras aquele mesmo sentido que costumo relacionar com elas, então, visto que ele usou essas palavras, deve ter pretendido dizer isso e aquilo". Dessa circunstância se explica a há pouco mencionada remissão da posição de sentido e também da interpretação aos esquemas alheios de interpretação e de expressão.

O esquema que o sujeito do ato de posição de sentido aplica para a interpretação da posição sígnica projetada é, pois, não apenas dependente dos hábitos de interpretação próprios, mas também referido aos alheios. De início, entretanto, ao ler rapidamente uma sentença por mim redigida com intento manifestante, costumo interpretá-la do mesmo modo como, com base nos meus hábitos de interpretação, estou acostumado a ler outras sentenças escritas por outros indivíduos. Finalidade da minha escrita é, porém, tornar a frase redigida compreensível ao leitor, e não apenas seu contexto objetivo de sentido, não apenas os significados verbais das palavras por mim utilizadas e a estrutura sintática da sentença mesma, senão também seu contexto subjetivo de sentido. O leitor deve compreender não apenas aquilo que cada palavra significa no contexto do meu escrever, mas também em qual contexto de sentido a sentença em questão se encontra para mim e para minha consciência. Ele deve, ademais, poder entender, mediante esses signos, tudo nelas expresso, por exemplo entender, no ajuizar, aquilo que foi objeto do juízo em sua efetuação. Em todo caso, poderia ser que eu, ao considerar tudo isso, chegasse à conclusão de que a sentença que redigi fosse insuficiente, nesta ou naquela circunstância, para atingir os objetivos por mim projetados (os motivos-para da escrita). Receio, por exemplo, que o leitor, a considerar seus hábitos específicos de interpretação, "interprete equivocadamente" uma ou outra palavra, ou que o pensamento por mim expresso com a frase projetada "não estará claro" para ele, isto é, que o leitor não será capaz de entender o objeto do juízo no interpretar pós-judicante dos signos. Temo, então, que o contexto de significado ao qual pertence a sentença – conforme o projeto – em função de seu conteúdo objetivo de sentido (de seu significado sígnico) e, ademais, em função de seu sentido subjetivo enquanto expressão das minhas vivências de consciência em construção, será interpretado pelo leitor de acordo com um esquema inadequado à minha posição de sentido, cuja seleção, entre vários outros esquemas de interpretação encontrados em sua experiência, é determinada pela modificação atencional, por exemplo "eventual", de seu voltar-se-para interpretante dirigido aos signos.

Por outro lado, o leitor pode ter em perspectiva o esquema de expressão próprio ao sujeito da escrita, fantasiando ter ele mesmo redigido a sentença, ter ele mesmo fixado intencionalmente o decurso de suas vivências de consciência durante a redação, e então se voltar ao projeto precedente relativo a essa posição construtiva de atos. Ao comparar o curso construtivo fantasiado de vivências de consciência e o projeto nele implicado com a objetualidade judicativa constituída da sentença mesma, ele pode verificar congruência ou incongruência entre ambas; pode afirmar: "O que o indivíduo que escreveu essa sentença quis dizer é de fato inteligível para mim, mas ele não atingiu seu objetivo, senão apenas disse algo distinto. Em seu lugar, eu teria escolhido outra expressão". Entretanto, caso o leitor possua, em virtude de experiência anterior, um conhecimento preciso acerca dos hábitos de expressão do autor da frase, ele pode por exemplo chegar ao seguinte juízo: "Quando o autor usa essa palavra, de fato compreendo muito bem o que ele quer dizer com ela, visto que seus argumentos a respeito desse tema me são conhecidos. Duvido, porém, que uma terceira pessoa, ao ler essa sentença, compreenda, por ela, a mesma coisa". Nesse caso, o leitor teria efetuado uma tripla reconstrução do ato em construção. Primeiro a partir de seus hábitos de interpretação, dos quais lhe resulta o entendimento explícito da sentença. Nesses hábitos de interpretação do leitor estão implícitos, em segundo lugar, os hábitos de expressão, próprios ao autor, que se tornaram conhecidos ao leitor com base em sua experiência prévia, de modo que ele é capaz de ter em perspectiva o contexto de sentido no qual se encontravam, para o autor, os atos construtivos e o projeto, e isso mesmo no caso de ele, o leitor, *além disso*, *não* fazer uso daqueles esquemas de interpretação que ele pressupõe ser utilizados pelo redator como esquemas de expressão. Ele pode, em terceiro lugar, eliminar de seus esquemas de interpretação suas experiências referentes aos hábitos de expressão próprios ao autor e realizar a interpretação como se a realizasse outro indivíduo sem nenhum conhecimento dos esquemas de interpretação pré-dados e próprios ao indivíduo que redigiu a sentença. Mas isso significa que ele então executa a interpretação em função da experiência que possui referente aos esquemas de interpretação de outros indivíduos, por exemplo do leitor médio ou típico de tais enunciados.

As análises acima se aplicam, obviamente, de modo bem geral, a todo ato de interpretação e posição de signo. Delas se conclui que a apreensão do sentido subjetivo e ocasional de um signo pelo autor da posição de sentido ou pelo interpretante é condicionada pelo seu pré-saber acerca do tu, acerca de seus hábitos de expressão e interpretação e de seu conhecimento a respeito das modificações atencionais nas quais esse tu está voltado ao signo. Nesse contexto, tem especial significado o grau de anonimato no qual o parceiro é dado ao ego. No nosso exemplo analisamos sobretudo a posição de signo e sua interpretação no mundo social circundante. Entretanto, interpretação e posição sígnicas ocorrem ademais também em outros domínios da vida em sociedade, como na relação social própria ao mundo dos contemporâneos ou dos predecessores, que, como veremos, caracteriza-se por crescente anonimização do parceiro. Por isso, em todas essas regiões do mundo social, a teoria da interpretação e posição de signos passa por diferentes modificações, que serão precisadas na quarta seção do nosso estudo. Mesmo na relação social ocorrida no mundo social circundante, tomada até aqui como modelo, fica evidente a insustentabilidade do postulado da apreensão do sentido visado, que já tratamos anteriormente (§ 19). O sentido subjetivo apreendido pelo interpretante é, na melhor das hipóteses, uma aproximação do sentido visado pelo autor da posição, mas jamais o sentido mesmo, pois este é condicionado pelas perspectivas de apreensão e pelo pré-saber, sempre necessariamente fragmentário, acerca dos esquemas de interpretação próprios ao tu. O mesmo vale, naturalmente, para o sujeito da posição, que antecipa, no projeto, a interpretação do sentido pelo outro indivíduo.

Com essas exposições analisamos apenas aquilo que foi manifestado, portanto o que o manifestante manifesta com sua manifestação. Além dele, porém, também o manifestar consiste propriamente em agir significativo, cuja interpretação pelo alter ego precisa ser investigada.

§ 26 O contexto de sentido do manifestar – Resumo

À tentativa de determinar o que o indivíduo manifestante visa com o manifestar (não com o manifestado) precede necessariamente a interpretação, de parte de seu receptor, do significado objetivo e da função expressiva subjetiva dos signos manifestados. Em todo caso, a busca por determinar o que o manifestante tem em vista com o fato de que ele manifesta – e que manifesta essa sua vivência de consciência específica – objetiva antes de tudo encontrar o motivo-para do autor da manifestação. Pois, desde a perspectiva do manifestante, a manifestação é visada sempre apenas dentro de um agir projetado cujo objetivo de ação vai além do ato do manifestar, de modo que o manifestar é ele mesmo motivado por aquele objetivo de ação projetado. Essa circunstância é essencial a todo agir manifestante. Qualquer coisa que eu diga a outro indivíduo, falo "com vista a" algo, seja apenas para ser compreendido, seja a fim de provocar um comportamento específico de sua parte. Todo manifestar é motivado, por isso, especificamente no modo do "para", pela recepção do destinatário da manifestação.

Se consideramos essa relação desde a perspectiva do sujeito da recepção, portanto do interpretante, nota-se que este, ao se perguntar o que o indivíduo manifestante visa com o ato mesmo da posição de sentido (não com seus resultantes, cuja interpretação a rigor se limita à remissão do signo ao esquema de interpretação, isto é, de expressão), de fato intenciona interpretar o motivo-para do sujeito do manifestar. Qualquer coisa que o tu me diga, ele o faz agora, aqui e assim, para me induzir a determinado comportamento, ainda que apenas compreendê-lo. Decidido a me dedicar ao estudo da sua intenção, tenho então de inquirir o "plano" que segue o tu ao se dirigir a mim, portanto o com-vista-a, o motivo-para que, na forma de projeto, fundamenta o seu agir.

Perguntar-se, contudo, pelo motivo-para do manifestar não é de modo nenhum um privilégio do destinatário da manifestação. A mesma ponderação pode ser realizada por qualquer interpretante, mesmo que não seja ele destinatário do manifestar. Posso, por exemplo, como observador no mundo social circundante, diretamente interpretar, "como terceira pessoa desinteressada", a conversa entre dois indivíduos, desde que compreenda sua língua. Posso, ou melhor, tenho de me perguntar pelo motivo-para do manifestar caso pretenda saber o objetivo de ação alcançado pelo mesmo. É ademais evidente que a questão sobre o motivo-para de um alter ego também pode ser levantada na circunstância da interpretação de ações sem intento de manifestação, como já mostraram análises desenvolvidas anteriormente (§ 22). O curso da vivência do agente observado só pode ser apreendido, assim afirmamos, partindo-se do "para" do seu agir, a saber, mediante recurso ao projeto desse agir e por meio da imaginação, no modo da fantasia, dos atos de consciência constituintes do agir. No caso do agir sem intento de manifestação, a ação certamente será interpretada como preenchimento do "para" – fixado no projeto – do agir. Porém, caso tenha conhecimento de que a ação executada é apenas objetivo intermediário dentro de um projeto mais amplo, de que é apenas meio para atingir um objetivo de ação de ordem superior, então realizarei as interpretações das vivências de consciência próprias ao alter ego a partir daquele mesmo objetivo de ordem superior, em vista do qual se realizou a ação executada apreendida como unidade.

Para além do exame do motivo-para, posso inquirir, em qualquer circunstância, o motivo-porque genuíno a partir do qual ocorreu o estabelecimento do objetivo e, com ele, a constituição do motivo-para para o agente (manifestante). Isso certamente pressupõe que eu já conheça esse objetivo; em outras palavras, inquirir o motivo determinável tem já como pressuposto a interpretação executada do motivo-para ou projeto. Ao me perguntar pelo motivo-porque, tenho pré-dado o contexto subjetivo de sentido do motivo-para alheio enquanto objetualidade completamente constituída, e a partir dele inquiro a constituição dos substratos que fundamentam esse contexto subjetivo de sentido. Entretanto, com isso não se pretende afirmar que o indivíduo por mim observado de fato vivencia aqueles substratos do contexto de sentido do "para" – portanto os motivos-porque genuínos – como contexto de sentido, tampouco que ele de fato se volta – ou também apenas pode se voltar –, em olhar monorradial, aos atos construídos politeticamente que constituíram, de acordo com minha interpretação, o motivo-para. Pelo contrário. Falta toda evidência de que o agente (autor da posição de sentido) tenha mesmo em perspectiva o motivo-porque do seu agir (do ato de posição de sentido). Embora ele viva nas vivências e nos atos que, depois de eu ter interpretado o sentido constituído de seus motivos-para, tomo como motivo-porque de seu projeto, ele raramente se volta a eles, jamais *qua* agente, senão apenas em um ato *sui generis*, mas então, nesses casos, de modo independente e desvinculado desse mesmo agir, na forma de interpretante do que lhe é próprio e em um procedimento que corresponde ao da interpretação de sentido por um alter ego, com a diferença de que o ego em regra (embora também não sempre) dispõe, em comparação com o outro indivíduo, de um conjunto de sintomas mais extenso e um de conhecimento igualmente maior acerca da sua própria duração decorrida.

Ainda descreveremos em detalhes a relação dos motivos--para com os motivos-porque nas diferentes regiões do mundo social. Trataremos aqui apenas de tornar clara, recapitulando, a partir de uma análise do contexto de sentido no qual se encontra a posição de um signo para o sujeito do ato, o conjunto das implicações contidas no conceito da compreensão do outro. Pois a afirmação de que o signo se encontra em um contexto de sentido para o autor da sua posição abrange vários aspectos que precisam ser deslindados.

Aquelas vivências das quais o signo deve ser signo se encontram primeiro em um contexto de sentido para mim, autor do ato posicional. Pois também elas se constituem em construção por fases, e também as tomo em perspectiva como algo de unitário.

Em segundo lugar, o signo já se encontra, para mim, sujeito da sua posição, em um sistema de signos, portanto também em um contexto de sentido, pois à posição de um signo necessariamente precede a apreensão do sistema sígnico ao qual pertence. Para que possa ocorrer a sua posição, o signo precisa ser interpretado. Também essa interpretação de signo precedente à posição do mesmo é uma síntese de vivências politeticamente estruturadas que forma um contexto de sentido de espécie particular, na medida em que, em um ato experiencial *sui generis*, funda-se então uma nova síntese – o chamado esquema de associação do signo – entre o contexto de sentido das vivências experienciais do designado e o das vivências de experiência do signo enquanto objetualidade sígnica.

Em terceiro lugar, o ato de posição de sentido do signo é, enquanto tal, para mim, seu autor, um contexto de sentido específico na medida em que toda posição de signo é agir, a saber, um expressar. Visto que todo agir forma um contexto de sentido tão logo suas séries particulares de vivência, que se constituem em fases, são tidas em perspectiva, em olhar monorradial, na forma de ação, é também todo agir expressivo um contexto de sentido como esse. Com isso não se afirma que toda posição de um signo enquanto tal, portanto o puro expressar de um conteúdo de consciência, seja um manifestar. Na vida anímica solitária, há signos na forma de expressão, mas não de manifestação. Certamente, em quarto lugar, o contexto de sentido "posição de sentido enquanto ação" pode fundar um contexto de sentido de ordem superior "posição de signo enquanto ação manifestante", e isso de início ainda sem direcionamento do olhar ao destinatário individual da manifestação.

Em quinto lugar, também o destinatário dessa manifestação, portanto seu receptor, pode, porém, em um contexto de sentido novamente ampliado, ser remetido ao manifestar mesmo. Nesse caso, não apenas o manifestar ocorre com vista à recepção da manifestação, senão que o que foi manifestado haverá de induzir o seu receptor a uma tomada de posição específica, a um comportamento.

Em sexto lugar, a circunstância de essa manifestação suceder *agora, aqui e assim* frente ao destinatário pode ser inserido, por um motivo-para específico, em um contexto de sentido ampliado.

Todos esses contextos de sentido se encontram por princípio abertos ao interpretante e podem ser metodicamente desvelados por ele. Qual desses contextos subjetivos de sentido o interpretante busca determinar dependerá da sua situação de interesses, do problema, portanto, em vista do qual ele a princípio trata de inquirir a interpretação de sentido do signo. Como vimos[204], a escolha do problema ocorre em atos de livre-voltar-se-para espontâneo, em última instância apenas referíveis à *attention à la vie* no respectivo agora-e-assim do voltar-se-para.

A afirmação feita logo acima, de que todos esses contextos de sentido se encontram por princípio abertos à interpretação, exige ser precisada. Como mencionado repetidas vezes, a estrutura do mundo social não é de modo nenhum homogênea. O próximo e aquilo que resulta da sua posição sígnica podem nos ser dados de distintas formas. Acedemos ao signo e à vivência de consciência alheia que nele se manifesta por diferentes caminhos. A rigor até podemos ter em perspectiva a consciência de outrem com base puramente em um índice, mesmo no caso de nenhum signo nos for dado à interpretação, como quando interpretativamente remetemos um artefato às vivências de consciência daquele que o produziu.

---

204. Cf. acima § 16, p. 135s. e § 18, p. 152.

§ 27 Sentido subjetivo e sentido objetivo – Produto e testemunho

Vimos quais caminhos de acesso se encontram abertos à autêntica compreensão do outro. Em autointerpretação, o indivíduo interpreta suas vivências do corpo somático alheio em movimento ou referente a artefatos, que remontam à produção pelo alter ego. Portanto, ele realiza a autêntica compreensão do outro sobre objetivações nas quais se manifestam as vivências de consciência alheias, tratem-se essas objetivações de objetualidades constituídas de ação (movimentos executados, gestos ou resultados de agir) ou de artefatos (signos em sentido mais estrito ou objetos produzidos do mundo externo, utensílios, monumentos etc.). É comum a todas essas objetivações que elas somente *são* em virtude da posição realizada por um ser racional, seja por mim mesmo, seja por um tu. *Elas são produtos de um agir e, enquanto tais, também testemunhos da consciência do agente* que os produziu em seu agir. *Não todos os testemunhos são signos*, mas todos os signos são testemunhos. Para que um testemunho se torne signo, ele deve poder ser alocado em um sistema sígnico, como em um esquema de associação. Nem todos os testemunhos cumprem essa precondição. Um utensílio, por exemplo uma ferramenta, não é, a rigor, um signo, mas produto, e, desse modo, testemunho do curso de consciência daquele que produziu esse utensílio ou que tornou o objeto físico em questão em utensílio, fazendo uso seu. Porém, testemunhos são não apenas as coisas do mundo externo; não apenas o instrumento[205] produzido manualmente, mas também a ação que é produzida no agir, o juízo que é produzido no ajuizar, o manifestado que é produzido no manifestar etc.

A testemunhos de toda espécie se estende a problemática dos sentidos subjetivo e objetivo. É que o produto pode ser interpretado, por aquele a quem o mesmo é dado como algo produzido, como objetualidade de espécie real ou ideal, independente do produtor, ou então como testemunho do curso de consciência

---

205. Esse termo é utilizado por Heidegger (*Sein und Zeit*, p. 102) para se referir a objetos do mundo externo que se encontram "à mão".

daquele que produziu essa objetualidade em atos constituintes de posição em sua consciência. Quando algo produzido é interpretado simplesmente como produto, como objetualidade em si mesma, isso significa que o interpretante subsume, a seus esquemas de interpretação disponíveis em estoque, seus atos experienciais relativos a esse objeto, em autointerpretação. Quando um produto é apreendido como testemunho, ocorre, além isso, de o olhar ser dirigido aos atos de consciência constituintes próprios ao producente (próprios a mim mesmo ou a um alter ego), nos quais se constituiu o produzido a partir dos atos producentes.

Essa relação entre sentido objetivo e sentido subjetivo pode ser assim precisada: *referimo-nos ao sentido subjetivo de um produto quando temos em perspectiva o contexto de sentido no qual se encontram ou se encontraram, para o sujeito do produzir, suas vivências das quais o produto testemunha, isto é, se somos capazes de imaginar, em simultaneidade ou* quasi-simultaneidade *da nossa duração, os atos politéticos nos quais se construíram essas vivências próprias ao autor da posição do produto.*

Tomamos em perspectiva as vivências de outrem – em seu curso – na forma, portanto, de agora-e-assim atual respectivo de uma duração alheia, tal como se constituíram em processo gradual de construção na consciência do alter ego. Os produtos são, para nós, índices das vivências específicas próprias a um tu das quais testemunham. Essas vivências se encontram, para a consciência do producente, em um contexto de sentido. Disso sabemos em virtude de uma evidência específica, e podemos tomar em perspectiva o processo de constituição na consciência alheia por meio da autêntica compreensão do outro.

Sentido objetivo, em contrapartida, podemos predicar apenas a um produto enquanto tal, portanto ao contexto de sentido completamente constituído do produzido mesmo, cuja produção em atos politeticamente construídos na consciência alheia segue por nós inapercebida. O produto, então, no sentido original da palavra, é um produzido, especificamente um resultado final, não mais encontrado no fluxo do produzir, ao qual, antes, apenas remete, como que a um curso antecedente. O produto mesmo não é, porém, ocorrência, mas sim algo de existente originado nos cursos desvaídos do produzir enquanto seu sedimento. Certamente, também a interpretação do sentido objetivo do produto ocorre na nossa consciência em atos politéticos de construção gradual, mas se limita à inserção das vivências de experiência referentes ao produzido no contexto geral de experiência próprio ao interpretante no respectivo agora-e-assim do interpretar. Ele, o interpretante, não chega a ter em perspectiva que também a produção do produzido ocorreu na consciência do tu em atos politeticamente construídos, tampouco que o produto é testemunho desses mesmos atos. O interpretante sabe, em intelecção essencial, que todo produzido remonta ao produzir; o sujeito da interpretação poderia a qualquer momento dirigir o olhar àquela consciência de cujas vivências o produto caracteriza testemunho, mas não o faz, e desconsidera os processos de constituição que dão origem à posição do produto. *Sentido objetivo, por essa razão, encontra-se em um contexto de sentido apenas para a consciência do interpretante, enquanto sentido subjetivo também remete ademais a um contexto de sentido para a consciência do autor da posição.*

Tem-se, portanto, um contexto subjetivo de sentido sempre que o que é dado em um contexto objetivo de sentido tiver, por seu lado, sido produzido por um tu como contexto de sentido. A rigor, porém, *apenas* com a remissão ao sentido subjetivo não se afirma nada a respeito da espécie do contexto de sentido no qual o tu insere suas vivências politéticas, tampouco sobre o "ser-assim" dessas vivências mesmas.

Afirmamos anteriormente que a apreensão, pelo interpretante, dos cursos de consciência constituídos em fases próprios ao autor da posição do produto ocorre em simultaneidade ou *quasi*-simultaneidade. A autêntica simultaneidade é, aqui, um caso especial, ainda que frequente. Ela está vinculada ao mundo social circundante, e pressupõe que o interpretante vivencie diretamente o produzir do produto, como em uma situação de diálogo, na qual o ouvinte presencia a execução e tem imediato entendimento dos atos graduais de posição do falante. Um caso de *quasi*-simultaneidade encontramos, por exemplo, na leitura de um livro, na qual o leitor imagina os atos de posição do autor como se realizados ante seus olhos. Do mesmo modo pode ser fantasiada, em um curso *quasi*-simultâneo, a produção de qualquer artefato, portanto também de um utensílio. Mas com a afirmação de que poderíamos ter em perspectiva, no modo de simultaneidade ou *quasi*-simultaneidade, as vivências construídas fase por fase próprias ao tu, que realiza a posição do produto, diz-se apenas que podemos apreender *o fato de que* no tu se constroem vivências em primeiro lugar. Nada se afirma sobre o modo como se apreende, sobre o *que* se executa em processo de construção, tampouco sobre *como* esta ocorre. Essa problemática só encontrará sua solução definitiva mais adiante (especificamente no contexto da discussão do problema referente ao mundo social de contemporâneos e consociados e à autêntica relação-nós). Aqui, contudo, já se pode dizer que todo tornar ao sentido subjetivo tem como pressuposto um pré-saber acerca desse tu particular, autor da posição do produto. É que ao inquirir o sentido subjetivo, portanto as vivências de consciência no alter ego das quais um produto testemunha, dirigimos o olhar ao vivenciar particular politeticamente construído próprio a determinado tu. As vivências, então, das quais os produtos constituem testemunhos, encontram-se em um contexto de sentido para esse tu vivenciante, e esse indivíduo é, em seu ser-assim, em cada ponto-agora da sua duração, um tu particular, e dele, enquanto tal, temos experiência. Esse tu é impermutável, não pode ser substituído por outro tu, a rigor tampouco por esse mesmo tu em outro ponto da sua duração.

 O sentido objetivo de um produto que nos é dado, em contrapartida, não será jamais interpretado como testemunho de um vivenciar específico próprio a determinado tu, senão que apreendido como objetualidade já constituída resultante de um ato de posição, desvinculada de qualquer duração e contexto de sentido em uma duração alheia, por essa razão como dotada de "significação universal". Certamente, afirmar ser aquilo a ser interpretado um produto já remete a um tu que o produziu, mas quando inquirimos o sentido objetivo não chegamos a ter em perspectiva aquele *alter ego cogitans*, tampouco seu vivenciar; junto com seu curso de duração e seu conteúdo de vivência, suas especificidades individuais e tudo que constitui seu ser-assim, ele permanece inapercebido, *oculta-se detrás do impessoal* ("alguém", "qualquer pessoa"). Esse "impessoal" anônimo não é outra coisa senão a denominação linguística para a existência ou para o ter-existido de um tu cujo ser-assim não é encontrado pelo nosso olhar. Seu lugar pode ser assumido pelo eu ou por qualquer alter ego real, por um tipo ideal ou qualquer indivíduo, sem que nada se altere no sentido objetivo do produto. Nada podemos afirmar a respeito dos processos de constituição que, passando pela expressão subjetiva, conduziram a esse significado objetivo, visto ser esse impessoal anônimo desprovido de qualquer duração, e, o tempo que lhe atribuímos, imaginário, isto é, um tempo por princípio impossível de se vivenciar. Mas justamente por essa razão permanece o sentido objetivo do produto, para nós interpretantes, invariante frente a todo e qualquer contexto de sentido de dentro do qual o produto possa ser imaginado como posto. Dessa forma, ao "significado" do produto é característica a idealização do "e-assim-por-diante" e "poder-sempre-de-novo"[206]; nesse sentido, ele é independente do autor da posição desse produto e do momento em que esse ato é realizado. O produzido é desvinculado de qualquer duração individual na qual seu produzir de origem tenha se constituído, assim como de toda duração em geral. Sentido objetivo não é outra coisa senão a inserção, no contexto geral de experiência do interpretante, de vivências experienciais referentes a um produzido.

Resulta dessas exposições que toda interpretação do sentido subjetivo de um produto implica referência a um tu particular, do qual o interpretante tem experiência e cujos atos construtivos de consciência lhes são concebíveis em simultaneidade ou *quasi*-simultaneidade, enquanto o sentido objetivo é independente e desvinculado de todo tu. Devemos salientar que mais adiante teremos oportunidade de determinar precisamente essa formulação antitética e caracterizá-la como oposição polar. Entre a apreensão do sentido subjetivo e a apreensão do sentido objetivo puro se dá toda uma série de níveis intermediários, fun-

---

206. Cf. acima § 14, p. 123s. e § 24, p. 193.

dados na construção estrutural peculiar do mundo social em mundo dos consociados, dos predecessores, dos contemporâneos e dos sucessores. À análise desses diferentes mundos, e em especial ao estudo do processo de anonimização em cada uma dessas esferas, será dedicada a quarta seção das nossas investigações, na qual a oposição polar entre sentido subjetivo e sentido objetivo se revelará como formulação típica-ideal de princípios heurísticos da interpretação de sentido. Para isso, contudo, ainda se fazem necessárias algumas investigações.

§ 28 Excurso sobre algumas aplicações da teoria do sentido subjetivo e do sentido objetivo no campo das ciências humanas

Devemos nesse contexto chamar atenção para o grande significado que assume, nas ciências humanas – e não só nelas –, a teoria, por nós desenvolvida no parágrafo anterior, da dupla possibilidade de interpretação de produtos. Tratamos primeiro de todos aqueles objetos que denominamos de culturais, portanto os objetos ideais "Estado", "arte", "língua" etc. Todas essas objetualidades ideais são, de acordo com nossa teoria, produtos, pois remontam à produção por outros indivíduos, são testemunhos de cursos de consciência desses mesmos indivíduos. Todas as objetivações culturais podem, por isso, ser interpretadas de duas maneiras. Um modo de interpretação toma os produtos como objetualidades completamente constituídas, tal como se apresentam a nós, aos interpretantes, agora como contemporâneos no tempo presente ou sucessores dentro do curso histórico. Essas objetualidades podem ser tomadas em simples descrição ou se tornar, mediante tratamento teórico, objeto de um conhecimento de essência acerca de produtos dessa espécie, do Estado em geral, da arte em geral, língua em geral.

Todos esses produtos podem, porém, ser também interpretados como testemunhos do curso de consciência do autor da sua posição, e aqui os objetos culturais, altamente complexos, em regra se permitem investigar em vários aspectos. O Estado pode ser interpretado como uma soma de ações daqueles que se orientam pela ordem estatal, portanto dos cidadãos; ou, enquanto objeto da disciplina da história, como o resultado de cursos de ação no processo histórico; ou como concretização de determinada ideologia de Estado do tirano ou dos governantes etc. Além disso, a arte de determinada época pode ser interpretada como expressão de determinada tendência dentro da arte daquele período, ou como expressão de determinada interpretação de mundo que precede, e a princípio a condiciona, toda produção artística – como expressão, portanto, de determinado "olhar". Ela pode, porém, ser ainda interpretada como desenvolvimento histórico que ocorre na reinterpretação de dados estilos de época anteriores, na sucessão seja das escolas ou de gerações. Todas essas diferentes possibilidades são apenas alguns entre vários exemplos, e a cada um desses modos de apreensão corresponde um esquema de interpretação e uma doação de sentido específicos referentes ao objeto da interpretação.

Observamos anteriormente que a invariância do conteúdo de sentido de um produto em relação aos atos do produzir dos quais é testemunho depende do grau de anonimato no qual o curso de consciência do producente é apreendido. Apenas a idealização do puro impessoal possibilita a apreensão do produzido na idealização do "e-assim-por-diante" e "poder-sempre-de-novo". Ilustremos o significado dessa afirmação tomando como exemplo o fenômeno da economia. Os princípios da teoria econômica, como os assim denominados princípios da catalaxia, sem dúvida têm ações humanas como objeto, mas ações enquanto produto, não agir como produzir. O conteúdo de sentido desses princípios se constitui exclusivamente na subsunção dessas ações ao esquema de interpretação do interpretante, portanto do teórico da economia. Certamente, toda ação econômica tida em perspectiva remete a um indivíduo econômico agente, mas este é absolutamente anônimo; não é um ego, um tu, um empresário ou um *homo economicus* em geral, senão que a ele corresponde simplesmente apenas um impessoal[207] universal. Essa é precisamente a razão pela qual os princípios da teoria econômica têm

---

207. O modo como esse conceito do "impessoal" pode ser precisado mostram as investigações desenvolvidas no § 39, sobre o anonimato do mundo dos contemporâneos.

a "validade universal" que a idealização do "e-assim-por-diante" e "poder-sempre-de-novo" lhes confere. Porém, também é possível tomar em perspectiva o indivíduo econômico enquanto tal e estudar seus cursos de consciência; certamente que nesse caso se desenvolve não teoria econômica, mas história ou sociologia da economia – da qual serve de exemplo o primeiro volume de *Economia e sociedade* de Weber, até hoje não superado do ponto de vista metodológico. Entretanto, às asserções dessas ciências não cabe nenhuma validade universal, pois remontam ou ao espírito econômico de determinados indivíduos históricos ou a tipos de agir econômico dos quais as ações econômicas produzidas são testemunho.

Para ilustrar o significado da questão com exemplos tomados de outros campos do conhecimento, podemos mencionar a importância da clara distinção entre sentido subjetivo e sentido objetivo para as ciências da interpretação propriamente ditas, a saber, para a filologia e a jurisprudência. Constitui problema central de toda filologia precisar se objeto de estudo de suas interpretações seria o sentido objetivo de uma palavra em determinada época em determinado território de linguagem, ou o sentido subjetivo assumido por essa palavra no uso por determinado autor ou círculo de falantes da sua língua, ou então o sentido ocasional que ela adquire no contexto do discurso. A qualquer jurista é familiar a distinção entre considerar, por um lado, segundo regras de interpretação filológicas ou jurídicas, uma passagem do texto da lei enquanto enunciado dentro de um sistema legal, e, por outro lado, a tentativa de inquirir a "intenção do legislador". Todas essas distinções remontam à diferença entre o sentido subjetivo e o sentido objetivo de produtos, como exposta acima.

Mais ainda. O empenho por encontrar um sentido subjetivo para tudo existente está tão profundamente enraizado no espírito humano, a interpretação significativa de qualquer objeto se encontra tão fortemente vinculada à possibilidade de remontá-lo a uma posição significativa por uma consciência, que simplesmente tudo poderia ser considerado produto e, assim, testemunho do curso de consciência de seu producente; por exemplo, o mundo enquanto produto de Deus, de cujo ato criador ele testemunha, e também o ser humano enquanto criatura de um criador, de cujo ser e consciência sua vida presta testemunho. Aqui podemos apenas indicar esse conjunto de problemas, alheio ao rigor da ciência. Em todo caso, é a problemática do sentido subjetivo e sentido objetivo a porta de entrada a toda teologia e metafísica.

Seção IV
Análise estrutural do mundo social
Mundo dos consociados, mundo dos contemporâneos, mundo dos predecessores

A – Introdução

§ 29 Consideração preliminar do problema subsequente

Na terceira seção tratamos das linhas gerais de uma teoria da compreensão do outro e investigamos, em seu desenvolvimento, a apreensão, fundada em vivências referentes ao alter ego, de vivências de consciência alheias em geral. Com a suposição da existência de um tu, logo adentramos a "esfera social", termo pelo qual se compreende o mundo habitado por semelhantes do eu particular. No contexto das nossas investigações, atentamos em diversas oportunidades para o fato de que o mundo social em que se insere o indivíduo, vivendo entre seus semelhantes, não é de modo nenhum homogêneo, senão que estruturado em diversas variações, e que a cada uma de suas esferas ou regiões é peculiar tanto um modo de ser dado específico das vivências de consciência alheias como uma técnica particular da compreensão do outro.

A seguir examinaremos essa disposição estrutural do mundo social. Trataremos de investigar como tal estruturação é em princípio possível, de onde se pode deduzir ser originalmente legítimo supor um mundo social unitário e ao mesmo tempo estratificado, e, ainda, quais dessas disposições estruturais devem ser consideradas na fundamentação de uma análise da compreensão do outro. Só então estaremos em condições de descrever os diferentes modos dessa forma do compreender nas regiões sociais assim distinguidas.

Entretanto, apenas com o desenvolvimento dessas análises ainda não se teria alcançado o objetivo pretendido em nossas investigações. Como se depreende das nossas considerações preliminares, a questão do método especificamente científico de compreensão do outro, problema determinante para toda ciência social, pode apenas ser levantada desde o interior da problemática do sentido visado. Pois as vivências de consciência alheias, como afirmamos anteriormente, são interpretadas na simples apreensão na vida diária de forma diferente se comparado a seu tratamento pelas ciências sociais. Assumimos como tarefa distinguir as categorias nas quais a vida no mundo social se constitui para o indivíduo que vive na visão de mundo natural, e por seu lado dadas a toda ciência social como material de elaboração teórica, das outras categorias pelas quais as ciências sociais classificam esse mesmo material pré-formado.

Aqui, contudo, os planos se intersectam. Pois também na vida diária sou, em certo sentido, "cientista social", a saber, quando estou voltado a outros indivíduos e a seu comportamento não de modo a vivenciá-los, senão em reflexão. Como indivíduo entre indivíduos, *vivo com estes*. Encontro outros indivíduos em meu mundo circundante, e minhas vivências de sua existência e de seu ser-assim pertencem ao agora-e-assim da minha duração, como em geral minhas vivências do mundo que assim me cerca neste agora. Enquanto mundo espacial, ele inclui também o corpo somático alheio e seus movimentos, como objeto não apenas físico-fisiológico, mas também psicofísico, como campo de expressão de vivências de outro indivíduo. E, conforme a tese geral do tu, não apenas *vivencio* o próximo, mas *também vivo com ele, envelheço com ele*, posso ter em perspectiva seu curso da duração como o faço em relação ao meu, e assim também considerar suas vivências de consciência. A viva intencionalidade do conviver, do envelhecer conjuntamente, leva-me adiante, de cada agora a um novo agora, e, com o direcionamento adequado do olhar às vivências de consciência próprias ao tu, "compreendo" meu semelhante sem ter de tomar em perspectiva os atos mesmos do compreender, porque, vivenciando o tu, vivendo com ele e tendo com ele vivência do mundo, o qual a rigor não é apenas meu mundo, senão também o dele, vivo *nos atos mesmos de compreensão do outro*. O tu e o seu vivenciar, então, são não apenas "*acessíveis*" a mim, *abertos, pois, à minha interpretação, senão também dados inquestionados em sua existência e em seu ser-assim*. Isso no sentido estrito da nossa definição, pois todos aqueles substratos que constituíram a compreensão dessas vivências de consciência específicas próprias a esse tu particular, todos os atos de interpretação de sentido, de recepção do manifestar, de referência a motivos alheios etc., em suma, todos aqueles processos analisados até aqui em nossas investigações não chegam a ser tidos por mim, pelo eu que vivencia seus semelhantes – vivendo com eles –, em perspectiva. Eles se situam em um nível de profundidade que a mim permanece não problemático, porque minha *attention à la vie* – expressão que aqui não significa outra coisa senão o que há pouco se pretendeu caracterizar com o termo "viva intencionalidade" – não força nenhum interesse no sentido de aclarar esses mesmos âmbitos. Contudo: *posso* a qualquer momento deixar de ter esse nível como dado inquestionado, *posso* torná-lo problema e ter em perspectiva os atos particulares da compreensão do outro. Como ao me perguntar, por exemplo: "Também o compreendi corretamente?" "Ele não quer dizer outra coisa?" "O que ele pretende afirmar com essas e aquelas ações suas?" Trata-se de questões que, na vida diária, entre outros indivíduos, levanto e sou repetidas vezes forçado a levantar, explicitamente e de modo mais ou menos claro. Ao formular tais perguntas abandono, porém, a viva intencionalidade, na qual vivencio, no modo da simples posse de coisa mesma, o tu em sua especificidade assim como suas vivências particulares; minha *attention à la vie* se alterou, meu interesse está voltado àqueles mesmos níveis de profundidade que outrora, como dados inquestionados, permaneciam inapercebidos. Não vivencio o semelhante vivendo com ele, senão que agora "volto meu pensamento a ele". Mas então procedo da mesma maneira que o cientista social, o qual, a rigor (enquanto *cientista social*, não como indivíduo entre semelhantes, algo que certamente também é), encontra acesso às vivências de consciência alheias apenas como objetos do pensamento, mas não no modo da simples posse de coisa mesma. Assim, o problema relativo às ciências sociais e às suas categorias se coloca já naquela esfera pré-científica que descrevemos anteriormente – ainda que considerado na descrição apenas alguns de seus aspectos – sob o título de vida no mundo social. Certamente – e também dessa questão ainda nos ocuparemos mais detidamente –, a ciência social, na elucidação de todas essas implicações, fará uso, enquanto tratamento científico desses problemas, de outros meios do explicitar, e por isso apresentará explicações distintas das concepções do indivíduo simplesmente imerso no viver no mundo social.

Contudo, se abandonamos o âmbito dessa questão referente ao modo de proceder específico da ciência da sociedade – delimitável de modo preciso apenas no andamento das nossas investigações –, e nos restringimos aos fenômenos próprios à vida no mundo social, notamos que uma análise dos modos de comportamento do eu entre outros indivíduos também deverá incluir aquilo que acabamos de evidenciar como *ponto de partida* de toda ciência social. Também na esfera da vida diária, o outro indivíduo, junto com suas vivências particulares, é não apenas vivenciado como também pensado. Ao mesmo tempo, esse pensar o semelhante e suas vivências, essa busca por desvelar a construção constitucional da consciência alheia, pode ser objetivo final da minha reflexão, mas também se situar em um contexto de sentido ampliado. Como quando me esforço para compreender claramente outros indivíduos e suas vivências a fim de com eles coordenar meu agir futuro; ou, ainda, quando projeto um agir pelo qual meu semelhante deverá ser induzido a realizar determinado comportamento ou determinado agir e avalio a eficácia do meio por mim projetado *modo futuri exacti* para a consecução desse objetivo: portanto, quando tenho a intenção de *operar* algo na esfera social, isto é, de ocasionar, com meu agir, determinadas vivências de consciência no outro indivíduo.

Porém, não se pretende com isso afirmar que a todo agir voltado a um semelhante, ou ainda cujo motivo-para consista em ocasionar um comportamento específico seu, deva necessariamente, ou mesmo apenas em regra, preceder o direcionamento do olhar a substratos das vivências alheias. Pelo contrário: também como agente voltado a meus semelhantes, mesmo que eu execute meu agir com vista a ocasionar um comportamento específico por parte do outro indivíduo, sou, enquanto apreendo, no modo da posse de coisa mesma, vivendo entre semelhantes, suas vivências, carregado pela viva intencionalidade, que me impede de me voltar aos substratos do inquestionado.

Em todo caso, contudo, o propósito das nossas investigações, que pretendem justamente desvelar, em exata descrição, esses processos de constituição da compreensão do outro, consistirá na descrição e clarificação desses substratos. Tenderemos nossos esforços, portanto, primeiro no sentido de prover uma descrição das ações próprias ao eu em cujo projeto são considerados o tu e suas vivências. Por isso vamos discutir sobretudo o conceito de *agir social* de Max Weber, para então submeter a exame seu conceito de *relação social*. Nessa ocasião teremos a oportunidade de estudar em detalhes a remissão específica das vivências de consciência alheias, consideradas no projeto do meu agir, às minhas próprias. Todas essas análises servirão, entretanto, apenas de preparação para uma elucidação mais ampla da problemática da vida no mundo social.

Para iniciar a abordagem da questão, consideremos que, a meus semelhantes, com e entre os quais vivo, encontro-me voltado em distintas, bem diferenciadas modificações: tenho deles distintas *perspectivas de apreensão*, vivencio suas vivências em *distintos graus de intimidade*. Essas modificações se referem tanto ao "que" como também ao "como", no qual tomo em perspectiva vivências de consciência alheias *no modo da posse de coisa mesma característico da viva intencionalidade*. Tudo isso se aplica já àqueles indivíduos com os quais vivo, porque tenho com eles em comum o mesmo "mundo circundante", porque o mundo que me cerca em meu agora corresponde ao mundo que lhe circunda em seu agora, e mesmo o tu e seus conteúdos de consciência referentes a esse meu mundo pertencem ao meu agora da mesma maneira como eu e meus conteúdos de consciência fazem parte de seu mundo em seu agora. Mas esse *mundo circundante social*, como queremos denominá-lo, é apenas uma entre várias regiões sociais. Do mesmo modo como o mundo que respectivamente percepciono de forma atual e do qual tenho consciência por meio dos meus atos a ele dirigidos representa apenas um pequeno fragmento do mundo em geral do qual tenho experiência, e assim como o mundo por mim experienciado é somente um segmento do mundo da minha experiência possível, também meu mundo circundante social é apenas um fragmento no agora-e-assim atual do meu viver no mundo social (que a rigor constitui parte desse "mundo em geral"), por seu lado estruturado em perspectivas de apreensão. Para além desse mundo circundante social, ao qual me vincula comunidade temporal e de extensão, há ainda outras esferas sociais, algumas das quais tenho experiência atual porque foram outrora meu mundo circundante e por eu *poder* sempre de novo (ao menos por princípio) fazer delas meu mundo circundante; algumas, ainda, que de fato jamais pertenceram ao mesmo, das quais por isso não tenho experiência nenhuma, mas constituem objeto da minha experiência possível. Denominaremos essa região de *mundo social indiretamente compartilhado*. Este coexiste comigo e é simultâneo à minha duração, embora não seja meu mundo circundante, pois, mesmo *vivendo "com" ele*, não o *vivencio*. Chamaremos de *consociado* o *alter ego no mundo circundante*, e de *contemporâneo* o *alter ego no mundo indiretamente compartilhado*. Posso assim dizer que, *vivendo com consociados, tenho vivência deles e de suas vivências; vivendo entre contemporâneos, porém, não apreendo suas vivências no modo da posse de coisa mesma*, embora seja capaz de *supor*, e de *modo bem fundamentado*, seus cursos típicos de vivência. Contudo, posso agir com vista a um contemporâneo, também posso projetar seu comportamento e suas vivências como "para" do meu agir; em suma, *posso estar voltado, em ação ou observação, ao mundo dos contemporâneos como ao mundo dos consociados*. Ademais, tenho conhecimento de um mundo social que *existia* antes que eu mesmo existisse, que não coexiste com minhas vivências nem com minha duração, e que com elas também jamais coexistiu, porque já se encontrava decorrido, terminado, desvaído antes que eu pudesse tomá-lo em perspectiva. Trata-se da esfera do *mundo social dos predecessores*, da *história, ao qual posso estar voltado em observação, mas não enquanto agente*. Por fim, sei que um mundo habitado por alter egos existirá depois de mim, um *mundo social de sucessores*[208], indivíduos de cuja especificidade não disponho de nenhum conhecimento e cujas vivências particulares desconheço; nem mesmo seus cursos típicos de vivência me são conhecidos, a não ser sob a hipótese de que aquilo que o mundo dos contemporâneos e o mundo dos predecessores me instruíram se tratar de cursos típicos será típico também para o mundo dos sucessores. O mundo dos sucessores posso apreender apenas vagamente, a ele jamais poderei me voltar no modo do vivenciar.

Ao falarmos aqui de mundos de consociados, predecessores, contemporâneos, sucessores, obviamente apenas afirmamos que esses outros indivíduos são tais para mim; que eu mesmo sou, para outros indivíduos, contemporâneo, consociado, predecessor e sucessor; que posso tomar em perspectiva as vivências de consciência destes, e isso de modo específico com relação a cada um, como esses outros indivíduos podem fazê-lo em relação às minhas vivências; que sou, ou posso ser, junto com minhas vivências – ainda que em diferente medida, a depender da região –, objetivo do agir alheio, como os outros indivíduos e suas vivências são ou podem se tornar objetivo do meu agir.

Todas essas exposições pretendem apenas delinear a enorme problemática do mundo social, cujo desvelamento metódico é tarefa das ciências sociais. Ao longo deste livro nos limitamos à teoria da compreensão do outro em sentido mais amplo, que abrange também a interpretação e a posição de sentido de signos e produtos. O caminho dessa investigação está, para nós, claramente indicado. Teremos a examinar o modo como, em cada

---

208. A acertada expressão "mundo dos sucestóres", que, em significado, é preferível a "posteridade", é encontrada na preleção inaugural de Schiller, intitulada "*Was heißt und zu welchem Ende studiert man Universalgeschichte?*"

uma dessas regiões, nosso saber a seu respeito extrai sua diretiva original da tese geral do alter ego, portanto da simultaneidade ou *quasi*-simultaneidade da consciência alheia com a própria, e analisaremos de qual maneira se pode obter acesso ao sentido subjetivo dos produtos relativos a cada um desses mundos. Investigaremos o modo como neles se dão os fenômenos da interpretação e da posição de sentido, e como, nesse contexto, os motivos alheios podem ser apreendidos. Ademais, teremos a inquirir como todas essas esferas, mediante a contínua passagem de uma à outra, se unem formando o mundo social mais geral. Vamos determinar quais esferas são acessíveis à observação sociológica e quais métodos as ciências da sociedade devem utilizar na abordagem adequada do seu objeto. Iniciemos esse exame mais detido.

B – Comportamento social, agir social, relação social

§ 30 O conceito de agir social de Max Weber – Orientação a outrem e operar social

A definição de agir social de Weber já foi objeto de nossas análises nas investigações preliminares[209] da primeira seção: "'agir social' deve se chamar um agir o qual, quanto a seu sentido visado pelo agente ou pelos agentes, refere-se ao comportamento *de outros indivíduos*, orientando-se por este em seu curso". Devemos ter em vista que Weber, ao falar de *agir* social, não se refere àquele "agir" que, nas análises da nossa segunda seção, distinguimos do "comportamento em geral"; antes, para Weber, agir significa todo e qualquer "comportamento" (no sentido ainda vago do termo), interno ou externo, sempre que, por princípio, sentido for "relacionado" com ele por parte daquele que se comporta. Por conseguinte, o conceito abrange não apenas todos os atos intencionais da atividade espontânea, sejam eles previamente projetados, portanto agir, ou não projetados, mas a rigor também todas as vivências de consciência surgidas

---

209. Cf. § 2, acima.

em passividade, sempre que estas sejam a princípio intencionalmente referidas a um alter ego.

Para permanecer na nossa terminologia, preferimos tomar como ponto de partida, ao invés do agir ou comportamento sociais, as *vivências de consciência intencionalmente referidas a um alter ego*. Por estas compreendemos apenas aquelas vivências de consciência referidas a *outro indivíduo, precisamente enquanto alter ego*, enquanto dotado de vida, duração e consciência, mas não atos dirigidos apenas ao *corpo* do outro enquanto coisa física do mundo externo (portanto não como campo de expressão de vivências de consciência de outrem). Vivências intencionalmente referidas a um alter ego, se surgidas na consciência na forma de atividade espontânea, serão aqui denominadas de *comportamento social*; se previamente projetadas, de *agir social*. Comportamento social também abrange, por isso, todos os atos egoicos "de tomada de posição" dirigidos intencionalmente a um tu enquanto alter ego dotado de consciência e duração, como por exemplo sentimentos de simpatia e antipatia, atitudes eróticas e todas as outras atividades do ânimo. Todas essas vivências de consciência são, sem dúvida, conforme os exemplos apresentados por Weber, agir social. Este, contudo, em virtude da sua definição como agir *"orientado"* pelo comportamento de outro indivíduo, reduz-se, por outro lado, ao comportar-se *previamente projetado*. Pois apenas um comportamento *previamente projetado* pode ser *orientado*, visto que orientação a rigor pode apenas ter projetos como referência. Mas também nesse caso nem todo agir previamente projetado "voltado a outro indivíduo" seria agir social. Ao me voltar, no agir, ao corpo somático alheio, tomando-o como objetualidade coisal, sem ter em perspectiva os cursos de consciência próprios ao alter ego, minhas vivências de consciência desse meu agir não se encontram em absoluto, no sentido da definição acima, intencionalmente *referidas a um alter ego*, e por isso meu agir também não é nenhum agir *social*. Esse parece ser o ponto de vista também de Max Weber. Para ele, o choque entre dois ciclistas ainda não configura agir social, mas sim a discussão que eventualmente surja à sequência do acontecimento. O médico que realiza uma operação em um paciente anestesiado de fato age "voltado a seu corpo somático"; mas, no sentido atribuído por Weber, também ele não age socialmente. O soldado que, na marcha, orienta seus movimentos corporais tomando como referência os passos do outro indivíduo na coluna diretamente à frente também não age socialmente, pois orienta seu agir (normalmente) não por determinado ser-assim desse outro corpo somático enquanto índice de vivências de consciência alheias, não pelos processos de consciência do outro soldado, mas meramente pelo corpo do mesmo enquanto objeto do mundo externo.

Mas com essa nossa interpretação das vivências de consciência referidas intencionalmente a um alter ego não está esgotada a definição weberiana de agir social. Pois, a rigor, segundo Weber, agir social deve ser significativamente referido a um *comportamento* de outrem, não simplesmente à sua existência ou a seu ser-assim. E daqui resultam outras dificuldades. Uma delas reside no fato de, como mencionado, o conceito de comportamento, em Weber, ser absolutamente vago. Comportamento, para ele, a rigor não tem sequer de ser investido de sentido. De toda forma, bem que seria possível interpretar a *orientação pelo comportamento alheio* como equivalente ao conteúdo da nossa tese geral do alter ego, *segundo a qual, a saber, o tu dura*, tem vivências específicas e consciência das mesmas. Nesse caso, afirmar que agir social é necessariamente orientado pelo *comportamento* do outro indivíduo significaria por princípio apenas dizer que o próprio agir tem de ser referido não ao corpo somático alheio como objeto do mundo externo, mas ao curso de duração do alter ego e às vivências de consciência alheias que nele se constituem. Pouco importaria se esse tu (na nossa terminologia) efetivamente se comporta – se ele, portanto, de fato produz ou não vivências de consciência derivadas de atividade espontânea.

Fritz Sander[210] submeteu o conceito de comportamento social de Max Weber a uma crítica perspicaz e, em vários aspectos, pertinente. O autor demonstra que, seguindo a definição de Weber, toda percepção de um comportamento alheio já seria agir social; que esse conceito, portanto, é inapropriado à deter-

---

210. "Der Gegenstand der reinen Gesellschaftslehre". *Archiv für Sozialwissenschaften*, vol. LIV, 1925, p. 329ss., esp. p. 335.

minação do objeto da teoria social porque demasiado geral e, além disso, impreciso[211]. O exemplo dado por Sander é bastante instrutivo. Sem dúvida, também o percepcionar compreensivo de cursos de consciência alheios é agir significativamente referido ao comportamento de outrem – e por ele orientado –, portanto agir social segundo a definição weberiana. Conforme também a nossa terminologia ele é vivência de consciência intencionalmente referida a um alter ego, contanto que se dê autêntica compreensão do outro, isto é, que o tornar ao curso de consciência alheio de fato seja executado (atos da mera autointerpretação de próprias vivências *referentes ao* alter ego em geral não são, em contrapartida, atos intencionalmente referidos a um alter ego). Também segundo a nossa definição, com a ocorrência de vivências de consciência de atividade espontânea referidas a um alter ego temos, então, comportamento social, e, se esse comportamento tiver sido previamente projetado, agir social, como quando me volto a uma consciência alheia *para* observá-la em seu decurso. O motivo-para do ato de voltar-se percepcionante dirigido ao alter ego (e das modificações atencionais correspondentes) se resume, aqui, ao objetivo de compreender as vivências de consciência próprias a esse outro indivíduo. Nesse caso, portanto, a apreensão de vivências de consciência de outrem de fato constitui motivo-para do meu agir, mas nada além disso, nem eventualmente o ocasionar de vivências de consciência alheias.

A análise do percepcionar o outro serviu aqui para ilustrar o conjunto dos aspectos fundamentais a todas as vivências de consciência intencionalmente referidas a um alter ego, sejam ou não comportamento, sejam ou não agir. Todas elas são caracterizadas por uma atitude específica do eu relativa à duração de outrem, atitude que tem seu fundamento na tese geral do tu enquanto vivenciante e dotado de consciência. *Denominaremos essa atitude do eu relativa ao curso de duração alheio de "orientação a outrem".* Porque fundada na posição não somente do alter

---

211. Infelizmente o espaço inviabiliza aqui um exame mais detido da argumentação de Sander, com a qual estou distante de concordar em todos os pontos. O especialista no tema, porém, notará facilmente em quais aspectos sou forçado a divergir das suas ideias.

ego transcendental, mas também do alter ego mundano, essa orientação é apenas possível na esfera social. Contudo, ela se funda apenas na posição de existência, não na posição do ser--assim, e tem como pressuposto que um tu a princípio viva, perdure e tenha, desse modo, vivências, sem importar de quais vivências se tratam e em quais implicações elas surgem. Ademais, orientação a outrem *pode*, por princípio, se dar *unilateralmente*. Ainda que pertença à sua essência ser referida a um alter ego, ela mesma e seu decorrer não são em absoluto dependentes de que aquele alter ego também assuma, por seu lado, esse mesmo tipo de orientação. Por essa razão, ela também não é vinculada ao operar algo no mundo externo, de qualquer espécie que seja. Não lhe é essencial uma ação expressiva ou manifestante, tampouco interpretação ou uma posição de signos. A rigor, "orientação a outrem" se refere em princípio a *todos* os atos de tomada de posição do eu referidos a um tu, portanto também a atividades do ânimo, como amor e ódio. Surge então a dúvida se é de fato apropriado caracterizar todos os atos dessa orientação como atos sociais.

Mas, pelo visto, ao falar da *referência significativa* do agir social ao comportamento alheio, Weber não chega a ter em conta os atos de orientação a outrem, caracterizados acima em sentido mais amplo. Ele parece ter em mente uma conexão *específica* do agir social com um comportamento alheio. Agir social, para ele, ocorre de fato apenas em duas ocasiões, ou (a) quando o agente social tem a intenção de *ocasionar*, mediante esse seu agir, um comportamento *específico* do outro indivíduo, portanto quando o objetivo do seu agir consiste em provocar determinado efeito no curso de consciência alheio. Ou então (b) quando *esse mesmo agir caracterizado de social foi provocado por comportamento de outrem*; quando, portanto, a percepção e a interpretação do comportamento alheio decorrido configuram o motivo-porque genuíno do próprio agir. A ambos os casos se aplica em Weber o conceito de agir social. Pois este, em suas palavras, pode "orientar-se pelo comportamento de outros indivíduos, seja este passado, presente ou esperado como futuro"[212]. Aqui novamente

---

212. WEBER, M. *Wirtschaft und Gesellschaft*, p. 11.

se manifesta uma ambiguidade conceitual, já apontada repetidas vezes: Weber não distingue entre a orientação pelo agir alheio futuro e a orientação pelo agir alheio passado, tampouco entre motivo-porque genuíno e motivo-para, e subsume, por essa razão, casos totalmente heterogêneos a um único conceito fundamental. É daqui de onde partem nossas próximas análises.

Os atos intencionalmente referidos a um alter ego podem ter como motivo-para, contanto que se trate de ações, portanto de comportamento espontâneo ocorrido conforme projeto precedente, a intenção de provocar determinadas vivências de consciência alheias, isto é, de *operar* algo em outro indivíduo. Designaremos um agir social desse tipo com o termo "*operar-sobre-outrem*". Este sempre se executa no interior de uma orientação a outrem, precisamente enquanto agir social, mas nem toda orientação dessa espécie, tampouco todo agir social, é operar-sobre-outrem. Este, como é possível inferir sem grandes dificuldades, limita-se a atos sociais *derivados de atividade espontânea* previamente projetados, portanto a autêntico *agir social*, conforme nossa definição acima. Para, mediante agir social, operar algo no curso de consciência de um alter ego, preciso ter em perspectiva o curso de duração alheio e, no projeto da minha ação, ter fantasiado *modo futuri exacti*, no modo da recordação prospectiva, as vivências de consciência que o constituem, seja como objetivo final do meu agir, seja como meio em outro contexto de sentido. Uma vivência de consciência própria ao alter ego é objetivo final do meu operar projetado quando, por exemplo, o motivo-para do meu agir se resume ao ser compreendido pelo alter ego; ela consistirá em meio ou objetivo intermediário se eu considerar no projeto do meu agir, no modo da fantasia, além do ser-compreendido-pelo-tu, determinado comportamento do mesmo. Um *comportamento* social, em sentido estrito, carece, em contrapartida, do caráter de projeto, e apenas por essa razão jamais consistirá, sozinho, em operar-sobre-outrem. A famosa frase de Goethe "E se te quero bem, o que podes fazer?"[213] é um exemplo de uma atividade do ânimo em orientação a outrem que abdica radicalmente desse tipo de operação.

---

213. GOETHE, J.W. *Wilhelm Meisters Lehrjahre*, IV, cap. IX, p. 233.

Parece assim ter sido o *operar-sobre-outrem*, ou, como também diremos doravante, o *operar social*, que serviu a Weber de modelo para seu conceito do agir social. Aceito esse pressuposto, pode-se, sem dificuldade, adequar sua definição à nossa terminologia. Dizer que o agir social deve ser significativamente referido ao comportamento alheio significaria então afirmar que o sujeito do operar social, porque afinal o executa em orientação correspondente, necessariamente estará voltado às vivências de consciência próprias ao alter ego em sua construção constitucional. Dizer que o agente social orienta significativamente seu agir pelo comportamento em curso de outros indivíduos significaria então afirmar que esse voltar-se-para ocorre dentro de um contexto de motivação específico, ao passo que as vivências de consciência alheias são necessariamente antecipadas *modo futuri exacti* no projeto do indivíduo operante.

Essa interpretação abrange, porém, apenas a expectativa de vivências de consciência alheias *futuras*, mediante as quais agir próprio é motivado no modo do "para". Contudo, por Weber expressamente enfatizar que agir social também poderia se orientar por comportamento alheio passado, agir social é dado, segundo ele, também nos casos em que o voltar-se-para dirigido às vivências de consciência alheias atua como *motivo-porque* genuíno do próprio agir[214]. Entretanto, nossa investigação sobre o motivo-porque genuíno demonstrou que o contexto de sentido da motivação-porque só pode ser constituído a partir da vivência de consciência *motivada já decorrida*, embora certamente seja possível que a associação de um agir a um motivo-porque genuíno se encontre disponível em estoque na experiência na forma de "máxima". Isso é válido de modo bem geral e independente de a vivência motivadora ter estado ou não referida a um alter ego. Em todo caso, somente depois de executado o agir, ou ao menos seu projeto, pode-se inquirir, com sentido, o motivo-

---

214. Semelhante à diferenciação por Sander (em "Gegenstand der reinen Gesellschaftslehre", op. cit., p. 361) entre "atos-SF" e "atos-SP": "Se, pois, é essencial ao ato-SF ser dirigido ao comportamento alheio *futuro*, a um ato social alheio *futuro*, é então essencial ao ato social agora discutido conter uma referência intencional a comportamento alheio *passado*, a um ato social alheio *passado*, razão pela qual queremos designá-lo por 'ato-SP'".

-porque genuíno do agir. Para tomar um exemplo de Weber, se busco me vingar de uma agressão sofrida no passado, minha intenção é projetada antes mesmo que se possa afirmar com sentido ter sido ela "motivada" pela agressão e que se trata, portanto, de sua vingança. Eu também poderia considerar "ignorar" uma agressão sofrida no passado ou "responder a ela com uma ação contrária". A rigor, eu poderia até mesmo tolerá-la, sem realizar, na livre-representação intuitiva dessa ocorrência, no modo da fantasia, em projetos imaginários, uma escolha desse tipo. Em todo caso, porém, com certeza não é determinante do caráter social da minha tomada de posição se esta, uma vez realizada, foi provocada por comportamento alheio ou por outra circunstância. Minha "reação" caracterizará comportamento social não porque reajo a *comportamento alheio* e não a um evento da natureza, senão apenas pelo fato de o objeto intencional dessa minha tomada de posição ser comportamento alheio esperado.

Por isso não se deve tomar o *"agir ocasionado-por-outrem"* – como denominamos o agir motivado no modo do "porque" genuíno por atos de voltar-se-para dirigidos a vivências de consciência alheias passadas – como igual ou coordenado ao *operar-sobre-outrem*. Com isso, entretanto, não se afirma que o agir ocasionado--por-outrem não pressuponha, por definição, nenhuma orientação a outro indivíduo. Antes, ao me voltar, durante o estabelecimento do contexto-porque sintético, a vivências de consciência alheias, sem dúvida realizo atos intencionalmente referidos a um alter ego, e também o contexto-porque mesmo é condicionado pelas modificações atencionais ocorridas nas minhas vivências de experiência do alter ego, as quais tomo *modo plusquamperfecti* em perspectiva, causadas pela orientação a outrem previamente assumida. Porém, quando me pergunto pelo motivo-porque, meu agir já se encontrava projetado antes de eu ter realizado um ato de orientação voltado a outro indivíduo. Mas, justamente por essa razão, esse agir não é ele mesmo nenhum ato intencionalmente referido a um alter ego, e por isso tampouco comportamento social. Uma coisa é o agir projetado; outra, aquele voltar-se-para específico dirigido ao projeto constituído ou à ação executada, ato no qual se constitui o contexto de sentido da motivação-porque genuína. No caso de um agir ocasionado-por-

-outrem, o contexto de sentido da motivação-porque é realizado em orientação a outrem, mas não esse agir mesmo. Teremos a oportunidade de analisar mais a fundo esse estado de coisas quando estudarmos a relação social.

Considerando de modo geral os resultados obtidos em nossa crítica do conceito fundamental weberiano de agir social, nota-se que conseguimos estabelecer uma cadeia contínua partindo do conceito de vivências de consciência intencionalmente referidas a um alter ego, passando por comportamento e agir sociais, até chegar ao operar social. Não sem fundamento especificamos o último ante todos os demais componentes dessa cadeia subsumidos à "orientação a outrem", e pretendemos agora esclarecer o significado dessa distinção tornando novamente aos processos de interpretação e de posição de sentido no mundo social.

Nos parágrafos finais da terceira seção tratamos o sentido subjetivo que conferimos a todo produto interpretado como testemunho de cursos de consciência alheios. Vemos agora que qualquer direcionamento do olhar ao sentido subjetivo só pode ocorrer no interior de uma orientação a outrem, somente da qual ele extrai sua diretiva original. Todo produto, e, implicitamente, todo signo, considerado fora dessa espécie de orientação, tem seu sentido objetivo para mim, na construção do meu mundo da experiência. Entretanto, posso me voltar a qualquer produto em um ato de orientação a outrem, interpretando-o como testemunho de vivências de consciência alheias. Não sem propósito dizemos "em um ato da orientação a outrem", não "em um ato de operar-sobre-outrem"; pois, ao ler um livro, pensar em algo, perguntar-me sobre o processo que deu origem a um utensílio, de fato me encontro voltado ao autor do produto em orientação correspondente, sem que possa, contudo, operar o surgimento de alguma vivência em sua consciência.

A situação é outra quando eu mesmo sou o autor dos produtos, por exemplo da posição de signos significativos. Certamente, essa produção – e posição – de sentido não se executa necessariamente na esfera da sociedade. Vimos, no nosso exemplo da linguagem cifrada que invento apenas para mim mesmo, um caso de posição sígnica de sentido na esfera do eu solitário, e o mesmo pode ser afirmado em relação a utensílios que produzo não apenas para mim, assim como em relação a anotações que faço não apenas para mim etc. Porém, ao realizar a posição de produtos no interior da esfera social, portanto em vista de um alter ego, executo um ato de orientação a outrem, mas um de tipo específico, a saber, sempre e essencialmente um operar social. A posição sígnica de sentido orientada a outro indivíduo caracteriza um manifestar, e o "para" do mesmo é o ocasionamento de cursos de consciência específicos ao destinatário da manifestação – é, mais especificamente, o ser compreendido. *Podemos, por conseguinte, afirmar que todo manifestar é operar social, que toda recepção do manifestar ocorre em orientação a outrem*. Porém, isso que acaba de ser afirmado sobre a interpretação e posição de signos vale, de modo geral, ainda que em outros aspectos, para a interpretação e posição de quaisquer produtos dentro da esfera social, mesmo nos casos em que sua produção não ocorre com intento manifestante. Ao fabricar um utensílio para que outros façam uso dele, antecipo *modo futuri exacti*, no projeto, na forma de objetivo final do meu agir, as vivências de consciência desses outros indivíduos a serem ocasionadas mediante seu uso (por exemplo, que esses indivíduos reconhecerão nesse objeto um "utensílio para").

A seguir trataremos de demonstrar que, no interior de cada uma das esferas sociais delineadas no parágrafo anterior, a construção constitutiva da orientação a outrem e do operar social sofre uma modificação específica, que se mostra mais claramente no *grau de anonimato* do alter ego ao qual são referidos orientação e operar em cada uma dessas esferas. Segundo Weber, permanece totalmente indeterminado se os "outros" aos quais agir social se refere são "indivíduos ou conhecidos ou uma multiplicidade indeterminada, ou totalmente desconhecidos"[215]. Ele também não deixa indicado de que modo a "orientação" é modificada pela qualidade de familiaridade do outro a quem meu agir social é referido. Para nós consistirá interesse fundamental investigar o mais profundamente possível a diferenciação da orientação a outrem e do operar social no mundo dos consociados e no mun-

---

215. WEBER, M. *Wirtschaft und Gesellschaft*, p. 11.

do dos contemporâneos. Às definições gerais que damos acima são subsumíveis, em todo caso, todas essas modificações.

§ 31 O conceito de relação social de Weber – Relação de orientação e interação social

As definições apresentadas no parágrafo anterior nada afirmam sobre a espécie das vivências de consciência do alter ego às quais estou intencionalmente orientado ou que projeto ocasionar mediante o operar social. Dissemos que orientação a outrem é fundada na existência de um tu, contudo não em seu ser-assim específico. Em particular podem ser todos os atos dessa orientação e também o operar social essencialmente unilaterais. Ambos (mas também o conceito de agir social de Weber) não implicam em absoluto que o alter ego, em vista do qual se age ou tido em perspectiva, necessariamente pratique, por seu lado, a mesma espécie de orientação. Contudo, da tese geral do alter ego logo se deduz que também o tu, mediante voltar-se-para adequado do olhar, *pode* ter em perspectiva as fases da construção das minhas vivências de consciência do mesmo modo como posso ter as suas, porque, para o tu, sou seu semelhante. A rigor, o tu *pode* se voltar até mesmo àquelas minhas vivências de consciência intencionalmente referidas a ele, e nas quais, portanto, constituem-se meus atos de experiência relativos a suas vivências de consciência, assim como posso me voltar às suas vivências de consciência intencionalmente referidas a mim, nas quais se constituem seus atos de experiência relativos às minhas vivências de consciência. Eu e ele temos conhecimento de todos esses atos de voltar-se-para possíveis, e ambos podemos ter em conta esse saber, tomando-o como referência para "orientar" nosso comportamento, agir ou operar sociais.

A circunstância de o agir de vários indivíduos se encontrar reciprocamente orientado em seu curso é caracterizada por Weber com o termo "*relação social*". Por esta ele compreende um "comportar-se reciprocamente *referido* quanto a seu conteúdo de sentido por uma pluralidade de agentes e que se orienta por essa referência", e continua: "A relação social *consiste*, portanto, completa e exclusivamente, na *probabilidade* de que se aja socialmente em uma forma indicável (quanto ao sentido), não importando, a princípio, em que se baseia essa probabilidade"[216].

Quando Weber atribui o consistir de uma relação social exclusivamente à circunstância de se agir socialmente em uma forma significativamente indicável, evidencia-se uma ambiguidade, sublinhada já nas nossas investigações preliminares, que se estende a quase todas as definições dos conceitos fundamentais da sociologia weberiana. Ela se enraíza na distinção insuficiente entre a apreensão – subjetivamente dirigida – de vivências de consciência alheias na vida diária no mundo social e a interpretação objetiva, pelas ciências sociais, desse mundo social pré-dado. Essa probabilidade de que se aja socialmente existiria *para o agente no mundo social* ou *para nós, os observadores*, os cientistas sociais? Weber afirma, por um lado, que o comportamento de dois agentes sociais é reciprocamente referido "mesmo na medida em que o agente *pressupõe* do parceiro (de modo talvez completa ou parcialmente errôneo) determinada atitude perante ele (ao agente) e orienta por essa expectativa seu próprio agir, o que pode ter, e na maioria das vezes terá, consequências para o curso do agir e a formação da relação"[217]. Trata-se aqui, portanto, da assim chamada *probabilidade subjetiva*, a saber, referente à vivência de consciência de um agente que orienta seu agir pela expectativa de orientação recíproca, bilateral. Entretanto, lê-se, na mesma página: "*Apenas* a existência dessa probabilidade: – da *probabilidade*, maior ou menor, de que ocorra, *portanto*, um agir correspondente ao sentido, e *nada* além disso – quer-se dizer com 'existência' da relação social [...]. A afirmação de que uma 'amizade' ou um 'Estado' existe ou existiu significa, portanto, pura e exclusivamente: *nós* (*os observadores*) julgamos que há ou houve a *probabilidade* de, com base em determinada atitude de determinados indivíduos, *agir* de maneira indicável quanto *a um sentido em média visado*, e mais nada". Naturalmente, esse conceito de probabilidade não se refere a um contexto de sentido na consciência de um indivíduo ou de ambos os participantes da

---

216. WEBER, M. *Wirtschaft und Gesellschaft*, p. 13, § 3.
217. WEBER, M. *Wirtschaft und Gesellschaft*, p. 14, ponto 3.

relação social (probabilidade subjetiva), senão ao conteúdo de um juízo do observador externo, do cientista social (probabilidade objetiva). Temos, portanto, em Weber, um duplo conceito de relação social. Ora já se constata a condição do ser-reciprocamente-orientado quando um agente social assume, supõe, pressupõe que o parceiro de interação irá orientar seu agir ou comportamento por cursos de consciência seus – do agente – do mesmo modo como ele, o agente, orienta seu agir pelos cursos de consciência do parceiro; ora, contudo, apenas quando um observador julga que tal orientação recíproca de dois ou mais agentes tem ou teve lugar.

Essas duas circunstâncias não são de modo nenhum idênticas. Pois está longe de ser fato aceite que também o *agente* na relação social conta com a existência de uma relação social quando aparenta ser dado ao *observador* haver tal relação. Inversamente, uma relação social na qual vive ou ao menos intenciona viver o agente não tem em princípio de ser manifesta ao observador. Devemos, portanto, inquirir os critérios com base nos quais, por um lado o observador, por outro lado o vivente na relação social, ambos são capazes de constatar a existência de uma relação dessa espécie.

Comecemos com aquela circunstância dada ao observador externo a qual denominamos, com Weber, de *probabilidade objetiva* da existência de uma relação social. Ao observador externo são dados diferentes índices das vivências de consciência do observado. O corpo do indivíduo observado é, para ele, campo de expressão dessas vivências de consciência; o curso de movimentos corporais alheios, índices de vivências alheias de atividade espontânea; os produtos alheios, signos dos cursos de consciência deles constitutivos, próprios ao producente. Em todo caso, o que significaria a afirmação de que *vivências de consciência* de duas ou mais pessoas observadas se encontram *referidas umas às outras*? Pelo visto nada senão que *os índices dados ao observador* se encontram *em uma relação de correspondência* com os cursos de consciência observados. O observador vê, por exemplo, os observados unidos em atividade e operar conjuntos no mundo externo, ou percepciona que, a um curso de ação de

A, segue um curso de ação realizado por B. Mas, ao observador, esses cursos externos de ação são apenas índices dos cursos de consciência do agente, e, efetuada a autointerpretação da ocorrência externa, ele apreende, em compreender interpretante, os contextos de sentido nos quais essas vivências de consciência podem se encontrar para os observados, seus motivos-para e motivos-porque, os objetivos do seu agir e os contextos de sentido de ordem superior, dentro dos quais esses objetivos são apenas objetivos intermediários etc. Ao imaginar, no modo da fantasia, a construção constitucional desses contextos de sentido, ele alcança os resultados finais da interpretação, que são compatíveis com o contexto geral da sua experiência referente de início ao mundo social mesmo, depois ao ser-assim específico do observado no respectivo agora da circunstância observada. Isso é válido de modo bem geral, seja em relação à observação de cursos de consciência individuais próprios a determinado – ou a uma pluralidade – de alter egos, ou então quando se tratar de cursos de consciência típicos ou médios, sem importar se os observados pertencem ao mundo dos consociados, dos contemporâneos ou ao mundo dos predecessores do observador. Em todos os casos o observador está voltado aos observados em orientação a outrem, a qual torna possível a apreensão do sentido subjetivo em primeiro lugar.

O observador inquire, portanto, a partir dos índices, as vivências de consciência dos observados das quais esses índices são índices, e tenta verificar, a partir da sua correspondência, a existência de uma relação social. Porém, a *correspondência dos índices*, para ele, não representa nada além de uma *probabilidade objetiva* de que os cursos de consciência dos observados efetivamente se encontram reciprocamente referidos, de que cada um dos observados de fato executa atos de orientação a outrem e de que os mesmos sejam mútuos e recíprocos. No conceito de *correspondência dos índices* já se encontra implicado que a mesma *só* pode ser constatada se *entre processos decorridos*. Somente com base na reação pode ser verificado se esta corresponde à sua ação precedente. A afirmação da existência de uma correspondência é, por isso, essencialmente, uma afirmação *modo plusquamperfecti* sobre ocorrências antecedentes. Isso certamente não exclui a verificação de uma correspondência em simultaneidade. Pois o existir desta, enquanto máxima iterável da experiência, enquanto esquema de interpretação completamente constituído, pode fazer parte do estoque disponível na consciência do observador, e se encontrar, assim, "à mão"[218].

Mas essa probabilidade objetiva de existir uma relação social que seja constatável pelo observador apresenta distintos graus de clareza intelectiva, o que tem origem no fato de a associabilidade dos índices às vivências de consciência das quais eles são índice (e com ela, implicitamente, também a relação de correspondência entre estes) pressupor diferentes níveis de pré-saber acerca do ser-assim da consciência alheia em questão, ou, como queremos dizer, poder ser de distinto *grau de interpretabilidade*. Quando observo consociados em atividade e operar comuns, tenho em mais clara evidência, na sucessão de ação e reação, na associação dos motivos-porque de um aos motivos-para do outro, o existir de uma relação social. O mesmo ocorre quando tenho dadas, como índices do existir de uma relação de correspondência, ações manifestantes, portanto atos de posição sígnica cujo esquema de interpretação me é acessível mesmo se não sou o destinatário da manifestação. Podemos dizer, de modo mais geral, *que toda relação social dentro da qual tem lugar um operar-sobre-outrem – denominaremos uma relação social desse tipo de interação social* – apresenta um grau mais elevado de interpretabilidade do que uma relação social *em que ocorrem apenas atos de orientação voltados a outrem, e a qual chamaremos doravante de relação de orientação*. Se dois indivíduos por mim observados se encontram voltados um ao outro em simpatia ou antipatia, isto é, se existe quanto a isso uma probabilidade objetiva, isso é verificável com segurança incomparavelmente menor do que a existência de uma interação social entre eles. Pois toda constatação do tipo é dependente do grau de intimidade da orientação em que o observador se encontra voltado aos indivíduos observados. Aqui há inúmeros *níveis de interpretabilidade*. Por exemplo, se uma relação social está fundada não em atos recíprocos de operar-sobre-outrem, mas sim em um agir social

---

218. Sobre essa palavra, cf. § 27, acima.

análogo, como em uma orientação desse agir por um esquema de interpretação compartilhado (podendo aqui ser uma língua, uma ordem jurídica, uma concepção sobre arte, um modismo, um hábito de vida), a constatação da probabilidade objetiva da existência dessa relação social com base na correspondência dos índices estará vinculada ao pré-saber do observador, por um lado acerca do esquema de interpretação mesmo; mas, por outro lado, também acerca da inclusão do esquema no projeto dos agentes sociais observados.

Em todo caso, como seria possível converter aquela suposição da existência de uma relação social – e é isso o que a rigor parece significar o conceito de probabilidade objetiva – em certeza judicativa? O fato de ação e reação terem ocorrido "conforme a expectativa" – porque o interrogado B, por exemplo, respondeu a A, ao autor da questão – torna provável, mas não certa, a existência, antes suposta, de uma relação social. Se de fato ocorrem atos recíprocos de compreensão do outro, somente poderão afirmá-lo aqueles que se encontram em relação social – como no caso de A e B manifestarem que executaram respectivamente seu agir orientados um pelo outro. Somente consultando diretamente os observados o observador poderia obter certeza quanto à existência de uma relação social. Contudo, ao fazê-lo, ele seria não mais observador, senão ele mesmo, entrando em uma relação social com aquele ao qual dirige a pergunta. Não obstante, também o juízo de probabilidade, possibilidade, presumibilidade do observador acerca da existência de uma relação social extrai sua diretiva original da possibilidade de consultar diretamente os participantes da relação social. O fato de essa consultabilidade ser nota característica específica do tipo de observação do mundo dos consociados ainda será esclarecido mais adiante.

Elucidados os critérios da existência de uma relação social para o observador, tratemos agora de realizar a mesma investigação considerando a perspectiva dos participantes.

Para mim, habitante do mundo social, haverá relação social sempre que eu constatar, dirigido a meu parceiro de interação em um ato de orientação correspondente, vivências de consciência específicas suas na forma de orientação voltada a mim, quem o tem em perspectiva. Antes que eu possa constatar a orientação correspondente de parte do meu parceiro de interação, tenho, portanto, de já haver executado um ato de orientação voltado a ele.

Essa sua orientação pode se manifestar a mim de várias maneiras: meu parceiro de interação realiza um operar dirigido a mim, quem então o toma em perspectiva; ou me volto ao meu parceiro e verifico que este se encontrava orientado a mim antes mesmo de eu ter executado meu ato de orientação voltado a ele. Em ambos esses casos, a relação social se constitui apenas mediante meu próprio voltar-se-para. Inversamente, posso intencionar, voltado ao parceiro de interação, um operar social cujo projeto, porém, pode somente ser preenchido tão logo o parceiro se encontre orientado a mim. Mas tudo isso é a rigor menos uma descrição do *modo de ser dado* específico de uma relação social para quem dela participa do que, antes, uma descrição do *surgimento* da relação social mesma, ou, para usar duas boas expressões de Wiese, do *agir de contato* e da *situação de contato*.

O habitante do mundo social tem duas formas de obter certeza acerca da correspondência entre seus atos de consciência intencionalmente referidos a outro indivíduo e os atos de orientação do mesmo que lhe são dirigidos. Ele ou pode viver *nessas* vivências de consciência reciprocamente referenciadas umas às outras ou, também, abandonando a relação social, voltar-se *para* esta mesma. O primeiro caso ocorre quando, orientado ao meu parceiro de interação, apreendo sua orientação a mim, e, ao mesmo tempo, seu conhecimento obtido nessa orientação acerca dos meus atos intencionalmente referidos a ele. Então vivo, e então vive o tu, então vivemos *nós* na relação social mesma, e isso em virtude da intencionalidade dos vivos atos referidos ao parceiro de interação, os quais, em uma modificação atencional específica do ser-reciprocamente-orientado, levam adiante a mim e a tu, *a nós*, de agora a um novo agora. *A relação social na qual vivemos se constitui, portanto, em função da modificação atencional por que passa minha orientação ao outro devido ao fato de este me ser imediatamente dado – no modo da posse de coisa mesma – enquanto indivíduo orientado a mim.*

A *viva relação social*, como queremos denominar os atos acima descritos, pode se apresentar em diferentes modificações. *Em sua pureza e plenitude, como mais tarde ainda será mostrado em detalhes, ela está ligada ao dado corpóreo do tu no mundo circundante. Enquanto tal, ela é viva relação de consociados, ou pura relação-nós.* Todos os atos de orientação a outrem não pertencentes à esfera do mundo circundante social, todos os modos de interpretação do sentido subjetivo, todas as possibilidades do direcionamento do olhar ao mundo dos contemporâneos e ao mundo dos predecessores extraem dela sua diretiva originária e primordial. Constitui tarefa principal das investigações desta seção inferir, com base na pura relação-nós, a relação social que caracteriza o mundo dos contemporâneos e o mundo dos predecessores, e desvelar metodicamente sua legitimidade própria.

Mas eu, que vivo no mundo social, posso também me voltar ao mesmo em observação ou em pensamento, de modo a abandoná-lo. *Então tomo modo plusquamperfecti em perspectiva meus atos executados em orientação a outrem e o que esses atos apreenderam, portanto a orientação do alter ego a mim, e posso, em ato de juízo, verificar, em certa medida como observador de mim mesmo, a probabilidade objetiva da existência de uma orientação recíproca.* Por exemplo, se, do meu lado, realizou-se operar-sobre-outrem, então somente o êxito ou fracasso do meu agir decorrido, dirigido no sentido de ocasionar vivências de consciência alheias, permite determinar se o outro indivíduo, em relação a mim, de fato assumiu orientação. Certamente, o projeto do meu operar social foi acompanhado de protenções *de que* o outro indivíduo executaria um ato deste tipo, mas apenas depois de *preenchidas* essas protenções posso, enquanto observador das minhas próprias ações, "supor com fundamento" a existência de uma relação social. Nesse caso, minha postura é, portanto, igual à de um observador externo. Do mesmo modo, a disponibilidade de uma orientação a mim referida por meu parceiro de interação, portanto a existência de uma relação social, é, para mim, uma mera probabilidade objetiva, e, a relação mesma, por isso, interpretável e inteligível em diferente grau. Nesse ponto de vista, entre minha auto-observação e a observação por uma terceira pessoa certamente existe uma diferença bem significativa. Pois, tornando ao meu projeto, tenho dados os motivos-para do meu agir no modo da certeza, e posso deixar claro, para mim mesmo, a todo momento, na imaginação reproduzida, o contexto de sentido da motivação, mesmo quando este for dado ao olhar retrospectivo de modo apenas vago ou difuso. Posso constatar o preenchimento do projeto pelo curso do agir; posso isolar isso que as protenções vazias do projeto captaram na execução do agir; posso, ainda, em qualquer momento, tomar em perspectiva o contexto de sentido ampliado dentro do qual esse meu agir voltado ao outro indivíduo era apenas objetivo intermediário; posso, por fim, mediante um voltar-se-para específico, considerar as modificações atencionais por que passaram meus atos orientados ao outro indivíduo. Nesses complexos processos de auto-observação prevalecem os mesmos princípios de interpretabilidade que na observação por uma terceira pessoa. A constituição de uma interação social é, para mim, incomparavelmente mais inteligível do que a constituição de uma simples relação de orientação, e, entre ambas, há diversos níveis de clareza intelectiva.

Investigamos acima os critérios da existência de relação social para o habitante do mundo social. Com essas análises, porém, evidentemente ainda não se esgota a segunda condição incluída por Weber em seu conceito de relação social: *a saber, o momento da probabilidade subjetiva da existência de uma relação social pela qual o indivíduo nela "agente" orienta seu "comportamento"*. Em todo caso, é absolutamente incorreto afirmar que todo comportamento no interior de uma relação social se orienta pela existência da mesma. Por essa razão, temos de diferenciar muito bem, ante todos os demais atos executados em orientação a outrem, dentro de uma relação social, aqueles atos intencionalmente dirigidos ao parceiro de interação que têm como *pressuposto essencial* uma orientação correspondente do mesmo. Apenas assim vamos esclarecer o sentido a ser conferido à afirmação de que um agente supõe de antemão, ao parceiro de interação, determinada orientação com relação a si mesmo, pela qual orienta seu comportamento.

Para essa análise, é de grande importância a distinção há pouco introduzida, entre relação de orientação e interação social. Investiguemos, como exemplo de uma relação de orientação, uma relação afetiva que não se manifesta em um agir recíproco. Aqui deve ser bem distinguido entre a constatação, pelo amante ou pelo observador, de que uma relação de orientação desse tipo em princípio provavelmente existe, e a outra afirmação, de que os atos executados nessa relação de orientação são orientados pelo conhecimento a seu respeito. Saber se e como meu parceiro de interação está orientado a mim não é, por si mesmo, de modo nenhum pressuposto da minha orientação de afeto a ele dirigida. Tudo o que sei acerca da orientação do meu parceiro é um mero *conhecimento secundário*. Pois o fato de o outro estar orientado a mim, ter-me em conta, de rejeitar ou retribuir minha atenção afetiva, pode ser, para mim, sob determinadas circunstâncias, certamente oportuno, mas também sem importância, até mesmo indesejado. Portanto, como o exemplo mostra, não é essencial aos atos de *relação de orientação* que estes sejam orientados pelo saber acerca da existência ou inexistência de orientação recíproca. Naturalmente, com isso não se afirma que, para mim, também o ocasionamento de tal orientação do outro indivíduo não seja objetivo do meu agir, que não busco ocasionar uma orientação desse tipo, tampouco que não posso me orientar pelo êxito ou fracasso desse meu operar. Mas, nesse caso, a pura relação de orientação se transforma então em uma interação social, de fundamento totalmente distinto. Tem-se uma interação social sempre que for realizado, por parte do agente, um ato de operar na expectativa de que o outro indivíduo a quem esse operar se refere reagirá ou ao menos o terá em vista. A interação social, portanto, tem como pressuposto não uma ação recíproca, isto é, não um operar social a ser realizado pelo parceiro de interação dirigido com vista a mim, tampouco somente agir, senão apenas que o parceiro execute um ato de orientação perante a mim, agente, que me tenha em vista, tome a mim em perspectiva, interprete o produto por mim posto como testemunho das minhas vivências de consciência etc. O outro, portanto, não precisa estar voltado a mim, ao agente, em ato, mas apenas estar simplesmente voltado a mim. Assim, é pressuposta uma postura atencional específica do parceiro a qual certamente modifica todas as suas vivências de consciência.

Toda *interação social* é, por conseguinte, essencialmente fundada em um *operar social*, cujo projeto tem, como objeto, o ocasionamento de vivências de consciência alheias, e, como pressuposto, a existência de uma orientação recíproca por parte do parceiro de interação. Mas nem todo ato de *operar-sobre--outrem* se executa em uma *interação* social ou mesmo em uma *relação* social, nem todo ato de *operar-sobre-outrem* se encontra orientado pelo fato de o *outro indivíduo* estar *orientado a mim*. Antes, pode ser que o operar social esteja orientado justamente pelo fato de tal orientação, por parte do outro indivíduo, ser totalmente ausente, e que por isso eu, enquanto autor desse operar, continue sem ser notado, tampouco observado. Mas esses casos exemplificam *apenas uma forma derivada do puro operar social*, a saber, *na qual eu*, o agente, *desejo permanecer anônimo* e não pretendo me apresentar a meus consociados como consociado, senão apenas realizar uma ação que tenha vivências de consciência alheias como produto, sem importar quando, por quem e sob quais circunstâncias essa ação tenha sido realizada.

Tem-se *uma interação social sempre que* o operar estiver *orientado* pelo fato de o outro indivíduo vivenciar o efeito desse mesmo operar como ocasionado *por mim*[219], por ter a postura atencional específica do parceiro de interação com relação a mim sido incluída no meu projeto do operar na forma de motivo--para. Ela corresponde ao com-vista-a desse meu operar social, seu objetivo final ou intermediário. Assim, todo ato de posição de sentido será executado na expectativa de interpretação pelo parceiro, e essa expectativa entra também nos contextos ampliados relativos ao objetivo, dentro dos quais ocorre a posição de sentido. *A interação social é, por conseguinte, um contexto de motivação; para ser preciso: um contexto de motivação intersubjetivo.* À constituição da interação social pertence necessariamente que a orientação do indivíduo ao parceiro seja motivo do operar so-

---

219. Se, nesse contexto, sou vivenciado por meu parceiro como indivíduo corporeamente presente ou então como tipo ideal, isso varia a depender se nos encontramos em uma interação social de consociados ou no interior do mundo dos contemporâneos. Cf. § 34, p. 260 e § 40, p. 315.

cial do mesmo. Investiguemos agora a estrutura particular desse contexto de motivação.

§ 32 O contexto de motivação da interação social

Quando, em meu projeto, fantasio que meu agir levará o tu, tão logo ele o tenha compreendido, a realizar determinado comportamento, fantasio que a interpretação desse meu agir por ele realizada será, para o tu, motivo (precisamente motivo-porque) de determinado comportamento. Quando, por exemplo, dirijo-lhe uma pergunta, o motivo-para do meu perguntar não é apenas ser por ele compreendido, mas também obter uma resposta sua. Sua resposta é o com-vista-a da minha pergunta. No projeto que precedeu à formulação da minha questão, previamente projetei, em fantasia, que eu já havia feito a pergunta, que ele havia compreendido minha questão e que o entendimento da mesma o levou a respondê-la. Fantasiado e previamente projetado é *que* o tu irá responder; *o que* ele responderá permanece, entretanto, dentro desse contexto de sentido (formado por formulação da questão e resposta esperada), indeterminado e vazio. Não restam dúvidas – e isso já está implicado também no significado do termo "expectativa", utilizado anteriormente – de que toda fantasia desse tipo será acompanhada de um desejo, portanto de uma atividade do ânimo, caso o curso esperado dos eventos seja adequado ao projeto preconcebido. O juízo, efetuado no modo da fantasia, de que meu agir (a saber, o questionamento) *dará* origem a determinada reação de seu lado é, porém, certamente apartável do desejo que este, em princípio, fundamenta, e acessível a uma investigação à parte. Desconsideremos, por isso, toda atividade do ânimo, e analisemos apenas o que é coberto pela terminação de que um agir por mim realizado dentro de uma relação social (para ser preciso, de uma interação social) induzirá o destinatário desse agir a se comportar de determinada maneira.

Sigamos com o exemplo das perguntas e respostas. O indivíduo que faz a pergunta fantasia, *modo futuri exacti*, em seu projeto, que o indivíduo a quem dirige a questão terá respondido. Ele fantasia, portanto, que sua pergunta será motivo-porque genuíno do outro para responder, e formula sua questão em conformidade com essa representação. Mas não estaria essa afirmação em contradição com os resultados da nossa análise anterior[220], segundo a qual um motivo-porque sempre só pode ser retrospectivamente apreendido *modo plusquamperfecti*, a partir do motivado decorrido? Contra essa objeção poderia ser argumentado que o indivíduo mesmo que realiza a pergunta fantasia, *modo futuri exacti*, em seu projeto, que uma resposta (cujo conteúdo, entretanto, permanece vazio e indeterminado) já havia sido dada, de modo que, ante a resposta, fantasiada como decorrida, seu motivo-porque surgiria *modo plusquamperfecti* como antecedente. Mas essa conclusão não satisfaz as exigências de uma análise exata. Pois o que autorizaria o autor da pergunta a supor que "a questão a ser levantada por ele será, em relação à resposta esperada, motivo-porque genuíno"? Essa expectativa do autor da questão, sem dúvida, configura pressuposto de todo questionamento em geral. Pois o juízo de que haveria uma "probabilidade" de o responder do indivíduo a quem se dirigiu a pergunta ser motivado pela questão compreendida motiva, por seu lado, no modo do "para", o agir próprio ao autor do questionamento (a saber, que ele faz a pergunta). Ele "sabe" da existência dessa "probabilidade", e isso da mesma maneira como dispõe de qualquer outro saber em estoque na sua experiência. Ele sabe que as respostas respectivamente dadas por *ele*, agora autor da pergunta, foram motivadas, na modalidade do genuíno "porque", por questões colocadas por outros indivíduos. Ele mesmo respondeu *porque* foi perguntado. E não apenas ele – também outros indivíduos dos quais o próprio tem conhecimento deram respostas porque questionados. Encontra-se pré-dada, portanto, ao autor da questão, dentro do seu contexto geral de experiência, a máxima universal de que a pergunta é motivo-porque genuíno da resposta.

Ao autor da pergunta decerto falta toda evidência de que a motivação-porque genuína por ele suposta no modo da fantasia é de fato tida em perspectiva pelo indivíduo a quem ele dirigiu a questão quando este deu sua resposta (isso no caso de uma resposta a princípio ocorrer, portanto caso o projeto de

---

220. Cf. § 18, p. 148.

induzir o outro a dar uma resposta for preenchido). O autor da pergunta não possui essa evidência mesmo depois de concedida a resposta pelo indivíduo a quem foi dirigida a questão. Na ocorrência do curso esperado de fato reside um preenchimento do projeto do autor da pergunta e das protenções e recordações prospectivas vazias ligadas a ele. Porém, segue indeterminado se o indivíduo a quem a questão se dirige considerou a pergunta como um motivo-porque genuíno da sua resposta; se sua fala, interpretada pelo autor da questão como resposta, ocorre "com base" na pergunta ou "independente" dela (isto é, sem compor, com ela, contexto de sentido). Segue indeterminado se ela foi de fato pretendida como "resposta". Mais ainda: ao dar resposta à pergunta, o indivíduo o faz para lhe comunicar algo, e isso em função da interpretação realizada daquilo que o autor da pergunta visou com a mesma. O projeto de realizar uma ação manifestante perante o autor da pergunta se executa *de livre-espontaneidade* em um puro contexto-para. Precedente a esse projeto é, decerto, o ter-compreendido da questão, portanto uma orientação ao autor da pergunta. Certo está também que o manifestar é orientado pela ideia de que o autor da pergunta irá supor a existência de um contexto de sentido formado pelo conteúdo da manifestação e sua formulação da pergunta, que o manifestar se encontra orientado precisamente no mesmo modo em que o autor da pergunta orienta sua ação pelas vivências de consciência por ele antecipadas no modo da fantasia próprias àquele que dirige a questão. Mas o contexto de sentido do motivo-porque genuíno formado por pergunta e resposta se constitui na consciência do autor da resposta *apenas em virtude do voltar-se-para específico* dirigido ao projeto já sucedido da resposta à questão e em função do ato de interpretação precedente da pergunta, um voltar-se-para que ele, *caso a princípio o realize*, certamente não poderá executá-lo *qua* agente, senão que apenas em um novo processo de autointerpretação do seu próprio comportamento. Isso se nota bem claramente se recorrermos, a fim de completar o quadro, àquelas atividades acompanhantes do ânimo antes desconsideradas. Constatamos, então, por parte do autor da pergunta, o desejo de obter uma resposta, e, do lado daquele a quem se dirige a questão, a disposição de responder.

O indivíduo a quem se dirige a pergunta, porém, não chega a ter em perspectiva essa sua disposição ao dar a resposta, embora o faça "desde o interior dessa disposição". Sua prontidão em responder somente lhe surge como motivo-porque do mesmo a partir do projeto de resposta concebido ou da resposta dada, e o desejo alheio de obter uma resposta, compreendido na pergunta, aparece-lhe como motivo-porque genuíno do ocasionar dessa disposição.

Porém, grande cautela ainda se faz oportuna. O conceito de resposta já pressupõe, a rigor, um questionamento precedente. E também pressupõe que o comportamento daquele a quem se dirige a questão, comportamento que ocorre posteriormente – em sentido temporal – à realização da pergunta, seja interpretado, pelo indivíduo que a coloca, como resposta à questão. A contraposição estabelecida entre pergunta e resposta é, portanto, apenas abreviatura de uma estratificação altamente complexa e da conjunção de complicados processos de interpretação e posição de sentido que já analisamos em mais detalhes com base em exemplos mais simples. Em todo caso, mostra-se bem claramente de que forma é possível afirmar ser a pergunta motivo-porque da resposta, e, a resposta, motivo-para da questão. Essencial é *o fato de o agente voltado a um tu na interação social antecipar os motivos-para de seu próprio agir como motivos-porque genuínos do comportamento esperado do parceiro, e, inversamente, que seja capaz de considerar os motivos-para do parceiro de interação como motivos-porque genuínos de seu próprio comportamento*. Esse entendimento é de grande importância, pois indica o método de que faz uso tanto a técnica do viver como também, certamente que de modo conceitualmente aperfeiçoado, a sociologia compreensiva, no estudo dos motivos do outro eu.

Todo operar na relação social pressupõe, portanto, uma orientação ao agente por parte do parceiro de interação, de modo que os próprios motivos-para do agente sejam avaliados como motivos-porque genuínos do seu parceiro de interação. Com isso não se afirma que esse contexto seja dado ao agente de modo mais ou menos explícito, mas ele bem pode, em qualquer instante, explicitá-lo, mediante voltar-se-para apropriado. Uma explicitação do tipo, contudo, ocorre não no interior senão fora de uma relação social. O agente tem de abandoná-la, e interpretar, no modo da autointerpretação, seu agir na relação social. Neste como em qualquer outro caso, o contexto de motivação constituinte do agir alheio na interação social pode estar disponível em estoque no contexto de experiência, seja na forma de experiência referente ao específico modo de comportamento do tu particular em vista do qual se age, seja enquanto saber a respeito das típicas reações a típico operar-sobre-outrem. O agente tem disponibilidade sobre essas máximas em estoque na sua experiência. Estas lhe são dados inquestionados, e, porque não problemáticas, ele a princípio não tem sequer de se voltar à gênese constitucional de sentido das mesmas. O estoque de experiência disponível referente ao tu varia em cada uma das regiões sociais. Por conseguinte, varia também a margem dentro da qual a probabilidade subjetiva da reação esperada se confirma. Também o contexto de motivação da interação social extrai sua diretiva original da relação social de consociados, da qual todas as outras interações sociais são meras variações. Na viva intencionalidade da interação social de consociados, na qual eu e tu, na qual nós vivemos, em que o tu, cuja consciência é considerada no projeto do meu operar, é dado em autêntica simultaneidade e presença corpórea, há de fato uma confluência entre próprio motivo-para e motivo-porque alheio, complementando-se e corrigindo-se, formando objeto das orientações a outrem reciprocamente referidas umas às outras.

Com essas investigações abrimos caminho à análise estrutural do mundo social, que iniciaremos pela esfera do mundo social dos consociados – e pela pura relação-nós, que lhe é constitutiva.

C – Mundo social dos consociados

§ 33 O mundo social dos consociados e a relação-nós

Afirmo, acerca de um tu, que este faz parte do meu mundo social de consociados quando coexiste comigo temporalmente e em comunidade de espaço. Coexistir comigo *espacialmente* significa que o tenho dado "*em presença corpórea*", precisamente *enquanto este indivíduo próprio*, como este *tu particular*, e, seu corpo somático, enquanto campo de expressão, na plenitude dos seus sintomas. Coexistir comigo *temporalmente* significa que *posso* ter em perspectiva seus cursos de consciência em *autêntica* simultaneidade[221], que sua duração flui ao mesmo tempo que a minha, que envelhecemos juntos. A situação característica do mundo dos consociados se funda, portanto, na autêntica simultaneidade do curso de duração alheio com o próprio, esclarecida pela nossa tese geral do alter ego (terceira seção, § 20). Acrescenta-se a essa simultaneidade a imediação espacial do alter ego, em virtude da qual seu corpo somático me é dado, em sua plenitude de sintomas, como campo de expressão.

A imediação espacial e temporal é essencial à situação que caracteriza o mundo dos consociados. Todos os atos de orientação voltados a outro indivíduo e de operar social, mas junto com eles também todas as relações de orientação e interações que têm lugar nessa situação, adquirem seu caráter específico mediante a condição fundamental da imediação espacial e da comunidade de tempo do tu consociado.

Consideremos primeiro o modo de constituição dessa situação desde a perspectiva do seu participante. O fato de ele dela se aperceber já pressupõe uma vivência de consciência intencionalmente dirigida ao tu nesse mundo circundante, uma *orientação voltada ao consociado* ou, como também queremos designar, uma *orientação-tu*, cuja essência será a primeira a ser descrita.

A orientação-tu pode ser de início caracterizada como forma pura de aparição de um tu específico dado a mim em presença corpórea. Ela se constitui simplesmente por eu reconhecer algo do meu mundo circundante como consociado (na forma de tu), e, por conseguinte, predicar-lhe vida, especificamente consciência. Mas essa formulação pouco faz jus ao estado de coisas. Pois se trata *não* de um *predicar judicante*, mas de uma *experiência pré-predicativa*, na qual o tu é vivenciado *enquanto um si-mesmo*. Podemos, portanto, *definir a orientação-tu, que caracteriza o mun-*

---

221. Sobre esse aspecto, cf. § 20.

do dos consociados, como a intencionalidade específica dos atos nos quais o eu, enquanto neles vive, tem experiência da existência de um tu no modo do si-mesmo original[222]. Toda experiência externa no modo do si-mesmo original pressupõe o *dado corpóreo do indivíduo experienciado, em imediação espacial e temporal*.

Afirmamos expressamente que a orientação-tu própria ao mundo dos consociados é referida à *existência* de um alter ego, mas não necessariamente a seu *ser-assim*. Pois o conceito da orientação-tu não chega por si a implicar um tomar-em-perspectiva de *vivências de consciência específicas* próprias a esse alter ego. Enquanto *"pura"* orientação-tu, ela se constitui já na referência intencional mesma à pura existência do tu animado e vivente, ao passo que seu ser-assim é, ou ao menos pode ser, desconsiderado. Certamente, o conceito da *"pura"* orientação--tu é uma concepção formal, um produto da ideação, ou, para utilizar um termo de Husserl, um *"limite ideal"*[223]. Pois no mundo dos consociados vivenciamos o tu sempre na forma de um tu propriamente particular, em seu ser-assim específico, e nossa orientação vivenciada dirigida a esse mundo circundante social não é nenhuma orientação-tu *"pura"*, senão seu correlato em dado nível respectivo *de concretização e de atualização*.

Em todo caso, *meus* atos dirigidos ao *tu enquanto consociado* são caracterizados pelo fato de *eu* mesmo ser, *para ele, consociado*, contanto que o mesmo, em princípio, tenha-me em perspectiva. Se ele o faz, isso dependerá, por seu lado, da postura atencional fundamental na qual o mesmo está voltado ao seu mundo circundante. Assim, a orientação-tu, própria ao mundo dos consociados, pode ser tanto *recíproca* como *unilateral*. Ela é *unilateral* quando olho para o tu que, entretanto, não atenta à minha existência; é *recíproca* se o tu se encontra voltado a mim na mesma pura orientação-tu em que me volto a ele. Assim se constitui, com base na orientação-tu, *a relação social no mundo*

---

222. Essa originalidade certamente não é nenhuma "primária", senão que – na terminologia de Husserl – uma "secundária" (HUSSERL, E. *Logik*, p. 206), visto que a vida anímica de outrem por princípio não me é acessível em percepção direta.

223. HUSSERL, E. *Ideen*, p. 138.

dos consociados, cujos critérios, para aqueles que dela participam, já foram tratados anteriormente (§ 31). Essa *relação, na qual os indivíduos, orientados uns aos outros, vivenciam diretamente seu próximo, chamaremos de "pura relação-nós"*, que também deve ser considerado apenas um conceito-limite. A relação social entre consociados é relação-nós sempre em algum nível de concretização e atualização, uma *relação-nós "plena de conteúdo"*. Ilustremos esse estado de coisas com base em um exemplo.

Quando eu e o tu observamos um pássaro voando, a objetualidade "voo de pássaro", constituída na minha consciência, tem, antes de tudo, um sentido para mim, apreendido em autointerpretação, e algo análogo o outro indivíduo pode afirmar a respeito da sua vivência de consciência constituída "voo de pássaro". Mas não tenho como afirmar – e tampouco ele ou alguma outra pessoa seriam capazes de fazê-lo – se *minha* vivência do pássaro voando é idêntica à vivência, *própria ao tu*, do pássaro voando; a rigor, tanto eu como ele teríamos de considerar uma tentativa do tipo como irrealizável, porque sentido próprio e sentido alheio jamais coincidirão[224].

Não obstante, enquanto o pássaro realizava seu voo, eu e o tu envelhecemos; sua duração era, desde a minha perspectiva, simultânea à minha, tal como a minha, para ele, era simultânea à sua. Em todo caso, pode ser que eu, voltado ao voo do pássaro, percepcione, através de um índice corporal do tu, que o mesmo também se encontra voltado ao pássaro. Então posso afirmar que eu e o tu, que *nós*, vimos um pássaro voar. Pois durante o voo do pássaro coordeno ao curso das minhas fases de consciência o curso das suas; mas, ao fazê-lo, não pressuponho outra coisa senão que vivências "correspondentes" ao voo do pássaro por mim percepcionado *de fato* ocorrem em sua consciência. O *conteúdo* das suas fases de consciência, o *"como" específico da sua construção*, deixo totalmente de lado. Basta-me saber que o tu é um consociado, que vivencia seu envelhecer e se encontrava voltado àquilo que foi por mim percepcionado. Algo análogo ele pode afirmar, em direcionamento correspondente do olhar, sobre mim, sobre seu consociado, cujas fases de consciência ele

---

224. Cf. acima § 19, p. 155.

coordenou ao curso das suas vivências de consciência referentes ao voo do pássaro. Isso, apenas, já basta para permitir afirmar termos *nós* visto um pássaro voar.

A relação fundamental do "nós" me é pré-dada por eu ter nascido dentro de um ambiente social, e somente dela extraem sua diretiva original todas as minhas experiências do tu – este consubstanciado no nós – e referentes ao *meu mundo de consociados* como parte *do nosso mundo compartilhado*. Nesse sentido, deve-se dar razão a Scheler quando o autor afirma que a experiência do eu referente ao mundo em geral é fundada na experiência do nós (no mundo circundante)[225]. Certamente, o modo como esse nós se constitui desde o sujeito transcendental, o modo como, ademais, o tu psicofísico remonta a meu eu psicofísico, constituem questões fenomenológicas de difícil abordagem, a cuja análise, no contexto destas investigações, somos obrigados a renunciar[226]. Mas mesmo sem examinar a fundo tais problemas concernentes à constituição transcendental do alter ego, podemos apreender descritivamente, partindo da pressuposição de um dado tu mundano, a constituição das experiências referentes a esse tu desde o puro nós.

Tomemos como outro exemplo uma *interação social* no mundo dos consociados, especificamente a interpretação e posição de signos com intento comunicativo, a fim de demonstrar, a partir desse caso mais geral, de qual maneira as experiências referentes ao tu estão enraizadas no nós. Já vimos, quando da discussão sobre os contextos subjetivos e objetivos de sentido, que o direcionamento do olhar aos atos constituintes do contexto subjetivo de sentido na consciência do tu – para além do que é por mim percepcionado no contexto objetivo de sentido – é possível apenas se apreendo, em simultaneidade, interpretativamente e construtivamente, seus atos posicionais de construção. Porque vivenciamos e contanto que vivenciemos essa simultaneidade *em junto envelhecer* – porque nela vivemos e contanto

---

225. *Die Wissensformen und die Gesellschaft*. Leipzig, 1926. II, "Erkenntnis und Arbeit", p. 475-476.

226. A elas são dedicadas a quarta e a quinta das *Meditações cartesianas* de Husserl. Cf. "Nota" ao final da primeira seção, p. 73.

que *nela* vivamos ou em princípio possamos viver –, é também possível um viver "*no*" contexto subjetivo de sentido. Não se deve, porém, confundir a relação-nós mesma com o contexto subjetivo de sentido. A noção de sentido subjetivo é aplicável somente à interpretação de um produto que interpretamos como testemunho dos atos de posição realizados por um alter ego. Afirmamos a respeito desses atos de posição constituintes apenas que se encontram em um contexto subjetivo de sentido, a saber, em um contexto de sentido também para a consciência do sujeito do ato. Ao interpretar o signo como testemunho das vivências de consciência posicionais e construtoras de sentido próprias ao tu, posso tomar as mesmas em perspectiva. Mas a *diretiva* original dessa apreensão de um contexto subjetivo de sentido *se extrai apenas da relação-nós, real ou potencial*. Pois somente nesta o tu pode ser vivenciado como um si-mesmo, neste momento particular da sua duração. Podemos formular esse entendimento também no enunciado: *viver nos contextos subjetivos de sentido próprios ao tu é possível somente como viver no "nós" pleno de conteúdo da relação entre consociados.*

Isso vale para todos os planos da compreensão do outro, nos e desde os quais for possível tornar ao sentido subjetivo. Pois todas as minhas vivências referentes ao tu (antes de tudo enquanto consociado), em sua concordância ou discrepância, pertencem, por sua vez, à esfera do nós, e o atender a esta amplia, novamente, meu contexto objetivo de experiência – adquirido em autointerpretação – referente ao tu em geral e ao consociado particular ao qual me encontro voltado. Assim, a corrente do nós, única e indivisa, é preenchida por conteúdos sempre múltiplos do devir e desvair. Nesse sentido, ela é análoga à minha duração, em seu curso contínuo. Mas se trata de fato apenas de uma analogia, pois o nós se efetiva não somente na duração; ele se executa no espaço, e o corpo do outro indivíduo adentra o nós do mesmo modo como a duração alheia: seu corpo é portador dos índices das vivências da consciência de um alter ego, é campo de expressão. Não obstante, posso dizer que, entre todas as vivências transcendentes à duração, a vivência do "nós" é a que se encontra mais próxima à minha *durée*.

E enquanto eu viver no "nós", vivo, a rigor, propriamente na *nossa* duração. Do mesmo modo como, para refletir sobre minhas vivências na duração, tenho, em certa medida, que deixá--la, colocar-me à parte, deter o fluxo contínuo, temos eu e o tu, temos nós, para tomar em perspectiva uma vivência da "esfera do nós", de abandonar o mundo social dos consociados, no qual nossas modificações atencionais reformularam – com vista ao nós – todos os nossos conteúdos próprios de vivência. Temos de desviar nossa atenção – que na relação-nós se encontrava imediatamente dirigida ao *tu* – do consociado e nos voltar, em um modo específico, ao *nós* mesmo, para tê-lo em perspectiva. Na relação social do mundo dos consociados, *mas também somente nela*, vivemos *no* nós; na reflexão *sobre* o nós, abandonamos o mesmo. E aqui se aplica, em um plano mais elevado, tudo o que já se afirmou, na análise do eu solitário, acerca do tempo fenomenal. Também esse voltar-se para o nós só pode ocorrer uma vez decorridas as fases da vivência do nós, e o mesmo, enquanto tal, já se encontrar constituído. O modo desse voltar-se-para pode ir desde a mais completa indistinção até a explicitação, pode percorrer todos esses níveis, e, da mesma maneira como o voltar-se-para dirigido à vivência própria ao ego, assumir todos os graus de consciencialidade. Quanto *mais* atento, contudo, encontro-me *voltado ao nós, menos vivo no nós*; menos vivencio, *em simples doação*, porém, também *o tu*. Pois apenas *vivendo no nós me volto ao tu como a um sujeito do viver. Refletindo sobre o nós, apreendo o tu somente como um contexto geral de objetualidades de experiência*.

Assim esclarecido o conceito de "relação-nós", descreveremos a seguir mais precisamente as peculiaridades específicas que distinguem a relação-nós, própria ao mundo dos consociados, de todas as demais formas de relação social.

§ 34 Análise da relação social no mundo dos consociados

Nas investigações do parágrafo precedente, estudamos as configurações específicas assumidas pela orientação a outrem e pela relação social dentro do mundo dos consociados em virtude da imediação espacial e simultânea do alter ego, e, nesse contexto, especificamos, dentro dos conceitos mais gerais da orientação ao outro indivíduo e da relação social, a orientação-tu e a relação-nós. Com isso determinamos o ponto de partida de uma análise da orientação a outrem e da relação próprias ao mundo dos consociados, sem, contudo, desenvolvê-la.

Se a *pura* relação-nós fosse apenas uma modificação da relação social em geral, ela poderia ser identificada tanto à relação de orientação do mundo dos consociados como também à interação social. A rigor, contudo, ela é *pré-dada* a ambas. Constitui-lhe tão somente a *pura* orientação-tu recíproca, na qual o alter ego consociado é apreendido intencionalmente como um si-mesmo. Mas, por essência, essa pura orientação-tu tem como referência somente a *existência* do tu em geral, não seu *ser-assim* específico. Constitui a pura relação-nós a simples circunstância de, voltados uns aos outros enquanto existentes, termos experiência originária de nós mesmos. Porém, o conceito de relação *social* implica, *além disso*, um saber *específico*, apreendido em orientação a outrem, acerca do ser-assim *específico* da orientação do parceiro que toma a mim como referência. No interior do mundo social dos consociados, apreendo o "como" específico da orientação do tu a mim em virtude da viva intencionalidade das nossas vivências de consciência referidas umas às outras, na qual eu e o tu, na qual nós, vivemos.

A relação fundamental que acabamos de caracterizar entre pura relação-nós e a relação social de consociados só se evidencia *àquele* que, *abandonando a relação-nós, toma a mesma em perspectiva*, jamais, contudo, *àquele* que, vivendo *nela e em suas vivas intencionalidades*, vivencia a relação-nós não em sua *forma pura*, não como um *"que" vazio*, senão de fato *vive* nela mesma, precisamente na *plenitude do respectivo "assim" de sua atualização e concretização específicas*. Em outras palavras: a *"pura relação-nós"* é um *mero conceito-limite* utilizado no esforço de apreender descritivamente e teoricamente a situação própria ao mundo dos consociados. A ela não corresponde nenhuma vivência *específica* por parte daqueles que se encontram no interior da relação-nós mesma, pois estes apreendem o nós em *um* ato indiviso, enquanto algo simplesmente único e irreiterável na plenitude das suas concretizações.

Entre si, porém, essas *concretizações* vivenciadas e possíveis de se vivenciar da relação-nós atual não são, em absoluto, de igual imediação de vivência; elas modificam, com diferente *intensidade*, nossa *attention à la vie*, elas variam em seus *graus de intimidade*, deixam margem mais ou menos ampla a nossas *perspectivas de apreensão*. O ato intencional nelas dirigido ao tu pode, por conseguinte, ser *centrado* na vivência alheia ou, de modo mais ou menos *periférico*, dirigir-se às manifestações externas da mesma.

Todas essas diferenciações subsistem independentemente de se tratar de uma relação de orientação ou de interação social. Em todas as mudanças dos níveis de concretização e atualização, vivo e vivencio o tu no nós, e mediante o nós o vivencio como um si-mesmo, precisamente enquanto um si-mesmo a mim orientado, decerto apenas que *em proximidade vivencial totalmente distinta*. Deixemos claro esse estado de coisas considerando dois níveis de concretização da relação social do mundo dos consociados, a saber, a apreensão do tu no modo da posse de coisa mesma em uma conversa e na relação afetiva. Em ambos os casos, não apenas *eu* vivencio o *nós* em níveis distintos de profundidade da *minha* consciência, não apenas meu si-mesmo se torna centro dessas vivências em esferas de distinta intimidade, senão que vivencio, em ambos os casos, também o *tu*, enquanto outro indivíduo em si mesmo, em distintos níveis de profundidade desse *seu* si-mesmo. O termo "proximidade vivencial", usado há pouco, refere-se tanto à minha vivência do ser-voltado-um-ao-outro como à vivência do tu à qual *estou* voltado. *Os graus de diferente proximidade vivencial são, por essa razão, predicados da relação-nós mesma*, ou seja, da relação de orientação e da interação social próprias ao mundo dos consociados, nas quais essa relação-nós se concretiza.

O mesmo pode ser dito dos *modos de atualização* dos respectivos níveis de concretização. Posso conduzir uma conversa com outro indivíduo "participativamente" ou "desinteressadamente", "intensivamente" ou "menos intensivamente", com "maior" ou "menor" atenção; podemos, nessa conversa, "permanecer na superfície dos fatos" ou "tratar temas pessoais".

O problema delineado, concernente à proximidade vivencial, assume grande importância na análise da passagem da relação própria ao mundo dos consociados ao tipo de relação característico do mundo dos contemporâneos, que trataremos de investigar mais adiante[227]. Antes, porém, resta ainda compreender, em generalidade descritiva, os *aspectos essenciais* a toda *relação social de consociados*.

Tomemos como ponto de partida o fato de, na relação social do mundo dos consociados, o alter ego ser dado ao ego em presença corpórea, portanto em um máximo de *plenitude de sintomas*. O ego tem como dado, por exemplo, não apenas o signo – utilizado pelo alter ego – em seu significado expressivo e sígnico e as significações neles fundadas, mas também um conjunto de outros sintomas, como tom de voz, mímica, "expressão" etc. Porque a cada um dos momentos da sua duração corresponde também um momento da duração do alter ego que ele pode tomar em perspectiva, o eu obtém princípios de acesso às vivências de consciência do tu em conjunto incomparavelmente maior do que às suas próprias vivências. O eu "conhece" todo seu passado, desde que este a princípio puder ser apreendido fenomenalmente em vivências bem-distintas, mas jamais terá a si mesmo "dado" em presença corpórea, tampouco na plenitude do agora-e-assim, e isso justamente porque *vive* em presença corpórea *na* plenitude do seu agora-e-assim e por poder se voltar retrospectivamente apenas a vivências próprias decorridas. Em contrapartida, o tu consociado, na plenitude do seu agora-e-assim, é corporeamente presente ao eu, ainda que este não tenha conhecimento nenhum a respeito do passado alheio.

A essa experiência referente ao tu consociado, o eu aplica *todo seu conhecimento prévio sobre outro indivíduo em geral* e acerca desse tu *específico* que tem à frente. Essas experiências disponíveis em estoque referentes ao tu incluem também as experiências de seus hábitos e esquemas de interpretação,

---

227. Cf. § 36, p. 271s.

dos sistemas de signos que ele utiliza, dos motivos-porque e motivos-para – como dados inquestionados – relativos às ações do tu, enquanto *contemporâneo em geral* e enquanto *esse consociado específico* que agora, aqui e assim se apresenta a mim. Na relação social do mundo dos consociados, *agregam-se* ao eu, desde a plenitude do saber acerca do agora-e-assim do tu, em igual conjunto, em cada agora, *novos esquemas para interpretação do agir do tu*; seu *estoque de experiência* referente ao mesmo se *enriquece* em cada momento do nós e também se *modifica* mediante constante correção. Pois na relação social do mundo dos consociados a rigor não se tem isolado um único ato intencionalmente referido ao tu. Antes, cada relação desse tipo se constitui a princípio em uma *série contínua de tais atos*. A relação de orientação se constitui em atos de orientação a outrem, e, a interação social, em atos de interpretação e posição de sentido. Todos esses atos de experiência referentes ao tu se encontram, para o eu, em contextos de sentido, e isso em diversas variações: primeiro em um contexto de sentido da experiência referente ao *tu em geral*, também em um contexto de sentido das experiências referentes a esse tu *específico*, por fim em um contexto de sentido das experiências referentes a *esse* tu *agora, aqui e assim*. Esses contextos de sentido são "subjetivos" por eu ter monoteticamente em perspectiva não apenas as fases construtivas das *minhas* vivências, mas também as fases construtivas *das vivências de consciência próprias ao tu*. E tenho a evidência de que, ademais, do mesmo modo como tenho em perspectiva seus cursos de consciência, o tu considera os meus; que, portanto, tudo o que digo, realizo em ato, projeto, tendo-o em vista, encontra-se *para ele* não apenas em um contexto objetivo de sentido, mas *também em um contexto subjetivo de sentido*, na forma de algo dito, realizado, projetado por *mim*. E, por sua vez, também isso – esse conhecimento acerca do fato de o tu remontar suas vivências referentes a mim a minhas vivências dele – pertence ao contexto de sentido da experiência que tenho do tu agora, aqui e assim. Porque esse mesmo saber passou a compor minha experiência a seu respeito, ele determina meus projetos e meu agir, assim como o contexto de sentido no qual ambos se encontram para mim. Mas também sei que o tu tem conhecimento dessas mudanças do meu contexto de sentido, que também eles são contextos de sentido para ele, e me oriento também por essa circunstância etc. Esse entrecruzamento de direcionamentos do olhar à consciência do tu, reciprocamente fundantes, esse olhar por assim dizer como dirigido a um espelho multifacetado, refletindo uma imagem do meu eu, constitui em princípio a particularidade da relação social no mundo dos consociados. Porque, porém, a pura relação-nós, na qual se funda toda experiência referente ao tu consociado, não é apreendida *reflexivamente* – na relação social do mundo dos consociados –, senão *simplesmente* vivenciada, esses espelhamentos singulares são tomados em perspectiva não cada um deles isoladamente, mas em conjunto, formando unidade. *Em uma unidade o eu pode tomar em perspectiva as vivências de sua própria consciência construídas em fases, e, ao mesmo tempo, os cursos desenvolvidos fase por fase na consciência do tu, vivenciando ambos os cursos como um único: como o do "nós" comum.*

Esse estado de coisas é de especial importância para a situação que caracteriza o mundo dos consociados. Ao "co-vivenciar" as execuções de ato e o projeto de agir alheios, *o eu pode*, na relação social com consociados, ter experiência direta também de *todos os preenchimentos e não-preenchimentos, pelo agir de outrem, do projeto alheio*. Quando *abandono* a relação-nós, posso avaliar, *em atos de juízo*, a *probabilidade objetiva* da possibilidade de preenchimento do projeto alheio; quando *vivo na* relação social com consociados, posso *co-vivenciar* o preenchimento, pelo agir alheio, dessa probabilidade.

Ademais, é essencial à relação social de consociados que a *imediação*[228] do eu e do tu seja uma e a mesma. O eu atribui ao tu de início apenas uma imediação, que corresponde à sua própria[229]. Aqui, na relação social do mundo dos consociados, mas

---

228. Por "imediação" deve ser compreendido aqui aquele segmento do mundo externo que é dado ao eu sempre no modo de posse de coisa mesma. "Imediação" abrange, por conseguinte, não apenas o recorte correspondente do mundo externo inanimado das coisas, mas também o mundo circundante animado, em especial o social, além de produtos de qualquer espécie, como signos e sistema de signos.

229. Cf. § 20, p. 164s.

também somente aqui, esse pressuposto se aplicará desde que, no mesmo mundo circundante, eu puder, por exemplo, supor ser a mesa que avisto idêntica (e precisamente em todas modificações de adumbramento) à vista pelo tu, isso com segurança incomparavelmente maior do que posso o supor em relação a um contemporâneo ou até a um predecessor. Por essa razão eu sou capaz de *indicar*, na relação social com consociados, uma coisa pertencente à imediação comum com um "isto aqui", "esta mesa aqui", e de *controlar, com base nessa identificação das vivências relativamente ao objeto no mundo circundante, a adequação do meu esquema de interpretação ao esquema de expressão do outro indivíduo*. Para a vida social prática, é de enorme significado que eu me considere autorizado a igualar a autointerpretação do meu vivenciar à autointerpretação, pelo outro indivíduo, das próprias vivências, ao menos no caso em que *um e mesmo objeto do mundo circundante* é objeto das mesmas.

A imediação do eu e a imediação do tu, nossa imediação, portanto, é única e comum. O mundo do "nós" não é mundo privado de cada um; ele é nosso mundo, o único mundo intersubjetivo comum a nós, que aqui nos é pré-dado. Somente a partir desta, da relação social do mundo dos consociados, do comum vivenciar do mundo no nós, é constituível o mundo intersubjetivo. É dessa relação que ele recebe sua diretiva própria e original[230].

A comunidade de imediação existente na relação-nós tem como consequência que me encontro continuamente em condições de *verificar os resultados da minha interpretação de vivências de consciência alheias. Na relação social do mundo dos consociados, mas também somente nela, o tu é, por princípio, diretamente consultável*, mas não apenas com respeito aos esquemas que ele aplica na interpretação do mundo circundante comum, senão que também sobre a autointerpretação das suas vivências, de modo a assim corrigir meus contextos de experiência do tu, em permanente ampliação e enriquecimento. Pois, por seu lado, minha experiência de que minha interpretação das suas vivências se encontra em concordância com sua autointerpretação, ou então

---

230. No mesmo sentido tratado em HUSSERL, E. *Méditations Cartésiennes*, § 55, p. 102-103.

que dela diverge, pertence, em um plano mais elevado, à esfera do nós, e amplia, novamente, meus contextos objetivos de experiência referentes ao tu em geral e sobre este tu específico.

Mas com a observação de que eu e o tu nos encontramos em uma relação social de consociados também afirmo algo sobre as *modificações atencionais específicas* nas quais eu e o tu estamos voltados ao agora-e-assim da consciência própria a cada um. Afirmei, com isso, que, tanto para mim quanto para o tu, *nossa* attention à la vie *é modificada pelo respectivo ser-reciprocamente-referido*. Pois é dada relação social somente depois de o tu consociado me ter em perspectiva, sem importar o modo como isso ocorre. Nesse caso, passam por determinadas modificações atencionais todos os meus e também seus atos de voltar-se-para dirigidos ao vivenciar próprio a cada um, assim como nossas respectivas experiências adquiridas na situação do mundo dos consociados. Essa modificação atencional específica, na qual cada um dos participantes de uma relação social de consociados se volta ao outro, será de especial importância para a análise da *interação social no mundo circundante. Em toda interação social o agente pressupõe tacitamente, ao seu parceiro de interação, um número de motivos-para e de motivos-porque genuínos como dados constantes*, e isso com base na sua experiência referente ao comportamento de um tu em geral e ao comportamento desse tu particular, em vista do qual ele age. Antes de tudo, é por esses motivos constantes, pressupostos como dados inquestionados, que ele orienta seu comportamento, sem importar se esses motivos supostos correspondem efetivamente a contextos de sentido motivacionais no curso de consciência do parceiro. E aqui se evidencia o traço característico da interação social de consociados. Ela não consiste em uma estrutura específica do contexto recíproco de motivação propriamente dito; mas, antes, em uma *abertura* específica dos motivos alheios. Também na interação social entre consociados, o comportamento alheio considerado no projeto do próprio agir é apenas projetado no modo da fantasia. Trata-se de agir alheio meramente *esperado*, composto por protenções vazias e não preenchidas, e o comportamento efetivo do outro se encontra, em relação ao comportamento por mim esperado, no modo de preenchimento ou não-preenchimento. Mas em virtude das modificações atencionais específicas por que passam meus atos de voltar-se-para dirigidos ao parceiro na relação-nós – como também seus atos de voltar-se-para a mim dirigidos –, *vivencio*, na relação social com consociados, *a constituição do contexto-motivo na consciência alheia, e posso tomá-lo em perspectiva*. Coloco as vivências de consciência do tu, as quais tomo em perspectiva no agora-e-assim atual, em equivalência com ele, de modo que formem um contexto-para com o tu e suas vivências futuras (esperadas no modo da recordação prospectiva indeterminada), ou compondo um contexto-porque genuíno com suas vivências passadas (pré-experienciadas). Por esses seus contextos de motivo "oriento" meu agir, tal como o tu "orienta" seu agir por meus contextos de motivo; mas esse *"orientar-se"* ocorre, no mundo dos consociados, no modo específico mesmo do *"co-vivenciar"*. Na interação social com consociados *presencio* como o tu reage a meu comportamento, interpreta o sentido resultante do meu ato de posição, e como meus motivos-para desencadeiam correspondentes motivos-porque de seu comportamento. Entre meu projeto de comportamento alheio futuro e o comportamento de fato executado pelo outro indivíduo, mediante o qual meu fantasma projetado é preenchido ou não, sempre terei envelhecido, adquirido novas vivências e experiências referentes ao alter ego; tomo em perspectiva, necessariamente em outras modificações atencionais, o efetivamente decorrido como algo simplesmente projetado. *Na relação social do mundo dos consociados, a rigor, não envelheci sozinho; nós envelhecemos juntos*, e tenho em perspectiva não apenas meu fantasma do agir futuramente esperado de outrem, senão também a constituição desse agir em seu projeto, mas além disso esse seu agir mesmo – como ocorre "ante meus olhos" – e seu agir projetado – portanto sua ação, pela qual tanto meu fantasma como também seu projeto podem ser ou não preenchidos. Durante todo esse processo, tenho, como o tu, seu e meu curso de duração em perspectiva, e isso em simultaneidade: vivo com ele no nós pleno de conteúdo, sem ter de refletir sobre o mesmo. Em uma corrente indivisa unitária, minha duração abarca o projeto do seu agir e seu preenchimento efetivo realizado por sua ação, como algo de unitário. Esse período da minha duração é preenchido continuamente com vivências referentes ao tu, das quais me apercebo no modo do nós, e o mesmo pode ele afirmar a respeito de si e sobre sua duração em relação a mim, e também disso tenho conhecimento, também isso tenho em vista.

§ 35 A observação no mundo dos consociados

Investigamos até aqui a relação social no mundo dos consociados com a finalidade de estudar as peculiaridades essenciais da forma mais pura do seu tipo correspondente de situação. Trata-se de uma análise que exige complementação, pois ela nada diz sobre a orientação específica do ego a um alter ego consociado realizada na certeza de que a mesma é unilateral. Entre todas essas possíveis orientações a outrem, interessa-nos aqui sobretudo a orientação do observador de um comportamento alheio ocorrido no mundo dos consociados. Somente sua análise nos possibilitará obter, no andamento das investigações, a clareza necessária sobre o modo particular como a ciência da sociedade adquire experiência do mundo social. Esclarecemos, logo na terceira seção destas investigações, a forma como em princípio ocorre a interpretação de um comportamento alheio em geral. Agora se trata de investigar a orientação-tu específica na qual se encontra o observador em relação ao observado no mundo dos consociados, isto é, de constatar as diferenças que apresentam seus esquemas de interpretação em relação aos que são utilizados na relação social entre consociados.

Nessa *relação* social de consociados, a orientação-tu é *recíproca*; na *observação* social do seu comportamento, em contrapartida, apenas *unilateral*. Suponhamos que o "comportamento" de um observador imediato, ou do mundo dos consociados, seja "orientado" pelo comportamento de um observado, mas que o observado nada "saiba" a respeito de ser ele observado, ou que "não se importe com isso". Questionamos, então, como o observador estaria em condições de examinar as vivências de consciência do observado em sua construção por fases. Também para o observador, o corpo do indivíduo observado é campo de expressão imediato. Ele é capaz, olhando para ele, de interpretar suas percepções do mesmo como signos de processos de consciência próprios ao observado, dirigindo o olhar aos cursos por ele percepcionados (ocorrências no corpo do indivíduo observado, produtos resultantes de atos de posição do mesmo, como signos etc.) como a testemunhos de vivências de consciência do observado. Ele tem em perspectiva o contexto de sentido do índice percepcionado, não objetivo, mas subjetivo. O observador no mundo dos consociados pode apreender, em único e indiviso olhar-para, o produzir dos produtos e a constituição das vivências de consciência alheias das quais estes são testemunhos, porque estas se constroem à sua frente, na duração alheia de curso simultâneo, na qual se constituiu o contexto objetivo de sentido do produzido.

O observador do mundo dos consociados, assim como o participante da relação social, tem como dado o alter ego em presença corpórea, portanto em um máximo de plenitude de sintomas. Cada experiência referente a um alter ego, em cada momento da sua duração, enriquece o conjunto do seu saber acerca do tu. A imediação do ego observante é congruente com a imediação do tu observado, e há certa probabilidade de que as vivências próprias ao observado referentes à sua imediação sejam adequadas às vivências dessa mesma imediação que tem o observador. *Essa probabilidade, porém* – diferente do que ocorre na relação social de consociados –, *por princípio não é convertível em certeza*. Enquanto, na relação social com consociados, posso sempre em qualquer momento verificar, mediante remissão imediata a um objeto do mundo externo comum, a identificação das minhas vivências com as vivências alheias, é *impossível efetuar*, na observação de consociados enquanto tal, fora da relação social, uma *verificação da minha interpretação do vivenciar alheio a partir da autointerpretação do observado*, a não ser que eu troque meu papel de observador pelo de um participante, em relação social com o indivíduo observado. *O tu, para o observador enquanto tal, é essencialmente inconsultável*. Por outro lado, a observação no mundo dos consociados se distingue do tipo de observação do mundo dos predecessores e do mundo dos contemporâneos pelo fato de poder ser em regra direta e imediatamente convertida em uma relação entre consociados, dentro da qual o tu é consultável, o que possibilita a verificação do resultado da interpretação do vivenciar alheio.

Pelo fato de a orientação-tu na qual o observador se volta ao observado ser unilateral, *não corresponde, do lado do observado, ao contexto subjetivo de sentido no qual as vivências próprias ao observado se encontram para o observador, nenhum contexto subjetivo de sentido no qual, para o observado, as vivências do observador se encontrariam*. São ausentes, por isso, espelhamento e reflexão multifacetada, na qual os conteúdos próprios de consciência são interpretados – na relação social de consociados – como pertencentes ao parceiro. O comportamento do indivíduo observado não é orientado pelo comportamento do observador; mas, a rigor, totalmente independente do mesmo. O participante de uma relação social no mundo dos consociados vê aumentar, junto com a probabilidade ou certeza de que o comportamento do parceiro de interação se orienta pelo seu, também a probabilidade ou certeza a respeito da existência de modificações atencionais específicas a que se encontram sujeitas as vivências de consciência do parceiro. Ele pode comparar essas modificações com as suas, nas quais o próprio, o agente, em relação social com consociados, encontra-se voltado ao outro participante. *Ao observador falta esse acesso às modificações atencionais da consciência alheia*; ele não é capaz de obter nenhum tipo de saber sobre elas, pelo menos não por meio de um direcionamento do olhar à sua própria consciência, e *tampouco está em condições de "exercer influência" sobre o comportamento do observado mediante operar, nem pode projetar, no modo da fantasia, seus motivos-para como motivos-porque do outro*. O observador não é capaz de extrair, a partir do comportamento efetivo do outro indivíduo, nenhuma conclusão a respeito do estado de preenchimento ou não-preenchimento em que se encontra o agir alheio em relação ao seu projeto. A rigor, em casos extremos (por exemplo na observação de um "movimento expressivo"), até lhe pode parecer incerto se, por parte do outro indivíduo, um agir de fato foi projetado, se, portanto, há ocorrência de um agir ou de um mero comportar-se alheio. O observador que pretende interpretar os motivos do observado encontra acesso apenas indireto a estes. (1) Ou ele já encontra, em sua experiência, mediante reprodução de um curso de ação outrora produzido por si mesmo e semelhante ao do observado, uma máxima segura sobre a relação dos motivos-para e motivos-porque de tal agir; nesse caso, ele assume como dado que essa máxima da sua experiência seja também a máxima da experiência própria ao tu e interpreta o agir alheio do mesmo modo como ele interpretaria semelhante agir próprio se ele agora, aqui e assim fosse realizar essa ação. Essa suposição de motivos próprios hipotéticos na forma de motivos reais do outro indivíduo pode ocorrer em uma captura ou em reconstrução passo a passo[231].

2) Mesmo que o observador não encontre, em sua experiência, nenhuma máxima relativa a um agir semelhante, tampouco seja capaz de supor, por conseguinte, seus motivos hipotéticos como motivos reais do observado, ele ainda poderá, em alguns casos, inferir os motivos-para e motivos-porque do observado com base em sua experiência anterior referente ao tu específico deste outro indivíduo. Um "habitante de Marte", por exemplo, que entrasse em uma sala de aula, em um tribunal e uma igreja, encontraria em todos os três casos situações aparentemente mais ou menos iguais. Se quisesse interpretar o agir dos observados, ele nada poderia afirmar sobre seus motivos-para e motivos-porque. Caso esse observador saiba, porém, por experiência precedente referente ao tu observado, que aqui um professor, um juiz e ali um padre desempenham suas funções, ele será capaz de inferir seus motivos com base na experiência prévia relativa ao indivíduo observado.

3) Possui o observador, contudo, de fato nenhuma experiência – ou apenas insuficiente – referente ao tu observado, então, para exame dos seus motivos-para, resta-lhe apenas deduzi-lo com base no efeito concreto da ação[232]. Em certa medida,

---

231. O primeiro Weber chamaria de compreensão atual, o último, de compreensão pelos motivos. Na verdade, porém, não faz estruturalmente nenhuma diferença se essa troca de motivos ocorre em uma captura ou em uma cadeia de juízos. Nesse ponto ficam novamente evidentes as deficiências da distinção weberiana entre ambos os modos do compreender.

232. Assim, a "unidade" de um agir observado frequentemente é inferida apenas a partir da influência externa, método privilegiado sobretudo por teorias do direito penal. Cf. KAUFMANN, F. *Strafrechtsschuld*, p. 86.

ele terá de interpretar a totalidade do curso analogamente a uma metáfora *effectum pro efficiente*.

Os tipos de compreensão pelos motivos desenvolvidos anteriormente podem assumir um grau bem distinto de probabilidade. Quanto mais distante do vivo contexto do nós se fizer a interpretação, tanto mais questionável será se aquilo que é suposto de modo tácito também efetivamente o é. Assim, por exemplo, não basta o conhecimento de que o indivíduo observado seja um padre para assumir que o mesmo, ao falar a público desde um púlpito, esteja pregando um sermão. Ainda mais questionável será a inferência, a partir da ação efetivamente executada, do motivo-para pré-dado ao agir no projeto, visto que, a rigor, o agir em execução pode se encontrar, em relação ao projeto, também no modo do não-preenchimento.

O motivo-porque genuíno, em contrapartida, é, também na relação social de consociados, apenas apreensível se as vivências alheias motivadoras anteriores a essa ação forem tomadas retrospectivamente *modo plusquamperfecti*, a partir da ação motivada decorrida. Essa forma de interpretação não se altera em nada ao se passar, ainda no mundo dos consociados, da relação social à sua observação, a não ser que, ao observador, as vivências do observado não sejam dadas em plenitude de sintomas igual à do outro participante da relação social.

De modo certamente mais complicado, embora em princípio semelhante, ocorre, no mundo dos consociados, a observação de uma *relação* social. Também ela é condicionada pela experiência do observador referente a relações sociais em geral, depois pela referente à relação social específica, observada aqui, agora mesmo, assim, e pela experiência referente aos participantes dessa relação social. Os esquemas do observador usados na interpretação de uma relação social, porém, não correspondem em absoluto aos esquemas de interpretação de algum dos participantes observados da relação social, pois as modificações atencionais dos atos de voltar-se-para do observador são por princípio distintas das próprias aos parceiros de interação. Além disso, o observador tem dados simultaneamente, em seu agora-e--assim, os cursos de consciência de ambos os participantes da relação social, enquanto aquele que nela se encontra tem dado, naquele modo específico, apenas os cursos de consciência do seu parceiro. O observador pode também, na melhor das hipóteses, ou seja, quando dispõe de maior experiência sobre determinado participante da relação social do que referente ao parceiro do mesmo, ter conhecimento mais preciso acerca de seus esquemas de interpretação do que o outro com o qual se encontra em relação social. Assim, por exemplo, o ouvinte que não participa de uma discussão pode reconhecer que os indivíduos "falam sem se entender", algo que seus próprios participantes não notam. Em troca, falta ao observador também nesse caso a possibilidade de reinterpretar os motivos-para de um participante da relação social como motivos-porque genuínos, uma vez que esses motivos-para não são explicitamente acessíveis.

Tudo que acaba de ser dito sobre a observação de relações sociais é válido sob a precondição de que o esquema de expressão dos participantes da relação social seja acessível ao observado como esquema de interpretação. Se isso não for o caso, o observador pode complementar os elos faltantes de seu esquema de interpretação com sua experiência, de modo análogo ao procedimento acima descrito referente à descoberta dos motivos-para alheios, e que por isso dispensará, aqui, outro exame mais detido.

D – Mundo social dos contemporâneos e tipo ideal

§ 36 Passagem ao problema do mundo social dos contemporâneos – Relações sociais contínuas

Discutimos os distintos níveis de concretização da relação-nós dentro do mundo social dos consociados e vimos, na ocasião, que o modo da posse de coisa mesma, em relação ao tu no mundo circundante social, pode variar em intimidade, intensidade e proximidade vivencial. Afirmamos que a proximidade vivencial é ela mesma um predicado imediato da relação-nós; pois vivencio, em distintos estratos do *meu* si-mesmo, sejam eles mais centrais ou periféricos, não apenas o tu apreendido no modo da posse de coisa mesma, próprio à situação do mundo circundante, senão que apreendo, no vivenciar do alter ego consociado, também níveis de profundidade do si-mesmo *alheio* respectivamente distintos. A toda situação *vivenciada* no mundo dos consociados corresponde, por essência, um nível de concretização e atualização determinado, por mais periférica que seja e por menor que se apresente a proximidade vivencial. Também ao indivíduo que se senta ao meu lado no bonde e ao "senhor da mesa ao lado" estou voltado em orientação-tu, característica do mundo dos consociados. Entretanto, *"pura"* orientação-tu e "pura" relação-nós são meros conceitos-limite do caráter de ser dado em presença corpórea do alter ego, em imediação espacial e temporal, e não trazem nenhuma outra determinação quanto ao respectivo nível de concretização e atualização do conteúdo. Ambas são, *por essência*, não vivenciáveis, e permanecem um puro produto da abstração da contemplação teórica. *Porém, considerado de outro modo, elas também podem ser interpretadas como casos extremos ideais da apreensão na menor proximidade vivencial, da apreensão, a saber, mais periférica de um si-mesmo alheio aparecente no mundo dos consociados.*

Essa estratificação, *dentro do mundo dos consociados*, de orientações de proximidade vivencial mais ou menos *periférica* continua a ocorrer, em certa medida, para além dos limites do mesmo, *para além da presença corpórea e da imediação espacial*, na situação característica agora do mundo dos contemporâneos. Os níveis intermediários adjacentes ao mundo dos consociados se caracterizam por uma *diminuição do grau de plenitude de sintomas* e por uma *redução da margem disponível às perspectivas de apreensão* nas quais o tu me é dado. Face a face, de mãos dadas, despeço-me de meu conhecido, que agora se afasta. Ainda ao alcance da voz, ele me chama. Posso então vê-lo, afastando-se mais e mais, acenando, até que, finalmente, não mais o tenha em vista. É impossível indicar com qual fase a situação do mundo dos consociados se converteu em situação do mundo dos contemporâneos. Outro exemplo: pensemos em uma conversa realizada face a face, substituída sucessivamente por uma conversa telefônica, uma troca de cartas, uma mensagem transmitida por uma terceira pessoa etc. Também aqui podemos seguir de perto a gradual passagem da pura situação do mundo dos consociados à situação característica do mundo dos contemporâneos. Em ambos os exemplos, diminui sucessivamente a totalidade da plenitude de sintomas na qual o tu consociado está aberto às minhas perspectivas de apreensão, de modo que apenas grupos particulares de sintomas seguem em presença corpórea. Uma das diversas variações e modificações dessa situação do mundo dos consociados que podemos mencionar corresponde ao dos contemporâneos; reconhecemos, assim, que ambos os mundos representam opostos não contraditórios, senão polares.

Tarefa de uma doutrina das formas do mundo social seria investigar essas variações modais do mundo dos consociados em seu conteúdo específico de sentido. O estudo das situações de contato, em especial daquelas em que ocorre a passagem do mundo dos consociados ao mundo dos contemporâneos, assim como do "um-ao-outro e afastar-se-de" no comportamento humano – em suma, toda a "doutrina da relação" wieseana –, adquire, dentro dessa problemática, enquanto doutrina das formas do mundo social, sua legitimidade própria, e é sem dúvida um grande mérito de Wiese, e recentemente também de Sander[233], ter enxergado esse problema e feito valiosas contribuições à sua solução.

As presentes investigações não têm o objetivo de desenvolver os problemas de tal doutrina em toda sua extensão, tampouco de tentar sua solução. Decerto, contudo, antes de iniciarmos uma descrição da situação característica ao mundo dos contemporâneos, temos de obter alguma clareza a respeito da sua constituição, essa derivada da situação do mundo dos consociados.

Na práxis da vida diária, a problemática da passagem da situação específica do mundo dos consociados àquela que caracteriza o mundo dos contemporâneos não nos é evidente, em regra porque nosso próprio comportamento e o comportamento de outros indivíduos frequentemente se encontram inseridos em contextos de sentido mais amplos, que transcendem o respectivo agora-e-assim, e, por essa razão, a questão se uma relação social vivenciada ou observada é de caráter próprio ao mundo dos consociados ou ao mundo dos contemporâneos em regra

---

[233]. Em seu trabalho, ainda sem alcançar a devida apreciação, *Allgemeine Gesellschaftslehre* (Jena, 1930).

não se torna problemática. Isso tem suas razões mais profundas no fato de a situação própria ao mundo dos consociados, mesmo depois de ocorrida e quando apenas é reprodutivamente revivenciada, não obstante conservar todos seus aspectos constitutivos originais, apenas que com o caráter temporal do passado. Normalmente não nos vem à consciência sequer que o tu antes nos dado em presença corpórea, cujo ser-assim apreendemos no modo da posse de coisa mesma, e ao qual estávamos voltados em amor ou ódio ou em reflexão, agora nos é dado em uma perspectiva de apreensão estruturalmente diversa, visto não mais se encontrar corporeamente presente a nós. Pois está longe de ser obviedade, a rigor aparenta até mais alto contrassenso, que aquele tu, que amávamos quando pertencia ao nosso mundo de consociados, e que ainda amamos, venha a se tornar "outro" tão logo não mais faça parte do nosso mundo circundante, ou que nossa orientação a esse tu, ou nossa experiência a seu respeito, tenha se alterado, a não ser por as vivências decorridas referentes ao tu consociado, às quais voltamos o olhar, carregarem agora o caráter temporal do passado. Contudo, deve-se distinguir claramente entre a *reprodução de uma situação do mundo dos consociados*, a qual ainda conserva todas as notas características e peculiaridades essenciais a *algo próprio ao mundo dos consociados*, mesmo que pertença ao passado, e os *atos mesmos de consciência intencionalmente* dirigidos a um alter ego *contemporâneo*. Quando me encontrava com o tu em uma relação-nós, no mundo dos consociados, e vivenciava, na viva intencionalidade dos espelhamentos reflexivos, esse mesmo tu em eu ser-assim – ou quando era capaz de tomar simultaneamente em perspectiva a construção constitutiva das suas vivências –, ele então me era dado em sua presença corpórea e em imediação, a plenitude dos seus *sintomas* estava aberta à minha interpretação, e, em constante retificação e enriquecimento, modificavam-se minhas experiências desse tu. Em virtude das modificações atencionais específicas do meu voltar-se-para a ele dirigido, em virtude do meu viver no puro nós, originou-se aquela continuidade da relação-nós, em cujas concretizações e em cujos níveis de atualização eu vivi. A corrente do nós era um curso contínuo preenchido por conteúdos a todo tempo variantes. Ele igualava a minha duração à duração do tu, era nossa duração, da qual a minha era apenas parte. Tudo isso, porém, apenas enquanto eu de fato vivia *nela*, enquanto o alter ego me era dado em meu *mundo circundante*. Agora o tu, meu con*sociado*, torna-se, para mim, con*temporâneo*. Não mais "possuo" seu si-mesmo atual, senão seu mesmo-agora-sido; em seu agora-e-assim, ele me é de fato simultâneo, *mas nada mais sei a respeito desse seu novo "assim"*. Desde que abandonou o puro nós do meu mundo circundante, ele envelheceu, experienciou novas vivências em novas modificações atencionais; com cada acréscimo de experiência, com cada nova execução sintética, com cada mudança na sua situação de interesses, ele se tornou um outro tu. Mas na práxis da vida diária não tenho nada disso em conta. A imagem sua que me é familiar, segue, para mim, sendo-o. Considero a totalidade das experiências referentes ao tu, ao consociado, adquiridas por mim em situação do mundo circundante, como inalteradas, até que uma nova experiência específica referente ao tu, agora como contemporâneo, contradiga esse contexto de experiência, tornando assim problemático o que até o momento se presumia como dado inquestionado. Nesse caso, tenho-o então em perspectiva como um alter ego pertencente ao mundo dos contemporâneos, como um semelhante do qual, certamente, em virtude da relação-nós precedente ocorrida no mundo dos consociados – na qual juntos vivenciamos uns aos outros como indivíduos em si mesmos –, tenho experiência específica e particular, uma experiência mais rica e intensiva do que a referente a outras pessoas do meu mundo de contemporâneos.

Exemplos disso podem oferecer aquelas relações sociais nas quais, segundo Weber, exista "a probabilidade de *repetição* contínua de um comportamento correspondente ao sentido (isto é, considerado como tal e, por conseguinte, esperado)"[234]. Tendemos a interpretar um matrimônio ou uma amizade principalmente como relação social do mundo dos consociados, precisamente como relação de singular proximidade vivencial. Isso se deve ao fato de que também aqui tomamos deliberadamente o curso efetivo de uma ação – ou de uma série de ações – como

---

234. WEBER, M. *Wirtschaft und Gesellschaft*, p. 14, ponto 4.

unidade, sem atentar se a mesma, também quanto a seu sentido visado – isto é, nos projetos dos agentes –, foi apreendida monoteticamente.

Em todo caso, porém, um matrimônio ou uma amizade consiste em diversas situações distribuídas no tempo, as quais – de acordo com a estrita determinação conceitual acima – são parte relações sociais no mundo dos consociados, parte relações sociais no mundo dos contemporâneos. A caracterização de relações sociais dessa espécie como "contínuas" é, portanto, em mais alta medida, inexata, visto que, a rigor, descontinuidade e reiterabilidade devem ser tomadas como critério dessas relações "que se repetem". Investigando o que os participantes de tal relação social, por exemplo dois conhecidos, querem dizer quando falam da sua amizade, podemos distinguir os seguintes casos:

1) O indivíduo A, que fala sobre sua amizade com B, pensa em uma série de relações sociais compartilhadas com o mesmo enquanto consociado, ocorridas no passado em relação-nós. Dizemos "em uma *série* de relações sociais" e "enquanto consociado" porque A encontra, entre as vivências particulares de situações compartilhadas com B, cursos de sua própria corrente de duração em que esteve "sozinho", especificamente não em relação-nós, tampouco em relação-nós com outros consociados C, D ou N.

2) Quando A fala da sua amizade com B, ele também quer dizer, porém, que seu comportamento, tanto em geral como um particular, também realizado fora de situações do mundo dos consociados, é orientado pela simples existência de B, por sua existência ou por seu ser-assim, ou, além disso, até por um comportamento específico de B que seja esperado. Nesse caso ele se encontra, com relação a B, em uma orientação a outrem característica do mundo dos contemporâneos, ou até em uma relação nessa mesma região do mundo social, relação que, por sua vez, pode corresponder tanto a relação de orientação como a interação social[235]. Por exemplo, A pode, tendo em vista B, realizar

---

235. As modificações específicas por que passam relação de orientação e interação social no mundo dos contemporâneos, contudo, ainda serão descritas em mais detalhes.

um agir qualquer porque espera que B aprovará essa ação e que o mesmo, tão logo se intere do agir de A, realizará perante ele, A, determinado comportamento. Essas relações sociais próprias ao mundo dos contemporâneos, intercaladas entre descontínuas relações sociais com consociados, caracterizam-se pelo fato de o agente não co-vivenciar, ao contrário do que ocorre na pura relação social do mundo dos consociados, os atos de tomada de posição do parceiro de interação em sua construção, senão que apenas espera que o outro assuma uma orientação correspondente com relação a ele. Os agentes, na relação social *do mundo dos consociados*, encontram-se, como designaremos terminologicamente essa circunstância, reciprocamente *orientados*. O agente, na relação social *do mundo dos contemporâneos*, espera um mero ser-reciprocamente-*referido* de mútuo agir. Mas essa expectativa é, por princípio, meramente unilateral, um fantasiar de agir alheio cujo preenchimento ou não-preenchimento será posteriormente percepcionado pelo agente, em um ato específico. Assim, o ser-reciprocamente-referido, no agir social no mundo dos contemporâneos, consiste apenas na fantasia do agente, enquanto o ser-reciprocamente-orientado, na relação social do mundo dos consociados, é experienciado por cada um dos agentes em autodoação, pelo fato mesmo de viverem *na* relação-nós. Também aqui há, naturalmente, diversos níveis intermediários. Quando "penso" "em" meu conhecido e "tenho uma conversa imaginária", quando me pergunto, em relação a uma ação a ser realizada por mim, "o que meu conhecido acharia dela", quando faço algo "para ele" ou "tendo-o em vista", esses três exemplos correspondem apenas a três diferentes graus, no mundo dos contemporâneos, da relação social "minha amizade com B".

3) Quando A fala da sua amizade com B, ele também quer dizer, contudo, que o restabelecimento de uma relação social entre consociados (desconsiderando entraves técnicos) poderia ocorrer em qualquer momento ou circunstância, considerando que seu conhecido esteja sempre pronto, como ele, à reprodução das vivências outrora vividas no nós comum. Então tem lugar um processo semelhante a outro que conhecemos em uma esfera totalmente diversa, a saber, na esfera do juízo. Mostramos, na análise do "saber", que este é composto por uma soma

de objetualidades judicativas completamente constituídas cuja disponibilidade em estoque pode, em qualquer momento, e em livre-imaginação, ser convertida em atividade iterativa. Quando A fala de sua amizade com B, ele escolhe, do mesmo modo, certos grupos de vivência passados e decorridos. No entanto, o mesmo tem em conta que aquelas vivências decorridas do nós, dadas a ele no modo da recordação, podem ser convertidas na imaginação em um nós comum, próprio ao mundo dos consociados. Evidentemente que aqui não se trata de vivências específicas experienciadas no nós, senão da vivência do próprio nós do mundo dos consociados, que é reproduzível enquanto tal (por exemplo, no próximo encontro entre ambos).

Assim tratamos da passagem da situação própria ao mundo dos consociados à situação característica do mundo dos contemporâneos. Com isso, porém, apenas examinamos aquela área limítrofe, comum a ambos. Quanto mais nos aproximamos da região do mundo social dos contemporâneos propriamente dita, tanto menor será o grau de proximidade vivencial do tu, e mais anônimo este se torna. Essa região do mundo social dos contemporâneos apresenta diversos estratos: meu outrora mundo de consociados, agora de contemporâneos e que pode novamente se tornar mundo dos consociados (meu conhecido A ausente); o outrora mundo circundante do meu mundo de consociados, portanto o outrora mundo de consociados do tu, que, para mim, pode (se para ele, *novamente*) se tornar mundo de consociados (seu conhecido N, ao qual eu ainda não fui apresentado); meu mundo de contemporâneos que em breve deverá se tornar meu mundo de consociados e do qual agora já tenho experiência como contemporâneo (o professor cujos livros já estudei e que agora devo conhecer pessoalmente); meu mundo de contemporâneos de cuja existência tenho conhecimento, mas apenas como ponto de associação de um desempenho típico de função (os funcionários do correio, que cuidam para que minha carta seja entregue); coletividades sociais do meu mundo de contemporâneos, de cuja função e eventual organização tenho conhecimento, pelas quais os indivíduos particulares que constituem essas coletividades permanecem anônimos, embora eu possa por princípio ter experiência deles como consociados (os membros do parlamento alemão); coletividades sociais essencialmente anônimas, das quais por princípio não posso ter experiência em meu mundo circundante (Estado, nação); contextos objetivos de sentido na forma de atos de posição de sentido do meu mundo de contemporâneos que ocorrem de modo essencialmente anônimo ("as normas do direito comercial", "a gramática da língua francesa"); por fim, artefatos, isto é, utensílios no sentido mais amplo da palavra, que, enquanto testemunhos, remetem ao contexto subjetivo de sentido de um sujeito desconhecido, autor do ato de posição do qual resultam. Todos estes são exemplos da anonimização progressiva do mundo dos contemporâneos, exemplos que ilustram também as passagens, ocorridas de forma gradual, da relativa proximidade à absoluta alteridade vivencial.

Investiguemos agora o modo próprio de apreensão do mundo dos contemporâneos e a constituição específica das vivências referentes ao alter ego que dele faz parte.

§ 37 O alter ego no mundo dos contemporâneos como tipo ideal – A relação-eles

A essência da situação que caracteriza o mundo dos contemporâneos consiste em que, nela, *tenho conhecimento da coexistência de um alter ego, do curso simultâneo das suas vivências de consciência com as minhas*, embora ele não me seja dado em *presença corpórea* – embora ele não me seja dado, portanto, em *imediação* espacial e temporal. *Esse saber é sempre mediato;* jamais tenho o alter ego no mundo dos contemporâneos dado *como um si-mesmo*. Por isso, ele também *não é*, para mim, *um tu* no sentido assumido pelo termo quando tratamos da situação do mundo circundante; não é, portanto, um con*sociado*, senão um con*temporâneo*, com o qual não compartilho pura relação-nós. Isso naturalmente não exclui que o contemporâneo, para mim, possa se tornar ou outrora ter sido consociado, tampouco que possivelmente nos encontraremos ou já tenha com ele estado em uma autêntica relação-nós. Também o fato de eu contar com a probabilidade de futuramente entrar em uma relação no mundo circundante com atuais contemporâneos, o fato de eu projetar, na recordação prospectiva, no modo da fantasia, essa situação do mundo dos consociados, nada altera na circunstância de que, no respectivo agora-e-assim desse meu projeto, o outro indivíduo, ao qual minhas vivências de consciência intencionais se encontram dirigidas, é um alter ego apenas contemporâneo, e não consociado.

Vamos agora inquirir os modos de constituição do mundo dos contemporâneos e apresentar as modificações por que passam os conceitos "orientação a outrem" e "relação social" nessa região pelo fato de nela o alter ego ser acessível ao eu apenas *de modo mediato*, e, suas vivências de consciência, por conseguinte, somente em apreensão *tipificante*.

Esse estado de coisas fica totalmente claro quando se contrapõe a situação do mundo dos consociados à situação do mundo dos contemporâneos. No mundo dos consociados, o eu apreende o tu como um si-mesmo, no "assim" particular do seu "agora" específico. Enquanto o eu viver *nos* atos intencionais do nós, o tu lhe é acessível na plenitude de seu sintoma. Mesmo com todas as variações dos respectivos níveis de concretização e atualização do nós, o tu se mantém conservado e propriamente apreensível, como *um si-mesmo*. Vivendo na duração no nós, envelhecendo simultaneamente ao tu, o eu experiencia todas as mudanças no mesmo, assim como todas as vivências de consciência que se lhe acrescentam, desde que a princípio manifestas no respectivo nível de concretização atual da relação-nós, *imediatamente* e *no modo da posse de coisa mesma*.

Algo bem diferente se nota na situação que caracteriza o *mundo dos contemporâneos*. O tu do contemporâneo jamais é dado ao eu imediatamente, em presença corpórea, como um si-mesmo apreensível em experiência pré-predicativa. Nem sequer sua *existência*, enquanto coexistir particular e individual de uma duração corrente em simultaneidade, é apreensível no modo da posse de coisa mesma. Enquanto no mundo dos consociados a compreensão é fundada em uma protoexperiência da existência de um tu individual, cujo ser-assim é apreendido no nível de concretização da relação-nós, no mundo dos contemporâneos, inversamente, essa relação se encontra fundada na posição meramente *mediata* de determinado ser-assim do alter ego, especificamente na inferência *judicativa* de determinadas funções a ele predicadas.

A fim de esclarecer esse conceito de *mediação*, investiguemos de que maneira adquirimos experiência da existência do tu contemporâneo. Já descrevemos em detalhes um modo de constituição do mundo dos contemporâneos, a saber, sua dedução de uma situação precedente ocorrida no mundo dos consociados e propriamente vivenciada. Concluímos, na ocasião, que o conjunto de toda experiência adquirida no mundo circundante referente a um consociado, portanto todo o saber relativo a seu ser-assim extraído da relação-nós, é transferido ao contemporâneo no qual, com o desfecho da relação-nós, se transformou o tu outrora apreendido em presença corpórea. Desse contemporâneo, portanto, tenho apenas experiência *mediata*[236]. Pois infiro seus cursos de consciência ao assumir como invariante[237], ante todas as modificações, seu ser-assim por mim experienciado como consociado, invariante também frente a tais modificações sofridas por esse "assim" apenas porque o tu, desde então, envelheceu e foi enriquecido de novas vivências. Dessas mesmas vivências novas próprias ao tu, porém, não tenho nenhum conhecimento, ou então também apenas mediato, mas proveniente de outras fontes.

Outro modo de ser dado do mundo dos contemporâneos, especificamente *enquanto mundo circundante passado próprio a um tu consociado meu* (exemplo: durante uma conversa, o conhecido me faz uma descrição do seu irmão, ao qual ainda não fui apresentado), revela-se, em um exame mais detido, apenas como variação do primeiro modo de constituição acima descrito. Também aqui apreendo o alter ego contemporâneo mediante um tipo do seu ser-assim, precisamente por meio da reprodução imaginada da assunção de serem invariantes as experiências

---

236. O conceito do "imediato", utilizado para caracterização da apreensão do mundo circundante social, a rigor abrange também aquilo que Husserl chamou de "experiência em originalidade secundária". Cf. acima § 33, nota 222.

237. Sobre esse tema, cf. – como também sobre o problema do anonimato do tipo ideal – as sucintas, mas fundamentalmente importantes formulações de Felix Kaufmann em "Soziale Kollektiva" (*Zeitschrift für Nationalökonomie*, vol. I, p. 294-308).

alheias decorridas no mundo circundante. Se posso, porém, na constituição do mundo dos contemporâneos a partir da reprodução do meu *próprio* mundo passado de consociados, considerar o ser-assim do tu na plenitude do nível de concretização do nós com ele vivenciado, por outro lado conto, para a constituição do meu mundo de contemporâneos a partir do mundo de consociados *alheio* passado, apenas com atos de manifestação daquele (meu conhecido) cujo mundo passado de consociados (irmão), a rigor, no momento do manifestar, é mundo de contemporâneos não apenas seu, senão também meu. Se, portanto, no primeiro caso, eu havia assumido como invariantes o ser-assim de um tu do meu *próprio* mundo de consociados passado, cujas vivências eu havia experienciado *no modo da posse de coisa mesma*, no segundo caso a constituição do meu mundo de contemporâneos ocorre por meio do imaginar e co-representar de *uma assunção, por um alter ego consociado* (meu conhecido), *de serem invariantes* as vivências de consciência de outro tu, *antes seu* consociado e *agora nosso* contemporâneo (irmão do meu conhecido).

Os modos de constituição descritos até aqui se referem a tudo que, mediante experiências próprias passadas relativas a consociados ou contemporâneos, sabemos a respeito do mundo dos últimos, e a tudo que se nos torna manifesto em declarações de outros indivíduos sobre seu mundo de consociados passado, portanto a todo o conhecimento relativo ao mundo social dos contemporâneos obtido por meio de conhecidos, docentes, mas também em livros e narrativas anônimas. Mostra-se claramente que a experiência referente ao mundo dos contemporâneos assim constituída extrai sua diretiva original da apreensão originária do tu consociado. Mas os casos mencionados não esgotam todas as formas possíveis do meu saber acerca do mundo dos contemporâneos. Também minhas experiências de coisas e processos do mundo físico, referentes a produtos de toda espécie, de objetualidades reais e ideais, de utensílios, objetos culturais, instituições, cursos de ação etc. fazem referência a meu mundo de contemporâneos[238], porque posso interpretar todos esses produtos como

---

238. Desconsidera-se, *aqui*, o mundo dos predecessores, ao qual esses produtos certamente também podem remontar.

testemunhos dos cursos de consciência próprios aos autores da sua posição. Também essa *inferência*, do produto ao curso de consciência alheio do qual é testemunho, é mediata, fundada em experiência precedente e referente principalmente ao mundo dos consociados – ao menos a um alter ego *em geral*. O produto que me é dado corresponde, a rigor, a um produto acabado. Enquanto, na relação-nós, própria ao mundo dos consociados, presencio o produzir mesmo, que co-vivencio do puro nós, e assim sou capaz de tomar em perspectiva os processos politéticos de constituição na consciência do producente, encontro no mundo dos contemporâneos apenas o produto dessas execuções politéticas de atos. Se não tivesse experiência, adquirida no mundo dos consociados, da apreensão, realizável em simultaneidade, de atos de consciência alheios construtivos em geral, se não tivesse experiência da possibilidade de remissão do que se encontra completamente constituído ao curso constituído passo a passo, jamais poderia interpretar a coisa ou o processo do mundo externo como produto de contemporâneos. Um objeto ou evento da natureza, como também as outras coisas e os processos que me circundam, seria, para mim, desprovido de remissão a um tu. Pois o que há pouco chamamos de tese geral do alter ego – a saber, que também o tu perdura, em simultaneidade comigo – só é originariamente experienciável e vivenciável na relação-nós. Também nesse caso tenho, do alter ego contemporâneo, portanto, uma experiência apenas mediata, fundada em atos experienciais precedentes referentes a um tu em geral ou a um tu particular. No mundo dos consociados, experienciei o tu enquanto um si-mesmo, e isso naquele nível original de profundidade da experiência pré-predicativa. *No mundo dos contemporâneos, jamais se terá experiência do tu enquanto um si-mesmo, e jamais em experiência pré-predicativa. Antes, toda experiência referente ao mundo dos contemporâneos é predicativa, realizada por meio de atos judicantes na explicação do meu estoque de experiência do mundo social em geral* (ainda que em níveis de clareza e indistinção bem diversos).

Mas também a orientação executada de modo mediato ao alter ego é "orientação a outrem", e pode ser de qualquer espécie: mera orientação a outro indivíduo, assim como comportamento, agir ou operar sociais. *Designaremos os atos intencionalmente referidos a um alter ego contemporâneo*, em correspondência à orientação-tu característica do mundo dos consociados, *com o termo "orientação-eles"*, cuja essência trataremos agora de descrever.

O termo *orientação-eles* faz já referência à peculiaridade mais importante desses atos intencionalmente dirigidos a cursos de consciência de contemporâneos. As vivências de consciência alheias apreendidas em orientação-tu pertencem, por essência, a *um e mesmo* curso de duração, a saber, ao do consociado, com o qual o eu se encontra em relação-nós. Elas compõem um contexto subjetivo de sentido, são vivências específicas próprias a um tu particular em virtude apenas de seu pertencimento a seu curso de duração. Em contrapartida, as vivências próprias ao alter ego no mundo dos contemporâneos se me apresentam essencialmente enquanto cursos de maior ou menor *anonimato*[239]. Não pertence em absoluto à essência da minha experiência do mundo social dos contemporâneos que meus atos experienciais se refiram a vivências de consciência alheias que se constituíram em um único curso real de duração. Pois são objeto da orientação característica do *mundo dos contemporâneos não a existência* de um tu concreto, individual, portanto não a duração alheia *efetivamente vivenciada* e os conteúdos de consciência que nela se *constituem, não* o contexto *subjetivo* de sentido no qual as vivências de consciência alheias puderam se constituir em um curso real de duração, senão *minha* experiência do mundo social *em geral*, de vivências de consciência *alheias em geral, sem importar se estas pertencem ou não a uma única duração alheia*. Por conseguinte, meu saber, adquirido mediante inferências e atos de juízo, a respeito do mundo dos contemporâneos, se encontra, para mim, *primariamente*[240], em um contexto *objetivo* de sentido, e apenas em um contexto de sentido dessa espécie. Deixo *por princípio* de lado em qual consciência indivi-

---

239. Cf. § 39, mais adiante.

240. Nos parágrafos seguintes, dedicados à teoria do tipo ideal pessoal, será demonstrado como, apesar de tudo, é possível ligar a essa apreensão original de contextos objetivos de sentido a concepção de um alter ego contemporâneo que vivencia suas vivências, o qual sou capaz de tomar em perspectiva em um contexto subjetivo de sentido.

dual e o "assim" específico em que se constituíram as vivências alheias das quais tenho experiência enquanto pertencentes ao mundo dos contemporâneos. *Porque, consideradas porém como desvinculadas do contexto subjetivo de sentido no qual se constituíram, são elas caracterizadas pela idealização do "sempre-de--novo". Elas são apreendidas como típicas vivências de consciência alheias, e, enquanto tais, por princípio homogêneas e iteráveis.* A unidade do alter ego contemporâneo originalmente se constitui, por conseguinte, não em seu curso de duração (pois se o alter ego contemporâneo de fato perdura é em si mesmo uma questão por demais difícil e que ainda não foi a fundo investigada), *mas tão somente em uma síntese dos meus atos de interpretação referentes ao mesmo na unidade do meu curso de duração.* Essa síntese *é uma síntese de recognição*, na qual, monoteticamente, tomo em perspectiva minhas próprias vivências de consciência antes intencionalmente dirigidas ao vivenciar alheio, podendo ser essas vivências alheias, em todo caso, próprias a uma pessoa, a determinado número de indivíduos ou a um alter ego anônimo. Nessa síntese de recognição, minha experiência referente ao alter ego do mundo dos contemporâneos é constituída formando um *tipo ideal pessoal*.

Deve-se ter claro que, junto com a substituição do contexto subjetivo de sentido por uma série de contextos objetivos de sentido altamente complexos e inter-relacionados, ocorre uma progressiva anonimização do parceiro contemporâneo. *A síntese de recognição, somente mediante a qual minhas experiências de vivências de consciência alheias – sem importar se pertencem a um ou a vários cursos de duração alheios – constituem-se na forma tipo ideal, não apreende o ser-assim específico de um único tu dentro da sua viva duração, senão que assume como invariante, ante todas as modificações e alterações do agora atual alheio, seu "assim" como algo de homogêneo. Por essa razão, o tipo pessoal jamais será idêntico a este ou a uma multiplicidade de alter egos concretos que tomam parte no tipo pessoal e com os quais eu poderia me encontrar corporeamente presente em relação-tu.*

É isso, precisamente, o que caracteriza a "idealidade" do tipo pessoal e fundamenta o termo weberiano "tipo ideal".

Ilustremos essas teses, cujo sentido só poderá ser completamente esclarecido no desenvolvimento dos parágrafos seguintes, com a ajuda de alguns exemplos. Quando levo uma carta aos correios e oriento meu comportamento pela expectativa de que participantes do meu mundo de contemporâneos (funcionários dos correios) procederão de determinada maneira com essa carta, que interpretarão e efetivamente também realizarão[241], por exemplo, meu intento, manifestado ao informar no envelope o endereço do destinatário, de que a correspondência chegue a uma terceira pessoa, de fato não tenho em perspectiva o ou os contemporâneos em questão enquanto indivíduos, não os conheço e possivelmente jamais vou conhecê-los. Quando Max Weber aponta que aceitar dinheiro como meio de pagamento se baseia na probabilidade subjetiva de que outros participantes do mundo dos contemporâneos também estarão dispostos, por seu lado, a aceitar esses plaquetes de metal como meio de pagamento, caracteriza-se com essa descrição apenas uma determinada forma da orientação-eles voltada a um comportamento típico próprio ao mundo dos contemporâneos. Para mencionar outro exemplo weberiano[242], encontro-me em uma relação social com meu mundo de contemporâneos (personificado de modo típico-ideal) quando realizo ou omito determinado comportamento a fim de evitar que, caso contrário, eu seja detido pela autoridade policial; quando, portanto, oriento meu comportamento por princípios legais e pelo aparelhamento estatal garantidor dos mesmos.

Nos exemplos acima, sempre tenho em conta, enquanto agente, determinado comportamento dado em probabilidade por parte do outro indivíduo: por parte dos funcionários do correio, de quem recebe o pagamento em dinheiro, do policial. Em todo caso, no projeto do meu agir, tenho-os em perspectiva no modo da fantasia, sou orientado a eles – no agir ou no operar –, encontro-me com eles, dado o caso, em uma relação de orien-

---

241. O mesmo exemplo é utilizado por Felix Kaufmann em seu estudo "Soziale Kollektiva" (op. cit., p. 299) para se referir à característica do decurso anônimo pelo qual agir humano pode se orientar quanto ao sentido.

242. "R. Stammlers Überwindung der materialistischen Geschichtsauffassung". In: *Gesammelte Aufsätze zur Wissenschaftslehre*, p. 325.

tação ou interação social. Mas meus parceiros na relação social não se apresentam em seu "assim" individual, senão, a rigor, *como* "funcionários do correio", "beneficiários do pagamento", "policiais". Atribuo-lhes um comportamento específico, uma função específica; eles são relevantes para mim, na orientação característica ao mundo dos contemporâneos, somente como desempenhadores de tal função, portanto como tipos, precisamente como tipos ideais. O modo como vivenciam seu próprio comportamento, em quais modificações atencionais se encontram voltados a ele, isso deixo simplesmente de lado. Parto do princípio, em função da minha experiência precedente, de que há "*gente*" *que* se comporta de forma "típica". Esse comportamento (apartado do processo de constituição em uma consciência alheia) – o "ser-funcionário-do-correio", "ser-beneficiário-do-pagamento" etc. – se encontra para mim, antes de tudo e originalmente, em um contexto apenas objetivo de sentido. Na orientação-eles voltada ao mundo social dos contemporâneos, não tenho, portanto, como parceiros de interação, indivíduos em seu si-mesmo, corporeamente presentes, senão "gente *como* eles", "pessoas *iguais* a eles", em suma: *tipos*.

Em todo caso, não se deve incorrer no erro de tomar a apreensão tipificante do comportamento humano alheio simplesmente como idêntica à experiência social do mundo dos contemporâneos. Toda experiência referente a esse domínio é, de fato, uma apreensão tipificante de comportamento alheio, mas o procedimento de tipificação não se restringe ao mundo dos contemporâneos apenas. Também a interpretação do *mundo dos predecessores* ocorre em síntese tipificante de recognição, e porque as experiências dos tipos de curso de agir humano e de tipos ideais pessoais alheios são em princípio esquemas para a interpretação da experiência do mundo social, também elas entram naquele estoque de experiência que o eu, voltado a um indivíduo em orientação-tu, carrega no vivo nós do *mundo social dos consociados. Os tipos ideais pré-experienciados são, por conseguinte, também esquemas de interpretação do mundo dos consociados;* apenas que, na autêntica orientação-tu, eles são carregados e modificados pela viva intencionalidade do nós. Os esquemas de interpretação típico-ideais correspondem, em certa medida, a formas vazias aproximadas do tu consociado aplicadas pelo eu e que são preenchidas – mas ao mesmo tempo também privadas de sua essência *típica* – pelo nível respectivo de concretização e atualização da relação-nós. Pois, no lugar do típico ser-assim, surge então a atualização concreta da relação-nós em sua totalidade enquanto si-mesmo não iterável. Elucidemos esse estado de coisas a partir de um exemplo.

Também na situação do mundo dos consociados são por vezes dados ao eu um conjunto de alter egos cujas vivências de consciência ele pode, em um único olhar, tomar em perspectiva. Mas esse "eles" consociado é por princípio redutível a distintos "tu", com os quais, no modo do "nós", posso entrar em relação. Quando, por exemplo, observo três consociados no mundo circundante que juntos participam de uma relação social, por exemplo de um jogo de cartas, posso dirigir meu olhar aos processos de consciência de cada um dos participantes. Nesse caso estou voltado a cada indivíduo como a um tu, enquanto um tu específico. Na orientação-tu tenho experiência não apenas de que o indivíduo observado participa de um jogo de cartas (o que a rigor não seria outra coisa senão uma autointerpretação das minhas vivências), mas experiencio também o "como" do voltar-se-para específico realizado pelo jogador dirigido a seu jogo, suas modificações atencionais, os contextos de sentido ampliados nos quais essa sua atividade está alocada etc. Esses elementos de determinação do contexto subjetivo de sentido são, para cada um dos jogadores, distintas.

Posso, porém, abandonando a relação-nós, deslocar em certa medida os três jogadores, *do meu mundo de consociados para o mundo dos contemporâneos*. Posso então, a seu respeito, fazer afirmações de caráter típico, por exemplo da forma "eles participam de um jogo de cartas". Essas afirmações, a rigor, terão algo que ver com os cursos de consciência de cada um dos jogadores apenas na medida em que o agir específico "jogar cartas" corresponder a determinado curso de vivência do jogador em particular, e se encontrar, para este, em um contexto subjetivo de sentido. Desse modo, o agir *de cada* jogador estará "orientado", por exemplo, pelo ordenamento, imaginado como válido, das regras do jogo. Essa afirmação se aplica não apenas aos três alter egos do meu mundo circundante por mim observados; mas, antes, ao tipo ideal "jogador de cartas" em geral, que encontro no meu *mundo de contemporâneos*. Quem quer que jogue cartas, independente do momento, orienta seu agir pelo ordenamento, tomado como válido, das regras do jogo[243]. Contanto que – e apenas nesse caso – os indivíduos A, B e C, por mim observados, correspondam ao tipo ideal "jogador de cartas", contanto que eu não os tenha em perspectiva em si mesmos, tampouco seus respectivos cursos de consciência, nem as vivências neles encontradas, enquanto contexto subjetivo de sentido específico, contanto que A, B e C se comportem "como eles", especificamente "como eles jogadores de carta", a afirmação acima se aplicará também aos mesmos. Nenhuma vivência real própria a A é idêntica a alguma vivência real própria a B em algum momento do seu curso de duração, nem mesmo comensuráveis, pois suas vivências pertencem, em cada caso, a uma viva duração distinta e autêntica, são únicas e irreiteráveis, jamais formarão, juntas, uma unidade. *Somente o típico é homogêneo, mas isso sempre*; e, na síntese tipificante de recognição, a rigor executo um ato de anonimização, apartando a vivência da sua viva e autêntica duração, na qual ela é vivenciada pelo tu concreto.

Inversamente, pode-se dizer que aqueles contextos objetivos de sentido, constituídos na síntese tipificante de recognição por cursos de consciência do tipo ideal apreendido em orientação-eles, terão se transformado em contextos subjetivos de sentido tão logo eu os aplique na interpretação de um curso concreto de consciência de um tu cujo comportamento interpreto como se fosse esse tu um indivíduo "como" este aqui, como se se tratasse de indivíduos "como" eles ali, de um comportamento tal "como" este aqui, "como" o deles. Essa é a razão original de o "eles" ser tomado, também na orientação tipificante característica do mundo dos contemporâneos, como alter ego que perdura e tem consciência; decerto apenas que como um alter ego de vivências apreendidas não no modo da posse da própria coisa,

---

[243]. Isso também faz o "trapaceiro", que "conscientemente" infringe aquele ordenamento pressuposto como válido.

mas em juízo predicativo e com base em uma síntese de recognição – não imediatamente, senão de forma mediata, não em sua irreiterabilidade única, mas na idealização do sempre-de-novo. O caráter anônimo do mundo dos contemporâneos consiste precisamente em que, devido à idealização do "sempre-de-novo", o "eles" jamais será redutível a uma série de tu concretos, e qualquer tu contemporâneo somente será relevante se em correspondência a um típico "eles", se seus cursos de vivência forem do tipo "cursos de vivência deles". O tu contemporâneo, na síntese de recognição, assume a forma do tipo "um deles". Tratemos agora da essência e da construção do tipo ideal pessoal.

§ 38 A constituição do esquema de interpretação típico-ideal

No parágrafo anterior caracterizamos a apreensão tipificante do comportamento humano alheio como assunção – realizada mediante uma síntese de recognição – de serem invariantes as vivências de consciência alheias por nós pré-experienciadas. A forma geralmente comum de se referir a um *tipo ideal de comportamento humano alheio* conserva, porém, uma *ambiguidade*. Ela designa inicialmente a *apreensão tipificante* dos *contextos objetivos de sentido* que nos são dados, dos produtos, dos cursos de ação, das objetualidades reais e ideais nas quais se manifesta comportamento humano. Formulado dessa forma, também todos os atos da autointerpretação da nossa vivência referente a produtos como esse seriam tipos ideais de comportamento humano alheio, e isso também nos casos em que não se tem direcionamento do olhar às vivências de consciência próprias ao alter ego das quais esses produtos são testemunhos. Pois a assunção de determinados momentos da vivência como invariantes mediante uma síntese de recognição, que pudemos indicar como critério da tipificação, pode ser facilmente encontrada em qualquer inserção de uma vivência experiencial nos esquemas de interpretação respectivamente disponíveis em estoque, pode ser encontrada em todo ato de abstração, generalização, formalização e idealização, independente do objeto ao qual o ato se refere. Enquanto for permitido utilizar o termo "tipo ideal", de modo bem geral, para a subsunção do experienciado a esquemas de interpretação – e a definição desse conceito por Max Weber em seus primeiros escritos permite fazê-lo sem maiores problemas –, não se terá aqui nenhum problema específico às ciências sociais. Nesse caso haveria também tipos ideais de coisas da natureza e de eventos naturais, por exemplo de condições meteorológicas, de cadeias evolutivas biológicas etc. Nossa intenção aqui não é verificar em qual medida esse conceito de tipo ideal poderia apropriadamente substituir as construções hoje comumente utilizadas para a interpretação de fenômenos de tal espécie, senão limitar nossas investigações à *problemática específica das ciências sociais*.

Mesmo nesse caso, a expressão "*tipo ideal de comportamento humano alheio*" ainda poderá designar *duas coisas: primeiro, um tipo ideal do alter ego autor da posição do qual resultam determinados produtos; em segundo lugar, um tipo ideal do processo mesmo de produção ou também dos produtos em questão* interpretados como signos relativos ao processo de produção na consciência alheia. Chamaremos o primeiro de *tipo ideal pessoal*; o segundo, de *tipo ideal material* ou, também, de *tipo de curso de ação*. Decerto, ambos se encontram estreitamente vinculados. Pois quando construo o tipo ideal de um indivíduo que age de determinada maneira – como o tipo do funcionário dos correios –, está implicitamente pressuposto, em um contexto objetivo de sentido, um tipo de curso de seu agir. Inversamente, passo de um tipo de curso de ação para um tipo ideal pessoal quando, partindo de um contexto objetivo de sentido, portanto de um curso de ação, ou, dito de modo mais geral, de algum produto, tenho em vista as vivências de consciência do autor do ato de posição que deu origem a esse produto, ato do qual o produto é testemunho. Realizo, portanto, a passagem de um tipo de curso de ação para um tipo ideal pessoal quando, a partir do contexto objetivo de sentido dado, busco inquirir o contexto subjetivo de sentido que lhe é adequado. Aqui se deve observar que, de fato, todo tipo ideal pessoal está, por essência, fundado em um tipo de curso de ação que lhe é pré-dado, mas o tipo de curso de ação pode ser considerado independentemente do tipo ideal pessoal adequadamente associável ao mesmo (a saber, simplesmente como contexto objetivo de sentido).

Na esfera linguística, podemos encontrar o ponto de partida das construções típico-ideais pessoais nos nomes que substantivam uma função verbal. Nesse sentido, todo *participum activi* é tipificação pessoal de determinado curso de agir humano, como todo *participum passivi* é tipo ideal de facticidades de ação. *Agens agit, ut actum fiat*. Como consequência resulta uma dupla técnica de apreensão ideal-típica de comportamento alheio. Pode-se partir de um tipo do *actum* e, considerando um típico *agere* (uma *actio* típica), inquirir o tipo pessoal do *homo agens*. Pode-se, por outro lado, apreender o tipo pessoal do *homo agens* em sua *actio* e, a partir daqui, inquirir o *actum* típico. Temos, portanto, um duplo problema a tratar. Temos primeiro de nos perguntar quais momentos de um curso de ação[244] pré-dado são acentuados como típicos, e como, partindo desse dado tipo de curso de ação, infere-se o tipo ideal pessoal que lhe é adequado; em segundo lugar, temos de inquirir, a partir daqueles tipos ideais prontos, encontrados na nossa experiência em virtude de construções tipificantes precedentes, os modos específicos do agir que possam ser adequados a esse tipo ideal pessoal. A primeira questão se refere à constituição mesma do tipo – primeiro do tipo de curso de ação, depois do tipo ideal pessoal – a partir do curso de ação concretamente dado; trata-se de uma questão relativa à gênese do típico, à possibilidade mesma de tipificação de ocorrências. A segunda questão se refere àquele agir que no futuro se pode esperar de um tipo ideal pessoal completamente constituído, um problema que trataremos sob a rubrica da "liberdade do tipo ideal pessoal".

Voltemos primeiro ao conjunto de problemas mencionado de início, a fim de elucidar com mais clareza nossa tese de que toda apreensão típico-ideal pessoal de um agente é essencialmente fundada em uma apreensão típico-ideal anterior do curso de ação.

O apreender tipificante de um curso de ação consiste, como vimos, em uma síntese de recognição, executada pelo interpre-

---

244. Por comodidade desenvolvemos os problemas a seguir, embora se refiram a produtos e processos de produção de qualquer espécie, apenas com base no exemplo das ações e dos cursos de ação.

tante em autointerpretação das suas vivências experienciais. *Objeto dessa recognição são os motivos-porque e motivos-para do curso de ação que se tornam evidentes no contexto objetivo de sentido.* Às vivências de cada um dos agentes são associados, pois, cursos de ação que se repetem de forma análoga, cursos que, mediante aplicação de meios análogos, alcançam objetivos análogos de ação; são associados motivos-para análogos, ou então (como no caso de, por razões heurísticas, isso for mais apropriado, isto é, vantajoso para a solução do problema dado, o qual constitui meu objeto de interesse para os interpretantes) contextos-porque genuínos também análogos. Estes são assumidos como constantes e – ante todas as modificações por que possam passar na viva consciência de um indivíduo que assim age – invariantes, e isso independente do agente. O motivo típico, portanto, desde o qual um tipo ideal pessoal executa o agir que lhe é típico, é invariante em relação ao agora-e-assim da duração real do indivíduo na qual este vivencia seu real agir, também em relação a todas as modificações atencionais nas quais aquele que assim age, por quem quer que seja, volta-se a essa sua vivência de consciência, e, ainda, em relação a todos os substratos e superestruturas, subjetivamente pré-dados a cada agente, desse contexto de sentido. Partindo dos cursos de ação pré-dados e dos objetivos de ação neles concretizados, a interpretação típico-ideal leva até os motivos-para e motivos-porque que fundamentaram o agir ao qual remonta essa ação. Na medida em que a ação interpretada é tomada como iterável e, por essa razão, como típica, também o motivo-para do agir, em cuja execução, realizada em passos, ela se constituiu, é assumido como invariante, especificamente como típico. *A esse agir típico assim obtido é, então, atribuída uma consciência para a qual esse agir pode se encontrar em um contexto subjetivo de sentido; trata-se de uma consciência, portanto, própria a um alter ego voltado, em uma modificação atencional típica, a esse seu agir típico – em suma, trata-se de uma consciência de um tipo ideal pessoal.*

Os processos de consciência desse tipo pessoal são, portanto, produzidos ao longo da reconstrução, na medida em que, do curso de ação decorrido, acabado, desvaído, forem deduzidas *modo plusquamperfecti* vivências típicas de consciência, nas quais o agir que deu origem à ação pôde e sempre poderá de novo se constituir. É certo que essas vivências de consciência, precisamente porque apreendidas *modo plusquamperfecti*, são imaginadas como temporalmente anteriores à ação executada, mas lhes faltam todas as protenções vazias e expectativas que acompanham, no mundo dos consociados, no eu e tu reais, o processo de constituição do agir. A ação tipicamente apreendida não se encontra, ao agir típico imaginado do tipo ideal pessoal, em uma relação de preenchimento ou não-preenchimento, pois o agir típico é construído – com base na experiência precedente – de tal modo que a ação da qual afinal se parte *teve necessariamente* de preencher o agir. O escolher, o preferir, o ponderar entre alternativas – referentes, por um lado, a um agir típico, e, por outro lado, a um agir atípico – jamais farão parte do curso de consciência imaginado do agente tomado como tipo. Seus motivos são bem claros: motivo-para do agir é a ação executada, de cuja execução efetiva a tipificação toma seu ponto de partida, e essa ação é, ao mesmo tempo, o motivo-para *principal* do curso de consciência pessoal estabelecido como típico. Pois se a ação, suposta como invariante, na forma de tipo, se encontrasse em uma relação de meios e fins com um objetivo de ação de ordem superior, portanto se a facticidade do curso fosse apenas parte de um contexto de sentido mais amplo, então o curso de consciência ao qual esse contexto de ordem superior é atribuído teria de ser construído, no processo de tipificação, de tal modo que ele também fosse capaz de executar, construtivamente, a constituição daqueles contextos de sentido de ordem superior. Isso significaria, porém, que o segmento de ação tido em perspectiva por aquele que constitui o tipo enquanto contexto objetivo de sentido a rigor não teria de ser contexto parcial, senão, propriamente, contexto de sentido de ordem superior. O mesmo vale para o motivo-porque genuíno: sempre que este for inquirido, o curso de consciência típico atribuído ao agente também terá de incluir um vivenciar típico, condicionante do surgimento do motivo-para.

Na construção típico-ideal pessoal, portanto, tenta-se encontrar, a dado contexto objetivo de sentido, uma consciência para a qual o mesmo pudesse ser um contexto vivenciado em seus motivos, por conseguinte uma consciência na qual esse agir pode ter se consti-

tuído em construção por fases, em atos politéticos, uma consciência cujas vivências posso ter em perspectiva, de modo a me ser possível, assim, efetuar um direcionamento do olhar, passando da ação ao agir, do contexto objetivo de sentido ao contexto subjetivo de sentido.

E aqui se mostra a razão mais profunda pela qual a ciência social, como a práxis da vida diária, pode deixar de lado a análise do conceito de agir "unitário" em seu fundamento mais profundo, em sua fundamentação na vivência de consciência do agente, como de direito haveria de ocorrer. A técnica da construção típico-ideal pessoal consiste precisamente, a rigor, em construir sujeitos para os quais os cursos de ação antes tidos na forma de tipo ideais materiais, isto é, dos quais se teve experiência como invariantes e constantes, podem se encontrar em um contexto de sentido motivacional. Aquilo que se apresenta ao eu observador na forma de unidade no contexto objetivo de sentido, portanto o curso de ação alheio tomado como típico, é de novo transformado em um contexto subjetivo de sentido na consciência do tipo ideal pessoal, que é apenas um contexto unitário porque fundado na unidade do contexto objetivo de sentido somente a partir do qual ocorre, a princípio, a dedução do tipo ideal pessoal. Mas essa unidade do "agir alheio" como de um contexto objetivo de sentido é, como sempre deve ser enfatizado, apenas um segmento, que o interpretante recorta da totalidade do curso efetivo. Aquilo que é apreendido como unidade da ação alheia, aquilo que, portanto, é selecionado desde o interior da "plenitude da facticidade" e alocado em seu contexto objetivo de sentido, é, em cada caso, condicionado pela circunstância específica na qual se insere o problema e, ainda, pelo interesse específico, em cujo contexto ampliado de sentido o eu insere, com base em seu pré-saber, as suas vivências experienciais. Determinado pelo problema é, portanto, o sentido das vivências experienciais dos cursos externos de agir alheio, com ele o fragmento de ação que será considerado como "unidade" da ação e como seu contexto de sentido, e, ademais, os motivos que serão supostos como invariantes, como típicos a cursos dessa espécie. A todo recorte no curso efetivo de ação alheio corresponde, porém, um tipo ideal pessoal outro, para cuja consciência os motivos supostos como invariantes devem ser vivenciáveis na forma de contexto subjetivo de sentido. E, *assim, é também o tipo ideal pessoal sempre determinado pelo problema; ele carrega o índex de determinada questão para cuja solução ele foi construído*, é condicionado pelo contexto objetivo de sentido fixado pelas circunstâncias atuais do problema – contexto o qual, com a sua ajuda, deve ser interpretado como contexto subjetivo de sentido. Assim se restabelece, na construção típico-ideal, a unidade entre os contextos subjetivo e objetivo de sentido do agir *ex definitione* do tipo ideal pessoal.

Esse estado de coisas é em regra desconsiderado pela teoria do tipo ideal, e, assim, também pela teoria da compreensão do mundo dos contemporâneos. Ela não tem em conta que o tipo ideal pessoal por ela construído é tal apenas em virtude das circunstâncias; que ele, enquanto autor de dado curso de ação típico-ideal, é provido de todas as vivências de consciência adequadas a esse curso; que, portanto, assim é construído, em certa medida formando determinado curso de ação, o modelo de uma consciência para a qual a vivência desse agir pode se encontrar em um contexto subjetivo de sentido – a saber, motivacional – congruente com o contexto objetivo de sentido. Tais teorias, antes, invertem o estado de coisas, e procedem como se o tipo ideal fosse "um ser livre", e como se se tratasse de investigar qual sentido o mesmo relacionaria com seu agir, aparentemente assumido como espontâneo. Ao fazê-lo, elas são suficientemente ingênuas para, ao mesmo tempo, continuar a insistir na possibilidade de se conhecer objetivamente os "limites do curso da ação" e, apesar disso, conferir ao tipo ideal agente liberdade na doação de sentido do agir que lhe foi atribuído. Dessa maneira, a ciência social que constrói tipos ideais, e também a práxis do viver, sempre a realizar construções típico-ideais do mundo dos contemporâneos, efetua, em certo grau, uma divisão do trabalho na medida em que se reserva reunir, à livre-vontade, os cursos pré-dados de agir humano formando unidades; mas, por outro lado, deixa a critério do tipo ideal por ela construída "relacionar um sentido" com o segmento do agir por ela selecionado. Nesse procedimento, ela só não se enreda em constantes contradições porque dispõe o tipo ideal de modo a ter ele de "relacionar", em conformidade com sua própria composição, em atos que se constroem politeticamente – e com o fragmento por ela selecionado –, justamente aquele contexto de sentido equivalente ao contexto "objetivo" de sentido. Tem-se então algo de ilusório, porque *o tipo ideal assim produzido não vive, senão leva apenas uma vida aparente*. Na verdade, ele nem mesmo perdura; *a duração que se lhe atribui é imaginária*. Ele "vive" em um tempo fictício, jamais vivenciável, nem por mim, nem pelo tu, nem por "nós" ou outro indivíduo qualquer. Ele é provido apenas daquelas vivências que precisam ser pressupostas para tornar apreensível o dado curso objetivo de ação como contexto subjetivo de sentido – fechado em si mesmo – de vivências de consciência alheias construídas politeticamente, para torná-lo apreensível sobretudo na forma de contexto motivacional. Contudo, porque esse curso de ação pré-experienciado, e nesse sentido pré-dado, acabado, desvaído, é claramente determinado, em seus motivos-para e motivos--porque, pela seleção voluntária que realizam a ciência social e a práxis da vida diária, tem-se que a "liberdade", atribuída ao tipo ideal por se imaginar que ele poderia "relacionar um sentido subjetivo com seu agir", é apenas aparente. O tipo ideal do agente deve vivenciar politeticamente, em atos constitutivamente construídos, aquilo que a ciência social já havia antes monoteticamente tomado em perspectiva mediante delimitação da ação que lhe foi atribuída. E, *assim, é tudo que a ciência social permite ao tipo ideal afirmar sobre suas vivências de consciência referentes ao seu agir um vaticinium ex eventu.*

A ilusão da "liberdade" do tipo ideal pessoal manifestamente tem origem *na segunda questão acima caracterizada, sobre as possíveis ações futuras que podem ser esperadas de um tipo ideal completamente constituído*. O modo como se executa um comportamento atribuído a dado tipo ideal segue mera suposição, uma expectativa composta por protenções vazias, e o agir a se esperar do tipo ideal parece se encontrar em uma relação de preenchimento ou não-preenchimento com os motivos-para estipulados na sua constituição e pré-dados na experiência. Isso em especial no caso em que, identificando um alter ego contemporâneo concreto A com um tipo ideal pessoal (p. ex., o do avarento), efetuo o juízo "A é um avarento", assumindo esta a razão pela qual A *poderia* recusar o apoio a uma ação de caridade. Se A de fato aceitará ou não um pedido para que apoie tal ação, isso permanece em aberto. Mas a rigor não está em questão se o agir do tipo ideal pessoal "avarento" é ou não livre e indeterminado; mas, antes, se o juízo, segundo o qual A é um avarento, aplica-se ou não. Certamente, também a suposição típico-ideal, como invariantes, dos motivos "constantes" mesmos, assim como a subsequente construção de um tipo ideal pessoal, afirma-se ou se corrige a todo momento com base na experiência atual referente ao mundo dos contemporâneos (e também ao mundo dos consociados). Mesmo no mundo dos consociados vimos os esquemas utilizados na interpretação do alter ego se alterando e se retificando com cada nova experiência referente ao alter ego adquirida na orientação-tu. Mas à compreensão no mundo dos consociados era dado, mediante a relação-nós, um indivíduo em presença corpórea, em sua autêntica duração e na liberdade efetiva de sua atividade espontânea, enquanto ao tipo ideal, na forma do qual, por essência, o alter ego contemporâneo aparece, não compete autêntica duração, tampouco liberdade. Pois o fato de quaisquer asserções a respeito do agir esperado de um alter ego apreendido de modo típico-ideal meramente permanecerem, por necessidade, em suspenso – o fato de elas terem essencialmente *caráter de probabilidade* – ainda não equivale a afirmar alguma liberdade do tipo ideal pessoal. Pois é importante entender que o agente identificado com um tipo ideal pessoal age *tipicamente apenas na medida em que* executa *aquelas* ações mesmas que o tipo ideal em questão foi constituído para compreender como contexto subjetivo de sentido. Em outras situações, seu comportamento não será, de modo nenhum, típico. Quando Molière envolve Harpagão em um *affaire*, a circunstância de o personagem ser um típico avarento ainda não admite nenhuma conclusão sobre o caráter específico ou típico de suas relações amorosas. Estas *transcendem, antes, o típico*, especificamente o ser avarento; elas são *tipo-transcendentes*. Em todo caso, porém, tão logo Harpagão for reconhecido como típico *avarento*, é dado e determinado um número específico de esquemas aplicáveis à sua interpretação. Dito de modo mais geral: o tipo pessoal *pode* ser fundado (e o *é*, na maioria das vezes) em outros tipos ideais disponíveis em estoque, aos quais remonta aquilo que é tido em perspectiva. É possível recorrer a esses tipos ideais pré-construídos, que em certa medida formam o substrato do tipo ideal pessoal atual, e, junto com uma *mudança do problema levantado*, pode ser executada uma *mudança do tipo ideal* mesmo. Esta, porém, raramente ocorre em clareza explícita. Antes, o tipo ideal novamente construído é ingenuamente identificado com o tipo ideal originalmente utilizado, do qual se deriva, frequentemente apenas por se utilizar uma e mesma palavra para designá-lo. Nesse caso de fato *parece* que ao tipo ideal competiria liberdade absoluta, como se um tipo ideal pudesse transcender seu típico agir e, em certa medida abandonando a atemporalidade característica do mundo dos contemporâneos, transformar-se em um tu preenchido por duração. Tem-se então a *impressão* de ser o tipo ideal, ao menos onde ele não age tipicamente, livre, de que ele pode escolher entre alternativas, de que seu agir, para aquele com o qual ele se relaciona no mundo dos contemporâneos, encontra-se em aberto. Mas a ilusão de um comportamento típico-ideal em liberdade não resiste ao exame lógico das circunstâncias. Onde quer que ela surja, trata-se de um sintoma não da transcendência do tipo ideal com relação a seu comportamento típico, o que seria totalmente paradoxal, senão do fato de que aquele que criou o tipo ideal, ou que realizou a associação do fenômeno de ação concreto com o tipo ideal pré-dado, alterou, de modo essencial, o problema levantado, e isso sem efetuar a mudança, tornada assim necessária, da construção típico-ideal. Entretanto, também a ilusão caracterizada logo acima, porque originada na indistinção do próprio interpretante quanto à essência do seu interpretar, é motivo-porque genuíno e motivo-para de determinados cursos típicos de consciência do agente. A fábula de Pigmaleão, cujas estátuas ganham vida em autopoiese, é uma alegoria do processo de compreensão em que o indivíduo, em sua ingenuidade, presume poder intencionar diretamente seu mundo social de contemporâneos.

O problema acima tratado, porém, não se restringe em absoluto a essa esfera do mundo indiretamente compartilhado. Também o observador no mundo dos consociados, sobretudo o indivíduo que nele participa de uma relação-nós, aborda seu objeto provido de todos os seus esquemas para interpretação do alter ego adquiridos em atos de experiência referentes ao mundo de consociados, de contemporâneos e de predecessores – seus e também de outrem –, também contando com todo seu estoque de construções ideal-típicas, e tanto de tipos pessoais como também de curso de agir, *enquanto esquemas de interpretação*. Examinando esse estoque de tipos ideais, construindo tipos a partir de outros tipos, ele apreende, em constante modificação do problema levantado, em contínua mudança das perspectivas de apreensão, o alter ego em seu agora-e-assim específico (apenas que, de fato, na relação-nós do mundo dos consociados, em virtude da viva intencionalidade da convivência, essa aproximação junto ao tu costuma ocorrer em um único ato de captura).

Abrem-se, com isso, à pesquisa sociológica, amplos problemas até hoje inapercebidos, os quais, no contexto deste trabalho, ainda não poderão ser inteiramente solucionados. Sua análise deve, antes, ficar reservada a uma investigação mais aprofundada do problema da *pessoa sociológica*.

Apenas de forma sucinta serão aqui demonstradas a peculiar modificação dos tipos ideais e a sua dependência com relação ao problema levantado e ao contexto geral de experiência daquele que com ele trabalha. Se observo (em relação a um consociado ou a um contemporâneo, nesse último caso mediante a descrição feita por uma terceira pessoa, por exemplo) um indivíduo a desempenhar determinada tarefa em repetição, como apertar um parafuso, assim resulta como primeiro esquema de interpretação para sua atividade o fato de o manejo específico da chave de fendas ocorrer para ligar, uma à outra, duas peças do utensílio. Se tiver conhecimento de que esse manejo é realizado em uma fábrica de automóveis, posso então alocar esse agir parcial no contexto geral "produção de automóveis". Porém, sabendo que o indivíduo por mim observado trabalha em uma fábrica de automóveis, poderei também pressupor, como dado inquestionado, determinados modos típicos de comportamento desse indivíduo identificado como "trabalhador", como ele aparece na fábrica toda manhã para dar início ao expediente, como vai embora no fim do dia, como recebe seu pagamento etc. Se isso for alocado em outro contexto de sentido, posso, porém, com base no conhecimento de que esse indivíduo é empregado da fábrica, aplicar-lhe aquele tipo ideal, por mim construído, do empregado de fábrica em geral, do proletário das grandes cidades em particular. Esse tipo ideal pode, ainda, a depender na necessidade, ser precisado em diferentes modos (por exemplo, o tipo ideal do proletariado berlinense no ano de 1931). Contudo, tenha eu constatado ser esse trabalhador alemão, especificamente berlinense, então o sentido dessa constatação consiste em que também posso aplicar, ao indivíduo por mim observado, todos os esquemas de interpretação os quais, com base na minha experiência, reconheci como típicos ao alemão em geral e ao berlinense em particular. É evidente que essa série pode ser ampliada indefinidamente, e o ponto no qual interrompo a aplicação de outros esquemas de interpretação e a alocação do comportamento observado em contextos cada vez maiores em extensão é determinado pelo problema que me coloquei quando da observação do indivíduo em questão, portanto pela minha situação de interesses no sentido que bem definimos anteriormente. Suponhamos o caso de meu interesse estar voltado a descobrir algo sobre a orientação política e religiosa desse trabalhador. Os esquemas de interpretação adquiridos com base na facticidade externa não revelam nada ou apenas muito pouco a esse respeito. E aqui começa a retomada do procedimento tipificante a correr risco de ver diminuir gradualmente a probabilidade de a minha construção típico-ideal se comprovar válida (sempre pressupondo de modo geral que aos meus conhecimentos prévios a respeito do agente em questão não se acrescentará nenhum outro conhecimento oriundo de outros campos do saber). Quando digo, por exemplo, que pessoas como esse trabalhador, pertencente ao proletariado de fábrica berlinense, tendem a votar em social-democratas, esse juízo está relacionado ao fato de experiência que me é pré-dado (nesse caso, estatístico), segundo o qual, efetivamente, nas últimas eleições, a maioria dos operários de fábrica berlinenses votaram em sociais-democratas. Porém, não tenho de modo nenhum como verificar com segurança se justamente esse trabalhador por mim observado pertence àquela mesma maioria, e há somente probabilidade de que esse juízo se aplique. Esta aumentaria se eu soubesse que esse trabalhador é afiliado a um sindicato social-democrata, ou que carrega algum emblema do partido no uniforme. Afirmamos anteriormente que qualquer interpretação mediante construção típico-ideal tem, por essência, caráter de probabilidade. Seria a princípio possível que o indivíduo, o qual, em uma fábrica de automóveis, ocupa-se de apertar um parafuso não seja sequer "trabalhador", senão, por exemplo, engenheiro-chefe ou aprendiz, e que, com isso, perca validade o pressuposto de esse indivíduo pertencer ao proletariado das grandes cidades, assim como todas as conclusões a ele relacionadas. Mas isso significa apenas dizer que toda construção típico-ideal é condicionada pela experiência pré-dada, própria ao observador no momento da construção. O exemplo mostra claramente a correlação entre contexto de sentido, esquema de interpretação e tipo ideal, todos expressões de um problema fundamental comum, o *problema do relevante* em geral.

Em todo caso, sempre que, na vida diária da práxis social, são construídos tipos ideais do mundo dos contemporâneos, essas construções obedecem a uma constante regulação e correção pela experiência referente a consociados e contemporâneos, a qual, para o observador, tem acréscimo constante. Assim, em relação ao mundo dos consociados, as experiências referentes aos conteúdos de consciência do tu vivo, obtidas no contexto-nós genuíno, modificam os respectivos esquemas de interpretação típico-ideais, neutralizantemente ou posicionalmente pré-dados. Toda experiência referente a contemporâneos é, em última instância, fundada em experiência adquirida dentro do mundo dos consociados, na experiência referente ao tu em seu si-mesmo. Toda construção típico-ideal referente a um alter ego contemporâneo caracteriza um tu não como dado em si mesmo, senão, em certa medida, um tu em seu como-ser, em seu ser--como-que. Interpretar tipicamente um comportamento como ocorrido no mundo dos contemporâneos significa interpretar o outro como se se tratasse de um indivíduo *como* este, de indivíduos *como* eles, e, seu comportamento, como se se tratasse de um comportamento como este, como deles. A orientação que se volta ao mundo dos contemporâneos é, sempre e necessariamente, orientação-eles.

§ 39 O anonimato do mundo dos contemporâneos e a preenchibilidade de conteúdo do tipo ideal

A orientação-eles é a *forma pura* da apreensão específica do alter ego contemporâneo mediante explicitação predicativa de seu ser-assim *típico* (seu como-ser). Os atos da orientação-eles são, portanto, referidos intencionalmente a um alter ego imaginado como simultâneo em duração, apreendido como tipo ideal pessoal. Como na orientação-tu e na relação-nós, podemos *falar* em *diferentes níveis de concretização e de atualização da orientação-eles.*

Para a definição dos respectivos níveis de concretização da relação-nós no mundo dos consociados, estabelecemos como critério a nota característica da proximidade vivencial, critério esse insuficiente dentro da orientação-eles. Pois pertence já à essência da mesma uma alta medida de distanciamento vivencial, ao qual corresponde um grau relativamente alto de anonimato do alter ego apreendido na orientação-eles.

Esse mesmo *grau de anonimato*, no qual o alter ego do mundo dos contemporâneos se apresenta na orientação-eles, é o que agora se oferece como critério para a diferenciação interna da orientação-eles em vários níveis de concretização e atualização. *Pois quanto mais anônimo se apresenta, na orientação-eles, o tipo ideal pessoal, em medida tanto mais elevada é substituído o contexto subjetivo de sentido* no qual são alocadas as vivências alheias na observação do mundo dos contemporâneos *por contextos objetivos de sentido justapostos, e tanto mais* contextos objetivos de sentido e *substratos de tipos ideais pessoais* obtidos em outros níveis de concretização da orientação-eles *serão dados* à orientação-eles atual e concreta tida em perspectiva.

Deixemos claro o que deve ser compreendido por *anonimato do tipo ideal* no mundo dos contemporâneos. A *forma pura* da orientação-tu do mundo dos consociados, enquanto experiência pré-predicativa referente ao alter ego, limita-se à posição tética de existência do consociado, ao passo que desconsidera seu ser-assim. Em contrapartida, a *forma pura* da orientação--eles está desde o início fundada em determinado ser-assim típico – e, por essa razão, em princípio sempre possível de ser novamente pressuposto – de um alter ego. Certamente, junto com todo apreender explicitante, realizado mediante juízo, de um ser-assim específico, a existência do mesmo – ou seu ter sido existente – é teticamente afirmada. Mas a posição de anonimato típico-ideal, enquanto uma forma determinada da idealização, não está vinculada à posição tética, tampouco à apenas potencial, da existência de um tu *específico* em uma localidade específica do mundo espaçotemporal. O alter ego contemporâneo é, portanto, *anônimo* (e esse é o significado originalmente primeiro do termo) *uma vez que sua existência apenas pode lhe ser atribuída na forma de individuação de um ser-assim típico*, mas isso também somente no modo do possível, presumível, do deixado-em-suspenso-livre-de-antinomias. Em todo caso, porque a existência de um alter ego contemporâneo *assim* constituído (a saber, *tipicamente*) tem apenas o caráter da credibilidade, livre de antinomias, cabe a todos os atos do operar no mundo dos contemporâneos, projetados em orientação-eles, mero caráter de probabilidade. Em escala incomparavelmente maior do que no mundo dos consociados, o êxito do operar social projetado segue, no mundo dos contemporâneos, sempre em aberto.

O primeiro conceito de anonimato que acabamos de explicar, referente ao contemporâneo, é de maior significado para a apreensão da essência da relação característica a essa região do mundo social. Discutiremos em seguida suas consequências mais importantes para o problema, considerado em toda a sua extensão. Antes, entretanto, resta-nos ainda esclarecer outros significados do termo, resultantes da ambiguidade inerente ao conceito de anonimato.

Um *segundo conceito de anonimato* se refere à *abrangência do domínio de validez de um esquema típico-ideal*. Essa abrangência é condicionada pela "coesão" do material pré-experienciado, a partir do qual ocorre a assunção como invariante. A depender se as experiências assumidas como invariantes, integradas em um esquema de interpretação, referem-se ao ser-assim de *determinado tu* ou ao de um *tipo pessoal* pré-construído, falaremos de maior ou menor *preenchibilidade conteudística* do tipo ideal. Podemos afirmar que esta é proporcionalmente *inversa ao grau de generalidade das experiências* que o constituem. Isso tem sua fundamentação mais profunda no fato de que, com cada substrato típico-ideal pré-formado, amplia-se o âmbito daquilo que é aceito na forma de dado inquestionado. Esses tipos ideais pré-formados, desde os quais a experiência do ser-assim é referida ao mundo dos contemporâneos, são tidos em perspectiva, porém, apenas de modo vago, e não mais em atos graduais de explicitação. Quanto maior o número dos tipos ideais pré-formados e utilizados na construção do tipo ideal em questão, menor sua plenitude de conteúdo e tão mais difícil sua elucidação, o que se nota claramente quando buscamos analisar um objeto cultural como o Estado, a economia, o direito ou a arte.

A preenchibilidade conteudística do tipo ideal é, porém, também condicionada – tese que apenas expõe o que foi dito acima – pelo grau de *convertibilidade da relação-eles característica do mundo dos contemporâneos em uma relação-nós própria ao mundo dos consociados*, e, assim, pelo *pertencimento dos conteúdos de consciência alheios apreendidos como típicos a uma única duração ou a um conjunto de cursos de duração reais que eu poderia tomar em perspectiva no puro nós*. Todos os conteúdos de consciência do alter ego contemporâneo são, em seu ser-assim, por princípio apenas pensáveis, mas não vivenciáveis. Em todo caso, quanto maior a probabilidade de convertibilidade da orientação característica do mundo dos contemporâneos em orientação própria ao mundo dos consociados, quanto maior a probabilidade de convertibilidade do meramente pensável e predicativamente explicitável em algo de vivenciável no modo da posse de coisa mesma, tão mais preenchido de conteúdo será o tipo ideal do alter ego contemporâneo. *Podemos também afirmar que um tipo será menos anônimo quanto mais proximamente puder ser trazido ao mundo dos consociados.* Alguns exemplos nos ajudam a ilustrar esse estado de coisas.

Quando penso em N, meu conhecido ausente, faço isso em orientação-eles, característica do mundo dos contemporâneos. Sei a seu respeito, por exemplo, que está prestes a tomar decisões difíceis, e posso, com base na minha experiência do mundo dos consociados, construir um tipo ideal seu ("meu conhecido N em geral") ou um tipo de curso de ação ("comportamento de

N prestes a tomar decisões difíceis"). Também esse tipo ideal carrega ainda todas as notas características do "eles", pois não se afirma outra coisa senão: "indivíduos '*como*' N costumam se comportar dessa e daquela maneira quando confrontados com tomadas de decisão difíceis". Não obstante, esse tipo ideal "meu conhecido N" é em alta medida preenchido de conteúdo, e minha relação com N enquanto contemporâneo pode ser a todo momento convertida em uma relação de consociados, desconsiderando aqui entraves técnicos. Apenas dessa possibilidade extrai a formação desse tipo ideal seu fundamento diretivo, e apenas mediante a concretização da primeira é possível a verificação do mesmo.

Outro exemplo. Meu conhecido A me descreve, em uma conversa, a aparência do indivíduo X, alguém que não conheço e a quem ele foi há pouco apresentado. Ele "me oferece uma imagem" de X, isto é, constrói um tipo ideal de X, supondo como invariantes – e assim tipificando – as experiências que adquiriu em seu encontro com X enquanto consociado. Meu conhecido A realiza essa tipificação conforme as circunstâncias específicas do seu problema e com base nas modificações atencionais em que retrospectivamente considera suas vivências passadas de X enquanto consociado. Assumindo o outro como invariante e tipificando-o, insiro, então, no contexto geral da *minha* experiência, o tipo ideal de X projetado por A, por mim assimilado no imaginar judicativo. Visto que, nesse processo, *meu* problema levantado e as modificações atencionais nas quais *eu* me encontro voltado ao estoque geral da minha experiência e ao mundo em geral são necessariamente outros em comparação com o problema e a situação de interesses do meu conhecido A, o tipo ideal de X por mim apreendido interpretativamente terá de ser radicalmente diverso daquele apreendido por A. Além disso, o juízo efetuado por A em tipificação nunca me é dado em clareza explícita, senão necessariamente no modo da indistinção[245]. À exceção desse fato, posso, porém, também "colocar

---

245. Isso Husserl já afirmou em *Lógica formal e lógica transcendental* a respeito da pós-compreensão de juízos alheios: "Por conseguinte temos de distinguir entre um *juízo inexplícito* (o alheio), indiciado por uma sentença linguística

em questão" o juízo do outro. Sabendo, com base na minha experiência, que um conhecido A é uma "pessoa temperamental", não me encontro disposto a aceitar como típicos, segundo meu contexto de experiência, os modos de comportamento de X por ele acentuados como típicos, embora eu esteja convencido de que o tipo construído por meu conhecido é compatível com o contexto geral da sua experiência, pelo fato de ele mesmo estar "acostumado a ter com pessoas dessa maneira".

Aqui temos de nos dar por satisfeitos com essa indicação dos complicados problemas da compreensão do mundo dos contemporâneos. Ambos os exemplos por nós apresentados se referem a tipos de alta preenchibilidade conteudística, encontrados em relativa proximidade ao "nós" do mundo dos contemporâneos e formulados com base em experiências próprias ou assimiladas relativas a conteúdos de consciência de uma única corrente de duração (de N, ou então de X). O contexto subjetivo de sentido no qual se encontravam as vivências por mim assumidas como invariantes em virtude da sua construção politética dentro dessa viva duração continua, em certa medida, a se fazer notar nos contextos objetivos de sentido que surgem em seu lugar.

Podemos denominar o tipo ideal pessoal assim descrito de *caracterológico*, e contrapô-lo, para ilustração, ao *tipo ideal habitual*. Seu aspecto principal consiste em apreender o alter ego contemporâneo apenas em sua função habitual e, por essa razão, tida como típica. Nosso exemplo utilizado anteriormente, sobre o funcionário dos correios e o remetente da carta, serve bem para elucidá-lo. Funcionário dos correios é quem cuida da entrega de uma carta (a princípio e sobretudo, entretanto, *minha* carta). Trata-se de um tipo ideal já de menor preenchibilidade conteudística se comparado aos exemplificados acima. Os cursos típicos de ação a que se refere a expressão "entrega de uma carta" são supostos como dados inquestionados. O tipo ideal

---

surgida explicitamente, e um juízo correspondente *explícito*, ou seja, uma explicitação posterior sob identificação do visado [...]. Caso se trate do ajuizar próprio a um outro indivíduo, terei, se não crer conjuntamente, a 'mera representação' da crença própria ao outro, referente a este e aquele conteúdo", e assim por diante (cf. op. cit., p. 51).

"funcionário dos correios" não é formulado com base na duração de um único indivíduo ou de uma série de indivíduos com os quais eu poderia me encontrar em relação social de consociados. Seu grau de anonimato é maior do que o dos os tipos ideais de N e X. No envio da carta, porém, não chego a ter em perspectiva o tipo pessoal "funcionário dos correios" enquanto provido de um contexto *subjetivo específico* de sentido no qual se encontra, *para ele*, seu comportamento – por exemplo, que ele exerce sua atividade visando remuneração e se orienta em sua execução por instruções específicas da função desempenhada. Relevante para mim é apenas o *curso* típico do agir, isto é, o trato da correspondência com vistas à entrega, um agir ao qual associo um tipo ideal pessoal relativamente vazio de conteúdo. Ao enviar a correspondência, não preciso sequer ter o funcionário dos correios em perspectiva, e pode me bastar a probabilidade de minha carta chegar ao destino, sem importar com o modo como se dará esse efeito[246].

O conceito aqui formulado de tipo habitual inclui também aquelas tipologias que tratam do "*behave*" ou "*habit*". Assumir como invariantes os modos externos de comportamento[247], ou os cursos de agir dos quais se tem experiência em observação de consociados ou do mundo dos contemporâneos, dá origem a um catálogo de tipos de curso materiais aos quais são associados tipos ideais pessoais correspondentes. No interior desses mesmos tipos de curso de ação é possível, contudo, distinguir diferentes graus de generalidade; eles podem – sempre que se trate de tipos habituais – ser mais ou menos "*padronizados*", isto é, os modos de comportamento, dos quais os tipos pessoais são derivados, podem apresentar medida maior ou menor de frequência estatística. A idealidade do tipo ideal pessoal fundado em tais tipos de frequência, a saber, a irredutibilidade dos modos de comportamento tipicamente apreendidos a vivências de consciência próprias a um ou vários alter egos reais, é, em princí-

---

246. Assim como eu também posso a rigor (cf. o exemplo anterior, § 17, p. 140) fazer uso do aparelho telefônico sem saber *como* ele funciona.

247. Sobre a crítica do behaviorismo enquanto método sociológico, cf. MISES, L. "Begreifen und Verstehen". *Schmollers Jahrbuch*, vol. LIV, p. 139ss.

pio, porém, independente do grau de generalidade do comportamento efetivamente verificado[248]. Contudo, a "padronização" de um comportamento tomado como típico bem que pode, por sua vez, remontar a um tipo ideal pessoal previamente formado. Como exemplo podemos mencionar o "comportamento tradicional" como caracterizado por Weber, "a grande maioria do agir cotidiano habitual"[249], esse já fundado em um tipo ideal pessoal, previamente construído, do "indivíduo habituado", e também todo comportamento orientado pela "vigência de uma ordem". Em relação à constituição de tipos ideais de contemporâneos, isso significa sobretudo que a ordem vigente serve como esquema para interpretação do tipo. Ela estabelece determinados cursos de agir e tipos ideais pessoais como necessários, na medida em que aquele que aceita esses tipos-padrão e por eles se orienta tem uma alta medida de probabilidade de que seu comportamento seja adequadamente interpretado por contemporâneos, igualmente orientados pela mesma ordem. Mas também qualquer interpretação do mundo dos contemporâneos "deve tomar nota do fato fundamentalmente importante [...] de que as representações de algo que pretende vigência (ou não-vigência) [...] na mente de pessoas reais (não apenas de juízes e funcionários, mas também do 'público') [...] têm uma importância causal enorme, muitas vezes até dominante para a espécie do curso do agir dos indivíduos reais"[250]. Essa breve observação, porém, não se pretende em absoluto oferecer uma determinação completa dos modos de vigência de uma ordem; também o aparato coercitivo, por exemplo, é, sociologicamente, em relação a qualquer ordem reguladora, da mais alta relevância[251]. Importante para

---

248. A esse problema ainda será dedicado um exame mais detido na quinta seção, no contexto da análise da relação entre adequação causal e adequação de sentido. Cf. § 46.
249. WEBER, M. *Wirtschaft und Gesellschaft*, p. 12.
250. WEBER, M. *Wirtschaft und Gesellschaft*, p. 7. Cf., em comparação, a crítica de Kelsen em *Der soziologische und juristische Staatsbegriff* (Tübingen, 1922, p. 156ss.).
251. Sobre essa problemática as excelentes análises, cf. VOEGELIN, E. "Die Einheit des Rechtes und das soziale Sinngebilde Staat". *Internationale Zeitschrift für Theorie des Rechtes*, ano IV, 1930, p. 58-89, esp. p. 71ss.

nós, nesse contexto, é que também o comportamento orientado pela vigência de uma ordem corresponde a comportamento *habitual* no sentido aqui atribuído, o que de certo modo amplia o significado do nosso conceito de habitual, se comparado ao seu uso comum.

Aos tipos ideais pessoais introduzidos acima – caracterológicos e habituais –, de medida em todo caso ainda maior de preenchibilidade de conteúdo e de grau relativamente menor de anonimato, contrapõem-se outras construções típico-ideais em princípio caracterizadas por um grau mais elevado de anonimato, embora ainda possam assumir caráter pessoal. Deve-se aqui mencionar de início as assim denominadas *coletividades sociais*, que representam, todas elas, construções conceituais típico-ideais pertencentes ao domínio do mundo social dos contemporâneos[252].

Certamente, a grande classe desses conceitos abarca gêneros bem heterogêneos de tipos ideais de diferente preenchibilidade de conteúdo. O conselho administrativo de determinada sociedade anônima ou o parlamento alemão são coletividades sociais de plenitude de conteúdo relativamente elevada e fundados em relativamente poucos tipos ideais pressupostos de modo inquestionado. É comum, porém, também se referir a Estado, à imprensa, à economia, à nação, ao povo, à classe[253], fazendo desses conceitos coletivos sujeitos de asserções verbais, como se cada um desses substantivos fosse um alter ego do mundo dos contemporâneos constituído em apreensão típico-ideal. A rigor, essa forma de expressão é, antes, apenas uma metáfora antropomorfística para a caracterização de determinado estado de coisas que, decorrido em absoluto anonimato, não admite de modo nenhum deduzir um contemporâneo ator para cuja consciência a

---

252. A presente análise desconsidera o fato de no conceito das coletividades sociais costumar ser incluído representações de espécie metafísica ou axiológica, além de determinados pressupostos fundamentais da teoria do conhecimento. Sobre essa questão, cf. KAUFMANN, F. "Soziale Kollektiva". *Zeitschrift für Nationalökonomie*. Op. cit.

253. Cf., p. ex., de uma análise dessa espécie de conceitos a crítica desenvolvida por Mises do conceito de classe (*Die Gemeinwirtschaft*. Jena, 1922, p. 316-317).

ocorrência externa pudesse se encontrar em um contexto subjetivo de sentido. "Para a interpretação compreensiva do agir pela sociologia", diz Max Weber[254], "essas formações nada mais são do que contextos e cursos de agir específicos de pessoas *singulares*, visto que só estas são portadoras, para nós compreensíveis, de agir significativamente orientado [...]. Para a sociologia [...] não existe nenhuma personalidade coletiva 'agente'. Quando ela fala de 'Estado', ou de 'nação', ou de 'sociedade anônima', de 'família', de 'corporação militar', ou de 'formações' semelhantes, ela tem em vista, antes, *apenas* um curso de determinada espécie de agir social de indivíduos, efetivo ou construído como possível". De fato, toda "ação" do Estado pode ser reduzida a um agir de seus órgãos, apreendido pelo ego de modo ideal-típico e aos quais ele pode se voltar enquanto individualidades do seu mundo dos contemporâneos, em relação-eles. Nesse sentido, o conceito de Estado, desde um ponto de vista sociológico, é uma abreviatura de estratificações altamente complexas de tipos ideais pessoais contemporâneos. Ao se falar de um coletivo social agente, essa disposição estrutural é, porém, aceita como dado inquestionado[255]. Aquela facticidade de contextos objetivos de sentido, pelos quais se apresentam as ações anônimas dos órgãos, é, então, associada a um tipo ideal pessoal da coletividade social, do mesmo modo como agir individual de uma ou mais pessoas é associado a um curso típico de consciência. Ao mesmo tempo, deixa-se totalmente de lado que, embora agir individual (de uma ou mais pessoas) possa ser associado, enquanto contexto subjetivo de sentido, a um curso de consciência ainda que apreendido tipicamente, é, entretanto, inconcebível uma consciência para a qual o "agir" de uma coletividade possa ser contexto subjetivo de sentido. A origem psicológica dessa metáfora reside, a rigor, sobretudo no fato de que a representação de "ações de uma coletividade" não raro se encontra fundada em ideais valorativos quaisquer.

---

254. WEBER, M. *Wirtschaft und Gesellschaft*, p. 6-7.
255. Sobre esse problema e sobre a crítica da concepção de Weber, cf. KELSEN, H. *Allgemeine Staatslehre*. Berlim, 1925, p. 19-20, p. 66-79; sobre o conceito de "órgão", p. 262-270.

Obviamente, com a rejeição da ideia de um tipo ideal pessoal de coletividades sociais não se contesta a tarefa de pesquisar a fundo essas formações enquanto problema essencial sociológico. Pelo contrário: somente uma doutrina sociológica das formações pode complementar de modo eficaz a doutrina das formas do mundo social antes postulada. Essa disciplina terá a analisar, mediante minuciosas descrições, sobretudo as estratificações ideal-típicas implicadas no conceito de coletividade social, sua preenchibilidade de conteúdo e seu grau de anonimato. Para tanto, será de fundamental importância, por exemplo, saber se uma coletividade social é essencialmente fundada em relações sociais de consociados ou contemporâneos, ou se em ambas essas espécies constitutivas de indivíduos sociais. Ademais, terá de se investigar qual uso correto da noção de sentido subjetivo de coletividades sociais é possível, até que ponto, portanto, ela se refere às vivências de consciência tipicamente apreendidas daqueles indivíduos cujas ações mesmas se apresentam como ações da coletividade social – uma questão que, na forma de "problema da imputação", é de grande significado sobretudo no direito de Estado e no direito dos povos[256]. Também será necessário verificar qual função caberá ao conceito de coletividade social – enquanto esquema de interpretação do agir de contemporâneos – pelo fato de a ele corresponder um conteúdo objetivo de sentido apreensível em tipificação e padronizado mediante atitude habitual, orientação tradicional, representação da validade de uma ordem ou de um valor etc., de onde será possível pressupor que esse agir, dentro de determinado domínio do mundo dos contemporâneos, será aceito de modo inquestionado – não apenas como "conhecido", mas também "considerado". Mesmo quando o conceito de sentido subjetivo de coletividades sociais é utilizado assim corretamente, sua estrutura altamente complexa continua a implicar o risco considerável de, em sua aplicação, ocorrer modificação de problemas e, assim, de tipos, causando a impressão de se tratar de um comportamento tipo-transcendente e de uma liberdade do tipo ideal[257].

---

256. Cf. KELSEN, H. *Allgemeine Staatslehre*, p. 48-49, p. 65-66, p. 310-311.

257. Em seu estudo sobre Stammler, Max Weber apresenta tal modificação tipológica no conceito "Estados Unidos da América", que envolve seis aspectos (*Wissenschaftslehre*, p. 348-349).

O que acaba de ser dito em relação às coletividades sociais vale em grau ainda maior para aquelas formações de sentido que denominamos "sistemas fechados de signos", por exemplo o sistema da língua alemã. Certamente, também aqui a relação entre produto e producente não é suspensa, razão pela qual há sempre a possibilidade da remissão do contexto objetivo de sentido da formação de sentido "língua alemã" ao tipo ideal pessoal referente ao usuário do sistema, este em alto grau anônimo e vazio de conteúdo. Em contrapartida, deve-se rejeitar, como metáfora inadmissível, a ficção de uma consciência típica para a qual o contexto objetivo de sentido do sistema de signos seria contexto subjetivo de sentido, portanto a ficção de um "espírito linguístico objetivo"[258]. Não se trata aqui de investigar se tal forma de abordagem seria justificada desde outros pontos de vista. Ao menos nas ciências sociais ela não tem nenhum espaço.

Não há necessidade de continuar a demonstrar que tudo isso pode ser considerado em relação a qualquer objeto cultural. Ao contexto objetivo de sentido das objetualidades ideais de uma formação cultural não corresponde nenhum contexto subjetivo de sentido de um alter ego no mundo dos contemporâneos. Porém, este bem que remonta, enquanto contexto objetivo de sentido, enquanto produto, a um tipo ideal – em alta medida anônimo e vazio de conteúdo – de seu produtor. A esse tipo ideal do produtor posso estar voltado em orientação-eles.

Mas não apenas o objeto cultural, enquanto produto, permite essa remissão ao produtor, senão todo artefato, portanto também qualquer utensílio. Este, porém, remete não apenas ao produtor, mas também ao usuário a se apreender típico-idealmente, o qual, entretanto, permanece, a ambos os tipos ideais pessoais, completamente anônimo. Qualquer indivíduo que faça uso adequado do utensílio estará em condições de com ele alcançar resultados típicos. Um utensílio é uma "coisa-para", serve a uma finalidade e foi produzido com vista a esse "para". Utensílios são, portanto, resultados de ações humanas antecedentes e

---

[258]. Compartilham o mesmo ponto de vista os estudos, entre outros, de Vossler (*Geist und Kultur in der Sprache*, p. 153-154) e Felix Kaufmann (*Strafrechtsschuld*, p. 39).

meios para a realização de objetivos de ação situados no futuro. Mas, a partir desse contexto objetivo de sentido, dessa relação meio-fim na qual o utensílio é alocado, quando for feita referência a seu "sentido" sem que ao mesmo tempo nenhuma consciência humana alheia seja tida em perspectiva, será possível tornar ao tipo do usuário ou produtor. A meu ver, é inadmissível falar do sentido de um utensílio da mesma maneira como se fala do sentido de um agir, como, por exemplo, Sander o faz[259].

O artefato se encontra, por assim dizer, no ponto final da cadeia de anonimização, em cujas tipificações se constrói o mundo social dos contemporâneos. A partir da apreensão, no modo da posse de coisa mesma, de um curso de consciência na relação-nós própria ao mundo dos consociados, da qual toda construção típico-ideal extrai sua diretiva própria e original, investigamos, com base nos exemplos dos tipos ideais caracterológico e habitual, da coletividade social, do objeto cultural, e, por fim, do utensílio, apenas alguns poucos níveis de concretização da relação-eles típico-ideal, para assim demonstrar, de modo puramente exemplificativo, sua anonimização progressiva e, de mãos dadas com ela, a diminuição no seu grau de plenitude de conteúdo.

§ 40 A relação social e a observação do mundo dos contemporâneos

Como a relação social no mundo dos consociados tem por base a pura orientação-tu, encontra-se ela fundada, no mundo dos contemporâneos, na pura orientação-eles. O conceito de relação social passa, dessa forma, dentro da esfera do mundo dos contemporâneos, por uma modificação específica. Enquanto, no mundo dos consociados, a relação social consiste no interligar de direcionamentos de olhar reciprocamente fundantes voltados à consciência do tu, para quem participa de uma relação social no mundo dos contemporâneos não se torna evidente o ser-re-

---

[259]. "Gegenstand der reinen Gesellschaftslehre", p. 370: "Como 'artefatos' devem ser definidos todas as coisas dadas à percepção externa que devem seu surgimento a ações humanas; que, portanto, são, enquanto signos, associados a um 'sentido' por elas designado".

ciprocamente-orientado, em virtude do qual o tu é vivenciado como um si-mesmo. Para esse indivíduo consiste a relação social no mundo dos contemporâneos na mera *probabilidade* de que o parceiro, apreendido no anonimato do "eles" mediante tipificação, esteja, por seu lado, orientado a ele. Ele vivencia a existência de uma relação social, portanto, não como ego voltado a seu mundo de consociados, não em viva evidência, *senão que apenas a considera hipoteticamente.*

Quando, ao embarcar em um trem, tenho como referência da minha orientação que determinados indivíduos, mediante desencadeamento de determinadas relações causais, cuidarão para que eu atinja meu objetivo – realizar uma mudança de localidade –, encontro-me, com essas pessoas, especificamente com os funcionários da empresa de transporte ferroviário, em uma relação social característica do mundo dos contemporâneos, e isso apenas pela razão e na medida em que compete ao *tipo* "funcionário da empresa de transporte ferroviário", encontrado na minha experiência, cuidar para que "*pessoas como eu*", a saber, viajantes, cheguem a seu destino. Assim, é característico da relação social no mundo dos contemporâneos que não apenas *eu* oriente meu comportamento pelo comportamento alheio pressuposto como típico, senão que, ao fazê-lo, eu também pressuponha que *aquele tipo ideal pessoal do alter ego contemporâneo*, portanto o funcionário da empresa de transporte ferroviário, *por seu lado* "oriente-se" por meu comportamento como algo típico, contanto apenas que a princípio me comporte em correspondência àquele tipo ideal que ele tem de mim em sua experiência, a saber, como um viajante. O estado de coisas se complica pelo fato de também esse estoque de experiência próprio ao alter ego contemporâneo, e com ele, por sua vez, o tipo ideal pessoal na forma do qual lhe apareço, ser por mim pressuposto como típico ao alter ego etc. *Na relação social característica do mundo dos contemporâneos, portanto, sou tão anônimo para meu parceiro como ele o é para mim.* Também eu serei apreendido e tratado por ele apenas em orientação-eles (como viajante), e tenho, para esse propósito, de realizar um agir típico a pessoas "como eles" (como eles viajantes)[260].

---

260. Aqui como nas demais circunstâncias se mostra a fluida passagem do mundo dos consociados para o mundo dos contemporâneos. Como especta-

Também eu, portanto, surjo ao parceiro da minha relação-eles do mundo dos contemporâneos não como um si-mesmo, não como eu mesmo. O fato de eu pressupor a existência de uma relação-eles significa apenas que assumo que meu contemporâneo, apreendido mediante tipificação, poderá, por seu lado, considerar e interpretar meu agir, a ele dirigido, como algo de típico.

A relação-eles, característica do mundo dos contemporâneos, consiste, portanto, em uma probabilidade subjetiva de que aquele esquema de interpretação que suponho ao meu parceiro, este apreendido como tipo ideal pessoal, será aplicado de modo congruente por esse mesmo alter ego, para o qual, em contrapartida, sou apenas tipo ideal pessoal. No lugar do variado espelhamento de direcionamentos de olhar mutuamente fundantes às vivências do alter ego ocorrido na relação social de consociados, tem-se, assim, na relação social do mundo dos contemporâneos, a reflexão ao esquema de tipificação comum a ambos os participantes. Esse esquema é, por princípio, inverificável, pois o alter ego contemporâneo jamais me é imediatamente dado, senão apenas de modo mediato. Por isso, quanto mais *padronizado* o esquema de interpretação por mim imputado ao parceiro, quanto maior o grau de conformidade desse esquema de interpretação a outros esquemas *"normalizados"* por leis, pelo Estado, por tradição, por ordenamentos de qualquer espécie, ou quanto maior a possibilidade de incluí-lo na categoria da relação meio-fim – em suma, para utilizar um termo weberiano, quanto mais *racional*[261] um esquema de interpretação –, maior a minha probabilidade subjetiva de que, à minha ação que ocorre na orientação característica ao mundo dos contemporâneos, suceda uma reação adequada de parte do parceiro.

---

dor de uma peça de teatro, por exemplo, sou relevante para o ator, ao qual sou e o qual me é dado em presença corpórea, apenas enquanto alguém do público. O autor que publica um livro só pensa em seu leitor como leitor típico; em função de seus hábitos de interpretação e de suas ideias ele escolhe e põe à prova seu esquema de expressão. Descrever e aclarar todas essas relações, investigá-las em seu conteúdo referente ao mundo dos consociados e ao mundo dos contemporâneos, seria tarefa de uma doutrina das formas do mundo social cuja precursora pode bem ser encontrada na doutrina weberiana da relação.

261. Sobre esse conceito cf. seção V, § 48.

Da constituição da relação social assim descrita resultam importantes consequências.

Antes de tudo, o caráter de probabilidade da relação social no mundo dos contemporâneos implica que um juízo sobre sua existência ou inexistência só poderá ser verificado *ex post*. Por isso, a adequação do tipo ideal pessoal originalmente formulado – tanto sua adequação causal como sua adequação de sentido – não é verificada em simultaneidade, senão sempre apenas em um novo ato experiencial, diferentemente das experiências adquiridas no modo da posse de coisa mesma referentes ao tu apreendido em presença corpórea na relação social de consociados. Disso resulta, ainda, que, na relação social do mundo dos contemporâneos, apenas posso contar com os motivos-porque e motivos-para alheios na medida em que tiverem sido supostos como invariantes e constantes na construção do tipo ideal pessoal. Com efeito, quando me volto, na orientação--eles, característica do mundo dos contemporâneos, a um tipo ideal pessoal enquanto parceiro de interação, e parto do princípio de haver probabilidade de que seu esquema de interpretação "referente a mim como tipo ideal" seja adequado ao meu "referente a ele como tipo ideal", incluo os motivos-porque do alter ego contemporâneo no "para" do meu projeto. Quando, por exemplo, trago uma carta aos correios para ser enviada, é certo que, para seus funcionários, o fato de essa correspondência estar ali para ser entregue é motivo-porque genuíno para a tomada de outras providências. Em contrapartida, na esfera do mundo dos contemporâneos não se aplica em absoluto a afirmação, válida se referida à interação social entre consociados, de que meu motivo-para poderia simplesmente ser interpretado como motivo-porque alheio. Mesmo posto que a congruência, por mim esperada como provável, do esquema típico-ideal do qual *eu* faço uso com o esquema utilizado por *meu parceiro* seja convertível em certeza mediante um posterior ato experiencial, permaneceria ainda em aberto se meu parceiro, na posição do "para" de seu agir típico-ideal, ao menos considerou seu motivo-porque, e, mesmo sendo esse o caso, se esse motivo-porque corresponde ao motivo-para típico que, como constante e invariante, cabe ao tipo ideal pessoal na forma do qual surjo a meu parceiro, a quem me encontro voltado em orientação-eles. Tudo isso resulta inevitavelmente do aspecto mediato das minhas experiências do mundo dos contemporâneos. Na relação social do mundo dos contemporâneos temos, portanto, no lugar do ser--reciprocamente-orientado dos parceiros no modo da posse de coisa mesma, um ser-reciprocamente-referido das construções típico-ideais hipoteticamente assumidas como recíprocas e dos motivos nelas supostos como invariantes, o que dá origem a outras consequências.

Enquanto, na relação social do mundo dos consociados, as experiências referentes ao alter ego, em função da experiência compartilhada do "nós", encontram-se sujeitas a uma contínua alteração e ampliação, na relação social do mundo dos contemporâneos isso é o caso apenas de forma modificada. Certamente, a experiência referente ao mundo dos contemporâneos é ampliável, complementa-se mediante cada experiência recém-adquirida, não apenas relativa a contemporâneos, mas ao mundo social em geral. Ademais, o esquema ideal-típico que leva à construção do "eles", com a mudança da situação de interesses – na qual é possível que eu me encontre voltado "ao mesmo" eles –, está sujeito a uma constante alteração. *Mas o campo de variação dessas modificações será demasiado restrito enquanto se permaneça no âmbito do problema originalmente levantado e, assim, da construção ideal-típica específica por ele determinada.* Com cada mudança da situação de interesses, e, junto com ela, do problema, certamente ocorrerá também uma mudança do tipo ideal do qual se trata minha compreensão do contemporâneo.

O eu, a princípio, apenas atribui ao tu, como já observado repetidas vezes, uma *imediação*, cujo índex é extraído da atual imediação do eu. Porém, enquanto na relação social de consociados se trata da imediação do puro "nós", a qual me permite efetivamente supor que aquilo por mim percepcionado, em todas suas modificações de adumbramento, também é percepcionado pelo tu, estando eu em condições de me entender com meu alter ego consociado a respeito da confirmação dessa suposição – mediante a demonstração do "este aqui" –, sem dúvida não se pode falar, especificamente à relação social do mundo dos contemporâneos, de uma identidade da imediação do alter ego com a minha. Não obstante, estou inclinado, senão já a identificar a imediação do tu, tal como a imagino, com a minha própria, então a atribuir à mesma meus caracteres de apreensão da minha imediação. Porém, enquanto eu, em uma relação social de consociados, posso dizer ser de uma alta medida de probabilidade a afirmação de que a autointerpretação do meu próprio vivenciar deverá ser equivalente à autointerpretação de seu próprio vivenciar, *é por princípio vaga a suposição de uma interpretação do mundo em geral realizada pelo contemporâneo que seja adequada à minha.*

À minha imediação (no sentido aqui atribuído ao termo[262]) pertencem, contudo, também os *sistemas de signos* que me são pré-dados e que utilizo como esquemas de interpretação e expressão na relação-eles do mundo dos contemporâneos. Aqui se mostra, por sua vez, o quanto significativo é o grau de anonimato para a constituição do respectivo nível de concretização da relação-eles, e o quão estreita é a conexão entre o mesmo e a sucessiva substituição dos contextos subjetivos de sentido da relação-nós do mundo dos consociados por um sistema de contextos objetivos de sentido no mundo dos contemporâneos. Quanto mais anônimo permanecer para mim o parceiro, tão "mais objetivamente" o signo terá de ser utilizado. Não me é permitido pressupor, por exemplo, que meu parceiro tenha conhecimento do significado específico que atribuo à minha palavra, tampouco dos contextos de sentido de ordem superior nos quais um contexto parcial se encontra alocado para mim, contanto que eu não faça afirmações explícitas também sobre esse contexto de sentido de ordem superior. Em todo caso, porém, falta a evidência do ser-compreendido pelo outro indivíduo *no momento da posição do signo*, e, com ela, a retificabilidade, a rigor até mesmo a *consultabilidade* do alter ego em geral, em sentido bem entendido. Pois, devido ao aspecto mediato de toda experiência referente ao alter ego contemporâneo, o caráter pré-dado dos signos se encontra em estreita relação com a consultabilidade do "eles". Toda experiência referente ao "eles" ocorre em princípio apenas mediante determinados signos, encontrados eles mesmos, por

---

262. Cf. acima § 34, p. 259.

sua vez, em um contexto objetivo de sentido. Nesse processo, suponho que o sistema de signos que utilizo como esquema de expressão seja acessível, na relação social do mundo dos contemporâneos, e na forma de esquema de interpretação, ao meu parceiro apreendido como tipo, como inversamente assumo que os sistemas de signos por ele utilizados como esquema de expressão foram "visados" da mesma maneira como agora os utilizo para interpretação. Portanto, se a princípio for possível falar de uma consultabilidade do parceiro na relação social do mundo dos contemporâneos, então por ela se compreenderá apenas a referência a um esquema de interpretação comum, o qual se permite verificar posteriormente em atos experienciais, por exemplo por meio de outro esquema de interpretação já verificado. Consultabilidade, portanto, no sentido do mundo dos consociados, em que posso co-vivenciar, em virtude da autêntica simultaneidade do vivo nós, os processos de constituição na consciência alheia, não há. Certamente, a relação social do mundo dos contemporâneos, contanto que apresente um grau relativamente baixo de anonimato, pode ser transformada, depois de percorridos diferentes níveis intermediários dimensionados, em relação social de consociados. Nesse caso, porém, a consulta ocorre, a rigor, no interior do mundo dos consociados e não mais no mundo dos contemporâneos[263].

A distinção, apresentada na esfera do mundo dos consociados, entre *observação* e viver na relação social, desaparece na esfera do mundo dos contemporâneos também pelo fato de, nele, o participante da relação social não ter à frente, em pre-

---

263. Como exemplo de tal nível intermediário pode ser mencionada a "troca de cartas", cuja função sociológica Simmel descreveu com mestria em sua obra *Soziologie* (2. ed. Munique, 1922, p. 287-288). A experiência diária de que uma troca de cartas seja mais clara ou indistinta frente a comunicação oral é formulada por Simmel da seguinte forma: "Pode-se dizer que a fala revela seu mistério mediante tudo o que, de visível, mas não escutável, de imponderabilidades do próprio falante, a circunda, ao passo que, a carta, o oculta. Por essa razão, a carta é mais clara onde se desconsidera o mistério do outro indivíduo, mas mais indistinta e ambígua onde este não é o caso. Por mistério do outro compreendo suas qualidades de ser e disposições não expressáveis logicamente, às quais vamos nos voltar inúmeras vezes, mesmo para compreender o significado próprio de exteriorizações bem concretas" (op. cit., p. 288).

sença corpórea, um tu cujo curso de consciência na duração ele pudesse ter em perspectiva, senão apenas um "eles" intemporal, ou melhor, dotado de duração imaginária. Na relação social do mundo dos contemporâneos, o parceiro se encontra, para o agente, em um contexto-eles, tal como, na observação também do mundo dos contemporâneos, encontram-se os agentes para o observador. Porém, na observação dessa espécie de relação social, o tipo ideal pessoal aplicado pelo observador deve ser necessariamente distinto do utilizado por seus participantes. Pois o tipo ideal é, como tratamos de demonstrar, uma função da situação de interesses daquele que o construiu, e que o construiu exclusivamente com a finalidade de poder tomar o contexto objetivo de sentido – por ele apreendido monoteticamente – como contexto subjetivo de sentido para um alter ego. Em todo caso, o contexto de experiência do observador referente ao mundo e ao mundo social jamais coincidirá com o contexto de experiência do agente, e, da mesma forma, sua situação de interesses será sempre radicalmente distinta. O tipo ideal dos participantes da relação social, projetado por seu observador, pode ser mais ou menos preenchido de conteúdo, mais concreto ou mais formalizado, de maior ou menor grau de anonimato do que o tipo ideal do parceiro projetado pelo indivíduo que participa da relação social. Necessariamente, porém, ele é distinto.

De todo modo, pode ser que, ao observador de uma relação social do mundo dos contemporâneos, interessem-lhe sobretudo essas vivências de consciência constituintes da relação, vivências próprias a um ou a ambos os agentes dela participantes, ou a ocorrência mesma dessa relação social. No primeiro caso, o observador construirá um tipo ideal apropriado ou recorrerá a outro, tido já em experiência e o qual seja provido daquelas vivências de consciência que qualquer indivíduo, desde que se encontre em uma relação social como essa, do mundo dos contemporâneos, teria de poder observar em si mesmo. O observador, assim, "identifica-se" com esse tipo ideal, ele o preenche com seu viver, colocando-se ele próprio, no modo da fantasia, em tal relação social do mundo dos contemporâneos. Ele pode, então, *ex definitione* do tipo ideal, por si mesmo percepcionar todos aqueles cursos típicos que qualquer indivíduo, em tal relação social do mundo dos contemporâneos, pode por si percepcionar. O observador pode, desse modo, fazer afirmações sobre a essência dessa relação e do ser-reciprocamente-referido dos respectivos esquemas típico-ideais, e isso com mais facilidade, visto que, a rigor, ele jamais foi apenas observador, senão esteve envolvido ele mesmo em inúmeras relações sociais com consociados e no mundo dos contemporâneos, eventualmente até mesmo com o objeto da sua investigação, o próprio agente. Tudo isso vale também para o caso frequente de o observador de uma relação social do mundo dos contemporâneos estar voltado a um de seus participantes em orientação-tu, própria ao mundo dos consociados.

Entretanto, há o risco iminente de o tipo ideal construído pelo observador ser correlacionado, em completa ingenuidade, ao tipo ideal construído pelo agente, e vice-versa. Esse risco é especialmente grande não quando o observador se encontra voltado ao agente em orientação-tu, própria ao mundo dos consociados, mas quando for considerado a princípio comportamento alheio no mundo dos contemporâneos. Nesse caso não há nenhuma possibilidade de confrontar ambos esses tipos ideais entre si; pois também o agente é, para o observador do mundo dos contemporâneos, um tipo ideal, e o tipo ideal do parceiro atribuído ao agente apreendido típico-idealmente é, em certa medida, um tipo ideal de segunda ordem, e assim por diante. Também esse tipo ideal do agente será inferido com base nas suas ações típicas, nesse caso no orientar-se por um tipo ideal do parceiro. Dessa maneira, pode resultar uma estratificação de dimensões bem distintas de comportamento típico-ideal as quais, em última instância, têm sua origem no problema levantado pelo observador e na situação de interesses por ele determinada.

Em relação ao modo de proceder da ciência social empírica *em geral*, que a rigor sempre assumirá a atitude de um observador do mundo dos contemporâneos, esse estado de coisas é de significado especial. Sua construção típico-ideal de conceitos está sujeita às leis da adequação causal e da adequação de sentido, ainda a se discutir. Para uma *sociologia compreensiva* se acrescenta o outro postulado segundo o qual a construção de modelos típicos de consciência na forma de cursos típico-ideais pré-dados de relações sociais deverá ser realizada de tal maneira que o tipo ideal pessoal de um agente construído pelo sociólogo permaneça compatível com o tipo ideal pessoal do qual faz uso seu parceiro na relação social do mundo dos contemporâneos. Esse postulado, porém, considerado mais de perto, pode ser convertido no postulado da adequação de sentido. Pois aqui vale o princípio de que a construção de um tipo ideal referente a participantes de uma relação social do mundo dos contemporâneos (ou também a essa relação mesma) somente poderá suceder adequadamente quanto ao sentido se o curso de consciência, construído como típico, do respectivo parceiro, permanece compatível com cada um dos tipos de cursos de consciência assim projetados.

Um bom exemplo para ilustrar o que aqui se visou afirmar oferece a sociologia do direito, que, contanto que pretenda ela proceder descritivamente, depara-se com grandes dificuldades porque, embora a mesma busque interpretar as relações sociais recíprocas, no mundo dos contemporâneos, entre legislador e juiz, advogado e indivíduo submetido a leis, juristas e executores de sentenças etc. com base no sentido subjetivamente visado dessas pessoas, ela acaba involuntariamente confundindo os tipos ideais que cada uma dessas pessoas imagina como parceiro atual com os tipos correspondentes projetados pelo sociólogo do direito. A descrição intencionada, porém, somente poderia dar resultado se fosse determinado de antemão o ponto de vista a partir do qual a construção tipológica deve ser realizada, se, portanto, o sociólogo do direito pretendesse se identificar com uma das pessoas "agentes" da vida jurídica, estando ele disposto a aceitar compromissadamente para si e a supor como invariantes as ações, mas também os esquemas típico-ideais desses agentes, por eles utilizados na interpretação das ações de outrem; ou então se fossem indicados os métodos específicos pelos quais os esquemas de interpretação mencionados pudessem ser convertidos entre si. No primeiro caso, a construção tipológica certamente haveria de variar a depender da ação típica legal (de criação e aplicação de leis, do legislador, juiz, advogado, sócio contratual etc.) que a observação mais geral toma como ponto de partida. No último caso, a construção tipológica pelo sociólogo precisaria ser realizada em um âmbito maior de generalidade; e se teria de indicar o princípio de variação segundo o qual os esquemas de interpretação particulares podem ser inferidos com base no tipo geral. À problemática específica da observação do mundo dos contemporâneos pelas *ciências* sociais será dedicada a quinta seção destas investigações.

E – A compreensão do mundo dos predecessores e o problema da história

§ 41 O problema do passado no mundo social

A extensão das nossas investigações sobre os modos de compreensão dos mundos dos consociados e dos contemporâneos nos permitem agora um tratamento apenas conciso do problema da compreensão do mundo dos predecessores. Importante, sobretudo, é que o ponto de partida para a análise desse problema específico seja buscado no mundo dos consociados e no mundo dos contemporâneos. Depois de ter vivenciado uma orientação a consociados ou contemporâneos, e então reproduzir, na recordação, minhas vivências passadas, tal reprodução dessas vivências (como toda reprodução em geral) pode ocorrer ou na forma de recordação reiterante, na qual a vivência, em seu curso, é reconstruída por completo, ou em um simples capturar, pelo qual se toma o recordado em perspectiva mediante *um* raio de mirada. Sempre, porém, na reprodução de uma vivência decorrida referente ao mundo social dos consociados ou dos contemporâneos, o caráter imediato ou mediato do vivenciado se conserva, com todas as suas notas características específicas, com sua fundação na orientação-eles ou orientação-nós genuína, com sua intencionalidade dirigida a um tu em presença corpórea ou a um tipo ideal pessoal; apenas que todas essas vivências e intencionalidades têm, na recordação, caráter de passado. Isso implica, antes de tudo, que me volto a elas em modificações atencionais distintas daquelas em que me encontro ao me voltar a minhas vivências próprias atuais.

Mas, também em outras circunstâncias, minhas vivências referentes aos mundos dos consociados e contemporâneos passam por uma importante modificação: aquilo que na vivência atual era pura expectativa e protenção recolhedora agora o tomou e se preencheu; aquilo que na relação social atual tinha apenas caráter de probabilidade, portanto sobretudo o comportamento do parceiro pelo qual se orientou meu agir, perdeu esse caráter de probabilidade assim que o parceiro se comportou de modo esperado ou diferente, tão logo meu projeto tenha sido preenchido ou não preenchido por seu comportamento. Aquilo que, no projetar, foi projetado *modo futuri exacti* como *vindo a ser decorrido é*, agora, decorrido, visto que reproduzo o projeto antecedente; o projetado mesmo carrega o caráter temporal absoluto do *modus praeteriti* ou (excepcionalmente e sempre de modo vago) do *modus praesenti*, e, em voltar-se-para monotético, todas essas modalidades de caráter temporal reagem àquilo que foi projetado no projetar reproduzido. Mas também na imaginação politética se considera o efetivo preenchimento ou não-preenchimento, seja com a reprodução do projetar ocorrendo a partir do efetivamente preenchido, seja quando constato diferenças com relação ao curso efetivo do projetado, por exemplo: "pretendi isto, mas alcancei apenas aquilo". Porém, *o fato de* eu a princípio dirigir meu olhar a vivências decorridas passadas, referentes ao mundo social, é condicionado – assim como a quais vivências o dirijo – pela minha *attention à la vie* específica, por minha situação de interesses e pela circunstância do problema no agora-e-assim atual.

Todas essas questões já foram tratadas a fundo nas análises acima, em seu devido lugar, e não precisamos agora nos estender com recapitulações.

Interessa aqui demonstrar que a linha que separa o domínio do mundo social dos predecessores do mundo dos consociados ou mesmo dos contemporâneos é de fato tênue. Pois, direcionando o olhar de modo correspondente, eu poderia interpretar minhas vivências do meu mundo de consociados ou contemporâneos decorridas e reproduzidas na recordação como vivências referentes ao meu mundo social de predecessores. Mas, também nesse caso, a autêntica simultaneidade do contexto-nós ou do contexto-eles, em que as vivências mesmas se constituíram, permaneceria conservada. Ainda assim seria possível ter em perspectiva a construção fundante de fases decorridas politéticas na consciência do tu ou do eu em um contexto subjetivo de sentido, ao mesmo tempo em que a cada agora-e-assim do tu apercepcionado no modo do "nós" ou do "eles" pode ser associado um agora-e-assim também decorrido da sua duração própria.

A região do *puro mundo dos predecessores* é, em contrapartida, caracterizada pelo critério de que, às vivências de consciência do alter ego predecessor, não seja associável em autêntica simultaneidade nenhum agora-e-assim da minha duração. Mundo dos predecessores existia, afinal, também antes de eu nascer. Com isso, porém, já está determinada a sua essência. *Mundo dos predecessores é, a rigor, essencialmente decorrido e passado, e isso "do princípio ao fim". Ele não apresenta nenhum horizonte futuro.* No comportamento concreto do mundo dos predecessores não há *nada* que seja *indeterminado*, tampouco *simplesmente em aberto*, que pudesse ser preenchido ou não preenchido. Comportamento do mundo dos predecessores, por essa razão, jamais poderá se encontrar no modo da expectativa, senão sempre apenas no modo do preenchimento. O mundo dos predecessores, ao contrário do mundo dos consociados, e, de certo modo, também do mundo dos contemporâneos, *não é livre, tampouco possível de ser pensado como tal*. Não chega sequer a ser necessário, como ocorre na relação característica do mundo dos contemporâneos, supor, mediante construção típica, motivos ou cursos como invariantes[264]. *Mundo dos predecessores é, por princípio e essencialmente, invariante, acabado e desvaído.* Mas assim se afirma ao mesmo tempo que, embora ante o mundo dos predecessores sejam possíveis todas as espécies de *orientação* a outrem, jamais o será, contudo, um *operar* social. Também "orientar" as próprias ações pelo comportamento de predecessores será termo apenas apropriado se à palavra for conferido, nesse contexto, significa-

---

264. Apesar disso, o mundo dos predecessores é, por essência, apreensível apenas em tipos ideais; mas na tipificação nada é suposto como invariante que já não seja por si essencialmente invariante.

do distinto ao que "orientar" assume quando em referência ao mundo dos consociados e dos contemporâneos. Afirmar que agir próprio ao eu é orientado pelo agir de seus predecessores significa dizer que suas vivências antecedentes referentes ao mundo dos predecessores são interpretadas *modo plusquamperfecti* como motivos-porque genuínos de seu comportamento atual. *O comportamento próprio orientado pelo mundo dos predecessores jamais será, portanto, operar-sobre-outrem, senão comportamento ocasionado-por-outrem*, no sentido da definição dada anteriormente[265], incluindo também o agir tradicional, enfatizado por Weber como categoria específica do agir.

Por conseguinte, ao contrário do que tivemos de fazer na análise das esferas do mundo dos consociados e do mundo dos contemporâneos, não será necessário realizar uma clara distinção, no interior da esfera do mundo dos predecessores, entre *relação social e observação*. Não é possível afirmar que nessa região ocorra autêntica relação social, como a que tem lugar nos mundos dos consociados e dos contemporâneos. Tudo que se apresenta como relação social com predecessores é redutível a atos unilaterais de orientação a outrem. Como exemplo dessa espécie de orientação podemos mencionar o culto de adoração a antepassados realizado por determinados povos. Também só se pode falar de interação social no mundo dos predecessores nos poucos casos em que um comportamento de predecessor é considerado como operar-sobre-outrem, enquanto por parte do mundo dos sucessores se note em contrapartida apenas uma relação de orientação. Seu exemplo mais comum pode ser encontrado na escritura de um testamento, em que o testador de fato orienta seu comportamento pelo comportamento futuro do herdeiro, o qual, porém, por sua vez, apenas é referido ao comportamento do testador na forma de comportamento ocasionado-por-outrem.

As peculiaridades essenciais, acima descritas, da orientação ao mundo dos predecessores encontram sua contraparte no *modo específico em que nos é dada experiência do mundo dos predecessores em geral*. Como nosso saber acerca de contempo-

---

265. Cf. § 30, p. 232.

râneos, também nosso conhecimento sobre predecessores é referido, em primeiro lugar, a atos de manifestação do nosso alter ego – consociado e contemporâneo –, cujo conteúdo consiste em vivências antecedentes próprias ao indivíduo manifestante (por exemplo, recordações de infância do meu pai), isto é, vivências referentes a seu mundo antecedente de consociados ou contemporâneos. Aqui se mostra claramente que são possíveis fluidas transições entre mundo dos consociados, dos contemporâneos e mundo dos predecessores. Pois meu pai, que me conta suas recordações de infância, encontra-se comigo em relação de consociados, e suas vivências localizadas antes do meu nascimento continuam sendo vivências próprias a esse meu alter ego consociado, ainda que com o caráter temporal do passado; e, apesar disso, elas pertencem a meu mundo de predecessores, porque não sou capaz de associar nenhum agora-e-assim da minha duração ao agora-e-assim no qual meu alter ego consociado o vivenciou. Também o mundo antecedente, de consociados ou contemporâneos, próprio a um alter ego ao qual me encontro voltado em orientação-tu ou em orientação-eles é mundo dos predecessores para mim, mas dele continuo a ter experiência na forma de vivências passadas do meu mundo de consociados e contemporâneos; continuo a experienciar o mundo dos predecessores por meio da orientação-tu ou orientação-eles em que me encontro voltado ao sujeito da manifestação, e as vivências manifestadas me aparecem na forma de vivências do manifestante, alocadas em seu contexto subjetivo de sentido.

Em segundo lugar, adquiro experiência do mundo dos predecessores mediante *registros ou monumentos* em sentido mais amplo, os quais dão, dele, testemunho. Esses produtos em regra têm qualidade sígnica, por princípio sem importar se a posição desses signos ocorreu para que fossem interpretados por nós, portanto pelo mundo dos sucessores, ou se ela apenas teve em conta o mundo dos contemporâneos dado ao seu autor.

Não há necessidade de demonstrar mais detalhadamente que nossa orientação ao mundo dos predecessores é capaz de assumir os mais diversos níveis de concretização e atualização, o que, antes, resulta já da estrutura caracterizada, própria à experiência específica do mundo dos predecessores. Pois sempre que a fonte da minha experiência de predecessores for as ações manifestantes do meu mundo de consociados ou de contemporâneos, os critérios de preenchibilidade de conteúdo e de proximidade vivencial, válidos nessas esferas, também poderão ser aplicados ao mundo dos predecessores. Certamente, a proximidade vivencial e a plenitude de conteúdo da orientação a outrem característica do mundo dos predecessores é, em certa medida, apenas uma dedução, porque dependente do grau de proximidade vivencial e de preenchibilidade de conteúdo da orientação--eles ou da orientação-tu daquele que vivenciou, como consociado ou contemporâneo, o alter ego para mim predecessor, e, ainda, do grau de proximidade vivencial e de plenitude de conteúdo no qual eu mesmo me encontro voltado ao sujeito da manifestação.

Contudo, enquanto nosso saber acerca do mundo dos predecessores nos for dado em signos, estes, enquanto tais, ou então aquilo que significam, serão, antes de tudo, anônimos e alheios a qualquer duração. Porém, porque todo signo resulta de um ato de posição, é sempre possível se voltar para o sentido subjetivo do autor da posição sígnica e aos atos politeticamente construtivos desse seu agir no curso da sua duração. Certamente, os atos politéticos de posição próprios ao tu predecessor poderão ser apreendidos apenas em *quasi*-simultaneidade, isto é, as objetualidades de experiência completamente constituídas e dadas à minha interpretação, que dão testemunho do curso de consciência do alter ego predecessor, têm de ser reduzidas a atos posicionais, dos quais são sedimento, e imaginadas, em curso, como em simultaneidade com os atos do interpretar. Nesse processo, o autor da posição sígnica, porém, não precisa a princípio sequer ser objeto da pesquisa histórica, e o é também apenas em casos excepcionais. Mas as fontes históricas fazem referência ao mundo dos consociados ou dos contemporâneos do autor da posição do signo, e, com base nisso, aquilo que os signos manifestam adquire a respectiva medida de plenitude de conteúdo. Assim como meu mundo de contemporâneos pode se construir com base em vivências manifestadas por um alter ego consociado referentes a seu respectivo mundo circundante, assim como sou capaz de considerar o mundo de consociados de outrem como meu mundo dos contemporâneos – através dos signos manifestados e mediante colocar entre parênteses os cursos de consciência do sujeito da manifestação –, posso reduzir os signos a mim presentes referentes ao mundo dos predecessores a cursos de consciência *quasi*-simultâneos do alter ego predecessor autor da posição de origem, e, colocando seus cursos de consciência entre parênteses, ter em perspectiva seu mundo de consociados e contemporâneos, objeto da manifestação, como meu mundo de predecessores.

Mundo dos predecessores é, portanto, sempre e em quaisquer circunstâncias, mundo de consociados e contemporâneos de outrem, e apresenta, por conseguinte, tal como nosso próprio mundo compartilhado, diferentes níveis de proximidade vivencial e de preenchibilidade de conteúdo. E porque experiência referente a predecessores é sempre mediata, o alter ego predecessor, igual ao nosso contemporâneo, é apreensível apenas típico-idealmente. Isso, certamente, com uma significativa modificação.

Pois o alter ego predecessor se encontra orientado em uma *imediação* radicalmente distinta não só da minha, mas também da que atribuo a meus contemporâneos. É que na observação de consociados e do mundo dos contemporâneos compartilham ego e alter ego, no modo do "nós" ou na personificação tipificante do "eles", um núcleo, porém apenas vagamente delimitável do contexto de experiência atual, a partir do qual é realizada a interpretação tipificante. Assim, por exemplo, pode ser associado, ao tipo ideal "meu contemporâneo em geral", determinado contexto de experiência como pré-dado, denominado, por exemplo, "cultura do nosso tempo", termo tão difuso quanto carente de clarificação. Porém, o contexto de experiência desde o qual o alter ego habitante do mundo dos predecessores executou seus fenômenos de interpretação e de posição não é, por princípio, o mesmo contexto de experiência referente a mundo ou cultura dos contemporâneos em geral que nos é dado. Por conseguinte, o contexto de sentido em que o alter ego predecessor aloca seu vivenciar é por princípio radicalmente distinto do contexto de sentido no qual um alter ego contemporâneo alocaria "a mesma" vivência. E porque a vivência do alter ego predecessor se encontra, para ele, em outro contexto de sentido, esta não é, em absoluto, "a mesma". De fato, porém, pode-se dizer que aquela vivência própria ao alter ego predecessor em seu curso e a orientação do sujeito do vivenciar a ela voltada podem ser interpretadas como contexto de sentido, com base na nossa experiência relativa à vivência humana *em geral*. Diz Schiller: "Uniformidade e unidade imutável das leis da natureza e do ânimo humano [...] é razão pela qual os eventos da mais remota antiguidade, sob a confluência de circunstâncias externas isoladas, ressurgem nas conjunturas mais recentes; razão pela qual, portanto, em sentido inverso, partindo de ocorrências mais recentes, situadas no âmbito da nossa observação, é possível inferir conclusões e lançar luz própria sobre aqueles acontecimentos que se perdem em tempos sem história"[266]. O que Schiller, aqui, na linguagem de seu tempo, chama de "unidade imutável do ânimo humano" pode ser interpretado como a mais alta representação das nossas experiências referentes à essência da vivência humana em geral, representação que necessariamente transcende nossas experiências dos consociados e contemporâneos que nos são dados e do contexto da nossa cultura.

De tudo isso resulta que nossa interpretação do mundo dos predecessores necessariamente se baseia em esquemas de interpretação distintos daqueles que os predecessores utilizaram na autointerpretação de suas vivências. A equiparação da autointerpretação da minha vivência com a autointerpretação do vivenciar próprio ao alter ego predecessor é imprecisa e tem o caráter de mera probabilidade, e isso em grau incomparavelmente mais elevado do que a equiparação da minha imediação com a dos meus contemporâneos. Isso é válido até para os sistemas sígnicos objetivos em que os signos pelos quais tenho experiência do mundo dos predecessores se encontram alocados. É certo que esses sistemas de signos são fechados em si mes-

---

266. Em "Was heißt und zu welchem Ende studiert man Universalgeschichte?" Cf. tb. BURCKHARDT, J. *Welgeschichtliche Betrachtungen* [editado por Kröner], p. 5-6: "Nosso ponto de partida é o do único centro conservado e, para nós, possível: o do indivíduo agente, aspirante e tolerante, como ele é, sempre foi e será. Por essa razão, nossas considerações serão, em certa medida, patológicas."

mos, completamente constituídos e, nesse sentido, invariantes, mas aquele esquema, antes de expressão dos atos de posição do mundo dos predecessores, agora esquema de interpretação para nós, sucessores, não tem em absoluto de ser também nosso esquema de expressão. O que permanece vago, portanto, e sempre com caráter de probabilidade, é a nossa interpretação adequada do esquema de expressão do mundo dos predecessores. Para dar um exemplo, recordemos a discussão sobre como se chegar, com base no sistema de signos pré-dado da notação musical, a uma interpretação das obras de Johann Sebastian Bach que seja "correta", isto é, intencionada pelo autor. Também a história da filosofia é rica em exemplos de questões controversas sobre qual significado deve ser atribuído a um termo de um filósofo predecessor. Essa dificuldade de interpretação ante signos de predecessores não é comparável ao caráter de probabilidade da interpretação de signos de contemporâneos. Pois não apenas é o alter ego predecessor essencialmente inconsultável; falta também a possibilidade de uma verificação da interpretação efetuada em uma posterior relação social de consociados, possibilidade a princípio sempre dada em uma observação ou relação social do mundo dos contemporâneos.

Ademais, embora nossas experiências do mundo dos predecessores sejam por princípio completadas e encerradas, não se pode em absoluto afirmar que o ego enriquece, essencialmente de modo contínuo, suas experiências do alter ego predecessor, ao contrário do que pudemos afirmar em relação ao mundo dos consociados. Mas também aquela ampliação da experiência mediante novo acréscimo de tipificação de contextos objetivos de sentido, característica da orientação a outrem no mundo dos contemporâneos, ocorre à experiência referente a predecessores, apenas com a restrição de, até o momento da experiência, o material extraído do nosso conhecimento ser encontrado mais ou menos por acaso. Esse pressuposto, porém, é puramente técnico, e de modo nenhum essencial.

Disso resulta, em todo caso, para a ciência da história, a importante tarefa de determinar quais eventos, ações, signos etc. devem ser selecionados da totalidade do nosso mundo pré-dado de predecessores e interpretados cientificamente, a fim de se construir o *factum* da história. A discussão de Max Weber com Eduard Meyer[267] já permitiu certa clarificação desse problema, e, desde então, os debates sobre o historicismo trataram de trazer o tema ao centro dos interesses. Aqui pretendemos apenas extrair as consequências da nossa concepção, exposta acima, de mundo dos predecessores.

Como em outros campos do saber, a formulação de problemas também pelo historiador é condicionada pelos motivos que analisamos sob a rubrica de "situação de interesses". Mas também a situação de interesses do historiador é condicionada por seu agora-e-assim atual, por sua *attention à la vie* e, portanto, também pelas modificações atencionais específicas nas quais ele está voltado não apenas ao mundo dos predecessores especificamente, mas também a seu mundo de contemporâneos. Assim como o indivíduo, desde os distintos pontos da sua duração, olha retrospectivamente para suas vivências, em diversas modificações atencionais incomparáveis entre si, o historiador considera seu objeto desde o conjunto da sua experiência do "mundo social em geral" em modificações atencionais variáveis. Isso tem por consequência que, na mudança dos contextos de sentido, ele constrói sempre outros tipos, tanto de curso de agir como outros tipos pessoais das "precisamente mesmas" facticidades. No conjunto das experiências próprias ao historiador referentes ao mundo social em geral, contudo, entra ainda sua experiência do mundo dos contemporâneos, ou, como também podemos dizer, do contexto cultural de seu tempo, ademais toda sua experiência científica ou pré-científica do mundo dos predecessores em geral. Daqui ele executa a retrospecção ao problema histórico que lhe é dado, assim como a reconstrução do decorrido mediante seu curso. Ele a executa, porém, de modo adequado quanto ao sentido, isto é, sob o postulado de que suas construções têm de ser compatíveis com sua experiência geral, com todo seu pré-saber acerca do mundo em geral e do mundo de predecessores também em geral. Assim, o historicismo é justificável quando relativiza a relevância de tudo que seja histórico ao

---

[267]. Sobre essa discussão, cf. WEBER, M. *Wissenschaftslehre*, p. 215-265.

agora-e-assim atual do historiador. Ele será injustificado sempre que, indo além da esfera do mundo dos predecessores, supor poder reduzir a categorias históricas também as categorias intemporais (ou melhor, supratemporais) das objetualidades ideais. Ao fazê-lo, ele coloca em questão o contexto objetivo de sentido mesmo, portanto aquele esquema de interpretação que, inferido do pré-saber sobre o mundo dos predecessores, possibilita sozinho a interpretação do mundo em geral[268].

Também se pode inquirir quais ações foram relevantes para o agente predecessor e para seus próprios consociados e contemporâneos, questão que apenas faz recuar o problema, sem, contudo, resolvê-lo. Pois se o historiador pretende verificar quais ações, em um período histórico, afiguraram-se como relevantes para o agente ou seus contemporâneos, ele logo terá de recorrer a seus motivos-porque genuínos desde o qual esse agir foi considerado relevante. Estes, porém, podem ser inferidos apenas *modo plusquamperfecti*. Ao recorrer a esses motivos, o historiador pressupõe implicitamente já conhecer o motivado, portanto os objetivos. Em todo caso, o historiador pode, porém, em certa medida se identificar com o alter ego do mundo dos predecessores antes da execução da ação, e inquirir os possíveis projetos que o agente poderia ter projetado nessa situação, ou, considerado de modo mais geral, ele pode se colocar a questão sobre qual desenvolvimento os eventos históricos teriam tomado se determinado evento A não tivesse ocorrido, ou não naquele tempo ou modo específico, senão, em seu lugar, um evento B. Quais pressupostos implícitos fundamentariam, porém, tal questionamento? No momento da formulação do questão, o historiador conhece o projeto concebido pelo agente desde que este tenha sido preenchido pelo agir que, à época e de determinado modo, efetivamente ocorreu. Ele conhece, ademais, o decurso dos acontecimentos históricos até o agora-e-assim da sua definição de problema. Provido de todo esse conhecimento,

---

268. Sobre a relação entre historiografia e teoria das ciências sociais e a crítica do historicismo dela resultante, cf. MISES, L. "Soziologie und Geschichte". *Archiv für Sozialwissenschaften und Sozialpolitik*, vol. LXI, p. 465-512, esp. p. 489-499.

o historiador então se volta a um momento anterior à escolha realizada ou à ocorrência do evento A, e se pergunta, supostamente apenas com base na experiência referente aos motivos-porque das pessoas agentes no momento do projeto, pelos possíveis projetos associáveis a esses motivos-porque. Já fomos apresentados a um problema semelhante quando da análise do agir eletivo em geral. Na ocasião[269] constatamos que esse suposto escolher entre duas possibilidades, assim como o suposto esgotamento de motivos-porque genuínos – dados em determinado instante –, assume o caráter de uma interpretação *ex eventu*, algo que ficou comprovado também em nossa investigação sobre o motivo-porque genuíno. Somente partindo da experiência do curso histórico, até o presente imediato, pode ser inferido o motivo-porque genuíno; somente a partir dessa experiência pode também ser avaliada a relevância do evento surgido A para a posterior formação do acontecimento histórico. Isso explica também o fato de haver história apenas do passado, não, contudo, do presente. Enquanto no presente tudo é simples curso, qualquer agir e projetar sucede em liberdade – e no agir mesmo não se chega a ter em perspectiva os motivos-porque genuínos –, o passado é essencialmente não-livre, desprovido do caráter de probabilidade, e os motivos-porque genuínos de qualquer agir se encontram a todo momento acessíveis no direcionamento do olhar *modo plusquamperfecti*, ao menos por princípio.

Se nos voltamos ao fluxo geral dos acontecimentos históricos e o comparamos por exemplo com o curso do nosso próprio vivenciar em nossa duração, fica evidente a semelhança da continuidade e da multiplicidade da corrente da história com o curso das nossas vivências e da nossa duração – semelhantes, mas não iguais, pois o curso histórico enquanto tal sucede não em uma duração individual, mas no tempo objetivo[270]. Ele abrange também eventos anônimos, conhece coexistência e momentos invariantes, homogeneidade e reiterabilidade. Mas essa corrente da história é redutível a autênticas vivências de alter egos dentro da

---

269. § 11, p. 106s.
270. Cf. SIMMEL, "Das Problem der historischen Zeit", *Philosophische Vorträge der Kantgesellschaft*, n. 12, Berlim, 1916.

sua duração, e a suas vivências de consociados e contemporâneos. Com o mundo dos consociados, eles se encontravam ligados na autêntica vivência de duração do "nós"; com o mundo dos contemporâneos, na vivência do "eles", fundada na autêntica vivência de duração. Ao mesmo tempo, ocorre fundamentalmente uma mudança referente aos participantes dessa relação-eles ou relação-nós. A sucessão mesma de gerações leva à contínua conversão do mundo dos consociados em mundo dos predecessores, e, do mundo dos sucessores, em mundo de consociados. No lugar do mundo dos consociados – com o qual o alter ego está ligado em puro nós – tornado mundo dos predecessores, entra em relação-nós o mundo dos sucessores; e se pode supor, por assim dizer, uma contínua relação-nós, do começo da história da humanidade até hoje, cujos atores mudam, cujos conteúdos são da mais variada espécie e cujas formas de concretização variam infinitamente, mas que, apesar disso, enquanto relação-nós, permanece integralmente conservada. Essa interpretação do curso histórico dos acontecimentos não corresponde em absoluto a nenhuma metafísica, embora deixe espaço para uma interpretação desse caráter. Porém, ela sozinha possibilita a concepção da unidade da nossa experiência do mundo dos predecessores, a rigor do mundo social em geral; ela sozinha legitima a possibilidade de um voltar-se-para dirigido ao contexto subjetivo de sentido da história.

A depender se o ponto de partida tomado for o das interpretações históricas acerca do contexto objetivo de sentido das ações decorridas ou sobre o contexto subjetivo de sentido do "nós" em que cada acontecimento histórico é alocado, poderá se ter história de fatos e história do comportamento humano, história do contexto objetivo de sentido ou história do contexto subjetivo de sentido. Deste fundamento extrai o historiador a diretiva do problema que formula, o qual condiciona, por seu lado, a seleção do material histórico relevante.

A fim de concluir o quadro geral das esferas sociais que projetamos neste capítulo, tratemos, nesse contexto, apenas em breve menção, o mundo dos sucessores. Se o mundo dos predecessores, enquanto decorrido e desvaído, é sempre não-livre e indeterminado, ao passo que o mundo dos consociados é caracterizado por sua liberdade, e, o dos contemporâneos, pela ênfase do caráter de probabilidade que ele essencialmente assume, vale a afirmação, em relação ao mundo dos sucessores, de que o mesmo é e permanece absolutamente indeterminado e indeterminável. Sempre que nosso comportamento se orientar pelo mundo dos sucessores, a orientação é apenas por sua existência em geral, não por seu ser-assim, tampouco pelo ser-deste-caráter de seu respectivo agora-e-assim. Também o método da tipificação se torna ineficaz, porque construído sobre nossa experiência dos mundos dos predecessores, consociados e contemporâneos em geral, e, portanto, não aplicável ao mundo dos sucessores, para o qual, em nossa experiência, não se obtêm nenhum princípio de acesso. Somente onde nossos mundos de consociados e contemporâneos puderem ser interpretados como mundo dos sucessores – porque os primeiros viverão mais tempo que nós –, portanto somente onde o mundo futuro dos sucessores está prestes a emergir de uma genuína relação-nós ou relação-eles, há a probabilidade de aplicar também ao mundo dos sucessores os princípios de interpretação válidos para nossos mundos de consociados e contemporâneos. Quanto mais distante se encontra esse mundo dos sucessores em relação a nosso agora-e-assim, tanto mais questionável será também a interpretabilidade – fundante de toda compreensão – dos nossos esquemas de expressão pelo mundo de predecessores.

Essa reflexão já basta para mostrar o quanto errônea é a crença em uma lei histórica supratemporal que seja capaz não apenas de explicar passado e presente, mas também de profetizar futuro. Todo mundo de sucessores é, enquanto tal, necessariamente a-histórico, absolutamente livre. Ele pode ser antecipado em representações vazias (em protenções, por assim dizer), mas jamais fantasiado de modo intuitivo; não pode ser projetado, pois todo preenchimento ou não-preenchimento de nossas expectativas a seu respeito se encontra, essencialmente, em aberto.

Seção V
Sobre alguns problemas fundamentais da sociologia compreensiva

§ 42 Resumo dos resultados das investigações desenvolvidas até aqui

Nossas investigações na seção anterior produziram resultados que agora nos permitem resumir brevemente e precisar de forma definitiva nossa teoria da compreensão de sentido. Partimos das indistinções inerentes ao conceito weberiano de sentido visado do agir humano. Enquanto "agir" seguir indefinido, é justificadamente impossível falar de um sentido visado "que o agente relaciona com seu agir". Uma definição do agir só pôde então ser obtida depois de exaustivas análises de constituição. Concluímos que agir é uma vivência previamente projetada da atividade espontânea, portanto uma vivência destacada e distinguida de todas as demais vivências mediante um voltar-se-para de espécie particular. Com base nessa definição, a frase "o agente relaciona, com seu agir, um sentido" deve ser considerada apenas uma metáfora de linguagem; pois sentido, erroneamente predicado à vivência, é, a rigor, apenas o modo específico do voltar-se-para dirigido à mesma, o qual faz, da vivência, um agir. Além disso, salientamos a importante distinção entre agir (*actio*) enquanto curso de vivência e a ação (*actum*) efetivamente decorrida, e descrevemos o modo específico de constituição da ação projetada, a qual, no projeto, é prospectivamente recordada *modo futuri exacti* como vindo a ser decorrida.

Assim chegamos a um *primeiro conceito de sentido*, resultante da análise da constituição, aplicável de modo bem geral a toda espécie de vivências: o "sentido" de uma vivência é redutível ao voltar-se-para específico dirigido a uma vivência decorrida, mediante o qual esta é destacada do curso de duração e tornada uma vivência "tal", a saber, deste-e-não-de-outro-caráter. Mas esse primeiro conceito de sentido, referido pré-predicativamente à vivência pré-fenomenal, é uma ampliação tão qualificada quanto insuficiente. Pois, a rigor, objeto da nossa investigação é sobretudo o *sentido específico* que o sujeito do vivenciar "relaciona" com sua vivência, que o agente "relaciona" com seu agir, sentido manifestamente referido no uso do termo "sentido visado". Para estudar a constituição desse conceito de sentido, nós nos voltamos àquelas séries de atos politeticamente construtivos que, segundo uma lei fenomenológica fundamental, podem a todo momento ser tomados em perspectiva em um único raio de mirada. Sobre cursos dessa espécie, afirmamos que se encontram em um contexto de sentido, e analisamos a constituição do mundo da experiência enquanto uma construção de diferentes ordenamentos de tais contextos de sentido. Naquela ocasião, esclarecemos os conceitos de esquemas e de estoque de experiência, e os níveis mais fundamentais constituídos tidos como dados inquestionados. A doutrina das modificações atencionais nos deu oportunidade de apontar o fato de que a separação entre problemático e aceito de modo inquestionado é condicionada pela "situação de interesses", pela *attention à la vie* no agora-e-assim atual, e desse modo pudemos tornar claro o motivo pragmático do pensar. Em relação ao conceito de agir, resultou dessas análises a constatação de o mesmo se tratar de um contexto de sentido, de que também o curso do agir deve ser considerado como série de atos politeticamente construídos os quais, depois de executado o curso, podem ser tomados em perspectiva em olhar monorradial, especificamente na forma de ação. Então observamos que o contexto específico de sentido de um agir é determinado pela extensão do projeto, podendo este sozinho constituir a unidade do agir. Portanto, considerada com rigor a questão do sentido subjetivo do agir, também aquilo que faz do curso de consciência a ser interpretado um agir unitário é subjetivamente determinado, e apenas subjetivamente. Não é admissível interpretar como unidade, sem referência ao projeto pré-dado, cursos de ação objetivamente dados, tampouco lhes atribuir um sentido subjetivo. Em Max Weber, a ação projetada não se distingue da executada, e, por essa razão, o sentido de um agir acaba sendo identificado a seus motivos. Nós, em contrapartida, chegamos à conclusão de que ao motivo já se encontra pré-dada uma série de complicadas estruturas de sentido. Compreendemos por motivo o contexto de sentido composto por motivador e motivado, e pudemos distinguir entre motivo-para e motivo-porque genuíno. Também dentro dos motivos-para de um agir foi possível indicar diferentes estratificações e constatar que seu "para" é idêntico à ação projetada *modo futuri exacti* com vista à qual é executado o agir construído passo a passo. Desenvolvemos todas essas análises dentro da duração do eu solitário, e chegamos assim ao conceito da autocompreensão da ação e do agir próprios ao ego. Encontramos no interpretar das vivências próprias um ato de recognição sintética, da remissão e da inserção, em esquemas da experiência concordantes entre si, daquilo que foi apreendido em atos de voltar-se-para.

No mundo social, que logo depois tratamos de analisar, o eu encontra o próximo como alter ego, isto é, como ser dotado de consciência e duração, e igualmente capaz de e forçado a interpretar suas vivências em atos de voltar-se-para no modo da autointerpretação. O fato de minha contraparte ser um alter ego, de este realizar essa ou aquela ação, que tenho em perspectiva apenas em sua ocorrência externa, é algo de que tomo conhecimento somente em um ato de inserção da minha própria vivência dessa ocorrência no contexto geral da minha experiência, portanto em um ato de autointerpretação das minhas vivências. Enquanto o eu se mover na esfera dessa autointerpretação, embora compreenda suas próprias vivências do mundo social, ele ainda não estará dirigido à compreensão de vivências alheias. Suas experiências do mundo social, da mesma maneira como todas as suas experiências do mundo em geral, são apercepcionadas e inseridas em um contexto objetivo de sentido. A partir da inserção executada das suas próprias vivências *referentes ao* alter ego em um contexto objetivo de sentido é sempre possível, porém, realizar o direcionamento de olhar às vivências *próprias ao* alter ego. Pois as ocorrências percepcionados se encontram também para o alter ego autor desse agir em um contexto de sentido, e isso por ele ser capaz, por seu lado, de tomar em perspectiva, em um raio de mirada monotético, seus atos politéticos constituintes da ação. Somente depois de executado esse direcionamento de olhar, portanto depois (segundo a terminologia por nós escolhida) de se passar do contexto de sentido objetivo para o subjetivo, pode-se falar de "compreensão do outro" no sentido próprio do termo.

Tornar ao contexto subjetivo de sentido é possível em relação a todas as espécies de produtos, os quais a rigor podem ser sempre interpretados como testemunhos dos cursos de consciência do autor da sua posição. Em todo caso, vimos que qualquer experiência referente ao vivenciar alheio só pode ser adquirida signitivamente. Entre todos os testemunhos e índices, destacamos em especial os signos, os quais, por seu lado, encontram-se em um contexto de sentido que, para o autor da posição sígnica, é esquema de expressão, e, para seu interpretante, esquema de interpretação. Esquema de expressão e esquema de interpretação podem ser interpretados como contextos objetivos de sentido mesmo quando abstraído todo agir em que teve lugar a posição desses signos enquanto atos construídos em uma viva consciência, e mesmo que a interpretação seja limitada às ações executadas, isto é, aos signos mesmos. Mas os signos podem, enquanto produtos, ser reduzidos a uma posição sígnica, portanto a um agir, ao qual correspondem vivências de consciência próprias àquele que constitui esse agir em atos de construção em fases. Ao se tomar essas vivências de consciência em perspectiva, pode ser então executada, dentro do mundo signitivo, a passagem do contexto objetivo para o contexto subjetivo de sentido. A palavra "compreensão" é em geral utilizada para designar tanto a interpretação do contexto subjetivo como também a interpretação do contexto objetivo de sentido de produtos. Isso, porém, acaba por encobrir um problema essencial relativo ao conhecimento do mundo social que em última instância só se torna evidente depois de superado esse equívoco: a saber, que sentido de vivências alheias e compreensão do outro têm significado radicalmente diverso se comparados ao do sentido das vivências próprias e da autocompreensão; que o sentido predicado a um produto – em oposição, por exemplo, a um objeto da natureza – não se refere a outra coisa senão ao fato de o produto se encontrar em um contexto de sentido não apenas para mim, o interpretante (ou de ele se encontrar em um contexto de sentido não apenas para *nós* interpretantes, visto que, a rigor, não apenas eu interpreto, e que o produto, enquanto coisa do mundo, pertence não só ao meu mundo privado, mas a este mundo intersubjetivo, comum a todos nós), senão ao fato de ele também ser testemunho dos contextos de sentido nos quais ele se encontra para o tu, o producente. Nessa acepção da palavra, portanto, "o mundo significativo" (em oposição ao mundo da natureza) remete ao alter ego autor da posição desse algo de significativo. Pois para nós, interpretantes, justamente porque inserimos todas as nossas vivências em esquemas da nossa experiência, ser natural e ser significativo são, de igual maneira, alocados em contextos objetivos de sentido.

Nossas análises da relação social e da observação do mundo social mostraram de que modo é possível tomar em perspectiva o anímico alheio como contexto subjetivo de sentido. Descobrimos que toda compreensão do outro está fundada em atos de autointerpretação; que, ao sentido objetivo de um signo, acrescentam-se significados atuais e ocasionais. Fomos capazes de distinguir a função expressiva do signo de sua função significativa e de descrever – ainda que apenas em esboço – a técnica especial mediante a qual são apreendidos os esquemas de interpretação alheios. Obtivemos acesso à problemática do "agir social" e da "relação social" com o estudo do contexto motivacional na esfera da sociedade, pelo qual adquirimos o conhecimento de que toda posição de sentido nessa esfera ocorre com vista à interpretação, também de que toda interpretação ocorre somente com referência à posição de sentido.

Uma análise do conceito de agir social em Weber revelou a essência da orientação a outrem e do operar social, e nos conduziu ao problema da relação de orientação e da interação social, cuja estrutura formal geral, para os participantes da relação social e o observador externo, tratou então de ser investigada. Vimos naquela oportunidade que os conceitos de agir social e de relação social passam por diversas modificações, a depender se o objeto da orientação for um alter ego consociado, contemporâneo, predecessor ou sucessor. Depois nos voltamos à análise dessas regiões do mundo social em geral. Somente na relação social de consociados é possível ter imediatamente em perspectiva o curso da vivência do tu, para ser preciso as vivências do tu em seu agora-e-assim atual, enquanto permanece inacessível o vivenciar próprio do ego no respectivo agora-e-assim da autointerpretação, esta possível sempre apenas em relação a um vivenciar passado. Falamos de uma "autêntica relação-nós", na qual eu e o tu, na qual *nós*, podemos apreender simultaneamente minha e sua duração, a saber, em um raio de mirada indiviso. Também essa relação-nós está sujeita a diversos adumbramentos: ela apresenta diferentes níveis de concretização e atualização, e pode incluir vivências que se situam mais próximas ou mais distantes da pessoa relativamente íntima dos participantes da relação social, ou, como dissemos, podem ser de grau distinto de proximidade vivencial. Em contrapartida, no mundo dos contemporâneos o alter ego não me é dado imediatamente ou em presença corpórea, senão apenas de modo mediato. Ele é, em certa medida, anonimizado. Em seu lugar entra um tipo construído com base em experiências pré-dadas referentes a determinados cursos de ação, um tipo que se encontra ele mesmo, por sua vez, em maior ou menor proximidade à viva duração de um tu, e que, com isso, pode ser mais ou menos preenchido de conteúdo. A orientação em que o eu é associado ao alter ego contemporâneo foi denominada de orientação-eles por esta tomar como referência não o ser-assim de um tu em presença corpórea, senão o como-ser, o ser-como-que de um alter ego apreendido típico-idealmente. Analisamos também as estratificações dessas relações-eles e inferimos uma série contínua de anonimização progressiva, desde o tipo ideal "meu conhecido N em geral" até o tipo ideal do "impessoal" enquanto autor de artefatos e sistemas objetivos de signos. De mãos dadas com a crescente anonimização, com a desindividualização do alter ego dado, ocorre um afastamento ante a viva duração. Quanto mais anônimo o parceiro, menor sua possibilidade de ser vivenciado, e mais ele terá de ser pensado. Com isso, porém, reduz-se também o grau de liberdade possível de ser atribuído ao seu agir. Enquanto o tu dado em presença corpórea é apreendido na relação social de consociados em sua atividade espontânea, e seu agir futuro, pelo qual me oriento, tem caráter absoluto de probabilidade, é o tipo, entendido corretamente, não-livre; não lhe é possível se comportar de modo tipo-transcendente sem assim abandonar a relação social do mundo dos contemporâneos e entrar em uma relação de consociados. Absolutamente não-livre é o mundo dos predecessores; de todo livre é o mundo dos sucessores. E visto que, a rigor, como tratado anteriormente (§ 11), o problema da liberdade, entendido de modo correto, é um problema puramente referente ao tempo, fica evidente, dessa forma, também dentro dessas estratificações, a determinação temporal do sentido em geral, como pudemos claramente mostrar logo na segunda seção destas investigações, tomando como referência a esfera da consciência individual.

Essas análises foram realizadas considerando a perspectiva não apenas dos participantes da relação social mesma, mas também a do observador do mundo social, e encontramos, também entre a observação de consociados, de contemporâneos e de predecessores, diferenças análogas que, aqui, não precisam ser mais reiteradas.

§ 43 A observação do mundo dos contemporâneos e o problema das ciências sociais

Nossas investigações, recapituladas no parágrafo anterior, sobre as modificações por que passam orientação a outrem e relação social nos domínios do mundo dos consociados, do mundo dos contemporâneos, do mundo dos predecessores e no mundo dos sucessores, servirão agora de base para outras reflexões. As análises empreendidas até aqui se referiram principalmente à apreensão e à interpretação do mundo social pelo indivíduo em sua atitude natural, portanto por nós, que nele vivemos. Somente em determinados pontos foi feita referência ao problema, específico à ciência social, relativo ao fato de a rigor também lhe ser pré-dado um mundo social, e precisamente o mesmo no qual vivemos, embora ela experiencie esse mesmo substrato de forma distinta – embora a ciência social ordene suas experiências em função de outros contextos de sentido e as assimile de modo diferente de como o fazem os habitantes do mundo social.

Logo na introdução da quarta seção chamamos atenção para a relação entre experiência cotidiana e experiência sociológica, e ali também demonstramos o quanto é difícil uma exata delimitação entre ambas. Quando, na vida diária, tenho outro indivíduo como objeto do meu pensamento, assumo em relação a ele, por assim dizer, uma postura de cientista social. Mesmo na prática científica, sou indivíduo entre indivíduos; a rigor pertence até à essência da ciência que ela seja ciência não apenas para mim, mas para qualquer pessoa. Ademais, ciência já pressupõe determinada referência das minhas experiências às experiências de uma comunidade científica, portanto às experiências de outros alter egos os quais, como eu, comigo e para mim, praticam ciência[271]. Assim se impõe o problema das ciências sociais já na esfera pré-científica. Assim, a ciência social mesma é possível e concebível apenas no interior daquela esfera geral aqui tratada sob a rubrica de "vida no mundo social". Em todo caso, com isso não se afirma em absoluto que quem realiza pesquisa social poderia porventura qualificar pura e simplesmente de científica sua experiência adquirida como indivíduo vivendo entre indivíduos, experiência essa em permanente ampliação no seu trato diário. Antes, nossa afirmação apenas indica o ponto a partir do qual se impõe uma crítica do método especificamente científico de apreensão do mundo social.

Como se caracterizaria, então, a postura específica do cientista social ante seu objeto, o mundo social? Por princípio se pode dizer *que as ciências sociais têm a mesma atitude em relação ao mundo social que o observador do mundo dos contemporâneos*, cuja forma específica da sua orientação a outrem analisamos em detalhes na seção anterior. Mas a distingue da perspectiva de tal

---

271. Sobre esse aspecto, cf. HUSSERL, E. *Logik*, p. 29-30 e p. 206.

observador sobretudo a circunstância de *não ser dado à ciência social enquanto tal, por necessidade essencial, nenhum mundo de consociados*. O mundo da ciência social, a rigor, não é o mundo do cientista social, este certamente sempre participante também de relações sociais de consociados. À ciência social é pré-dado também o mundo dos predecessores, e, à história, apenas este. O contexto de experiência da ciência social é, portanto, necessariamente distinto do contexto de experiência do observador do mundo social dos contemporâneos na vida diária.

Com a clareza e precisão que lhe são próprias, Max Weber enxergou também esse problema. Em sua crítica a Münsterberg ele cita as razões fundamentais de contrapor a psicologia científica à psicologia do "especialista em pessoas", e polemiza contra a afirmação do autor de que o especialista em pessoas conhece ou o indivíduo integral ou não conhece nada a seu respeito, e contra-argumenta que o especialista em pessoas sabe apenas o relevante para determinados *propósitos concretos* seus, e nada mais: "O que se torna significativo no indivíduo sob determinados pontos de vista concretamente dados não pode, e isso já por razões *lógicas*, ser abarcado por uma teoria puramente psicológica que busque determinar leis gerais. Efetivamente, porém, isso depende das respectivas conjunturas de vida em sua infinita variação – a qual nenhuma teoria sobre o mundo é capaz de assimilar por completo em seus 'pressupostos' – que forem consideradas, as quais, naturalmente, contêm não apenas 'elementos psíquicos'"[272]. Não se pode deixar confundir pela terminologia de Weber: a distinção feita na citação acima não se refere em absoluto a problemas da psicologia apenas, senão, radicalmente, à distinção entre experiência científica e experiência da vida diária em geral.

Sobre o que distingue juízo científico do juízo da vida diária, os trabalhos de Husserl, sobretudo suas investigações sobre a lógica formal e lógica transcendental, deram explicação definitiva. Todo juízo científico tem como objetivo conhecer o mundo

---

[272]. WEBER, M. "Roscher und Knies und die logischen Probleme der historischen Nationalökonomie". *Gesammelte Aufsätze zur Wissenschaftslehre*, p. 81, nota 1.

em um máximo de clareza e distinção explícita. Dentro do juízo científico, nenhum dado ou pressuposto pode ser tomado como algo simplesmente disponível e que já seja prescindível de esclarecimento; antes, deve ser elucidado, em explicitação gradual, isso que, contido nos juízos da vida diária, seja nos meus, seja nos de outros alter egos – juízos que imagino ou co-efetuo –, encontra-se suposto na forma de dado inquestionado, como dispensando outras explicações, meramente intencionado ou também concebido indistintamente de forma difusa. A máxima elucidação e explicitação daquilo que os habitantes do mundo social em geral concebem em relação ao mesmo constitui, por essa razão, objetivo primeiro de toda ciência social e, por consequência, também da sociologia compreensiva. Ao empreender a tentativa de interpretar, desde o interior da temática fundamental do "sentido visado do agir humano" – porém por ele apenas insuficientemente explicada –, os processos de interpretação e posição de sentido, compreensivamente e interpretativamente executados pelos habitantes do mundo social, Weber pressupõe que o sentido implícito mesmo daquilo que, na vida diária, é judicado e presumido em relação ao mundo social seria, com meios científicos, claramente explicitável – e que necessariamente haveria de sê-lo.

Mais adiante trataremos a difícil questão sobre a possível classificação das ciências sociais em subdisciplinas. Nosso interesse aqui consiste antes de tudo em desenvolver uma abordagem, com base na sociologia weberiana, das consequências particulares resultantes da atitude própria a toda ciência social com relação a seu objeto, especificamente resultante da atitude do observador do mundo dos contemporâneos (ou do mundo dos predecessores).

Vimos que o mundo dos contemporâneos é acessível ao observador não no modo da posse de coisa mesma, senão apenas em experiência mediata, e que o ego só pode apreender o alter ego contemporâneo na forma de tipo. Em relação à construção tipológica na vida diária vale já afirmar que a seleção daquilo que será assumido como tipicamente invariante é condicionado pelo agora-e-assim atual do observador a partir do qual é executada a suposição do ser invariante, por seu estoque de experiência nesse agora-e-assim e pelas modificações atencionais nas quais, nesse mesmo agora-e-assim, ele está voltado a esse seu saber acerca do mundo em geral e sobre o mundo social em particular. Também a construção tipológica científica remonta ao contexto geral da experiência científica, ou, o que é equivalente, ao contexto geral de juízos explícitos sobre o mundo em geral; apenas que esses mesmos juízos, contanto que científicos, têm de estar inseridos naquele contexto de sentido principal que, para usar a alegoria de Husserl[273], abrange, em certa medida, em um único discurso, a totalidade dos axiomas, princípios fundamentais, teoremas e todas as outras proposições teóricas de uma ciência. Os esquemas utilizados pelo observador que se encontra no mundo social para interpretar seu mundo de contemporâneos são, em todo caso, necessariamente distintos dos aplicados pelo cientista social. Na experiência do observador do mundo dos contemporâneos está contida também toda experiência desse indivíduo particular referente a seu mundo de consociados, sem importar se o experienciado é apreendido em atos judicativos posicionais ou neutralizantes, explícitos ou apenas vagos, ou dado somente em uma "posse" pré-predicativa do mundo social, e isso em função da viva intencionalidade dos atos *nos* quais vive esse indivíduo. Em contrapartida, o contexto de experiência das ciências sociais se encontra fundado exclusivamente em formulações posicionais explícitas de juízo, em objetualidades ideais constituídas, especificamente em produtos do pensamento, jamais, porém, em apreensões pré-predicativas de um alter ego vivenciadas no modo da posse de coisa mesma. Esse contexto é, do princípio ao fim, experiência referente ao mundo dos contemporâneos (ou dos predecessores), a rigor explícita, e não remonta, em parte nenhuma, à experiência do mundo dos consociados. Além disso, no contexto geral da experiência científica entraram todos os produtos de pensamento das ciências do mundo em geral, e os esquemas de interpretação utilizados pela ciência social têm de ser compatíveis com esse contexto geral da experiência científica do mesmo mundo em

---

273. HUSSERL, E. *Logik*, p. 23.

geral (não só apenas do mundo social). O esquema fundamental e originário da ciência – o esquema de expressão de suas asserções e o esquema de interpretação de suas explicações – é, por essa razão, em essência, o da *lógica formal*. Ciência é, por conseguinte, sempre contexto objetivo de sentido, e todas as ciências do mundo social têm como tema *constituir um contexto objetivo de sentido formado por contextos subjetivos de sentido em geral ou específicos*. O problema próprio a toda ciência social pode, portanto, ser resumido na questão: *Como são possíveis as ciências do contexto subjetivo de sentido em geral?*[274]

Nossa análise do mundo social dos contemporâneos já respondeu parcialmente a essa pergunta. Com base nos tipos ideais pessoais do mundo dos contemporâneos e do mundo dos predecessores construídos na visão de mundo natural-ingênua da vida diária, foi possível expor e descrever a apreensibilidade de contextos subjetivos de sentido mediante construções anonimizantes e objetivadoras. Porque, em todo caso, toda ciência social tem o mundo social dado essencialmente apenas na forma de mundo dos contemporâneos ou de mundo dos predecessores, jamais, contudo, como mundo de consociados, ela apenas pode apreender o mundo social por meio de tipificação – mediante, precisamente, tipos materiais de curso de agir ou tipos ideais pessoais –, portanto sempre apenas de modo mediato, nunca no modo da simples posse de coisa mesma, característico da viva intencionalidade. Enquanto experiência tipificante, a experiência adquirida pelas ciências sociais consistirá em contexto objetivo de sentido também no caso de o objeto da apreensão tipificante for um contexto subjetivo de sentido (a saber, de cursos de consciência realizados em um tipo ideal pessoal).

A seguir, nossa tarefa será examinar as modificações específicas por que passam, no domínio das ciências sociais, em vista da especificidade do contexto de experiência científico pré-dado referente ao mundo em geral e devido à ausência de consociados, as leis da tipificação, já apresentadas na forma que assumem na esfera da vida diária.

---

274. Sobre essa questão, cf. § 49.

Do mesmo modo como o observador, para apreender o alter ego no mundo dos contemporâneos, pode apenas construir, seguindo determinado propósito, tipos ideais concordantes com sua experiência, também as ciências sociais têm de construir, com vista à apreensão de contextos subjetivos de sentido, tipos ideais que não apenas sigam compatíveis com o contexto geral da experiência científica, mas que com eles compartilhem, ademais, um contexto "motivado" de sentido, a saber, bem fundamentado e suficiente. Na ciência social, portanto, os tipos ideais do mundo social têm de ser construídos de modo que, por um lado, jamais entrem em conflito com os fatos empíricos – por qualquer que seja a disciplina –, e, por outro lado, satisfaçam o postulado, acima formulado, da composição de um contexto fundamentado, bem motivado, de sentido. Ou, para utilizar a linguagem de Weber, *os tipos ideais construídos pela ciência social, e sobretudo pela sociologia compreensiva, têm de ser adequados do ponto de vista causal e ao mesmo tempo quanto ao sentido.* O papel que assumem ambos esses conceitos de adequação, em especial na sociologia compreensiva, as investigações a seguir tratarão de demonstrar.

§ 44 A função do tipo ideal na sociologia de Weber

Quando agora nos voltarmos à análise de algumas categorias da sociologia de Weber, tomaremos como objeto das considerações as formulações contidas em *Economia e sociedade*, principal obra do genial pesquisador, lamentavelmente deixada inacabada. Com o passar dos anos, sua perspectiva metodológica se modificou em importantes aspectos, como em geral se espera de alguém de tão eminente "integridade intelectual". Renunciamos a examinar em detalhe essas mudanças, primeiro para não mais comprometer a exposição, segundo também por já haver uma série de excelentes trabalhos sobre esse tema[275].

---

275. WALTHER, A. "Max Weber als Soziologe". *Jahrbuch für Soziologie*, vol. II, p. 1-65. • SCHELTING, A. "Die logische Theorie der historischen Kulturwissenschaft von Max Weber und im Besonderen sein Begriff des Idealtypus". *Archiv für Sozialwissenschaften und Sozialpolitik*, vol. ILIX, 1922, p. 623-752. • OPPENHEIMER, F. "Die Logik der sozialwissenschaftlichen Begriffsbildung

Iniciamos, portanto, citando algumas passagens da principal obra de Weber, acima mencionada: "Sociologia é uma ciência que pretende compreender interpretativamente agir social"[276]. "A sociologia constrói *conceitos-tipos* e busca regras *gerais* dos acontecimentos. Nisso contrapõe-se à história, que ambiciona a análise e imputação causais de ações, formações e personalidades *individuais* culturalmente importantes"[277]. "A sociologia forma seus conceitos e procura suas regras sobretudo *também* sob o ponto de vista se ela, com isso, pode servir à imputação causal histórica dos fenômenos culturalmente importantes. Como em toda ciência generalizante, a especificidade de suas abstrações determina que seus conceitos tenham de ser, ante a realidade concreta daquilo que é histórico, relativamente *vazios* de conteúdo. O que pode ela oferecer em contrapartida é acentuada *univocidade* dos conceitos. Esta é alcançada por um ideal mais elevado possível da adequação de *sentido*, tal como o pretende toda construção sociológica de conceitos. Essa adequação pode ser alcançada em especial plenitude no caso de conceitos e regras *racionais* (orientados por valores ou por fins). Mas a sociologia busca também apreender fenômenos irracionais (místicos, proféticos, pneumáticos, afetivos) mediante conceitos teóricos, para ser preciso: adequados quanto ao *sentido*. Em *todos* os casos, racionais como irracionais, ela se *distancia* da realidade, e serve ao conhecimento desta na seguinte forma: que mediante a indicação da medida da *aproximação* de um fenômeno histórico a um ou vários desses conceitos se torna possível classificá-los [...]. Para que essas palavras signifiquem algo *unívoco*, a sociologia, por sua vez, deve projetar tipos 'puros' ('ideais') de for-

---

mit besonderer Berücksichtigung von Max Weber". *Heidelberger Abhandlungen zur Philosophie*, vol. V, 1925. • FREYER, H. *Soziologie als Wirklichkeitswissenschaft*, p. 145-146, p. 175-176, p. 207-208 etc. Sobre o desenvolvimento da personalidade de Weber cf.tb. VOEGELIN, E. "Über Max Weber". *Deutsche Vierteljahrsschrift für Literaturwissenschaft und Geisteswiesenschaft*, vol., III, p. 177-178. • VOEGELIN, E. "Gedenkrede auf Max Weber", *Kölner Vierteljahrshefte für Soziologie*, ano IX, p. 1-2, e por fim a grandiosa e significativa obra de Marianne Weber: *Max Weber, ein Lebensbild* (Tübingen, 1926).

276. WEBER, M. *Wirtschaft und Gesellschaft*, p. 1.

277. Ibid., p. 9.

mações daquelas espécies que, cada por si, mostram a unidade consequente de uma adequação de *sentido* mais plena possível, mas que, precisamente por isso, nessa forma *pura* absolutamente ideal, sejam talvez tão pouco frequentes na realidade quanto uma reação física calculada sob pressuposto de um espaço absolutamente vazio"[278].

"'Sentido' (no sentido da definição da sociologia compreensiva) é o sentido subjetivamente *visado* a) efetivamente α) por um agente em um caso historicamente dado ou β) pelos agentes, em média e aproximadamente, numa quantidade dada de casos, ou b) pelo agente ou pelos agentes *concebidos* como típicos, num tipo *puro* conceitualmente construído"[279].

"'Compreensão' significa, em todos estes casos, apreensão interpretativa do sentido ou do contexto de sentido: a) realmente visado no caso particular (em consideração histórica) ou b) visado em média e aproximadamente (na consideração sociológica de vários indivíduos), ou c) a ser construído cientificamente (sentido "típico-ideal) relativo ao tipo *puro* (tipo ideal) de um fenômeno frequente. Tais construções típico-ideais são, por exemplo, os conceitos e 'leis' formulados pela teoria pura da economia. Elas mostram como *ocorreria* um agir humano de determinada espécie *se* ele estivesse orientado de maneira *estritamente* racional por um fim, sem interferência de enganos e afetos, e, além disso, *se* estivesse orientado, de forma de todo unívoca, apenas por um único fim (economia). O agir real ocorre apenas em casos raros (bolsa de valores) e, também nessas ocasiões, somente de modo aproximado, tal como construído no tipo ideal"[280].

As citações acima bastam para nos instruir sobre a função do tipo ideal dentro da sociologia compreensiva segundo a concepção de seu fundador. Visto que as presentes investigações são com tanta frequência forçadas a ultrapassar o âmbito das construções conceituais de Max Weber e a submetê-las a exame,

---

278. Ibid., p. 9-10.
279. WEBER, M. *Wirtschaft und Gesellschaft*, p. 1.
280. Ibid., p. 4.

jamais teremos suficientemente enfatizado o enorme significado da contribuição weberiana à ciência do mundo social. Weber se refere repetidas vezes ao problema do tipo ideal como problema central a todas as ciências sociais. Nossas investigações mostraram o quanto bem-fundada é essa concepção. Pois mundo dos contemporâneos e mundo dos predecessores podem ser por princípio apreendidos apenas de modo típico-ideal. Os eventos e ocorrências particulares nesses domínios já não têm nenhuma espécie de vínculo com o tu corporeamente presente, que, na relação social própria ao mundo dos consociados, pode ser apreendido no autêntico nós. Eles são mais ou menos anônimos, pertencem a cursos típicos de consciência, embora em variações bem diversas de plenitude de conteúdo, as quais, entre o tipo de um decurso individual de consciência e o tipo de um curso de consciência alheio em geral – ou seja, de um indivíduo qualquer ou simplesmente impessoal –, podem percorrer todos os níveis intermediários concebíveis.

Ao distinguir entre o sentido visado por um único agente em um caso historicamente dado, o sentido visado por vários agentes em média e em dada quantidade de casos e o sentido visado por agentes apreendidos típico-idealmente, Weber acredita ser necessário subdividir essas diversas variações dentro do domínio típico-ideal mesmo. Suas razões são claras. A intenção de Weber é distinguir o método da sociologia compreensiva do método historiográfico e do método próprio à estatística. Trata-se de uma distinção de todo justificada desde que se compreenda as ciências mencionadas como ciências do contexto objetivo de sentido, portanto do curso externo efetivo de ação, a desconsiderar as vivências construtivas de consciência próprias a um alter ego. Assim, a história (ao menos na maneira como Weber a concebe) efetivamente tem que ver com o agir individual de um indivíduo; a estatística, com um agir médio de um grupo de pessoas; a sociologia, contudo, com o agir de um tipo ideal puro[281]. Mas a distinção introduzida por Weber perde seu fundamento na medida em que essas ciências são interpretadas como referentes ao

---

281. Sobre a concepção de história e de estatística de Weber cf. o estudo, já citado, de Mises "Soziologie und Geschichte".

sentido visado, isto é, na medida em que se considera como elas, partindo da ocorrência externa, voltam-se ao contexto subjetivo de sentido. Pois visto que à sociologia, como a toda ciência do mundo social, são tematicamente dados apenas mundo dos contemporâneos e mundo dos predecessores, mas não também mundo dos consociados; visto que, ademais, conforme as investigações da seção anterior, todo alter ego contemporâneo ou predecessor pode ser apreendido apenas em relação-eles, e por conseguinte na forma de tipo, é também o agir de um indivíduo no mundo dos contemporâneos, para a ciência social, desde sempre agir típico. Weber enxergou muito bem também esse aspecto, pois reconheceu expressamente todos os três métodos da compreensão de sentido como válidos para a sociologia compreensiva. Se nos perguntarmos, porém, pelo significado mais fundamental das distinções por ele realizadas, fica claro que de fato cada um dos três modos de compreensão do mundo dos contemporâneos e do mundo dos predecessores assume um grau diferente de verificabilidade relativa às ocorrências objetivas do acontecimento externo empiricamente apreendidas. Certamente que também aqui os limites são bem tênues. Mas pode-se dizer que o tipo ideal de um comportar-se individual, por exemplo "meu conhecido A em geral", é inferido com base em um conjunto de experiência incomparavelmente maior (a saber, da minha experiência do ser-assim do meu conhecido A, tal como o apreendo no autêntico "nós" do mundo dos consociados) do que por exemplo em relação a um tipo ideal pessoal construído como dado curso de ação anônimo. Também para esse fenômeno acreditamos ter dado explicação suficiente nas investigações da seção anterior. O indivíduo agente e habitante do mundo social é livre, e realiza suas ações de atividade espontânea. Uma vez decorrido, terminado e desvaído esse agir, e assim acabada e concluída a ação, esta, entretanto, não é mais livre, senão univocamente determinada. Ela, porém, era livre quando o agir foi executado, e se a questão sobre o sentido visado do agir se refere, como é o caso em Max Weber, ao momento anterior à conclusão da ação, então o agente sempre terá agido livremente, ainda que ele apenas seja acessível em apreensão típico-ideal, na forma de alter ego do mundo dos contemporâneos ou do mundo dos predecessores. Em contrapartida, o *tipo ideal* pessoal construído corretamente do ponto de vista metodológico, o qual, portanto, não se comporta de modo tipo-transcendente, é essencialmente não-livre, independentemente de seu agir ser interpretado como curso ou (uma vez decorrido) como objetualidade ideal completamente constituída.

Como em todas as considerações precedentes, distinguiremos rigorosamente entre a construção do tipo ideal e a empregabilidade, como esquema para a interpretação de cursos de ação reais dados à ciência à interpretação, de um tipo ideal completamente construído. Investiguemos para esse propósito a aplicabilidade, à interpretação de agir *futuro*, de tipos ideais pessoais já completamente disponíveis. Dado a nós é, portanto, um tipo ideal ao que são atribuídos determinados motivos invariantes, dos quais podem suceder cursos de ação invariantes e, com eles, ações análogas. Aplicamos então esse modelo típico – que abrange todo o decurso de consciência, desde o motivo (desde o projeto) até a ação completada – a determinado curso de ação no mundo social dado a nós à interpretação. Nesse caso, podemos inferir: "a pessoa N se comporta de modo correspondente ao (em minha experiência já disponível em estoque) tipo ideal A (funcionário público), por isso será de se esperar de meu agir *a* (ida regular ao escritório)." Ou então: "a pessoa N realizou um agir *a*, a ação *a* corresponde a um tipo ideal A, um tipo ideal A realiza *regularmente também* a ação *a*'; por isso é de se esperar, de N, *a*'." Em todo caso, qual seria o grau de certeza competente a todos esses juízos, nos quais um modelo típico-ideal encontrado pronto é aplicado a determinado curso de ação a se interpretar? Eles são efetuados na fantasia intuitiva, e permanece em aberto se o agir *a* ou *a*' de N, originado de atividade espontânea, situado ainda no futuro – por isso livre –, preenche ou não o esquema típico-ideal projetado no modo da fantasia. A aplicação de um tipo ideal pessoal ao *agir futuro* de um alter ego real tem, portanto, apenas caráter de probabilidade. Caso o agir de N – agir que configura o objeto da investigação – não preencha as expectativas pretendidas no tipo ideal, o juízo de que N corresponderia ao tipo ideal A será, a rigor, incorreto, e terá de ser construído um tipo ideal outro e mais apropriado, capaz de apreender o agir relevante de N em questão. Aqui deve-se ter em consideração que esse princípio será válido independentemente de N ser apreendido como consociado ou então tomado como tipo, portanto como pertencente ao mundo dos contemporâneos ou dos predecessores. Em todo caso, quanto mais liberdade couber a N, menos anônimo ele será, mais próximo N se encontrará, em outras palavras, da relação-nós, e menor será a probabilidade de que a construção típico-ideal de seu comportamento futuro se confirme e seja preenchida por seu agir real. Mas se N mesmo for um tipo ideal, por exemplo no mundo dos contemporâneos, portanto não-livre, e "age" apenas condicionado pela intenção de quem o constituiu, então a construção típico-ideal se aplicará desde que executada corretamente quanto ao método, isto é, de forma adequada tanto do ponto de vista causal quanto em relação ao sentido.

Mas o que significaria realizar uma construção típico-ideal em adequação causal e quanto ao sentido? Em Weber, essa questão se refere em princípio não à aplicabilidade de tipos ideais completamente construídos ao agir real futuramente esperado de dada pessoa social, senão ao destaque, como tipicamente relevantes, de ações decorridas próprias a um indivíduo ou a várias pessoas do mundo dos contemporâneos ou do mundo dos predecessores. *Uma ação deve ser chamada de tipicamente relevante sempre que pressuposto ser ela fundamentada por típicos motivos do agente possíveis de ser assumidos como constantes e invariantes.* Mas isso não significa outra coisa senão que toda ação tipicamente relevante é iterável por parte do indivíduo que, tipicamente, assim age; que ao tipo obtido a partir dela são características as idealizações do "e-assim-por-diante" e do "sempre-de-novo". Assim, os postulados da adequação de sentido e da adequação causal se aplicam à correta seleção de motivo, e apenas implicitamente às ações resultantes das circunstâncias motivacionais e aos cursos de ação estabelecidos como constantes por meio dessa seleção de motivo. Para ser preciso, é sobretudo o motivo-para que vem a ser determinado como constante. Pois a procura pelo motivo-porque genuíno ocorre, a rigor, apenas *modo plusquamperfecti*, a partir dos motivos-para já tidos como dados.

Em todo caso, quem poderia oferecer alguma explicação a respeito do motivo de um agir alheio? Weber diz expressamente que motivo é um contexto de sentido que surge ao próprio agente ou ao observador como fundamento significativo de um comportamento. Já chamamos atenção repetidas vezes para o fato de no enunciado serem coordenados dois casos totalmente heterogêneos. Na observação de consociados, é considerado pelo observador, como fundamento significativo de um agir, o projeto preenchido pela ação já executada. Parte-se, assim, implicitamente, da hipótese de o agir efetivamente executado ter sido também projetado. Mas na observação de consociados o agente é, por princípio, consultável, e ele pode alegar, como motivo-para, um contexto de sentido totalmente distinto, a saber, aquele no qual seu agir se encontrava alocado em função da extensão do seu projeto. Essa extensão do seu projeto escapa por completo do controle pelo observador. Em contrapartida, no mundo dos contemporâneos se encontra de fato suspensa a distinção entre os contextos de sentido que surgem respectivamente ao agente e ao observador como fundamento significativo de um comportamento. E isso pelo fato de, a rigor, o tipo ideal pessoal, pelo lado do observador, ter mesmo sido construído de modo que o contexto de sentido que surge ao observador como fundamento significativo do comportamento tomado como típico teria efetivamente de aparecer ao tipo ideal pessoal como contexto subjetivo de sentido de seu agir – se ele apenas de fato não fosse apenas um tipo, senão um alter ego real, dotado de vida e duração. Mas esse tipo ideal tem de ser construído de tal forma – e esse precisamente é o postulado fundamental da *ciência* social – que os motivos a ele atribuídos sejam adequados causalmente e também quanto ao sentido. Trataremos agora de investigar aquilo a que Max Weber se referia com ambos esses termos, os quais ele, corretamente, discute no interior da sua teoria do motivo. Antes, porém, apenas uma breve observação sobre a terminologia utilizada a seguir.

A sociologia, ao empreender a interpretação de um agir concreto, tem dada a ação enquanto tal, e infere, a partir dela, os motivos típicos do autor da posição de tal ação. É de todo evidente que nesse contexto se faz referência sempre ao tipo ideal pessoal. Porém, para não mais complicar a exposição, em seguida trataremos apenas do motivo típico, deixando claro, de vez por todas, que por ele compreendemos um contexto subjetivo de sentido na consciência construtiva própria a um alter ego que é, este mesmo, apreendido tipicamente.

§ 45 Adequação causal

Em *Economia e sociedade*, Weber diz claramente o que compreende por interpretação causalmente adequada e por interpretação adequada quanto ao sentido: "Um comportamento que decorre de modo coeso é adequado quanto ao sentido na medida em que a relação entre seus componentes for por nós afirmada, conforme os hábitos médios de pensar e sentir, como contexto típico (cuidemos de dizer: 'correto') de sentido. Em contrapartida, é 'causalmente adequada' uma sequência de processos na medida em que, segundo as regras da *experiência*, existe uma probabilidade de que ela sempre venha efetivamente a ocorrer da mesma maneira. (Segundo essas definições, é adequada *quanto ao sentido*, por exemplo, a solução *correta* de um cálculo aritmético obtida de acordo com as *normas* correntes do calcular ou pensar. *Causalmente* adequada – no âmbito das ocorrências estatísticas – é a probabilidade existente, conforme as regras comprovadas da experiência, de uma solução 'correta' ou 'errada' – do ponto de vista daquelas normas hoje correntes –, portanto também de um típico 'erro de cálculo' ou de um típico 'enredamento de problemas'.) Explicação causal significa, portanto, a constatação de que, de acordo com determinada *regra* de probabilidade de algum modo avaliável, ou no – raro – caso ideal: numericamente indicável, segue a determinado processo observado (interno ou externo) outro processo determinado (ou se apresenta junto com ele)"[282].

"Uma *interpretação* causal *correta* de um agir concreto significa: que o curso externo e o motivo são conhecidos *de maneira exata* e, ao mesmo tempo, *compreensível* quanto ao sentido no interior de seu contexto. Uma interpretação causal correta de um agir *típico* (tipo compreensível de ação) significa: que a ocorrência afirmada como típica tanto surge como adequada quanto

---

282. WEBER, M. *Wirtschaft und Gesellschaft*, p. 5-6.

ao sentido (em algum grau qualquer) quanto pode ser verificada como causalmente adequada (em algum grau qualquer). Na ausência de adequação de sentido, tem-se, então, apenas uma probabilidade *estatística incompreensível* (ou compreensível somente parcialmente), mesmo no caso de maior regularidade do curso (tanto do curso externo quanto do psíquico) e de esta poder ser, em sua probabilidade, indicável *numericamente* com precisão. Por outro lado, mesmo a adequação de sentido mais evidente somente será considerada uma proposição *causal* correta para o alcance do conhecimento sociológico na medida em que se comprovar a existência de uma *probabilidade* (indicável de alguma forma) de que o agir, com frequência ou aproximação indicáveis (em média ou no caso 'puro'), *costuma efetivamente* tomar o decurso aparente como adequado quanto ao sentido. Apenas regularidades estatísticas correspondentes a um sentido visado *compreensível* de um agir social são tipos de ação compreensíveis (no sentido aqui empregado da palavra) e, portanto, 'regras sociológicas'. Apenas construções racionais referentes a um agir compreensível em seu sentido são tipos sociológicos de acontecimento real que possam ser observados na realidade pelo menos em alguma aproximação. Nem de longe ocorre de, paralelamente à adequação de sentido inferível, *sempre* aumentar também a probabilidade efetiva da frequência de um curso correspondente. Apenas a experiência externa pode mostrar, em cada caso, se isso se dá ou não"[283].

Busquemos agora conciliar essas observações de Max Weber com as concepções que fundamentam nossa teoria, começando pelo conceito de adequação causal. Uma sequência de eventos é causalmente adequada na medida em que, segundo regras da experiência, exista uma probabilidade de que ela sempre ocorra de igual maneira. O conceito de adequação causal se refere, portanto, ao contexto objetivo de sentido que também possa ser caracterizado como contexto de experiência da ciência social. O conhecimento relativo ao fato de determinadas facticidades de ação seguirem umas às outras é, na práxis da vida social, fundado exclusivamente na autointerpretação do eu, e, na ciência social,

---

283. Ibid.

em um contexto de experiência científico. Em ambos os casos, esse conhecimento é adquirido em uma síntese de recognição. Esta, porém, não precisa em absoluto ser dirigida à vivência de um alter ego ou à sua construção por fases, nem ao contexto subjetivo de sentido no qual as facticidades de ação percepcionadas podem ser inseridas, tampouco, por fim, ao "sentido visado" de um agir em geral. *Portanto, uma ocorrência é causalmente adequada sempre que corresponder à experiência*, sem importar se essa ocorrência a princípio deve seu surgimento a agir humano ou se é apenas um curso no mundo da natureza. Na verdade, o conceito de adequação causal foi formulado por um fisiólogo, Johannes v. Kries[284], precisamente – partindo de problemas do cálculo de probabilidades e com o propósito de contribuir à teoria da culpabilidade no direito penal – como categoria geral do pensar, independente de um objeto específico. No contexto de uma abordagem sociológica, resultam, do ponto de vista terminológico, grandes reservas à palavra "causal". Pois, visto que a formulação de juízos referentes a ocorrências no mundo social assim denominadas de causalmente adequadas trata não de estabelecer uma estrita relação causa-efeito, essa pertencente à "causalidade da necessidade", senão que, em regra geral, o que temos é uma relação meio-fim caracterizada pela "causalidade da liberdade", a rigor não se pode falar, enquanto nos limitarmos ao curso externo do acontecimento, ao contexto objetivo de sentido etc., de uma relação causal no sentido daquela categoria do pensar[285] formulada de modo geral por Kries. Mas se esse conceito for interpretado como Max Weber o faz na passagem acima reproduzida, então o *postulado da adequação causal* em princípio não significa outra coisa senão *o que denominamos de postulado da concordância da experiência. Uma construção típica será causalmente adequada sempre que houver a probabilidade*

---

284. Sobre o conceito de possibilidade objetiva e algumas aplicações do mesmo, *Vierteljahrsschrift für wissenschaftliche Philosophie*, 1888, p. 180ss.; sobre o conceito de adequação causal, cf. esp. p. 201-202. Sobre a concepção de Max Weber cf. o estudo dedicado a esse tema em *Wissenschaftslehre*, p. 266ss.

285. Uma crítica das mesmas, a qual neste contexto não pode ser desenvolvida, deixaria sua validade universal parecer bem questionável. Sobre a questão da sua utilidade na teoria do direito penal, cf. KAUFMANN, F. *Lehre von der Strafrechtschuld*, p. 78-79.

de que efetivamente se aja segundo regras da experiência de uma maneira correspondente à construção típica (em princípio sem importar quando e em qual contexto de sentido se age, tampouco o sujeito do agir).

Também essa formulação ainda é bem imprecisa. Pois, se parto de dado agir na realidade, então qualquer construção típico-ideal que com base nele adquiro já seria, por si mesma, causalmente adequada, porque ela, partindo de um contexto objetivo de sentido da ação, infere o contexto subjetivo de sentido (apreendido mediante tipificação) que corresponde – ou, para ser preciso, que pode corresponder – ao curso efetivo. Assim, à correta construção científica de um tipo ideal pessoal não basta a probabilidade de haver de fato um agir efetivamente correspondente a essa construção; *antes, pelo visto é necessário, além disso, que esse agir efetivo seja iterável*, que seja e possa ser repetido, e que também esse postulado não se encontre em conflito com o contexto geral da experiência próprio à ciência. Recordemos que Weber parte justamente de uma facticidade externa da ação com a qual deverá ser relacionado sentido visado, embora sem se dar conta de que também o conceito de unidade do agir só poderá ser subjetivamente fundamentado depois de colocada a questão do sentido visado. Mas esse equívoco de Max Weber não prejudica o desenvolvimento subsequente da sua argumentação. Visto que, para o autor, adequação causal deve ser sobretudo categoria metodológica *das ciências sociais*, o postulado diz respeito apenas à apreensão sociológica ou histórica de um agir no mundo dos contemporâneos ou dos predecessores. Mas essa apreensão ocorre ela mesma mediante formação de uma construção ideal-típica, dando origem a um tipo ideal pessoal a partir do *factum* de um curso externo de ação definido conforme o interesse da ciência social. Caso se exija que tais construções, na ciência social, sejam efetuadas apenas se partindo de ações que, segundo a experiência objetiva da ciência social, têm determinada frequência, *esse postulado não significará outra coisa senão um princípio heurístico baseado na ciência econômica (no pensamento econômico)*. Seu sentido consiste em que uma construção tipológica de ocorrências externas apenas convém à ciência social e apenas será apropriada à solução de seus problemas específicos se as ações tomadas como ponto de partida da construção tipológica não forem singularizadas, tampouco impossíveis de serem repetidas, mas tiverem certa probabilidade de frequência. Se considerado dessa forma, o postulado da adequação causal não corresponderia em absoluto a uma lei essencial das ciências sociais em geral. Sua formulação seria explicável, antes, apenas com base na problemática específica da sociologia, em oposição à problemática da história, portanto desde a situação de interesses do sociólogo. A qualquer um, porém, seria garantida a liberdade de pretender abordar cientificamente a temática do mundo social pré-dado, seja como sociólogo ou historiador.

Mas o postulado weberiano da adequação causal da construção típico-ideal significa, *ademais*, algo ainda bem distinto. Por razões ainda a se discutir, o sociólogo dá preferência, ante todos os outros esquemas de interpretação, ao esquema de interpretação do agir *racional*, seja racional em termos valorativo ou racional com respeito a fins. Todo agir racional com respeito a fins tem lugar no interior de uma relação meio-fim. Constatar com certa frequência o curso objetivo de tal agir racional com respeito a fins significa encontrar típicas relações meio-fim entre objetivos típicos e meios pré-dados. A escolha dos objetivos, ou seja, dos projetos-para dos agentes, é provida pela construção típico-ideal. Porém, uma vez ocorrida a escolha, é necessário, para a consecução desses objetivos, aplicar determinados meios, em conformidade com o contexto objetivo de experiência. Em todo caso, essa posição meio-fim precisa ser compatível com o contexto objetivo de experiência. O postulado weberiano da adequação causal significa, portanto, que, na construção de um tipo de agir racional com respeito a fins, *os meios estabelecidos como típicos devem ser, "em conformidade com regras gerais da experiência", apropriados para a consecução dos objetivos estabelecidos como típicos*. Esse segundo conceito de adequação causal só iremos elucidar apropriadamente quando tratarmos a questão do agir e método racionais.

Uma construção típico-ideal deve ser considerada como causalmente *adequada* quando ela puder se confirmar de acordo com "toda regra" – a saber, regras da frequência –, embora não tenha em absoluto sempre de se confirmar. Weber mesmo cita como exemplo de adequação causal a probabilidade de um típico erro de cálculo. Suponhamos, por exemplo, que nossa tarefa seja multiplicar um dado valor por um número de dois dígitos, e que, depois de dar início à multiplicação, colocaríamos o segundo produto parcial não à esquerda do primeiro, mas à direita. Causalmente adequada é a conclusão de que, procedendo dessa maneira, o resultado final do cálculo será incorreto. A afirmação, todavia, não é válida sob todas as circunstâncias, pois, no caso de ambos os algarismos do multiplicador serem iguais, é irrelevante qual dos produtos parciais é posto à esquerda. Isso inclui até o caso ideal, mencionado por Weber, da probabilidade numericamente indicável, porque, entre dez multiplicações efetuadas desse modo, nove serão erradas; mas, uma, correta. Porém, se investigamos esse exemplo mais a fundo, nota-se que a concordância, caracterizada como causalmente adequada, com o curso de experiência se encontra, por seu lado, fundada ela mesma em relações *adequadas quanto ao sentido* apreendidas tipicamente, em nosso caso nas leis da aritmética e da teoria dos números aplicadas na práxis do multiplicar. Podemos até formular esse enunciado de maneira mais geral, e afirmar que *toda adequação causal, enquanto referida a agir humano, sempre já estará fundada em teorias adequadas quanto ao sentido*. Pois visto que adequação causal deve significar concordância das construções típicas de um agir humano com o contexto geral da nossa experiência, e uma vez que toda experiência referente a agir humano implica sua alocação em um contexto (seja objetivo ou subjetivo) de sentido, nota-se que a relação caracterizada como causalmente adequada, enquanto trate de comportamento humano, será apenas um caso especial da *adequação de sentido*[286].

Essa afirmação se tornará mais compreensível logo a seguir, quando nos voltarmos à análise da *adequação de sentido*.

---

286. Certamente que o caso é outro quando se trata da ocorrência de fenômenos naturais, os quais, a rigor, continuam fundamentalmente "incompreensíveis" e "desprovidos de sentido" por serem de caráter espaçotemporal e transcendente à duração. Entretanto, este não é o lugar para aprofundar essa questão, não pouco complicada, da demarcação dos limites entre as ciências naturais e as ciências do espírito.

§ 46 Adequação de sentido

Segundo Weber, um comportamento que ocorre de modo coeso é adequado quanto ao sentido na medida em que a relação entre suas partes integrantes for *por nós* afirmada, de acordo com os hábitos médios de pensar e sentir, como contexto típico de sentido. Aqui se nota novamente aquele paradoxo que governa toda a doutrina weberiana da ciência. É que Weber considera a tarefa de uma ciência voltada ao estudo do sentido visado (pelo agente, para ser preciso) como resolúvel e resolvida mediante produção de contextos de sentido objetivos, portanto dados não ao agente, senão ao observador. Traduzido para a nossa linguagem, o enunciado weberiano afirma que já há adequação significativa de um agir quando seu curso puder ser inserido em um contexto objetivo de sentido. Nossas extensas análises demonstraram que essa inserção em um contexto objetivo de sentido sempre poderá ocorrer de modo totalmente independente de se ter em vista os atos construtivos politéticos na consciência do agente, portanto sem interpretação do produto como testemunho das vivências de consciência do mesmo. Resta então investigar se a inclusão em um contexto objetivo de sentido já seria, na terminologia de Max Weber, adequada quanto ao sentido, ou se, antes, somente uma inclusão, *livre de antinomias*, em um contexto *subjetivo* de sentido poderia satisfazer o postulado da adequação de sentido. De fato, tenderemos à última hipótese[287].

Para a teoria da adequação de sentido de Weber, essa diferenciação não é de modo nenhum irrelevante. Pois ele efetivamente se pergunta se o comportamento em questão é afirmado como contexto subjetivo de sentido "conforme os hábitos *médios* de pensar e sentir". Mas o que Weber pretende dizer com essa caracterização adicional permanece bastante incerto. Determinar o que sejam "hábitos médios de pensar e sentir" a rigor não ocorre mediante construção adequada quanto ao sentido, senão apenas por meio de construção causalmente adequada.

---

287. Visto que o caráter "significativo" só pode ser a princípio predicado a uma vivência em uma consciência, aqui não se faz necessária uma diferenciação – entre objetos do espírito e objetos da natureza – análoga à que tivemos de realizar quando da explicitação do postulado da adequação causal.

Parece contraditório que nós, sociólogos, devamos julgar o que seja adequado quanto ao sentido, mas ao mesmo tempo conforme os hábitos médios de pensar e sentir, a não ser que Max Weber considere nesse contexto como experiência referente a hábitos médios de pensar e sentir a experiência explícita da ciência social referente a todos os atos de voltar-se-para monotéticos pensáveis dirigidos a execuções politéticas dentro de uma consciência qualquer. Para que ocorra interpretação significativa de comportamento alheio basta, a rigor, que eu suponha estar a construção típico-ideal por mim projetada, para aquele que age de determinada forma, em um contexto de sentido. Isso basta mesmo se eu, o observador, não for capaz de formar tal contexto de sentido em minha consciência porque alguns desses atos politéticos (ou o voltar-se-para monotético a eles dirigido) estão em conflito com o contexto geral da minha experiência. Poderei caracterizar como adequada quanto ao sentido a interpretação do comportamento de um povo primitivo com base em representações totemísticas, embora o domínio representacional do totemismo seja estranho aos "hábitos médios de pensar e sentir" do nosso período histórico em geral ou apenas dos sociólogos do nosso tempo. Mas, a rigor, não é isso o que Max Weber quer dizer. Pois ele tem plena consciência de que esses "hábitos médios de pensar e sentir" remontam a tipos ideais pessoais pré-dados, e, por conseguinte, que disso depende se, de acordo com nossa experiência, isto é, em conformidade com a experiência da ciência social, certos contextos de sentido poderão ser associados, de modo tipicamente adequado (em oposição ao modo tipo-transcendente[288]), a determinado tipo ideal pessoal do mundo dos contemporâneos ou do mundo dos predecessores. Assim, somos novamente remetidos, com nosso esforço em encontrar um critério aplicável à definição do conceito de tipo ideal significativamente adequado, ao contexto subjetivo de sentido e ao tipo ideal pessoal, cuja construção tem de se executar em conformidade com o postulado da adequação causal.

    Em contrapartida, a aplicação de uma construção típico-ideal a um agir específico será sempre adequada quanto

---

288. Sobre esse conceito cf. acima, p. 295s.

ao sentido se também puder ser pressuposto, também no interior da consciência concreta de um alter ego que nos foi dada à interpretação, o contexto subjetivo de sentido no qual, para a consciência de um tipo ideal pessoal, encontram-se os atos politéticos a partir dos quais o agir se constitui, ou, para ser mais preciso, *se esse pressuposto não estiver em conflito com nossas demais experiências referentes a essa consciência*. Certamente, essa consciência, cujas vivências temos a interpretar, pode ser mais ou menos determinada, a depender das nossas experiências a ela referentes. *Considerado dessa forma, portanto, o problema da adequação de sentido diz respeito apenas à aplicação de tipos ideais completamente constituídos a um agir concreto, enquanto o sociólogo, na construção de um tipo ideal pessoal, teria absoluta liberdade* porque configura a consciência do mesmo de maneira a ser capaz de vivenciar o comportamento típico como contexto subjetivo de sentido.

Nossa análise dos conceitos de adequação de sentido e de adequação causal mostrou que, em Max Weber, ambos se confundem. Não é possível nenhuma interpretação adequada quanto ao sentido que não seja ao mesmo tempo causalmente adequada, e vice-versa. Ambos os postulados se referem, a rigor, à ausência de conflito com a respectiva experiência pré-dada, e tão logo se parta de um estoque de experiência determinado de modo assim unívoco, ou seja, tão logo se suponha que é efetuada interpretação referente a uma e mesma pessoa e em um mesmo agora-e-assim, encontram-se necessariamente ou ambos os postulados cumpridos ou nenhum deles. Essa pseudoproblemática poderá apenas surgir se, em consequência de uma construção incorreta, a unidade da experiência própria ao interpretante for desfeita, particionada entre várias pessoas, portanto entre vários cursos de consciência, ou então temporalmente, ao ser uma experiência posteriormente surgida confrontada com uma interpretação anteriormente efetuada de modo adequado quanto ao sentido, interpretação que a contradiz causalmente.

Pois também onde são tomadas, como objeto da observação, ocorrências aparentemente "incompreensíveis" em si mesmas, portanto onde quer que, segundo Weber, possa ser verificada frequência estatística, e, com ela, adequação causal, sem que, contudo, haja adequação de sentido, pode muito bem haver, para o agente, um contexto significativamente adequado. Por exemplo, quando observarmos um indivíduo que registra a frequência de determinados vocábulos nas obras de Platão, esse agir é, para nós, conforme nossos "hábitos médios de pensar e sentir", não interpretável de modo adequado quanto ao sentido, senão, na terminologia de Weber, "incompreensível". Caso se saiba, porém, que estatística linguística parte do pressuposto de que todo indivíduo, em determinadas fases de sua vida, faz uso preferencial de determinados vocábulos, que aquele que realiza a estatística linguística, partindo desse pressuposto, espera obter, por exemplo, um ponto de referência para estabelecer a cronologia das obras de Platão etc., então seu agir é adequado quanto ao sentido e se torna compreensível para nós. Veremos logo a seguir o quanto, em Weber, também tal adequação de sentido considera os motivos-para do agir racional, além do modo como seu conceito de compreensibilidade está estreitamente vinculado à sua concepção de agir racional com respeito a fins.

Antes, tratemos um pouco mais o estado de coisas verdadeiramente fundante da distinção entre adequação causal e adequação de sentido.

O postulado da adequação da construção típico-ideal, pela qual pretendemos compreender a relação entre adequação de sentido e adequação causal, não afirma outra coisa senão que o tipo ideal deve ser construído *de modo puro* (portanto sob desconsideração de qualquer comportamento tipo-transcendente) e seguir compatível com nossa experiência de mundo em geral, por conseguinte também com nossa experiência relativa ao tu em geral e ao tu particular cujas ações pretendemos investigar como típicas. Ademais, o postulado implica a exigência de ser tomado intencionalmente como ponto de partida da construção típica apenas comportamento por princípio iterável. Esse é o conteúdo do postulado da adequação sempre que referido à *construção* de tipos ideais. Em todo caso, tipos ideais completamente construídos podem ser aplicados, no modo há pouco descrito, a cursos concretos de ação. Nesse contexto, o postulado da adequação significa que a associação da ação concreta a um tipo desse agir deve ser *suficientemente explicada, e isso sem que entre em conflito* com a experiência pré-dada. Porém, um agir será *suficientemente explicado* mediante uma construção típica apenas se seus motivos forem tomados como típicos; a associação será, então, necessariamente adequada quanto ao sentido. "Causalmente adequado" não se refere aqui a outra coisa senão ao fato de que esses motivos também puderam realmente se efetivar, ou, dito de forma mais correta, que há necessariamente uma probabilidade objetiva de que esses motivos de fato tenham sido efetivos. Examinemos agora o conceito de probabilidade.

§ 47 Probabilidade objetiva e probabilidade subjetiva

Weber distingue entre probabilidade objetiva e probabilidade subjetiva. Há ocorrência da primeira quando determinado curso ou comportamento for pensável de modo adequado, causalmente ou em relação ao sentido, e isso de forma objetiva, a saber, sem ter em conta as vivências de consciência específicas próprias ao agente em questão. A *probabilidade objetiva* é, portanto, uma categoria do *interpretar*. Probabilidade subjetiva, em contrapartida, cabe apenas ao contexto subjetivo de sentido, ao "sentido visado". Ela aponta, desde o ponto de vista do agente, ao futuro, fantasiado *modo futuri exacti* como decorrido. Probabilidade subjetiva é equivalente à expectativa em sentido mais amplo, e, por isso, antes de tudo um predicado do projeto e das protenções inerentes a este e dirigidas ao objetivo da ação. Cada "para" projetado de um agir tem, por essa razão, para o agente, apenas uma probabilidade subjetiva, na medida em que ele espera que o agir ainda não executado será apropriado para o preenchimento, em autodoação, da ação projetada como vindo a ser decorrida. Nesse significado, o caráter de probabilidade já foi claramente expresso no termo do ser-orientado de uma ação. Todos os motivos-para têm, por isso, para o agente, o caráter de uma probabilidade subjetiva.

Ao motivo-porque genuíno, porém, pode ser atribuída apenas uma probabilidade objetiva, e isso não significa afirmar outra coisa senão que um motivo-porque somente poderá ser considerado efetivo se pôde sê-lo em função de construção causalmente adequada ou adequada quanto ao sentido. A situação é aqui igual para o observador externo como para o próprio agente, o qual, a rigor, apercebe-se de seus motivos-porque genuínos também somente em um voltar-se-para de auto-observação, e sempre busca inquirir, a partir do motivo-para projetado ou da ação executada, *modo plusquamperfecti*, a vivência antecedente que possa ser considerada "adequadamente" como motivo-porque do projeto. Por isso, critério da efetividade de um motivo-porque genuíno é a probabilidade objetiva de que o indicado como motivo-porque se encontre em um contexto adequado de sentido com aquilo que ele motivou, portanto com o "para" do agir. Esse juízo é, ele mesmo, um contexto objetivo de sentido, e por essa razão também será objetiva a probabilidade de que o que foi enunciado no juízo se confirme.

Inversamente, afirmar que o motivo-para tem caráter de probabilidade subjetiva não significa dizer outra coisa senão que a qualquer ação projetada falta apenas o preenchimento pelo curso efetivo do agir, e que aquele que a projeta também conta com esse preenchimento. Porém, esse juízo se encontra fundado no contexto de experiência próprio ao agente no momento do projetar. Pois o juízo de que o êxito do seu agir terá determinada probabilidade é formulado pelo agente com base na experiência, segundo a qual tal agir, em casos "análogos", alcançou o êxito pretendido. Assim, ele traz esse seu agir planejado a um contexto de sentido – "adequado", conforme sua avaliação – compartilhado com vivências antecedentes projetadas *modo plusquamperfecti*.

Investiguemos agora em especial as relações existentes entre o conceito de probabilidade e os tipos ideais construídos cientificamente, a saber, de acordo com os postulados da adequação.

Em relação à construção do tipo ideal, contém o postulado da adequação a exigência mesma de que haja uma probabilidade objetiva de um alter ego real de fato se comportar de modo correspondente ao tipo. Probabilidade objetiva e adequação típica são, por conseguinte, correlativas, sempre que se trate de comportamento decorrido. Porém, caso a construção típica tenha de ser aplicada a um agir futuro ou ainda não completado, o tipo apenas será construído de modo adequado quanto ao sentido se seus motivos-para forem determinados como se ele pudesse avaliar sua probabilidade subjetiva e realizar seu comportamento em correspondência aos mesmos. Em outras palavras, são supostos como invariantes aqueles motivos-para presumidos pelo sujeito do projetar como subjetivamente prováveis, em conformidade com a experiência objetiva pré-dada, no projeto do seu objetivo de ação. Projetos serão subjetivamente prováveis sempre que houver expectativa de se atingir o objetivo da ação mediante o agir que foi projetado *modo futuri exacti* como vindo a ser decorrido.

Trate-se de uma probabilidade objetiva ou subjetiva, em ambos os casos a categoria da potencialidade está contida no conceito. Sabemos desde a publicação das *Ideias* de Husserl[289] que potencialidade pode ser de origem dupla. Primeiro temos a potencialidade derivada de posicionalidade, remontável a atos téticos de posição próprios ao sujeito da experiência; em segundo lugar, temos os conteúdos de consciência neutralizantes convertidos em potencialidade[290]. Ambas as categorias são abarcadas pelo conceito de probabilidade aqui utilizado, objetiva como subjetiva. A diferença consiste em que, no caso da potencialidade tética, as efetuações de juízo são executadas em clareza e de modo relativamente explícito, enquanto, no caso dos conteúdos de consciência neutralizantes convertidos em potencialidade, a probabilidade de estes se confirmarem permanece em aberto ou é aceita como dado inquestionado. Esse problema remonta, por sua vez, aos modos – pré-dados a todos os contextos de sentido – do voltar-se-para na vivência de consciência do agente, à sua *attention à la vie* e às modificações atencionais nela originadas, nas quais ele está voltado às suas próprias vivências. Mas se a *attention à la vie* mesma for propriamente tomada como típica, e, por conseguinte, um modo bem determinado do voltar-se-para do eu dirigido a suas vivências for pressuposto como invariante em uma postura atencional típica, a probabilidade subjetiva originada de vivências de consciência neutralizantes poderá ser eliminada, e apenas a proba-

---

289. Op. cit., p. 228ss.
290. Sobre esses conceitos, cf. § 11, p. 108.

bilidade derivada de posicionalidade tética poderá ser tida em perspectiva. Pode-se então pressupor que o agente pondera, em atos téticos de posição, seu objetivo de ação, os meios que lhe são dados e a possibilidade de alcançar seu objetivo de ação com esses meios; que ele, nesse processo, formula juízos de grau relativamente explícito de clareza. Pode-se pressupor, em suma, que ele *age racionalmente*. Como conclusão das nossas investigações sobre os conceitos fundamentais weberianos, busquemos esclarecer esse conceito de agir racional.

§ 48 A preferência da sociologia compreensiva por tipos racionais de agir

Para esse propósito, tomemos nossa definição de agir enquanto um comportar-se realizado com base em um projeto precedente. Considerando que no projeto já estão contidos o "para" e o "com-vista-a" do agir, a rigor todo agir é racional. Na ausência de tal projeto, não se terá efetivamente "agido"; o indivíduo em questão apenas se "comporta" de um modo qualquer, ou então – caso ele nem mesmo execute um ato de atividade espontânea – encontra-se simplesmente imerso em suas vivências. Entretanto, todo agir projetado pode ser alocado em um contexto mais elevado de sentido. Nesse caso, ele é agir parcial, para alcance do objetivo principal da ação. Pode ser, de toda forma, que este se encontre dado claramente, ao passo que o agir parcial seja executado de modo vago ou em indeterminação, ou que, inversamente, cada uma das ações parciais tenha sido previamente projetada de modo explícito, ao mesmo tempo em que o objetivo principal de ação e o motivo-para permaneçam indistintos, e isso também para o agente. Exemplo do primeiro caso: "para chegar à localidade A, tenho de caminhar nessa direção" – em oposição ao juízo explícito "para chegar à localidade A, tenho de tomar o caminho até B, de lá até C etc." Exemplo do segundo caso: um químico faz uma série de análises e experimentos porque espera com eles obter um novo conhecimento – qual exatamente, segue indeterminado. Em todo caso, toda observação social do mundo dos contemporâneos, e, por conseguinte, também toda ciência do mundo social, parte, intencionalmente, de um tipo ao qual são dados, em total clareza explícita, tanto o objetivo principal de ação como também todos os objetivos intermediários. Pois uma vez que, como vimos, os motivos-para, desde os quais sucede o agir que leva à ação, são supostos como típicos e invariantes, é dado, na assunção de clareza explícita acerca do objetivo de ação e de todos os seus objetivos parciais, um máximo de adequação de sentido, e, assim, uma probabilidade máxima de efetivação dos motivos assumidos como invariantes. Tal agir típico é, segundo Weber, um agir *racional*[291], em princípio sem importar se se trata de um agir racional em *termos valorativos* ou *com respeito a fins*. Essa distinção, antes, é realizada *considerando o motivo-porque genuíno* que pode ser associado a esse motivo-para tomado como típico. Determinados por racionalidade com respeito a fins (ou então em termos valorativos) são, portanto, os objetivos de ação pelos quais o agente se orienta em função da sua situação de interesses, e, com eles, também os problemas que se lhe colocam e as vivências destacadas como relevantes para a solução da questão levantada em cada caso[292].

No interior de um contexto objetivo de sentido, essa relação meio-fim pode ser enxergada de modo evidente; e, sua probabilidade objetiva, avaliada. Com a escolha apropriada do tipo, o contexto objetivo de sentido da relação meio-fim pode ser equiparado ao contexto subjetivo de sentido, e, a probabilidade objetiva, à probabilidade subjetiva. Isso será tanto mais aplicável quanto mais gerais forem os problemas possíveis de ser indicados como motivos-porque genuínos dos motivos-para assumidos como tipicamente invariantes. Por essa razão, a sociologia compreensiva – mas não somente ela – dá preferência ao tipo do agir racional. Na ocasião de um agir irracional – o qual, segundo tudo que foi dito até aqui, pode ser compreendido apenas como ocorrência na qual o agir parcial, ou o objetivo principal

---

291. Para a análise do conceito cf. a valiosa monografia de Hermann J. Grab, *Der Begriff des Rationalen in der Soziologie Max Webers* (Karlsruhe, 1927), com a qual, entretanto, concordo apenas parcialmente, uma vez que o autor, em linha com Scheler, parte de valores objetivos pré-dados.

292. Sobre a remissibilidade do agir racional em termos valorativos ao agir racional com respeito a fins cf. "Soziologie und Geschichte" de Mises (op. cit., p. 479).

de ação, permanece indistinto, difuso, ou a princípio desconsiderado –, parte-se então de um tipo racional com respeito a fins e, em seguida, com a modificação dos motivos-para tomados como típicos, portanto com a variação daquilo a se supor como invariante, é formado um tipo divergente, para assim apreender o agir irracional. Se consideramos como objeto principal da sociologia as interações sociais, que estas ocorrem segundo o cálculo de meios e fins, sempre em função do ser-orientado mútuo dos participantes da relação, torna-se facilmente compreensível a importância da preferência pelo agir racional. Weber mesmo enfatizou repetidas vezes o fato de a sociologia ter como objeto certamente não apenas o agir racional, mas também, na mesma medida, o agir irracional, afetivo, tradicional etc. Por sinal, em seus escritos sobre sociologia da religião ele faz uso exemplar em especial dessas últimas categorias mencionadas.

Deve-se distinguir rigorosamente entre construção típico-ideal racional, a qual a sociologia compreensiva, pelas razões citadas, prefere e deve preferir, e o método mesmo da sociologia compreensiva, assim denominado "racional". Esse termo, bastante recorrente, carece totalmente de legitimidade se utilizado com a intenção de salientar uma nota característica específica do método sociológico, de modo a assim diferenciá-lo do método das outras ciências. Toda ciência tem como objetivo trazer à clareza explícita, mediante aprofundado exame e elucidação, conteúdos judicativos indistintos da vida diária. Para isso, toda ciência necessariamente faz uso da lógica formal como esquema de interpretação. Todo juízo científico é idealmente formulado de modo explícito, e devem ser tomados em perspectiva, na maior clareza e distinção possíveis, não apenas o contexto de sentido no qual se encontram, com relação umas às outras, as objetualidades judicativas de uma ciência, por assim dizer seu objetivo principal de ação – a saber, seu problema levantado –, mas também todos os atos judicativos particulares que possibilitem chegar a esse objetivo. Ciência não pode ser praticada a não ser de modo "racional". E o fato de também o método da compreensão na sociologia weberiana consistir em tal efetuação racional de juízo deve ser sempre reiterado enfaticamente frente às diversas tentativas de se contrapor à ciência rigorosamente racional, em uma interpretação equivocada das teses de Dilthey, uma assim chamada "ciência compreensiva" que, partindo de pressupostos metafísicos ou axiológicos, ou com recurso a uma "intuição" que segue injustificada, alega poder alcançar seu objetivo epistemológico por outros caminhos que não o do tratamento conceitual apropriado do material dado.

De fato, considerado historicamente, o postulado da ciência compreensiva surgiu com a necessidade de superar as barreiras erigidas pela disciplina racional científica à apreensão do vivo vivenciar. Mas vida e pensamento são duas coisas distintas, e a ciência permanece uma questão do pensar, isso também onde a vida, como a vida no mundo social, é seu tema. Assim, ela não pode recorrer a um conceito de intropatia vago e impreciso, ou a valores pré-dados, tampouco se apoiar em descrições desprovidas de rigor conceitualmente intelectual. Isso, e nada além, tinha em vista Weber – justamente quem elevou a sociologia "compreensiva" ao posto de ciência – ao postular reiteradamente a objetividade de todo conhecimento obtido pelas ciências sociais.

§ 49 Sentido objetivo e sentido subjetivo nas ciências sociais

Depois dessas análises dos conceitos fundamentais mais importantes da sociologia compreensiva podemos retomar a questão antes formulada (§ 43) sobre a relação particular existente entre a interpretação de sentido do mundo social pelas ciências sociais e a doação de sentido desse mesmo mundo social em atos da vida diária. Chegamos à conclusão de que todas as ciências do mundo social são contextos objetivos de sentido formados por contextos subjetivos de sentido, afirmação que somente agora estamos em condições de esclarecer de forma satisfatória.

Toda experiência científica do mundo social é experiência referente aos mundos sociais dos contemporâneos e dos predecessores, jamais, porém, do mundo social dos consociados. Por conseguinte, as ciências sociais aprendem o indivíduo na socialidade mundana não como tu vivente dotado de autêntica duração; antes, como tipo pessoal, provido nem de autêntica duração tampouco de espontaneidade, senão de uma temporalidade apenas imaginária (a saber, um tempo não vivenciado e impossível de sê-lo, e isso por qualquer pessoa). A esse tipo ideal são predicados apenas vivências de consciência caracterizadas já de antemão pela assunção, como invariantes, dos motivos tipicamente relevantes. No contexto da nossa análise do modo de proceder da sociologia compreensiva, indicamos os métodos dessa assunção do ser invariante, que sucede de maneira causalmente adequada e de forma adequada quanto ao sentido, isto é, com constante recurso à experiência pré-dada do mundo social e do mundo em geral, e em compatibilidade bem motivada com os tipos ideais pré-construídos, pelos quais o eu habitante do mundo social apreende seu mundo de predecessores e contemporâneos.

Porque os agentes no mundo social são dados às ciências sociais não em presença corpórea, tampouco no modo da posse de coisa mesma, senão apenas de modo mediato, especificamente na forma de tipos ideais pessoais, não pode ser tarefa dessas ciências também apreender o sentido subjetivo do agir humano naquele modo apenas peculiar à compreensão do alter ego na relação social de consociados. Vimos, contudo, que o conceito de sentido subjetivo passa por diferentes modificações na passagem da esfera do mundo dos consociados para a esfera do mundo dos contemporâneos ou do mundo dos predecessores. A rigor, na construção típico-ideal, os contextos subjetivos de sentido – experienciáveis no mundo dos consociados no modo da posse de coisa mesma – são sucessivamente substituídos por um sistema de contextos objetivos de sentido em sobreposição e justapostos. Justamente essa construção, porém, possibilita a apreensão dos processos de constituição nos quais, para o sujeito da posição de sentido, produziu-se aquele conteúdo de sentido dado ao ego interpretante, portanto à ciência social interpretativa, na forma de sentido objetivo de uma objetualidade completamente constituída. Certamente, o desvelamento desse processo de constituição mediante a técnica tipificante ocorre não em atos da viva intencionalidade, tampouco pré-predicativamente ou em uma viva consciência dotada de duração real, senão apenas em um modelo de tal consciência, apenas no tipo ideal pessoal, apenas de modo predicante e explicitante por meio de juízos gradualmente efetuados.

Nossa análise do tipo ideal pessoal mostrou que este pode apresentar todos os graus de anonimato e, de modo correlato, todos os graus de preenchibilidade de conteúdo. Independentemente de, na construção típico-ideal, o apreendido ser o comportamento de um indivíduo ou de outro alter ego contemporâneo, até mesmo de um "impessoal" anônimo ou "qualquer um", em todo caso sempre se pode voltar, partindo de um produto dado como acabado, aos processos de constituição do produzir que lhe deram origem. Por conseguinte, também o campo de estudos das ciências sociais é composto por domínios de graus bem diversos de anonimato e de plenitude de conteúdo. Se consideramos que nosso conceito de ciências sociais abarca tanto a teoria econômica e a ciência jurídica como também a história de um indivíduo, essa afirmação fica de fácil entendimento. Acrescenta-se a isso que de fato não todas as ciências sociais têm como objetivo a clarificação do contexto subjetivo de sentido de toda espécie de produtos mediante a técnica típico-ideal. Há também ciências sociais de contextos objetivos de sentido, de tipos ideais meramente materiais (tipos de curso de agir), nas quais não se chega sequer a inquirir seus tipos ideais pessoais correspondentes. Como exemplos desse grupo de ciências podemos muito bem citar a história do direito – enquanto descrição das formas históricas do direito –, a "história da arte sem nome", ou, no grupo das ciências sociais não históricas, a "doutrina geral do Estado". Todas pressupõem como dado inquestionado os níveis constitutivos mais fundamentais da posição de sentido, sem sequer considerá-los. Não o processo de produção da posição de sentido é tema dessas ciências, mas os produtos nele produzidos, considerados de modo inquestionado como produtos significativos e alocados em tipos materiais (tipos de curso de agir).

Em todo caso, é natural surgir a objeção de que afirmar serem todas as ciências sociais ciências formadoras de tipos vá de encontro ao *factum* das ciências sociais "nomotéticas", especificamente "formadoras de leis", que se pretendem capazes de prover entendimento e conhecimento universalmente válidos anteriores a toda experiência. Tomando como exemplo a teoria econômica, submetamos agora a uma breve análise o caráter próprio dessas ciências e sua atitude particular em relação ao sentido objetivo e ao sentido subjetivo do mundo social.

A escola austríaca da utilidade marginal e os pesquisadores anglo-americanos que trabalham em direção semelhante, a rigor também a escola matemática da teoria econômica, têm todos a pretensão de praticar ciência exata, a saber, teórica, de princípios universalmente válidos em qualquer período histórico e onde quer que ocorra atividade econômica. Entre os autores mais recentes desse movimento podemos considerar Mises como o mais importante defensor do caráter teorético da ciência econômica. Em seu estudo "Sociologia e história", frequentemente citado, ele trata, em polêmica com Weber, o problema da oposição entre ciência social teórica e ciência social histórica. Para Mises, a teoria econômica é apenas uma disciplina da sociologia, precisamente a mais desenvolvida. Em sua polêmica com Weber, Mises questiona "se os conceitos da teoria econômica de fato teriam o caráter lógico do tipo ideal", e chega à seguinte conclusão: "Essa questão deve ser respondida de forma negativa, pura e simplesmente. Bem que também se pode afirmar, a respeito dos conceitos da nossa teoria, que em sua 'pureza conceitual' [...] não são 'empiricamente encontráveis em parte nenhuma da realidade'. A rigor, conceitos não são encontrados na realidade, jamais e em nenhuma parte, eles pertencem ao domínio do pensamento, e não à realidade; são o meio intelectual com a ajuda do qual buscamos apreender a realidade ao nível do pensamento. Entretanto, não podemos afirmar serem esses conceitos da teoria econômica obtidos 'mediante a *acentuação* unilateral *de um ou alguns* pontos de vista e mediante a união de um conjunto de fenômenos *singulares* difusos e discretos, disponíveis ora em maior, ora em menor número, ou por vezes até mesmo ausentes, que se juntam àqueles pontos de vista unilateralmente destacados, dando origem a um quadro *de pensamento* em si uniforme'[293]. Antes, eles são obtidos mediante abstração, voltada à seleção de conteúdos de cada um dos fenômenos singulares considera-

---

293. Extraído de: WEBER, M. "Die Objektivität sozialwissenschaftlicher und sozialpolitischer Erkenntnis". In: *Gesammelte Aufsätze zur Wissenschaftslehre*, 1904, p. 191.

dos"²⁹⁴. "O erro fundamental de Max Weber reside em seu entendimento equivocado acerca da pretensão de validez universal que acompanha o princípio sociológico. O princípio econômico, as leis fundamentais da formação dos termos de troca, a lei dos rendimentos decrescentes, o princípio da população e todos os outros são válidos sempre e onde quer que sejam dadas as condições por eles pressupostas"²⁹⁵.

Sem dúvida, a crítica de Mises à ideia de que os conceitos econômicos são tipos ideais é justificada caso se defina "tipo ideal" como Max Weber o faz naquelas primeiras formulações, reproduzidas por Mises na passagem acima citada. Assim considerado, o tipo ideal certamente seria uma construção conceitual aplicável essencialmente apenas a fatos históricos pré-dados, ao contrário dos conceitos da teoria sociológica, os quais, obtidos mediante "abstração", destacam o que se encontra contido em *cada um* dos fenômenos singulares tratados. A teoria do tipo ideal *aqui* exposta, que a meu entender já se encontra prefigurada nos escritos tardios de Weber²⁹⁶, é, entretanto, completamente distinta. Segundo ela, a essência da construção típico-ideal consiste na assunção, como invariantes, de determinados motivos no interior do domínio de variação da respectiva autointerpretação, na qual o eu que age agora-aqui-assim interpreta seu agir (comportamento). Certamente, essa assunção do ser invariante remonta a uma "experiência" precedente, mas não a uma experiência no sentido de um empirismo vulgar qualquer, senão que ao fundamento originário da experiência, esta adquirida no modo pré-predicativo da posse de coisa mesma, referente ao objeto de experiência como um si-mesmo, como a ele próprio.

---

294. MISES, L. "Soziologie und Geschichte". Op. cit., p. 474.
295. Ibid., p. 480.
296. "As conhecidas análises de Max Weber sobre o tipo ideal de 1904, que ele mesmo chama de 'esboçadas e por essa razão talvez em parte mal-interpretadas', são fragmentárias sobretudo considerando que tomam como referência especialmente o tipo ideal da sua teoria da história. Deve-se bem enfatizar que, ao passar à sociologia, a concepção do tipo ideal se modifica totalmente, o que, infelizmente, é sugerido pela metódica sociológica de Max Weber apenas em poucas passagens (*Wirtschaft und Gesellschaft*, p. 10)" (WALTHER, A. "Max Weber als Soziologe". Op. cit., p. 11).

Considerado dessa forma, o tipo ideal não se limita em absoluto a determinado processo de constituição ou princípio genético. É possível construir tipos ideais tanto "empíricos" (o termo "empiria" é aqui utilizado no sentido da forma mais geral de experiências referentes ao mundo externo) como também "eidéticos" (a saber, apreendidos em visão de essência); aquilo que é suposto como invariante pode ser resultante de qualquer modo de abstração, de generalização ou formalização, contanto apenas que o princípio da adequação de sentido permaneça válido. De acordo com essa nossa concepção de tipo ideal, também aos conceitos e princípios da teoria das ciências sociais – portanto também da teoria econômica – deve ser conferido caráter típico-ideal. Pois também os exemplos apresentados por Mises – o princípio econômico, as leis fundamentais da formação dos termos de troca etc. – são, nesse sentido, construções típico-ideais, só que certamente tais que, produzidas em processos de formalização e generalização, tornam puro, em diversas pré-formações e alterações, isso que é suposto como invariante. Trata-se de construções as quais, por essa razão, têm "validade universal"[297]. A esses tipos ideais falta referência a um alter ego individual ou a uma multiplicidade de alter egos necessariamente a ser situados em algum momento histórico ou em determinada localidade. Trata-se de assertivas sobre o agir (comportamento) de um impessoal – ou melhor, do "qualquer um" – realizado em completo anonimato, sem importar onde e quando tal agir ocorre. Justamente por esse motivo elas são de menor plenitude de conteúdo[298]. Com razão, Mises[299] critica Weber por seu intuito de restringir os princípios da doutrina da utilidade marginal ao agir econômico realizado segundo cálculo comercial. Com razão ele caracteriza esse entendimento como próprio à chamada economia clássica (cujo tipo do agente econômico que constrói é, portanto, menos anônimo e mais preenchido de conteúdo), enquanto a economia moderna

---

297. Isso é expresso por Mises na passagem previamente citada com o complemento de que as proposições teóricas são válidas sempre e em qualquer circunstância *em que sejam dadas as condições por elas pressupostas*.

298. Esse termo deve ser compreendido no sentido *bem preciso* das definições desenvolvidas acima, p. 303s.

299. MISES, L. Op. cit., p. 486.

parte do comportamento não do negociante, mas do consumidor, do "qualquer um". Os princípios da catalaxia adquirem grau de generalidade precisamente pelo fato de o "tipo ideal" que lhes fundamenta ser de elevado anonimato. Nisso reside – e isso é diversas vezes enfatizado por Mises[300] – seu objetivismo e sua objetividade. *Essa objetividade, porém, não é outra senão a de que trataram nossas exposições sobre os contextos de sentido objetivos e subjetivos.* A "lei da utilidade marginal" assume, assim, o caráter de uma limitação definitória do domínio de invariância dentro do qual têm lugar as ações denominadas de "econômicas", sem importar quem seja seu autor[301].

Assim, segundo nossa concepção, o *factum* da teoria econômica é ele mesmo um exemplo-modelo de um contexto objetivo de sentido composto por contextos subjetivos de sentido, especificamente de um contexto objetivo de sentido formado por vivências de consciência – tomadas como típicas no sentido que atribuímos – de qualquer indivíduo que exerça atividade produtiva ao realizar ações preferenciais referidas a bens. Certamente, a palavra "típico" adquire aqui um significado específico se for dada razão a Mises quando o mesmo sublinha a total impossibilidade de se conceber um agir que contrarie o "princípio da utilidade marginal" (ou seja, um agir "atípico", no sentido que conferimos ao termo); mas isso vale apenas enquanto a lei da utilidade marginal for a princípio considerada meramente assunção, como invariante, do agir preferencial puramente formal, e na medida em que nenhum objetivo material de ação – por exemplo, objetivos a ser realizados mediante utilização de "bens"[302] – for empregado nesse esquema. Contudo, caso isso

---

300. Ibid., p. 482, p. 486.

301. Cf. KAUFMANN, F. "Logik und Wirtschaftswissenschaft". *Archiv für Sozialwissenschaften*, vol. LIV, p. 614-656, esp. p. 650.

302. Pode aqui ser desconsiderado, por ser problema específico à teoria econômica, o fato de o conceito de "bem econômico" certamente não ser irredutível, como de modo semelhante também não o é ao conceito de "necessidade", o qual, ao quebrar o anonimato do tipo ideal "administrador", implica um tornar psicologístico a outro nível de maior concretização da relação-eles (sobre isso, cf. Mises, p. 476). Sobre essa questão a análise do conceito de "bem", cf. KAUFMANN, F. "Logik und Wirtschaftswissenschaft". Op. cit., p. 628.

ocorra, e assim se abandone a esfera do "qualquer um" absolutamente anônimo, ou então se volte ao contexto subjetivo de sentido de um alter ego concreto, certamente será também possível falar de um comportamento atípico – a saber, em relação aos objetivos materiais da atividade produtiva tomados como típicos. Entretanto, tal comportamento permanece irrelevante para a teoria econômica, e somente por essa razão seus princípios, como afirma Mises, são não "uma expressão daquilo que, em regra, costuma suceder, senão uma expressão daquilo que sempre, necessariamente, haverá de suceder"[303].

Assim, a crítica de Mises, com a qual, portanto, acordamos, diz respeito não à aplicabilidade de tipos ideais ao estudo do *factum* da atividade econômica em geral – pois, visto que conhecimento econômico do mundo social é, a rigor, essencialmente tipificante, como esses tipos ideais poderiam ser excluídos? –, senão apenas à utilização de tipos ideais de grau mais reduzido de anonimato, inadequados porque relativamente preenchidos de conteúdo. Mas o que caracteriza a objetividade do conhecimento produzido pela teoria econômica a rigor não é outra coisa senão a inserção de contextos subjetivos de sentido (por exemplo, "apreciação subjetiva") no contexto objetivo de sentido da ciência.

Investiguemos agora a oposição entre sentido objetivo e sentido subjetivo tomando como exemplo uma ciência metodologicamente bem distinta, a saber, a "doutrina pura do direito" de Hans Kelsen. Nosso problema surge, aqui, na seguinte configuração: "Seria uma constituição já republicana apenas por ela caracterizar a si mesma como tal? Seria um Estado já uma federação apenas por afirmá-lo a constituição? Visto que atos legais em regra são postos em palavras, é-lhes possível asserir algo sobre seu próprio significado. Nisso consiste uma diferença considerável entre o material do conhecimento obtido pela ciência jurídica, a rigor pela *ciência social* em geral, e o material do conhecimento alcançado pelas ciências naturais. Uma pedra não afirma ser um animal. Configura uma *petitio principii* tomar de antemão como objetivo o sentido jurídico que certos atos huma-

---

303. MISES, L. Op. cit., p. 484.

nos reivindicam assumir subjetivamente. Pois se eles de fato são atos jurídicos, qual posição ocupam no interior do sistema jurídico, e em que consiste seu significado em relação a outros atos jurídicos, tudo isso dependerá da *hipótese fundamental* por qual o esquema que os interpreta é produzido"[304]. "A *ciência* jurídica [...] não pode renunciar [...] a caracterizar fatos encontrados no limite do sistema dos atos jurídicos como atos que, *em contradição com o sentido que reivindicam*, sejam atos não jurídicos, isto é, atos *nulos*. A raiz última do problema que aqui se abre reside no fato [...] de ser o material da teoria do direito – ações humanas – dotado de um sentido subjetivo, original, imanente, que pode ou não concordar com o sentido objetivo que a ação, no sistema jurídico, *assume, em última instância, mediante a hipótese da norma fundamental, pressuposta pela teoria do direito*"[305].

A relação particular das ciências sociais com seu objeto, por nós caracterizada na inserção de contextos subjetivos de sentido em um contexto objetivo de sentido, dificilmente se permite formular de maneira mais pertinente do que o modo como isso é levado a termo nas citações acima. O contexto subjetivo de sentido que tem o princípio jurídico particular para aquele que o produz é alocado, pela ciência jurídica interpretante, mediante construções típico-ideais (no significado por nós utilizado do termo), em um contexto objetivo de sentido. Nessa assunção do ser invariante, realizada em atos de formalização e generalização, aquilo que foi produzido em contextos subjetivos de sentido se apresenta como contexto objetivo de sentido dos atos de interpretação da ciência jurídica. Da mesma maneira como, no campo da teoria econômica, a lei da utilidade marginal, enquanto princípio definitório, determina o âmbito de invariância de todo agir denominado de "econômico" – e representa um esquema de interpretação superior que possibilita em primeiro lugar a inserção científica dos contextos subjetivos de sentido dos atos econômicos individuais –, determina a assunção hipotética de uma "norma fundamental", no domínio da teoria pura do direito – como

---

304. KELSEN, H. *Allgemeine Staatslehre*, p. 129 [sem grifo no original].
305. Ibid., p. 278.

mesmo Kelsen claramente reconhece –, o âmbito de invariância de todos aqueles contextos subjetivos de sentido dos atos jurídicos relevantes para a ciência do direito, ou, para ficar na terminologia jurídica, que têm a nota característica da positividade[306]. Em outro escrito, Kelsen formula esse pensamento da seguinte maneira: "Positivismo significa, com efeito, que *apenas* o que foi produzido no processo constitucional é direito, mas não que *tudo* que foi produzido desse determinado modo haveria de ser considerado como direito, tampouco, em especial, no sentido em que se atribui a si mesmo. O fato de um material produzido de determinado modo – e somente um material como tal – ser a princípio interpretado como 'direito' tem como pressuposto último a assunção de uma norma fundamental empregada por uma autoridade superior para a produção de direito. E se [...] essa doação objetiva de sentido for possível – e sem ela não haveria nenhuma ciência jurídica –, então deve ser a norma fundamental mesma aquilo a partir do qual o material produzido em determinado processo – e apenas este – adquire seu significado enquanto direito em primeiro lugar; a partir do qual, porém, também resulta *aquilo que*, do material assim produzido, deve valer como 'justo', e qual é o sentido objetivo no qual isso – talvez até em contradição com seu próprio sentido subjetivo – é tido enquanto tal. *A hipótese da norma fundamental a rigor não significa outra coisa senão o modo de expressar os pressupostos necessários do conhecimento jurídico*"[307]. Desde o ponto de vista da teoria aqui defendida, não há nada a acrescentar ao exposto. Kelsen caracteriza a norma fundamental claramente como princípio da construção típico-ideal daqueles esquemas de interpretação a partir dos quais os contextos subjetivos de sentido dos atos jurídicos podem ser em princípio compreendidos como contexto objetivo de sentido do direito.

---

306. Sobre essa concepção de "norma fundamental", cf. KAUFMANN, F. "Juristischer und soziologischer Rechtsbegriff". In: *Festschrift für Hans Kelsen: Gesellschaft, Staat und Recht, Untersuchungen zur reinen Rechtslehre*. Viena: Verdross, 1931, p. 14-41, esp. p. 19ss., 30-31.

307. KELSEN, H. "Die philosophischen Grundlagen der Naturrechtslehre und des Rechtspositivismus". *Philosophische Vorträge der Kantgesellschaft*, 31, 1928, p. 24-25 (Charlottenburg).

Demonstramos, com base em dois exemplos, de qual modo as duas mais avançadas ciências "teoréticas" do mundo social – a teoria econômica e a ciência jurídica – utilizam construções típico-ideais (no sentido que aqui se atribui ao termo) para a delimitação de seu campo de estudos e para o estabelecimento de um contexto objetivo de sentido. Aquilo que se pôde apresentar como princípio constitutivo do contexto objetivo de sentido para as ciências "teoretizantes" do mundo social vale de modo bem geral para toda ciência da sociedade[308]: a apreensão dos contextos subjetivos de sentido tem lugar a partir de um esquema superior de interpretação pré-dado que, por distinguir o cientificamente relevante do cientificamente irrelevante – mediante determinação do âmbito de invariância das construções típico-ideais a serem formadas –, cuida para que ocorra sua inserção no contexto objetivo de sentido da ciência.

Determinar os problemas específicos a cada ciência do mundo social – em especial às disciplinas históricas – e os métodos que lhes são particulares, bem como propor uma classificação dessas ciências com base nos resultados assim obtidos, exigiria um tratado próprio. Enquanto princípio classificatório se oferece antes de tudo o grau de anonimato das construções típico-ideais utilizadas, portanto a atitude fundamental da ciência social em questão com relação ao contexto subjetivo de sentido. Ademais, as ciências do mundo social podem, por um lado, ser puras *doutrinas das formas* do mundo social, que apreendem, em pura descrição, a *constituição* das relações e formações sociais, das objetualidades de ação e dos artefatos nos cursos de consciência dos habitantes do mundo social; mas podem também ter como objeto o *conteúdo real-ontológico* do mesmo mundo social assim constituído, e considerar interpretativamente as relações e formações constituídas, os atos sociais ou históricos dados como encerrados – além dos artefatos disponíveis –, *sem* sequer ter em vista o curso de consciência alheio no qual esses produtos se constituíram.

Há ainda uma palavra a se dizer sobre o campo de estudos e o método da sociologia compreensiva. Tarefa dessa ciência é,

---

308. Sobre esse assunto, cf. as considerações desenvolvidas no § 28.

por princípio e sobretudo, a descrição dos processos de interpretação e posição de sentido realizados pelos habitantes do mundo social. Essa descrição pode ser empírica ou eidética, pode tomar como objeto algo de típico ou de individual, pode ser realizada considerando situações concretas da socialidade mundana ou em um grau mais alto de generalidade. Além disso, porém, é com os esquemas de interpretação assim adquiridos que a sociologia compreensiva busca se aproximar daqueles mesmos objetos culturais constituídos no mundo social em processos de interpretação e posição de sentido, inquirindo o sentido que os constitui, com o intuito de "compreendê-los".

§ 50 Conclusão: indicação de outros problemas

Chegamos ao final das nossas investigações, que a rigor puderam abranger somente um ramo da vasta problemática da compreensão de sentido no mundo social. Indiquemos apenas bem brevemente outras tarefas que, partindo da análise da duração aqui apresentada e das relações demonstradas entre sentido e duração, impõem-se a uma sociologia baseada em princípios fenomenológicos. Um conjunto de problemas que tivemos repetidas vezes de destacar neste trabalho diz respeito à *pessoa sociológica*. Ainda se está longe de esclarecer suficientemente as questões tratadas sob a rubrica da orientação-tu e da orientação-eles, da relação-nós e relação-eles, do alter ego dado corporalmente presente e do tipo ideal pessoal. Não teve lugar sobretudo a questão sobre a legitimidade que garante à sociologia compreensiva acreditar ser possível fazer asserções válidas acerca da forma das relações sociais, sem importar se nessa relação se encontram inseridos um indivíduo, vários indivíduos, um tipo ideal pessoal ou mesmo uma coletividade social. Se consideramos de modo geral tudo o que foi afirmado a respeito da relação do indivíduo com o tipo ideal, temos que também aqui os limites são predominantemente tênues, que o indivíduo, em sua presença corpórea, pode ser considerado como conteúdo de todos os seus tipos ideais possíveis, do mesmo modo como todo tipo ideal também pode ser tido como uma asserção sobre um indivíduo em uma reformulação anonimizante. Toda asserção sobre o agir de um tipo ideal pessoal o retira, em certa medida, da relação-eles e o traz para uma relação-nós entre contemporâneos. Toda asserção sobre o indivíduo o remove da relação-nós de consociados, do seu ser-assim em seu ser-como-que, inserindo-o em uma relação típica no mundo dos contemporâneos.

Um segundo conjunto de problemas ultrapassa em muito os limites do campo de estudos próprio às ciências sociais. Trata-se do *problema da relevância*, com o qual aqui nos deparamos repetidas vezes e cuja clarificação definitiva, embora somente possível com base em uma análise fenomenológica mais geral, pode ser iniciada já no domínio das ciências sociais. Independentemente de tomarmos como nosso ponto de partida o tipo ideal ou então dados motivos-para e motivos-porque, o ser projetado da ação, a possibilidade da reprodução, ou mesmo o caráter distintivo das vivências próprias ao ego, seremos sempre confrontados com a questão sobre o porquê de determinados dados, e não outros, serem destacados e selecionados como relevantes, na atividade do pensamento, ante a totalidade do vivenciar. A solução dessa questão é de essencial importância para todas as categorias da ciência social, as quais, sem exceção, se baseiam no pressuposto tácito de que a "situação de interesses" e os problemas por ela condicionados, em seu fundamento diretivo, já foram justificados mediante clarificação do problema da relevância.

Um terceiro conjunto de problemas abrange a *constituição do tu* em geral, o esclarecimento da estrutura intersubjetiva de todo pensar e a constituição do alter ego transcendental desde o ego transcendental. De mãos dadas com a resposta a essa questão resultará a solução do problema da validez intersubjetiva da nossa experiência referente ao mundo em geral. Em *Lógica formal e lógica transcendental*, Husserl já fixou os pontos de partida para a solução desse problema, e anunciou o desenvolvimento de um trabalho centrado precisamente nessa questão, cuja solução definitiva, contudo, somente uma ontologia do ser humano baseada em princípios fenomenológicos será, a rigor, capaz de oferecer[309].

Ambos os problemas – a saber, o problema da pessoa sociológica e o problema da relevância no mundo social – podem ser diretamente investigados pela sociologia compreensiva, na mais estreita relação com a obra de Max Weber.

---

[309]. Essa promessa, nesse meio-tempo, as *Meditações cartesianas* de Husserl em parte já cumpriram.

Glossário de termos alemão-português

A – Conceitos husserlianos

Ablauf	curso, decurso
Anzeichen	índice
Ausdrucksbewegung	movimento expressivo
Blickstrahl	raio de mirada
Einordnung	inserção
Erfüllung	preenchimento
Erlebnis	vivência
Erzeugnis	produto
Gegenständlichkeit	objetualidade
Inhaltsfülle	plenitude de conteúdo
Kundgabe	manifestação
Leib	corpo somático
Selbsthabe	posse de coisa mesma
Sosein	ser-assim
Vorerinnerung	recordação prospectiva
wahrnehmen	percepcionar
Wiedererinnerung	recordação iterativa
Zeichen	signo
Zeugnis	testemunho
Zuwendung	voltar-se-para

B – Conceitos weberianos

Chance	probabilidade
Handeln	agir
Handlung	ação
Interessenlage	situação de interesses
Kausaladäquanz	adequação causal
Sinn	sentido
Sinnadäquanz	adequação de sentido
Sinnzusammenhang	contexto de sentido
Verhalten	comportamento

C – Conceitos schutzianos

Ausdruckshandlung	ação expressiva
Du-Einstellung	orientação-tu
echtes Weil-Motiv	motivo-porque genuíno
Einstellungsbeziehung	relação de orientação
Entwurf	projeto
Erlebnisnähe	proximidade vivencial
Folgewelt	mundo dos sucessores
Ihr-Beziehung	relação-eles
Ihr-Einstellung	orientação-eles
Inhaltserfülltheit	preenchibilidade conteudística
Jetzt und So	agora-e-assim
Kür	ato do eleger
Mitmenschen	consociado
Mitwelt	mundo dos contemporâneos
Nebenmenschen	contemporâneo
Selbstauslegung	autointerpretação
Umwelt	mundo dos consociados
Um-zu-Motiv	motivo-para
Vorwelt	mundo dos predecessores

Wahl	escolha
Weil-Motiv	motivo-porque
Wir-Beziehung	relação-nós
Wirken	operar
Wirkensbeziehung	interação social

Publicações de Alfred Schütz

A – Publicações autorizadas

1 "Besteuerung der Kapitalserträgnisse im zwischenstaatlichen Verkehr zwischen Deutschland und Österreich". *Mitteilungen des Verbandes österreichischer Banken und Bankiers*, vol. IX, n. 4/5, 1927, p. 92-99.

2 *Der sinnhafte Aufbau der sozialen Welt*: Eine Einleitung in die verstehende Soziologie. Vienna: Julius Springer, 1932.

3 Resenha: "Méditations Cartésiennes". *Deutsche Literaturzeitung*, vol. LIII, 1932, p. 2.404-2.416.

4 Resenha: "Formale und transzendentale Logik". *Deutsche Literaturzeitung,* vol. LIV, 1933, p. 773-784.

5 Resenha: "Ludwig v. Mises, Grundprobleme der Nationalökonomie". *Deutsche Literaturzeitung,* vol. LV, 1934, p. 36-42.

6 "Tomoo Otakas Grundlegung der Lehre vom sozialen Verband". *Zeitschrift für öffentliches Recht,* vol. XVII, 1937, p. 64-84.

7 "Phenomenology and the Social Sciences". In: FARBER, M. (org.). *Philosophical Essays in Memory of Edmund Husserl*. Cambridge: Harvard University Press, 1940, p. 164-186.

8 "William James's Concept of the Stream of Thought Phenomenologically Interpreted". *Philosophy and Phenomenological Research*, vol. I, 1941, p. 442-452.

9 "Scheler's Theory of Intersubjectivity and the General Thesis of the Alter Ego". *Philosophy and Phenomenological Research*, vol. II, 1942, p. 323-347.

10 "The Problem of Rationality in the Social World". *Economica,* New Series, vol. X, 1943, p. 130-149.

11 Resenha: "*The Foundation of Phenomenology*", *Philosophical Abstracts*, vol. III, 1944, n. 13/14, p. 8-9.

12 "'The Stranger". *American Journal of Sociology*, vol. XLIX, 1944, p. 499-507.

13 "Some Leading Concepts of Phenomenology". *Social Research*, vol. XII, 1945, p. 77-97.

14 "The Homecomer". *American Journal of Sociology*, vol. L, 1945, p. 363-376.

15 "On Multiple Realities". *Philosophy and Phenomenological Research*, vol. V, 1945, p. 533-575.

16 "The Well-Informed Citizen: An Essay on the Social Distribution of Knowledge". *Social Research*, vol. XIII, 1946, p. 463-478.

17 "Sartre's Theory of the Alter Ego". *Philosophy and Phenomenological Research*, vol. IX, 1948, p. 181-199.

18 "Felix Kaufmann, 1895-1949". *Social Research*, vol. XVII, 1950, p. 1-7.

19 "Language, Language Disturbances, and the Texture of Consciousness". *Social Research*, Vol. XVII, 1950, p. 365-394.

20 "Making Music Together: A Study in Social Relationship". *Social Research*, vol. XVIII, 1951, p. 76-97.

21 Resenha: "Edmund Husserl, Cartesianische Meditationen und Pariser Vorträge". *Philosophy and Phenomenological Research*, vol. XI, n. 3, 1951, p. 421-423.

22 "Choosing Among Projects of Action". *Philosophy and Phenomenological Research*, Vol. XII, 1951, p. 161-184.

23. "Santayana on Society and Government". *Social Research*, vol. XIX, 1952, p. 220-246.

24 Resenha: "Edmund Husserl's Ideas, Volume II". *Philosophy and Phenomenological Research*, vol. XIII, 1953, p. 394-413.

25 "Die Phaenomenologie und die Fundamente der Wissenschaften (Ideas III, by Edmund Husserl)". *Philosophy and Phenomenological Research*, vol. XIII, 1953, p. 506-514.

26 "Common-Sense and Scientific Interpretation of Human Action". *Philosophy and Phenomenological Research*, vol. XIV, 1953, p. 1-37.

27 "Concept and Theory Formation in the Social Sciences". *Journal of Philosophy*, vol. LI, 1954, p. 257-273.

28 "Don Quijote y el Problema de la Realidad". *Dianoia*, vol. I, 1955, p. 312-330.

29 "Symbol, Reality, and Society". In: BRYSON, L.; FINKELSTEIN, L.; HOAGLAND, H. & MacIVER, R.M. (orgs.). *Symbols and Society*. Nova York: Harper, 1955, p. 135-202.

30 "Mozart and the Philosophers". *Social Research*, vol. XXIII, 1956, p. 219-242.

31 "Max Scheler 1874-1928". In: Merleau-Ponty, M. (org.). *Les Philosophes celebres*. Paris: Lucien Mazenod, 1956, p. 330-335.

32 "Equality and the Meaning Structure of the Social World". In: BRYSON, L.; FAUST, Q.H.; FINKELSTEIN L. & MacIVER, R.M. (orgs.). *Aspects of Human Equality*. Nova York: Harper, 1957, p. 33-78.

33 "Das Problem der transzendentalen Intersubjektivität bei Husserl". *Philosophische Rundschau*, vol. V, 1957, p. 81-107.

34 "Kurt Riezler" [com Horace M. Kallen]. *Proceedings and Addresses of the American Philosophical Association*, vol. XXX, 1957, p. 114-115.

35 "Max Scheler's Epistemology and Ethics I". *Review of Metaphysics*, vol. XI, 1957, p. 304-314.

36 "Max Scheler's Epistemology and Ethics II". *Review of Metaphysics*, vol. XI, 1957, p. 486-501.

37 "Some Equivocations in the Notion of Responsibility". In: HOOK, S. (org.). *Determinism and Freedom*. Nova York: New York University Press, 1958, p. 206-208.

38 "Tiresias, or our Knowledge of Future Events". *Social Research*, vol. XXVI, 1959, p. 71-89.

40 "Husserl's Importance for the Social Sciences". In: VAN BREDA, H.L. & TAMINIAUX, J. (org.), *Edmund Busserl: 1859-1959*. Haia: Martinus Nijhoff, 1959, p. 86-98.

41 "'Type and Eidos in Husserl's Late Philosophy". *Philosophy and Phenomenological Research*, vol. XX, 1959, p. 147-165.

42 "The Social World and the Theory of Social Action". *Social Research*, vol. XXVII, p. 203-221.

B – Publicações póstumas e coletâneas de artigos

1 *Collected Papers*, vol. I: *The Problem of Social Reality*. Editado por Maurice Natanson com prefácio de H.L. Van Breda em: *Phaenomenologica 11*. Haia: Martinus Nijhoff, 1962.

2 *Collected Papers*, vol. II: *Studies in Social Theory*. Editado por Arvid Brodersen em *Phaenomenologica 15*. Haia: Martinus Nijhoff, 1964.

3 *Collected Papers*, vol. III: *Studies in Phenomenological Philosophy*. Editado por Ilse Schütz com introdução de Aron Gurwitsch em *Phaenomenologica 22*. Haia: Martinus Nijhoff, 1966.

4 *Reflections on the Problem of Relevance*, editado por Richard Zaner. New Haven: Yale University Press, 1970.

5 *Strukturen der Lebenswelt I* (com Thomas Luckmann). Neuwied/Darmstadt: Luchterhand, 1975.

6 *Theorie der Lebensformen. Frühe Manuskripte aus der Bergson-Periode*. Editado por Ilja Srubar. Frankfurt a.M.: Suhrkamp 1981.

7 *Strukturen der Lebenswelt II* (com Thomas Luckmann). Frankfurt a.M.: Suhrkamp, 1984.

Coleção sociologia

- *A educação moral*
  Émile Durkheim
- *A pesquisa qualitativa*
  VV.AA.
- *Sociologia ambiental*
  John Hannigan
- *O poder em movimento*
  Sidney Tarrow
- *Quatro tradições sociológicas*
  Randall Collins
- *Introdução à Teoria dos Sistemas*
  Niklas Luhmann
- *Sociologia clássica – Marx, Durkheim, Weber*
  Carlos Eduardo Sell
- *O senso prático*
  Pierre Bourdieu
- *Comportamento em lugares públicos*
  Erving Goffman
- *A estrutura da ação social – Vols. I e II*
  Talcott Parsons
- *Ritual de interação*
  Erving Goffman
- *A negociação da intimidade*
  Viviana A. Zelizer
- *Sobre fenomenologia e relações sociais*
  Alfred Schutz
- *Os quadros da experiência social*
  Erving Goffman
- *Democracia*
  Charles Tilly
- *A representação do Eu na vida cotidiana*
  Erving Goffman
- *Sociologia da comunicação*
  Gabriel Cohn
- *A pesquisa sociológica*
  Serge Paugam (coord.)
- *Sentido da dialética – Marx: lógica e política - Tomo I*
  Ruy Fausto
- *Ética econômica das religiões mundiais - Vol. I*
  Max Weber
- *A emergência da teoria sociológica*
  Jonathan H. Turner, Leonard Beeghley e Charles H. Powers
- *Análise de classe – Abordagens*
  Erik Olin Wright
- *Símbolos, selves e realidade social*
  Kent L. Sandstrom, Daniel D. Martin e Gary Alan Fine
- *Sistemas sociais*
  Niklas Luhmann
- *O caos totalmente normal do amor*
  Ulrich Beck e Elisabeth Beck-Gernsheim
- *Lógicas da história*
  William H. Sewell Jr.
- *Manual de pesquisa qualitativa*
  Mario Cardano
- *Teoria social – Vinte lições introdutórias*
  Hans Joas e Wolfang Knöbl
- *A teoria das seleções cultural e social*
  W.G. Runciman
- *Teoria dos sistemas na prática – Vol. I*
- *Estrutura social e semântica*
  Niklas Luhmann
- *Problemas centrais em teoria social*
  Anthony Giddens
- *A construção significativa do mundo social*
  Alfred Schütz

Modernidade, pluralismo e crise de sentido
A orientação do homem moderno

Peter L. Berger e Thomas Luckmann

Essa importante obra produzida por dois renomados sociólogos, Peter L. Berger e Thomas Luckmann, volta agora ao mercado com projeto gráfico e capa reformulados.

Segundo os autores, a característica de nosso tempo é a convulsão das certezas e o questionamento das identidades. A crescente velocidade com que se desenvolvem as sociedades modernas agrava esta tendência por uma transformação cada vez mais intensa das estruturas familiares e das certezas baseadas na experiência. O saber tradicional, como o transmitem a Igreja, a escola, a família ou o Estado, envelhece com maior rapidez. As instituições tradicionais de orientação vão sendo suplementadas, quando não substituídas, por novas. Os conflitos entre as diferentes ofertas de orientação são resolvidos no "mercado"; os fins e os conteúdos da vida fazem concorrência uns com os outros, de modo que neste contexto as orientações que se pretendem eficazes devem responder ao desafio de tornar compatíveis certos conceitos da vida que sejam válidos para o indivíduo com outras indicações que apoiem a condição comunitária da sociedade.

Se a crise de sentido no mundo atual surge dos processos de modernização, pluralização e secularização da sociedade, talvez a solução esteja nas instituições intermediárias, que fazem a ponte entre o indivíduo e o macrossistema social. "Somente quando as instituições intermediárias contribuírem para que os padrões subjetivos de experiência e de ação dos indivíduos participem da discussão e estabelecimento de sentido será possível evitar que as pessoas se sintam totalmente estranhas no mundo moderno; e somente então será possível evitar que a identidade das pessoas individuais e a coesão intersubjetiva das sociedades sejam ameaçadas ou, até mesmo, destruídas pela afecção de crises da Modernidade."

Peter L. Berger e **Thomas Luckmann** *são sem dúvida dois dos sociólogos mais importantes da atualidade. Nasceram na Europa. Berger em Viena e Luckmann na Eslovênia. Emigraram ambos para os Estados Unidos, tornando-se cidadãos americanos. Encontraram-se no curso de pós-graduação na New School for Social Research, onde seriam professores em 1963. Começa nesse ano estreita colaboração, que culmina na publicação em coautoria do famoso livro* The Social Construction of Reality. *Nova York, Doubleday, 1966 (em português* A construção social da realidade, *Vozes) e de três artigos sobre sociologia da religião, identidade pessoal, secularização e pluralismo. Depois disso, Berger ficou nos Estados Unidos e Luckmann foi para a Alemanha. A distância – o Oceano Atlântico entre os dois – impedia a realização de estudos empíricos em comum. Apesar da relativa diferença de interesses e de estudos, produziram em colaboração este fecundo estudo,* Modernidade, pluralismo e crise de sentido.

EDITORA VOZES
Editorial

CULTURAL
Administração
Antropologia
Biografias
Comunicação
Dinâmicas e Jogos
Ecologia e Meio Ambiente
Educação e Pedagogia
Filosofia
História
Letras e Literatura
Obras de referência
Política
Psicologia
Saúde e Nutrição
Serviço Social e Trabalho
Sociologia

CATEQUÉTICO PASTORAL
Catequese
Geral
Crisma
Primeira Eucaristia

Pastoral
Geral
Sacramental
Familiar
Social
Ensino Religioso Escolar

TEOLÓGICO ESPIRITUAL
Biografias
Devocionários
Espiritualidade e Mística
Espiritualidade Mariana
Franciscanismo
Autoconhecimento
Liturgia
Obras de referência
Sagrada Escritura e Livros Apócrifos

Teologia
Bíblica
Histórica
Prática
Sistemática

VOZES NOBILIS
Uma linha editorial especial, com importantes autores, alto valor agregado e qualidade superior.

REVISTAS
Concilium
Estudos Bíblicos
Grande Sinal
REB (Revista Eclesiástica Brasileira)
SEDOC (Serviço de Documentação)

VOZES DE BOLSO
Obras clássicas de Ciências Humanas em formato de bolso.

PRODUTOS SAZONAIS
Folhinha do Sagrado Coração de Jesus
Calendário de mesa do Sagrado Coração de Jesus
Agenda do Sagrado Coração de Jesus
Almanaque Santo Antônio
Agendinha
Diário Vozes
Meditações para o dia a dia
Encontro diário com Deus
Guia Litúrgico

CADASTRE-SE
www.vozes.com.br

EDITORA VOZES LTDA.
Rua Frei Luís, 100 – Centro – Cep 25689-900 – Petrópolis, RJ
Tel.: (24) 2233-9000 – Fax: (24) 2231-4676 – E-mail: vendas@vozes.com.br

UNIDADES NO BRASIL: Belo Horizonte, MG – Brasília, DF – Campinas, SP – Cuiabá, MT
Curitiba, PR – Fortaleza, CE – Goiânia, GO – Juiz de Fora, MG
Manaus, AM – Petrópolis, RJ – Porto Alegre, RS – Recife, PE – Rio de Janeiro, RJ
Salvador, BA – São Paulo, SP